MANNING

看板实战

Kanban IN ACTION

〔瑞典〕Marcus Hammarberg
Joakim Sundén 著

霍金健 何勉 程鸣萱 译

人 民 邮 电 出 版 社

北 京

图书在版编目（CIP）数据

看板实战 / （瑞典）哈马伯格，（瑞典）森顿著 ；霍金健，何勉，程鸣萱译. -- 北京 ：人民邮电出版社，2016.1（2022.9重印）
书名原文：Kanban in Action
ISBN 978-7-115-40534-0

Ⅰ. ①看… Ⅱ. ①哈… ②森… ③霍… ④何… ⑤程… Ⅲ. ①企业管理—组织管理学 Ⅳ. ①F272.9

中国版本图书馆CIP数据核字(2015)第270061号

◆ 著　　［瑞典］Marcus Hammarberg　Joakim Sundén
译　　霍金健　何　勉　程鸣萱
责任编辑　杨海玲
责任印制　张佳莹　焦志炜

◆ 人民邮电出版社出版发行　　北京市丰台区成寿寺路 11 号
邮编　100164　　电子邮件　315@ptpress.com.cn
网址　http://www.ptpress.com.cn
北京天宇星印刷厂印刷

◆ 开本：800×1000　1/16
印张：19.5　　2016 年 1 月第 1 版
字数：413 千字　　2022 年 9 月北京第 17 次印刷
著作权合同登记号　图字：01-2014-2811 号

定价：59.00 元

读者服务热线：(010)81055410　印装质量热线：(010)81055316
反盗版热线：(010)81055315

内容提要

看板方法既是移动互联时代引领组织变革和改进团队开发过程的强大武器，也是平稳地落实精益和敏捷开发实践的首选工具。本书是带领读者进入看板世界的当然之选，它既提供了完备的理论体系，又有大量来源于实践的操作细节的支持。每一个新概念的引入，都会辅以简单易懂的实践，是一本名副其实的实战书籍。

全书共分为三个部分。第一部分，作者以一个虚构的软件团队实施看板方法的历程为线索，介绍了看板方法的概貌——主要实践，为什么选择这些实践及带来的收益；第二部分则全面细致地介绍了看板方法的原则、实践及其背后的原理，如可视化方法，为什么要及如何限制在制品数量，如何有效管理工作流动等；第三部分是看板的高级实践，如基于看板的计划和估算，精益度量和持续改进等，并用专门的一章探讨了看板方法本身的不足之处，以及如何弥补。

不管对于看板的初学者还是具备一定知识的看板实践者，本书都提供了有益的理论和实践指导。

译者简介

霍金健 目前任职于百度工程效率部，交付经理，资深敏捷教练。具有多年软件配置管理、持续集成、敏捷过程改进和项目交付管理的实战经验，目前致力于推动互联网创新产品管理和敏捷项目管理能力提升工作。专业书籍《系统工程 Petri 网——建模、验证与应用指南》中文译者之一。作为业界专家，多次在敏捷中国大会、Scrum Gathering、敏捷之旅等大会上受邀分享企业研发实践心得。

何勉 精益和敏捷产品开发的实践者、咨询师，有 15 年的产品开发相关经验，担任过产品开发中的各类技术和管理角色，如软件工程师、项目经理、产品开发部门负责人等。近年来专注于在企业及社区推广精益产品开发和精益创业的理念和实践，辅导过各种类型和规模的团队实施精益开发和精益创业实践。

程鸣萱 Agilean 公司创始人，毕业于北京大学，敏捷与精益思想的布道者和实践者。帮助平安、华为、招商银行、顺丰等企业引入精益创业、看板方法、数据分析、DevOps 等一系列实践，协助它们完成与互联网相关业务的落地与转型。近两年来，作为“软件看板之父”David Andersen 和世界精益数据分析大师 Alistair Croll 的合作伙伴，致力于向中国公司介绍业界前沿并且可以切实落地的理论与实践，帮助期望开拓互联网与移动互联网相关业务的企业以最小的代价快速实现目标。

中文版序一

走进每个敏捷团队的工作环境，最显眼的往往是那块贴满了即时贴的白板。无论使用何种敏捷开发方法，敏捷团队通常都会倾向于使用这种原始，但却能够充分表现项目当前状况的信息源来展示项目状况。虽然不同的团队可能会定义不同的展现信息，或是以不同的方法使用白板，但作为一种可视化的手段，这个信息源在敏捷过程中发挥着重要的作用。

然而，如果采纳精益生产的观点，把重点从对流程的关注转移到对流动的关注，那我们就会发现，白板的作用远不止于"展现信息"。通过为白板赋予更多的意义，任务的流动状况、资源分配的不合理等信息就都可以魔术般地直观展现在白板上——当我第一次应用看板方法的时候，只是通过几个简单的步骤，项目的流动状况就突然之间清晰地浮现在我面前，这些一直在那里却长期被忽视的信息在一瞬间突然让我看到了问题所在。

看板方法是个简单的方法，因为它并不要求设置复杂的规则和流程，也不要求在组织内引入一大堆的框架。理论上，持续关注"可视化""限制在制品"和"管理流动"就能够清楚地展现项目中的流动性，基于前置时间（lead time）等简单的度量指标就能够持续改进组织的生产率。然而，与此同时，看板方法又是一种并不那么容易用好的方法。要想"以最小的成本创建最大的效益"，在实践看板的过程中，从如何设计看板的展示方式，到如何管理不可替代资源，实践中的每个环节都需要实践者有足够的经验和控制能力。想必读者已经有体会，在运用解决问题的方法时，往往越简单灵活的方法越需要经验和细节的支持——看板方法正是这样一种方法。

这是一本面向看板方法实践者的书，作者几乎完全抛弃了看板方法中深入的理论探讨，把重点放在"如何在组织中应用看板"这个更接地气的主题上。用一个虚构（但却十分有价值）的案例介绍看板，然后逐步深入看板设置、管理和度量的细节，不厌其烦地详尽（甚至是过于详尽）描述了看板方法应用过程中的实践之道。在对看板方法系统性的阐述和深入探讨方面，这本书显然无法和大卫·安德森经典的《看板方法——科技企业渐进变革成功之道》相比。然而，对于初入看板方法门径的读者来说，这本书却更能让你一手拿书，一手操作，从容地在组织内实施起看板方法。从实践方面来说，这是一本绝不会让你失望的书。当然，正如我在前面提到的，要想从看板方法中获得真正大的收益，仅仅在组织内架设起使用看板的习惯是不够的，在应用看板的同时，读者还应该系统性地了解看板背后的思想，通过合理的改进不断进行优化。

翻译一本书绝不是件轻松活，所幸本书的几位翻译者都是看板领域内拥有丰富经验的实践者，他们出色的经验保证了本书的翻译质量。虽然不能说阅读本书的体验完美无缺，但至少我的整个阅读过程轻松愉快，在看板的世界里跟随着作者和译者又体验了一把看板的乐趣。

段念

宜人贷 CTO

中文版序二

移动互联网时代的大门已经完全开启，越来越多的企业感受到技术发展和市场变化带来的巨大冲击。如何让企业顺利转型、焕发生机，是摆在每个管理者面前的严峻挑战。

幸运的是，现代管理学之父彼得·德鲁克在 90 岁高龄时，极具前瞻性地指出了未来的方向。在 21 世纪，企业管理者最重要的工作是提升内部知识工作者的生产率，让知识工作者能够自我管理、自主学习并不断创新。人们不再用产出数量来衡量生产率，质量（价值）变得尤为重要。

大师给出的道路非常清晰，但落地从来都不容易。10 年前，大卫·安德森将看板方法从丰田制造引入了软件研发当中，并在实践中取得了令人欣喜的结果。近几年来，看板方法从美国传向世界各地，效率提升 200%、400%甚至 800%的案例不断涌现，为现代企业渐进式变革提出了一条切实可行的路径。

看板方法作为一种组织渐进式变革框架，它当中的许多思想暗合生物进化的规律。正如凯文·凯利在《失控》一书中指出的："生命能够起源于一个笼罩着空气和水这两种介质的行星上，并非偶然。因为清洁、透明的环境，使得器官能够接收来自'远处'（未来）的含有丰富数据的信号，并对来自有机体的信号进行预处理……在一个变化的环境中，不管这个环境是浑浊还是清澈，能够预测未来的系统都可能存续下去。"看板方法通过将知识工作中本不可见的信号可视化，将团队从混沌状态中解脱出来，教导团队学会用"拉动"的方式工作，即在收到信号时迅速做出恰当的反应，而不是无序地"推动"。

看板方法提升效率的另一个思路是通过限制在制品数目，让知识工作者不再同时开始许多新的工作，而是力求快速完成已经开始的那些。"停止启动，聚焦完成"，当手头工作遇到问题时，专注地尽快将其解决。对于创造性脑力劳动来说，让工作者保持专注和目标的清晰，提供快速、即时的反馈，将帮助他们进入"心流"状态，从而显著提高工作的效率和质量，改善工作者的情绪和体验。

另外，看板方法要求团队将组织处理信号的规则显式化，利用精益度量体系对系统及时进行分析回顾，不断优化信号处理模式。这就形成了一个完整高效的反馈闭环，最终建立一个具备自我完善能力，并能随着组织发展和环境变化不断演进的自适应系统。

看板创始人大卫·安德森的著作《看板方法——科技企业渐进变革成功之道》在这一领域堪称经典，但对于初学者来说有些抽象、深奥。本书从大量实际案例出发，浅显易懂，能够帮助人们了解看板的基本概念，并将其迅速应用于实践。同时，我们也要意识到，组织内可能存在几种或十几种不同类型的团队，每个团队有自己的应用领域、局限性和困难，需要采取不同的管理方式。看板方法没有为使用者制定一个普适的框架，每个组织应该根据实际情况建立适合的看板系统，并在实践的过程中不断将其优化。“形兵之极，至于无形”，希望这本书所提供的方法，能够帮助企业走上适合自己的渐进式变革之路，从容应对未来的挑战。

李兴双
中国工商银行软件开发中心副总经理

序

人类大脑有很多容量专门用于吸收、处理、反应和存储视觉信息。我们看到的信息启发我们当前的行动，并灌输给我们未来的行为模式。如果我们什么都看不到，我们就很难有所反应。

看到并理解

像看板这样的可视化系统因我们对视觉信息的偏好而成为了强有力的工具。举例来说，看一看下面这张简单的地图，你看到了河流、建筑物、道路和其他很多信息。这些信息你一眼就看到了。只一眨眼的工夫，你就了解了环境、形状与实体。

下面是我根据这张地图内容写下的一个列表，这当然是个部分列表。为了避免通篇都是文字，我们对字体做了必要的调整：

- Salmon Bay Marine Center（鲑鱼湾海洋中心）
- Lake Washington Ship Canal（华盛顿湖通海运河）
- W. Commodore Way（西康懋大道）

- 20th Ave W（20 大道西）
- Gilman Place W（吉尔曼广场西）
- W Elmore Street（西埃尔莫尔街）
- 21st Ave W（21 大道西）
- Gilman Ave W（吉尔曼大道西）
- Shilshole Ave NW（秀秀大道西北）
- W Fort Street（西福特街）
- 26th Ave W（26 大道西）
- 24th Ave W（24 大道西）

读者很快会发现，这个冗长的列表比地图提供的上下文信息少但需要的处理时间却更长。

我们使用看板这类可视化系统的目标是建立我们工作的地图。我们想知道工作的形态和实体，想快速直观地理解系统，想在看板墙上清晰地展示角色、职责、在制品、完成速率、流程结构、阻塞事项等很多内容。

这其中有大量信息。

自从大约十年前我们将看板作为软件开发工具提出之后，我们就发现：

> 真实地看到工作和流程有助于理解。

一旦我们看到工作，我们就能对其构建出共同的理解，接着就能将困扰软件开发多年的糟糕的流程约定剔除掉。看板墙可以变成一个简单的信息节点，使任何人都能走过来并了解项目的当前状态。

这意味着软件开发团队最终会和业务人员使用相同的语言。IT 部门和公司其他部门间的隔阂将消弭。一个沟通的桥梁建成了。

看到就是战斗的一半

在本书中，Marcus 和 Joakim 列举了项目使用看板的三个元素：

- 可视化
- 限制在制品（WIP）
- 管理流动

我个人很喜欢这个列表。

在个人看板（Personal Kanban）中，我们使用前两个（即可视化工作和限制在制品）并将第三个视为自然的结果。但我喜欢这个列表是因为它贴切地说明了如下要点：

> 工作不应该去适配时间——而是需要流动。

把工作拆散以适应任意的时间节点，对完成速率、避免缺陷和团队士气具有深远的负面影响。不必要的截止日期压力或过于乐观的特性范围对团队和产品都会产生负面作用。这时工作的重心就变成了将工作挤压到截止日期前而不是高质量地完成工作。

高质量地完成工作只有在工作以可持续的节奏流动时才有可能。发现并维持这一节奏只有在在制品小于团队产能的情况下才有可能。在截止日期之前塞入太多工作几乎不可避免地会打破在制品限制。

在制品太多破坏流动

利用合理的在制品限制，我们鼓励工作的流动。工作是以可度量且质量可控的方式完成的。因为没有了管理太多在制品的开销，产能飙升，这毫不奇怪。

这是 Marcus 和 Joakim 希望在本书中介绍的内容的一个缩影。他们在书中给出了大量的细节。如果这是你第一次接触看板，欢迎你。没有比这本书更好的指导书了。

Jim Benson

2013 年 Shingo 大奖作品《个人看板》（Personal Kanban）作者

前言

Marcus 的旅程

我是通过 Scrum 方法开始了解敏捷方法的。当时在一家瑞典的大型保险公司里面，我就像打游击一样开始使用 Scrum 方法。不久之后，Scrum 方法就扩散开来，几年的工夫公司里就有了 50 多个 Scrum 团队。但我们还是觉得哪里不对劲儿，因为很多团队的工作流程并不适合 Scrum 方法固定时间盒的启动停止本质。而且，大多数团队也没有涵盖整个流程，大多数团队都是由处理需求的开发人员组成的，他们在开发完成后会把工作交付给另一个单独的测试团队。

当试图将工作流经的全部流程整合到一起时，我发现很困难。因而我就开始在敏捷社区中调研其他实践。不久，在 Joakim 的帮助下，我开始学习看板。2010 年和 2011 年我参加了 David J. Anderson 的看板和看板教练培训。这进一步使我确信看板和精益正是我所寻找的方法。

Joakim 的旅程

2008 年，我是一家大型瑞典公司 IT 部门的咨询顾问，当时我作为 Scrum Master 参与一个横跨三个团队的软件开发项目。为加深对敏捷软件开发的理解，我正在研究精益软件开发——这使我接触到丰田公司令人称叹的故事，同时也学习到精益思想与丰田生产方式的大量文献。这种研究达到顶点的标志是在 2009 年春天我和《精益软件开发》的作者 Mary 和 Tom Poppendieck 一起参观了日本丰田公司。

在 2008 年底，我的客户得出结论，大多数（如果不是所有的话）客户支付的软件开发工作都很拖延——事情进展得太慢了。他们期望更多开发工作能更快完成，而不要缩减范围或牺牲质量。受到精益思想关于单件持续流的启发，我建议应当停止每隔两到三周一次规划批量工作的 Scrum 迭代计划会（我们越来越觉得这个节奏是随意的），反而应该聚焦于单个或少数工作项并努力协作使得工作以持续价值流动的方式尽快完成。十几个团队成员达成一致：任何时候开发阶段的工作项不超过两个，测试阶段的工作项也不超过两个，而且只有当工作完成之后才能从待办列表中拉入新的工作项并及时计划。

不久之后，通过 Corey Ladas 的博客和 David J. Anderson 的书籍我发现看板方法和我们的做法很类似。2009 年，我通过英国的第一届精益看板大会和社区建立了联系。在这里大家关心在不同团队和公司的情形下起作用的方法，我立刻被这种实用的方法吸引了。而在当时我认为大多数敏捷社区都只关注基于信念的方法，比如“Scrum 方法告诉我们该如何解决这个问题？”

接下来的一年（2010 年），我参加了 David J. Anderson 在伦敦举行的第一届看板教练工作坊（现在称为 Advanced Master Class），一起参加的还有很多资深的实践者，如 Rachel Davies、David P. Joyce 和 Martine Devos。2010 年我参与共同创建了斯德哥尔摩精益咖啡，在这里看板爱好者每周都能聚会交流。2011 年，我受邀参加了由 David J. Anderson 主持的首届看板领袖静修班（Kanban Leadership Retreat），成为第一批由 David J. Anderson 认可的看板培训师。

共同的旅程

2010 年，我们和当时在 Avega 集团的同事 Christophe Achouiantz 一起着手开发看板实践指南。这一下大获成功，从此开启了一系列欧洲和美国的讲演，包括客户培训、教程和工作坊。我们有时一个人完成讲演，有时两个人一起完成。这种实用的方式和很多参与我们讲演和培训的人产生了共鸣，从而使我们收到了大量正面反馈。

在 JFokus 大会（这一盛会由 Avega 集团的另一位同事 Mattias Karlsson 组织）的演讲结束后，Marcus 接到了来自 Manning 出版社的电话，问他是否愿意写书。Marcus 立刻想到应该和 Joakim 一起完成这本书。我们决定让这本书的行文和我们演讲的风格一致，使用实用的方式和轻松的风格。

致谢

如果你之前阅读过致谢部分，就会知道都是从感谢家人开始。现在我们理解了背后的原因。因为我们把本该陪伴家人的时间都用来写作了：当他们休息时，当我们应该陪伴他们时，当我们应该陪他们去游乐场时，我们却在写作。他们一如既往地支持我们，没有他们，没有他们的支持，就不会有这本书。

我们想借此机会向社区表达由衷的感谢——我们每天都从社区成员身上学到很多东西，并且日后还会继续学习，很多社区成员都比我们资深。我们站在巨人的肩膀上，衷心感谢社区成员对我们的支持和鼓励。

我们希望在这里特别感谢如下朋友对我们的帮助、鼓励和支持：Christophe Achouiantz、Torbjörn Gyllebring、David J. Anderson、Jim Benson、Corey Ladas、David P. Joyce、Benjamin Mitchell、Karl Scotland、Mattias Skarin、Don Reinertsen、Alan Shalloway、Mary 和 Tom Poppendieck、Hkan Forss、Måns Sandström、Eric Willeke、Jabe Bloom、Mike Burrows、Dennis Stevens 和所有看板领袖静修班上所有的同仁。在斯德哥尔摩精益咖啡系列活动中，我们也收获良多，而且度过了美好时光。特别感谢 Hkan Forss 和其他所有同仁。

感谢在本书写作过程中的审稿人，你们的反馈非常有价值。特别感谢 Rasmus Rasmussen 和 Viktor Cessan 的深刻见解，各位审稿人如下：Adam Read、Barry Warren Polley、Burk Hufnagel、Chris Gaschler、Craig Smith、Daniel Bretoi、Dror Helper、Ernesto Cardenas Cangahuala、Jorge Bo、Karl Metivier、Marius Butuc、Richard Bogle 和 Sune Lomholt。

特别感谢 Jim Benson 为本书写序，感谢 Danny Vinson 为本书校对，感谢 Robert Vallmark 为本书提供精美[①]的头像——这确实帮助我们改进了本书的视觉效果。

我们非常荣幸和 Manning 出版社的同仁一起工作，我们相信 Manning 出版社集结了最优秀的人为我们提供服务。

---

① 精美有趣的漫画头像，我们觉得这并非溢美之词。有人评论 Joakim 的头像："这看上去像是意大利版的你——在你吃了太多披萨之后。"而且 Jim Benson 曾经问为什么 Marcus 看上去像是 Jeff Goldblum。

谢谢 Bert Bates 帮助改进本书封面的外观，我们很幸运能从一开始就从你那里了解到这一点。当然，非常感谢出版人 Marjan Bace 邀请我们写作本书。

衷心感谢本书的编辑 Beth Lexleigh 和 Cynthia Kane，是你们不遗余力地审阅和推动让进度回到正轨，是你们的努力把我们的随笔最终变成了一本书。

感谢 Manning 出版社的其他同仁，排名不分先后：Michael Stephens、Maureen Spencer、Tiffany Taylor、Kevin Sullivan、Mary Piergies、Janet Vail 和 Candace Gillhoolley。

Marcus 的致谢

首先我想感谢上帝——这是我和我所有行为的基石。

感谢 Elin 和孩子们（Albert、Arvid 和 Gustav），谢谢你们无私的支持。我甚至从 Albert 那里得到了一些设计上的帮助。

感谢我的父母将我养育成人。

感谢社区的所有同仁，我时常向你们咨询问题，由衷地感谢你们。从你们身上我得到了无私的支持和帮助：Torbjörn Gyllebring、Håkan Forss、Måns Sandström、Anders Löwen-borg、Hugo Häggmark、Tomas Näslund、Per Jansson、Kalle Ljungholm，谢谢你们。

感谢 Avega 集团和 Aptitud（我写作期间的雇主），谢谢你们让我参与这个项目。Avega 甚至为此给我酬劳。提供这种厚待给我，这真让人难以置信。这两家公司都很棒！

最后，我要感谢 Joakim——如果没有你，这本书将毫无价值，也许可以早点完成，但绝不会有任何人愿意读。从你身上我学到很多东西，并将继续学习。谢谢你，兄弟！

Joakim 的致谢

没有家庭的支持，我将无法参与这本书的写作。家人给了我生命，也给了我参与的机会，谢谢你们：祖父母 Albin、Ingeborg 和 Molly，我的父母 Ove 和 Elisabet 以及他们的兄弟姐妹及其家人，我的姐姐 Anna 和哥哥 Henrik，谢谢你们。非常感谢我的妻子 Anna 和我们的孩子们——Alva、Saga、Albin 和 Iko，你们的支持是显而易见的。

感谢 Marcus 让我参与本书写作，谢谢你对我进度缓慢和贡献稀松的无尽耐心，感谢你坚持不懈的努力，感谢你接受我并非总是礼貌的批评、推荐和大幅度重写的想法，感谢你在格式调整、像素改变等苦差事中的巨大努力，感谢你推动我但没有逼迫我或让我感到不舒服（其实我自己在逼迫自己），感谢你开朗和乐于助人的性格，总之，Marcus，谢谢你！

关于本书

你是否希望了解工作的情况以及团队中或工作场所内发生了什么？你是否能从只关注少数事情而不是在多个项目中经常切换得到收益？你的客户和干系人是否希望新功能现在交付而不是日后某一天？你是否觉得你和同伴需要不断地改进和学习？

如果回答“是”的话，那么看板就是为你准备的。

你是否希望立即使用看板，而不用花太多时间在抽象理论和历史上，也不用弄清楚不同方法的细微差别？你是否想知道看板社区的人如何在实际中使用看板解决不同的问题？

如果回答“是”的话，那么这本书就是为你准备的。

本书是一本脚踏实地的、没有多余装饰的、实操性很强的看板介绍书籍。本书基于大量实践和观察，也有一些是从我们的同事或我们辅导过的看板团队听说的案例。过去几年中，我们也曾在各种大会中讲演，并活跃于用户组和看板社区之中。

在本书中，读者会学习到简单有效的工作可视化技术：如何设计看板墙，如何跟踪工作及其进展，如何可视化队列和缓冲区，甚至很多实质性细节，比如使用颜色和其他改进措施如何帮你组织并跟进工作项。

读者也会获得很多如何限制工作流程中的在制品的实用建议，比如根据不同上下文设置限制的不同方式，如何知道何时以及如何改变限制。

有了这两个工具（看板和本书）之后，你就已经准备好深入业务并助力工作项流过整个系统，同时你一边学习一边不断优化整个流程了。读者会学习到服务类别的概念，如何在看板世界中进行计划和估算，队列和缓冲区的概念以及如何使用它们，还有很多能帮助团队每日改进的技巧。

请稍等一下，还有很多内容。读者会学习到度量以及如何使用它进行改进，而且我们会介绍几个游戏和练习，读者可以用来帮助理解看板原则并以此将新人带入看板世界。而且，我们有很好的理由专门写了一个章节介绍看板的陷阱和常见批评。

这是一本实用书籍，我们不会花很多时间介绍看板背后的理论及其历史。关于这些主题已经有很多书籍（比如一些关于精益、敏捷和丰田的书籍），而且他们做得比我们能想到的要好得多。但我们也不会撇下你不管，比如为了充分利用我们介绍的实践技巧，有一些理论是需要的，所以我们会介绍这些理论。

这本书不只是入门者的读物。基于我们收到的所有关于看板的问题和很多接触看板有一段时间的人在实用技巧讲演或培训课程中也深受启发的现象来看，和新手一样，即便读者早已不是新手也能从本书收获良多。

接下来让我们看一看这本书！

本书的结构

本书分为四个部分，每个部分的目的不同，以便有针对性地伴随读者学习看板。

- 第一部分，学习看板——这一部分以小故事的形式介绍看板。目的是使你能快速地浏览这个部分并学到足够的知识建立并运行看板，就像你将在第 1 章中遇到的虚拟团队一样。通过这个简单介绍，你将得到在实际中建立并运行看板的所有工具和知识，从而能够在使用看板过程中进行学习。如果你不喜欢这个故事或者我们讲故事的风格，可以跳过这一章直接进入下一部分。
- 第二部分，理解看板——这一部分将深入介绍为什么（看板背后的基本原则和理念）以及如何（大量如何在不同上下文中应用这些原则的实用技巧）使用看板。我们将仔细介绍看板的核心原则。此前已经存在大量常用的解决方案和各种变体，这些解决方案被社区的人们在不同的上下文中应用。我们的描述将会更实用并提供更多工具和技巧以不断增加你的知识。同时第 1 章中的团队成员将时不时跳出来提问。
- 第三部分，高级看板——好的，你已经把看板墙运行起来，也熟悉了如何限制在制品并且关注于帮助工作流动。那么现在该干什么呢？从第 8 章到第 12 章，你将学习到如何使用看板原则管理风险，引导团队自组织、计划和改进。我们同时加入了一章关于看板常见陷阱及如何避免的内容。不要被“高级”这个字眼吓到：这些技巧并不复杂，只不过对于刚开始接触看板的人一般不会从这里开始而已。
- 第四部分，培训看板——如果你在组织内开始使用看板，不久就会发现你自己也需要为别人培训看板方法。我们发现通过游戏和模拟进行培训是有好处的，因为有些原则乍一看似乎是违反直觉的。

我们无法保证你在学完本书之后变成看板大师，但本书会是你学习看板之旅的良师益友。记住结合你在实际尝试中所获得的经验，它们将是学习旅程的一对绝配。

如何阅读本书

阅读本书时你有几种方式可供选择。

- 如果你希望尽快开始，花一小时阅读第一部分，然后立刻将你所学实现起来。
- 当你需要启发或者被卡壳时，可以浏览第二部分，并参考一些想法或从处理类似问题的方法中得到启发。

- 如果你想知道为什么在看板世界中是这样的，通读第二部分以了解看板起源和它所基于的原则和理念。阅读的过程中，你也会学到大量实用技巧。
- 如果你已经使用看板并好奇下一步该怎么做时，请仔细阅读第三部分。你一定可以从中选出一些新技巧应用起来。
- 当有人请你培训看板时，可以在第四部分中找到一些寓教于乐的游戏，并把你的发现和经验告诉他们。然后把本书给他们人手一本。

你也可以从头到尾通读全书。这将使你一步一步更深更广地理解看板。我们相信最好的学习体验来自于将本书知识和实践经验相结合。

作者在线论坛

购买本书之后，你可以免费访问 Manning Publications 提供的网上论坛，在这里读者可以发表评论，咨询技术问题并获得作者和其他用户的帮助。请访问 www.manning.com/KanbaninAction 并订阅。这个页面包含用户注册之后如何访问论坛的信息，相关帮助文档的信息以及论坛中的行为准则。

Manning 承诺提供一个便于读者和作者以及读者之间进行有意义交流的场所。而作者能参与多长时间并未做出任何承诺，因而作者的贡献是自愿的（也是无薪的）。我们建议读者向作者提出一些有挑战的问题，从而使他们保持兴趣盎然。

只要本书在出版，就可以通过出版社的网站访问作者在线论坛和之前讨论的存档。

作者在线论坛

关于作者

在我们一起开始这段旅程之前，读者可能希望更多地了解我们一点儿。简单介绍如下。

Joakim 是一个善于思考的人，他是我们活力双雄的大脑。他总在发言之前先让别人发表观点，等他决定之后就会以深思熟虑的观点回应，从而让对方陷入沉思。这有时会让人恼火，因为他们通常只是希望知道该做什么。他具有精益、敏捷和丰田生产系统的扎实的理论知识，同时也有大量的实践经验。

业余时间里，Joakim 是美食家和电影迷。在他与人对话时偶尔会引用丹麦教条电影的评论（更多的是针对其周围的各种混乱）。

Joakim 有 4 个孩子（0~9 岁），他的妻子是 Anna。同时他还努力参与到公司（Spotify）的工作和瑞典及世界范围内的精益和敏捷社区中。他经常在各种国际会议中进行演讲。

Marcus 是个实干家，是活力双雄中的“肌肉”。他喜欢先尝试即使结果是失败也不是先想好并一次性做对。这导致他一遍又一遍地重复做事情——这让他很恼火而其他人觉得很好笑。

Marcus 以开发者的角度加入精益和看板社区，并对能支持这些想法落地的实践具有强烈兴趣，如测试驱动开发、结对编程、实例化需求和影响地图。

有时间的话，他会写写博客，或者参加救世军[①]活动，或者浏览一下关于铜管乐队的最新新闻。你可以想象一下，尝试把这些事情和工作场景联系起来既困难又无用。

Marcus 的妻子是 Elin，他们有 3 个可爱的儿子（分别是 5 岁、3 岁和 3 岁[②]）。当你读到这段话的时候，他们可能已经移居印度尼西亚了，Marcus 在这里参与救世军的工作。他将领导基金会的工作，即救世军在印度尼西亚为 6 个医院和 13 个诊所提供服务。当然，这个工作会以敏捷和精益的方式开展，受本书的启发也会应用这里介绍的技巧。Marcus 还会在救世军服务的孤儿院中教孩子们铜管乐器。

---

① 救世军是一个成立于 1865 年的基督教教派，以街头布道和慈善活动、社会服务著称。其国际总部位于英国伦敦维多利亚皇后街 101 号，在全世界有几千个分部，分布在 70 多个国家，据称有成员 200 万人。——译者注

② 是的，两个 3 岁的儿子是双胞胎。

关于封面插图

本书的封面人物是德川家康（1543—1616），他是日本幕府时代德川幕府的开创者。德川幕府自1603年在日本江户（今东京）建立，直到1868年明治维新。幕府将军是日本封建时代的军事领导人，由于权力集中在其手上，所以他是事实上的日本领袖，而天皇只是名义上的国家领袖。德川家康从1600年开始掌权，并于1603年被任命为幕府将军，1605年退位，但一直到1616年去世才将权力交出。他声称终其一生作为士兵或者将领一共参加过90多场战争。他有很多素质使其能处于权力中心，他谨慎、果敢，在正确的时间和正确的地点做出正确的决定。精于算计，当他认为有利可图时就会变换同盟。

我们希望将德川家康的一句名言跟各位读者分享，这句名言对我们的个人成长和职业发展都很适用："生活有如负重远行，不可急躁，以免跌倒……找出自身的问题而不是别人的问题。"

目录

第一部分

学习看板

本书第一部分通过一个实例对看板进行介绍。这一部分的目标是帮读者建立一个实际可用的看板，让读者对看板背后的原则有基本的了解。此外还会涉及一些高级主题吊一下读者的胃口。

我们以一个典型的软件开发团队的小故事开始介绍。在这个故事里，我们为这个团队介绍看板并让他们开始使用看板。如果不喜欢这种讲故事的风格，可以直接跳到下一章。我们在第 1 章中提到的概念在后续章节中都会详加介绍。

第1章 Kanbaneros团队开始看板之旅

Marcus 和 Joakim 正在一个会议上介绍看板，他们的演讲即将结束，让我们来听听他们都说了什么。

“一言以蔽之，看板是一种基于精益思想[①]的软件开发方法，世界上很多组织都采用了这种方法，所以，在座的各位也可以使用看板，从明天开始用起来吧！我们建议各位，最好先停止接受新工作，而是先把未完成的工作做完。”Joakim 总结道，“这就是我们对看板的简单而实用的介绍。但是，正如我们之前提醒的，请牢记一点——你可以从明天开始就使用看板。建立一个看板并使之运行并不难，但这对你却能产生巨大的影响。”

“谢谢各位的到来，我们将会留下来几分钟，如果各位有问题的话可以提出来。”Marcus 插话道，他试图结束讨论以便本次演讲能准时结束。

当 Joakim 开始清理白板和即时贴的时候，Marcus 回答了几个简单的问题。Marcus 一边告诉大家演讲幻灯片的下载地址，一边向着出口走去。但他还没走远，在距离出口一半的时候，一个

① 源于 20 世纪 80 年代日本丰田发明的精益生产（Lean Manufacturing）方式，属于管理学领域范畴，旨在以最小资源投入创造更多价值。——编者注

女人突然拦下了他。

Daphne

“怎么回事？你要离开了？千万别告诉我，我们彻底错过了。”这位女士看上去非常失望，而且好像被骗了一样。

“错过了什么？这个演讲？哦，是的，我们刚刚结束，不过你可以看看在线视频。”Marcus 回答道。

“哦，不！”她喊道，“我们来这里就是为了这次演讲！但看起来有人把演讲的开始时间弄错了。”这时一位男士领着一群人进入了会场，而她冲着这位男士点点头。

“那好吧，如果你希望参加现场演讲，我们在今年秋天可能会有类似的演讲。”Marcus 回答道，试图平复一下对方的情绪。

“那太迟了——我们期望马上就开始。我们整个团队都在这里，今天甚至连业务人员都在我的建议下一起过来参加这个课程了。”她看上去难过极了，“你好，我是 Daphne。”她补充道。

“那好，既然如此，你们可以和 Marcus 和我预约一天的时间来进行咨询，这样如何？”Joakim 一边建议一边跟 Daphne 做了自我介绍。

“是的，我们可以那么做，但这个团队以及协作方已经有太多抱怨了。我们希望能够解决这个问题，而且希望今天学到东西能帮助我们解决问题。”一个威严的男人说道，同时他也赶上了 Daphne。

“那你说的究竟是什么问题呢？”Joakim 问道。

Cesar

“整个团队感觉被工作淹没了，而等待交付的人却觉得工作永无完成的那一天。”他明白无误地回答道。

Daphne 接着说：“尽管我们有大量工作要做，我们却花了大量时间讨论哪个项目是重要的，应该最先开始的。然而，我们仍然没有办法从中挑出正确的那个最重要的项目。”

“而且……其实，还有很多问题，但我们不想占用你们太多时间。你们现在就要离开了吗？”那位男士说道，把其他要说的问题又咽了回去。

“除非你们有一个更好的建议？”Marcus 快速回答道。这听起来像是即将开启一段有趣的挑战之旅。

“我们想做的事情很简单。我想要购买你们两人的咨询服务，就在这里，就现在。”那个威严的男人说道，“你们的演讲稿还在屏幕上播放着，上面写着‘从明天开始’，我可以给你们一个机会用实际行动来证明这一点。你们能抽出多长时间？”他停下来盯着 Marcus 和 Joakim 的眼睛。

“我们还有两个小时，然后我们就得走了。”Joakim 看着他的手表回答道。

“既然如此，那就在两个小时内帮我们把看板建立起来并使之运行吧。”这个老板模样的男人伸出他的手说道。

“我们没有办法帮你们解决所有问题，只能为你们指明正确的方向。”Joakim 看了看 Marcus 说道。他们互相点了点头：“好，我们现在有两个小时来接受这个挑战。”

欢迎进入看板实战

你已经踏上了看板的学习之旅，本章将通过一个故事介绍看板的基础。不需要具备任何看板基础知识就可以开启本次学习之旅。你可以跟随两位教练 Marcus 和 Joakim（是的，就是本书的作者）的脚步进行学习，他们在本书中教一个软件开发团队使用看板，并帮助他们使用所学来改进他们的工作。

我们通过这个虚构的故事把你轻松地带入到看板世界来学习一些基本的概念。在本章中，你会学习如何使用可视化技术，如看板墙和工作项，以更好地了解工作进展；你也会学到如何限制在制品的数量，并且弄清楚为什么这么做可以促进工作的快速流动并利于识别改进的机会；你也会接触到如何使用度量来进行改进。

关于这一章，我们收到的评论分为两个阵营。很多人喜欢这种讲故事的方式，而其他人好像不太喜欢。如果你也不想从一个故事开始一段学习旅程，那么你可以直接跳到下一章。本章提到的所有概念，在后续章节中，我们都会详加介绍。当然，我们还是希望你能够阅读本章并从中有所收获。读完本章，你应该能够自己建立一个看板并使之运行起来，在过程中可以使用故事里我们教给这个开发团队一些原则。

在本书其他章节，我们将详述：看板原则以及各种变体和实践，这些变体和实践都是由世界各地的看板团队发展出来的。如果你觉得在本书第一部分我们没有告诉你所有问题的答案，那么你一定会在本书的后续几个部分中找到问题的答案。

不过目前最重要的是继续我们的故事。

1.1 简介

整个团队都聚集在隔壁的房间里。他们通过描述彼此来向 Marcus 和 Joakim 介绍他们自己。根据他们大胆的发言判断，他们对于使用这种相互描述彼此的方法非常在行。

Adam

“Adam 是一名测试工程师。他已经在这里工作了相当长的一段时间，而且他总是一副怀疑一切的态度，无论是新事物，还是其他人的能力，当然大部分怀疑都集中在其他人工作的质量上。他尝试着用一种友善的方式来表达自己的批评，有时候这种方式能够奏效。”

“Adam 喜欢用自己的方式行事。他不喜欢变化，因为变化意味着回归测试。”

Beth

“Beth 是一名新员工。在团队中，她负责需求分析。这项工作主要包括跟业务人员讨论需求，并把这些需求写下来以便开发人员能理解他们该做什么。”

“Beth 总是寻找新的工作方法。”

Cesar

“Cesar 是业务人员。团队现在开发的应用是一个网上银行，第一版实际上是由 Cesar 独自一人完成的。”

“现在 Cesar 不再干 IT 相关的工作，而是负责业务运营。但他还是认为自己是个开发人员，我们经常发现他在做开发工作。”

Daphne

“Daphne 是一个很棒的开发人员。广为人知的一个事件是她在一个小时内写完的代码量比大部分人在一周内写的都多。”

“但她喜欢单枪匹马独自工作，因为其他人会减缓她的工作。如果你询问 Daphne，在她看来最佳的工作方式就是跟 Cesar 坐下来并决定整个应用是如何工作的，然后所有问题就都解决了。所有其他的活动和组织结构对于她而言都是绊脚石。”

Eric

“Eric 白天是一个开发人员，因为他不得不如此。但是晚上他就变成了吉他高手，在当地的酒吧和其他一些场馆都能听到他的演奏。Eric 不久之后就会有一场盛大的演出。”

“写代码是没有问题的，但通常很难了解为什么要这么做。”

“Eric 喜欢尽快完成工作，以便能继续回答 http://guitar.stackexchange.com[①]上的问题。”

Frank

“Frank 是 IT 部门的经理。他的团队里面有 36 个人，他尽量每个月都和每个人至少沟通一次，不过他还要参加很多其他会议。”

“他很关心产品，但他很难有时间跟进所有的新特性。每当有些空余时间，他总是先考虑如何培养人。”

“太好了，”Marcus 说道，“我发现那个房间里面有一张白板，你带了即时贴了吧，Joakim？”

“当然，”Joakim 回答道，脸上的表情告诉 Marcus 请不要问愚蠢的问题。Joakim 是一名敏捷教练，随身携带即时贴是很自然的事情。

“好极了，那么我们过去吧。”Marcus 说着并带领大家走过去。

“谁能告诉我们，你们到底在开发什么东西？”当大家围着白板站定之后，Joakim 问道。

“还是我来吧，”Cesar 说道，然后把笔记本电脑拿了出来。

“哦，不，不要用幻灯片！”Eric 大叫起来，“直接说吧，我们没有时间用幻灯片。”

“好吧，你也许是对的。”Cesar 有点窘，然后回答道，“这是一个简单的介绍。”

这个团队是一个很小的开发团队，所有成员都在这里了。他们为一个大的保险公司服务，负责新发布的手机银行应用。因为这个团队比较小，他们能够掌控大部分工作。虽然也要跟业务部门的其他团队汇报进展，但他们能够自己决定自己的工作，Cesar 在每一个重要决定中都有最终决定权。这个团队负责在手机银行这个应用中开发新特性，同时还要支持和维护已经发布的版本。

① 一个吉他知识问答类网站。——编者注

“你们为什么需要我们的帮助？” Marcus 问道。在等待回答的同时，他在一张白板纸上写下挑战作为标题。

“我可以回答一下。” 项目经理 Frank 走上前说道。

“为了跟上快速的交付节奏，我们曾经有过痛苦的经历。公司中的很多项目干系人都有抱怨，主要集中在功能特性没能及时完成。”

“而且事情迅速恶化了，” Cesar 说道。“大家不再相信我们工作的质量，而且绝不再相信我们给出的预估和交付日期。”

“然而，” Daphne 补充道，“我们感觉到完全被各种工作包围了，根本不知道应该先做哪个工作。当我们试图取悦所有人的时候，却导致工作优先级彻底变化了，所有工作都变成了最高优先级。”

接着，大家还和 Marcus 和 Joakim 谈到其他问题。项目干系人直接把工作交给某个团队成员是很普遍的现象。这些项目需求经常是来自公司的高层，作为开发人员很难拒绝。而且，这些需求有些是其他人员已经在干的工作了。Marcus 很有耐心地把这些问题作为要点写在白板纸上。

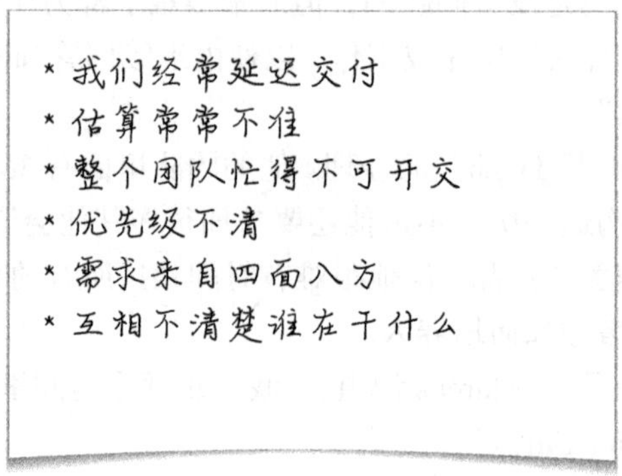

“谢谢你们，也许这已经足够了。” Daphne 打断了讨论，“时间过的很快，但你们只有两个小时，不是吗？我们还是实际一点，这些问题已经足够多了。” “好，让我们先回到手头的工作。” Frank 有点失去耐心了，“我们从哪里开始呢？”

“我们知道大家很想尽快开始。” Joakim 回答道。“但你们需要了解的是，看板和其他方法有些不一样。比如 Scrum 或者 Rational 统一过程（RUP），他们会事先定义有哪些角色，应该有什么会议，甚至如何开这些会议，等等。另一方面，看板从你的现状开始，帮你了解现状，助你识别下一步改进的机会。”

“是的，这对我们和大家是很重要的，特别是在了解现状以帮助改进方面。” Marcus 插话道，担心 Joakim 会长篇大论起来，“但我们现在当然可以开始了，而且在我们进行过程中，你们会了解更多。我们将把这一串挑战作为这两个小时交流的议程表。”

“顺便问一下，你们团队名字是什么？” Joakim 问道。

“从现在开始，我们就叫 Kanbaneros 团队。” Frank 说道，带着浓重的墨西哥口音。大家立刻都笑了起来，同时 Marcus 把这个名字写在白板纸上。

“为了让我们的工作更好地可视化出来，我们使用‘展示并讲解’的方式开始，如何？”Joakim开始了介绍。

1.2 白板

“你们是如何知道整个团队都在干什么的？工作需求是如何进入你们的流程的？如果你们大家都不知道，那么那些项目干系人怎么可能知道呢，对吧？”Joakim 走到白板前拿起一支记号笔。

“你们在哪里记录工作待办列表？”Joakim 问道，“我猜你们是不是维护一个需要完成的工作列表？”

Beth

“是的，当然。”Beth 迅速回答道。Joakim 和 Marcus 能够感觉到她有点被这个问题激怒了，“我会确保把所有需求分类记录到 JIRA[1]里面，JIRA 是我们的项目管理工具。”

“并且，我一有机会就会进入这个工具，根据优先级更新工作的顺序。”Frank 补充道，而且他觉得项目管理系统很好用。

“这就使得我们清楚地看到谁在干什么以及每个工作相应的进展。”Cesar 接着补充道。

“我们现在能访问一下你们的 JIRA 系统吗？”Marcus 指着 Daphne 的笔记本电脑问道。

“当然可以，”Daphne 一边回答，一边打开了笔记本电脑。

“好的，现在让我们把你们正在进行的工作都写下来，”Joakim 建议道，“每个工作项单独写在一个即时贴上，尽量简洁一点，只要你们能够大概理解是哪项工作就够了。”他用独特的单手方式在一秒内就把即时贴打开了，以获得大家的赞美（也许只是他的一厢情愿）。他把黄色即时贴发给大家。

“请用粗笔写清楚，不要用圆珠笔。”即便 Marcus 已经说过上百次同样的话，但每次说的时候，他依然感觉很棒。因为他知道那种细细的涂鸦方式会让人们难以理解，并且很难参与到练习中。“你们写完，就贴在白板上。”Joakim 要求大家按照优先级从上往下贴在白板上。这个团队用了几分钟在电脑屏幕和白板之间来来回回走了几圈就把 6 个即时贴在白板上贴成了一列。当大家重新站定，Joakim 面朝大家问道，“你们都同意吗？这就是你们现在正在做的工作？”

“是的。”Cesar，Frank 和 Beth 几乎异口同声的说道。Adam 和其他开发人员却沉默地看着地板。

“这件事本身没有对或错之分，”Marcus 说道，“重要的是我们能够得到大家工作的真实情况。所以，还有别的工作吗？”

过了几秒钟，Adam 清了清嗓子说，“其实，这不是全部内容……我们有很多工作没有记录到 JIRA 里面。”

Adam

“那是些什么工作呢？”Joakim 问道，“你能给我几个例子吗？”

很快大家发现那些工作项在工作量和内容方面千差万别，比如：额外的需求，小的支持任务，报答其他部门的帮忙和系统的例行维护。当公司高层希望完成什么事情的时候，他们可能直接在走廊里面就把工作交代给团队的某个成员了，这是常有的事情。

“这些任务是很难拒绝的。”Adam 说道，“我们不知道如何排定优先级或者是否可以拒绝某些工作。但我想我们可以把这些工作先说出来。”

“好吧，JIRA 中没有记录这些工作。”Beth 说道，“如果大家在干的工作没有记录到 JIRA 中，那么我们就不能相信 JIRA 里的信息。”

“那么你们该怎么做呢？”Joakim 继续问道。

“好吧，我猜如果我们能确保每一项工作都能记录到 JIRA 中，这个问题就解决了，对吗？”Beth 说道，“这样所有的工作就都记录在一个地方，而且也能容易的跟其他人共享这些信息，特别是那些没能跟我们坐在一起的团队。”

“没错。”Joakim 说道，“那么使用电子工具有什么缺点吗？”

“撇开我的立场来说，没有。”Eric 快速说道。

“嗯，在使用 JIRA 过程中，我们经常会不知所措。”Beth 说道，“我们不止一次地发现，比如，同样的工作由两个人在进行。为了发现这些问题，我们要进行大量的查询。”

“我们该怎么做才能便于我们进行类似的查询呢？”Joakim 问道。

“嗯，”Beth 继续说道，“我猜我们需要能容易的看到这一切，比如贴在墙上或者别的地方。”

“答对了！”Marcus 再也掩饰不住兴奋之情。“把工作贴在墙上！每一项你们在进行的工作，写在即时贴上然后贴在墙上，仅仅这一件小事带给你们工作的变化都会令你们吃惊不已。”根据经验而言，Marcus 知道这其实是一件大事，特别是对于很多刚开始敏捷开发的组织而言。

为了在实践中体会这种变化，Marcus 建议大家为每个工作项立刻创建一张即时贴，然后贴在白板上。

“每个人都写完了吗？”过了一两分钟后 Marcus 问道。

之前贴了 6 张卡片，对应于 JIRA 中的工作记录，紧挨着这 6 张卡片，大家又贴了八张新卡片。

“天啊！”Frank 大叫道，“这是真的吗？”

“我们早就告诉过你！”Daphne 一边说着，一边把双手完全张开，“看看这边，我们接受了太多的工作。”

“我知道，但我从来没有意识到……”Cesar 挠着头说，“兄弟们，这段时间对于你们肯定是一段充满压力的糟糕经历。”

“这确实比 JIRA 中的工作多多了。”Beth 一边说着，一边数着即时贴的数目。

“这就是我们一直在说的问题。”Eric 再一次调高声调说道。

大家陷入了沉默，紧紧盯着白板。通过为每一个实际工作创建即时贴，他们用一种实际的方式把正在干的工作显示出来。团队有一种大开眼界的感觉，而 Joakim 和 Marcus 已经无数次见证过这种经历。

“这就是你们从电子工具 JIRA 中挑选的信息，而我们一般称电子工具为‘信息冰箱’，就如同 Joakim 喜欢这么叫。”Marcus 一边看着 Joakim，一边说道。Marcus 停下来等着 Joakim 来解释这个隐喻。

Joakim

Joakim 接过这个话题继续解释道：“通过一张大白板进行可视化，可以称为信息辐射源。这种信息呈现是很明显的，并且当人们经过时就可以清楚的看到。而电子工具，我认为，有些时候更像信息冰箱，你必须要打开它到处找寻想要的信息。”他不太确定是否每个人都听到了他的话，因为整个团队站在他面前还在盯着白板上的这堆即时贴。

“让我们来看看你们刚刚提到的挑战。”Marcus 插话道，“至少我们已经开始解决其中的一个挑战——谁在干什么和整个团队都在干什么工作，而且我们还简单介绍了优先级处理。”

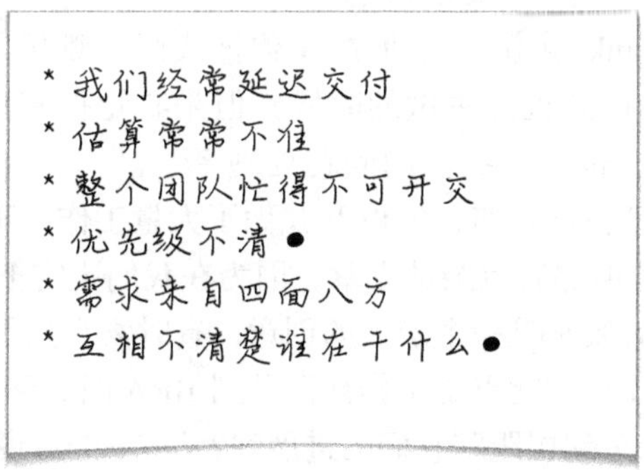

Beth 看着白板上的即时贴，过了一分钟后，她说：“那接下来对于这堆即时贴该干什么呢？”

“是啊，把它们贴到墙上并不能帮助我们完成更多工作并让项目干系人感到满意，对吗？”Daphne 补充道。

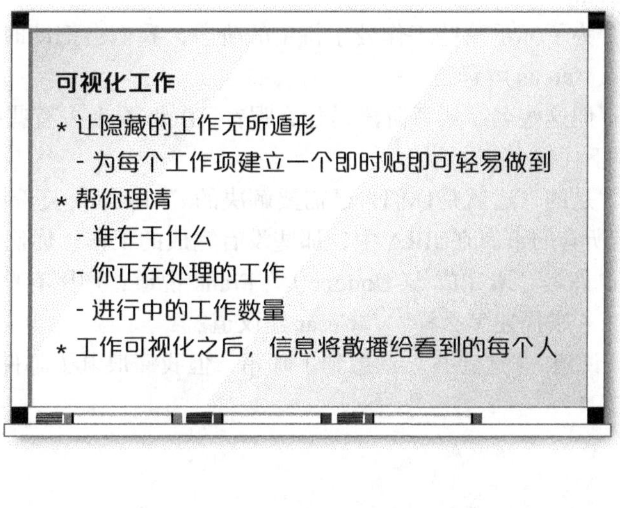

1.3 工作流映射

“嗯，这些即时贴告诉你们，有很多工作在进行中。” Joakim 开始说道，“但通过可视化你们的工作，你们能够看到更多信息，比如让每个人都看到所有工作项的进展以及相应的优先级。这将进一步提高工作透明度，并且在面临新工作时，也能帮助你们排定优先级。”他一边说着，一边用手指了指挑战列表。“让我们尝试着把你们的工作流程映射到白板上，然后把即时贴放到正确的位置。” Joakim 摘掉白板笔笔帽，准备开始了。

“现在是要把什么映射到什么？” Beth 问道。

“哦，工作项在流经你们的系统时，是从一个创意或者客户需求开始，到最终产品特性上线，为客户提供价值是这样吗？” Joakim 问道。

“是的，我猜是这样的。”有些人在喃喃自语。

“那工作的起点是哪里呢？” Joakim 问道。

“嗯——这很难说。” Frank 说道，“这取决于你把线画在哪里。是想法形成的时候，还是我们决定去做的时候，或是得到批准去做的时候？但是我觉得有一点很明确，就是我们要把所有工作记录到 JIRA 中去，也就是我们的问题处理系统。”

“但是，” Cesar 插话道，“在这之前，Beth 和我做了大量工作，不是吗？”

“是的。” Beth 回答道，“但那有点杂乱无章，因为在我们决定把什么记录到 JIRA 之前，需要来来回回讨论很多次。有时候它是一个宏大的创意，有时候它只是一个简单的补丁。”

最终大家决定整个工作流程的起点是工作被记录到 JIRA 时，终点是生产系统上线。

“我不太明白为什么不从头到尾跟踪它们的进展呢？” Daphne 说道。

“那好，我们把工作流程的环节在白板上划为不同的列。” Joakim 准备开始在白板上画了，但是他突然停下来了。他之前已经试过很多次为团队绘制白板，也知道最终这个白板会沦为他自己的工具而不是整个团队的。幸运的是，这个问题有个简单的解决办法。“还是由你画会更好。” Joakim 把白板笔递给 Beth。

Marcus

“为了标示某些工作处于特定的阶段，我们会把即时贴放入对应名字的列中。” Marcus 解释道。

“但这些名字或者阶段是什么呢？” Beth 看上去有些困惑，因为 Joakim 没有写下任何名字。

“是的，这就是你们自己需要解决的。” Joakim 笑着说道，“我们不能替你们做所有的事。在 JIRA 中，那些没有完成的工作，你们用什么状态描述？”

“哦，我不清楚，也许是‘未完成’（Undone）。” Frank 说道，周围有些人笑了起来。

“用‘输入’（Inbox）来描述怎么样？” Cesar 建议道。

“我不知道。” Eric 说道，“这让我立刻想到了邮箱，但我痛恨电子邮件。我们能否尝试一下其他的词？”

"'待办'（Todo）怎么样？" Daphne 建议道，"也许这太简单了。"

似乎没人介意，于是 Joakim 说道，"这是一个好的开始！请记住，我们希望这些名字简单易懂。如果日后你们觉得需要更改，那么到时候就去更改好了。"

"实际上，" Marcus 一边说，一边伸出一根指头，"我们建议大家用白板笔在白板上绘制。千万不要做成永久不变的，不要过早地使用胶带和其他东西绘制列，因为那可能使你不愿意去改变。而随着你学习的深入，改变是不可避免的。"

在 Marcus 说的同时，Beth 在白板的最左边画下了一列。她把"待办"写在这一列的最上方。

Joakim 说道："那好，所有那些还没开始的工作对应的即时贴——把它们挪到这一列里面吧。"

于是大家走上前，开始在白板上移动即时贴。在移动的过程中，有一些讨论和问题，主要是关于到底哪些工作项居于这一列，但很快就有三个即时贴被放入了"待办"这一列中。

"好吧。"当大家围在白板前讨论时，Joakim 把大家召集过来继续说道，"我们把工作按照优先级从上到下排列起来，让团队之外的人也能容易地看出来。这样做还有一个好处，你能很容易地分辨出每一列中最重要的工作。"

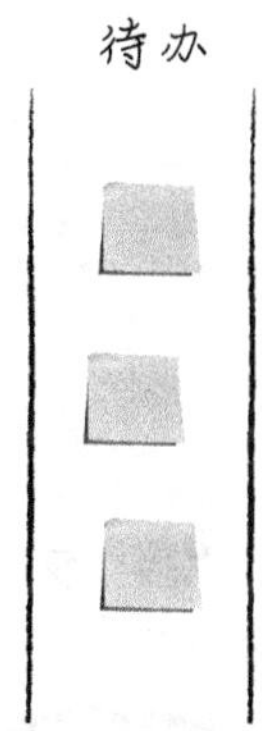

"那接下来你们怎么进行这些工作呢？" Marcus 问道，"你们第一件事情一般做什么？"

"我们通常会坐下来讨论设计。如何构建系统？我们能够从已有的平台使用什么组件？我们是否应该使用其他团队的组件来构建新的方案？诸如此类的讨论。" Frank 说道。

"基于我们讨论的结果也会形成一些文档。" Beth 补充道。

"那这个阶段我们称为什么呢？" Joakim 问道。

"我们用'设计'（Design）作为这个阶段的名字如何？" Cesar 问道。

"嗯，可能不太好。其实这个阶段我们还做了大量其他的工作。也许用'分析'（Analyze）作为名字更好？你们觉得呢？" Frank 向 Marcus 问道。

"我不知道，工作流程是你们的，你应该问问整个团队。大家觉得怎么样？" Marcus 向整个团队问道。

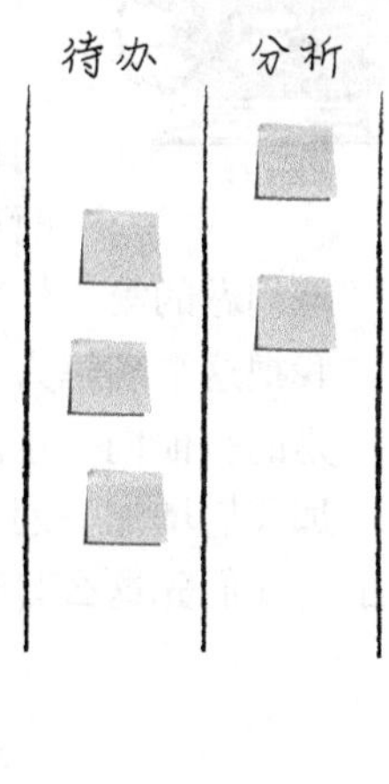

"是的——Analyze 好一点。" Daphne 说道，其他人也一致点头说道。

"那你们现在有什么工作是处在这个阶段呢？" Marcus 问道。整个团队讨论后一致同意把两个工作项放到这一列中。

"好了，继续按照你们的工作流分析，一直到'发布生产环境'（In Production）阶段吧。" Joakim 想到了精益词汇，就把它们串了起来，听起来像是一首诗。Joakim 快速环顾了一下四周，确认只有他自己沉溺于这种想法中，于是轻轻咳嗽了一下继续说道："那么，再之后是什么工作呢？"

整个团队继续创建了“开发”（Development）和“测试”（Testing）两列，并把相应的即时贴移动到这两列中。之后，大家开始讨论“已完成”（Done）到底是什么意思。他们决定在工作流中为验收工作加入一步。最终他们把这一列的名字定为“验收”（Accept）。在别人问到时，Adam 也意识到三个放入“测试”中的工作项其实早就已经测试完毕，在等着 Cesar 进行验收批准。于是大家决定把那三个即时贴也移动到“验收”这一列中，同时“验收”列中已经有一个即时贴了。

Adam 走上前去，把那三个即时贴从“测试”移到“验收”那一列。

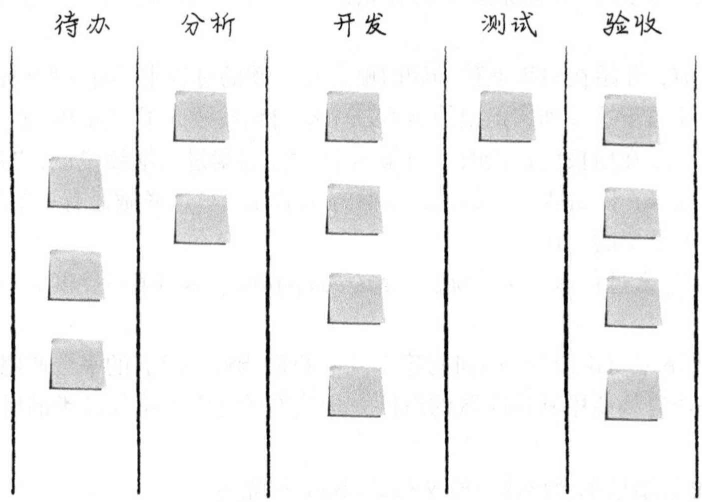

“接下来呢？”Joakim 问道。“你们的工作在分析、开发、测试和验收之后，还需要做什么？”

“哦，老兄，我们应该把它们上线。”Eric 说道。

“你说‘我们’，你的意思是？”Daphne 提示道。

“Ops。”Eric 耸耸肩，叹息了一声。

“那是什么意思？”Marcus 问道。

“哦，是运维人员。”Frank 曾经跟他们打过交道，解释道。“我们公司的运维部门外包给了另外一家公司，这增加了我们产品的上线发布时间。”

“他们做的第一件事情就是回收了我们访问生产服务器的权限。”Daphne 小声抱怨着。

“我把这个理解为你们在上线发布之前需要等待一段时间，然后呢？”Joakim 问道。

“是的，他们一年部署 6 次，而且他们不愿意改变他们的做法。”Eric 失望地说道。

“那我们增加一列‘等待运维发布’（Waiting for Ops）吧，或者类似的名字。”Adam 说道。

“是的，我们先这么写吧。”Frank 说道。

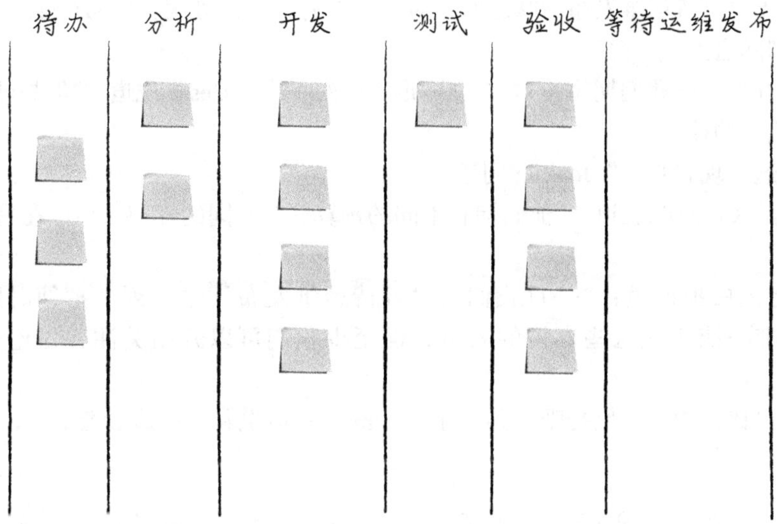

"但是也可以叫作'已完成'(Done)或者'超出控制范围'(Out of Our Hands),你们觉得呢?"Frank 说道。

"为什么?"Marcus 问道。

"这只是运维团队的工作,而且我们完全无能为力。"Daphne 说道。

Frank 接着说道:"是的,我们做不了什么。"

Joakim 和 Marcus 交换了一下眼神,以确定"由你来还是我来"。显然,这次轮到 Joakim 了。Joakim 问道:"你们的客户是谁?"

"你说的'客户'是什么意思?"Frank 接道。

"比如,谁对你们的工作成果感兴趣,或者你们完成的功能特性是为了谁。"。Joakim 解释道。

"哦,就是那些书写系统需求的项目干系人吧。"Frank 说道。

"真的吗?"Joakim 追问道。

"嗯……那你重新定义一下'客户'是什么意思。"Beth 若有所思地说道。

当整个团队对于"谁是客户"这个问题进行了充分的思考之后,大家很快达成了一致并牢记于心:电子银行的用户是最重要的客户。

"'已完成'对于他们而言意味着他们能够使用产品的功能,"Cesar 说道。

"那么'等待运维发布'这一列怎么样呢?"Joakim 问道,"这会使最终用户高兴吗?"

"不,当然不,"Beth 说道,"但这显然是目前的工作流程,那我们又能做些什么呢?"

"如果我们要把所有处于'等待运维发布'的工作项贴出来,到底有多少呢?"Joakim 对着整个团队问题。

"太多了,足够装一大卡车。"Eric 抢在其他人之前说道。

"是的,有很多。上一个版本——"Frank 停下来想了一会儿,"我想最近的发布是本周三。我猜应该有 25~40 个。"

“在项目处于‘等待运维发布’状态时，对于客户有什么好处呢？”Marcus 一边看着 Cesar，一边指着这一列问道。

“没有任何好处——我们期望将这些工作项移出这一列。”Cesar 说道，“但是就如 Beth 说的，它完全脱离了我们的控制。”

“你能改变这一现状吗？”Joakim 问道。

“不太容易。”Cesar 叹息道。“他们拥有不同的预算，在不同的部门，甚至在另外一个办公场所，我的天哪。”

Daphne 走上白板说道：“一旦我们有‘等待运维发布’这一列并把即时贴移进去，那么运维人员是唯一能完成这些事情的人员，但至少我们可以开始关注并讨论这个问题，不是吗？”

“是的，这可比只说‘认倒霉吧’强多了。”Frank 一边说着，一边看着 Eric，直把 Eric 被看得低下头看着桌子。

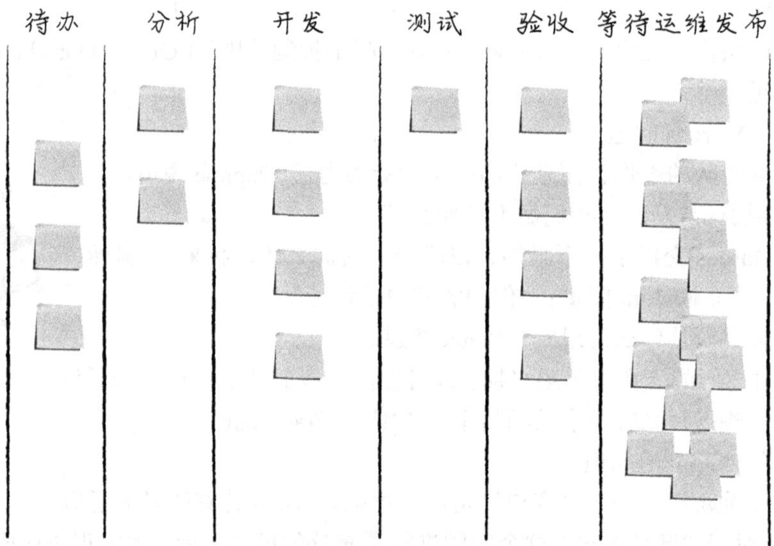

“我们甚至可以帮助他们做些简单的事情。”Daphne 发现这是一个要回服务器管理员权限的好机会。

“是的，这至少值得一试。”Cesar 回应道。

“太棒了，兄弟们。”Marcus 说道，“当把工作中的痛点展示出来，并开始收集相关数据作为证据支持，这样就很容易获得项目干系人和其他团队的理解。毕竟这不是你的唠叨，而是确凿的事实。”Eric 点头同意，看起来松了一口气。

“这是可视化之所以如此重要的另外一个绝佳的例子。”Marcus 趁机插话道，“这些问题早就存在了，你们只是没有意识到。通过这个简单的可视化技巧，为每一个工作项创建一个即时贴，并将其贴在相应的列中，大家就能立刻看到工作流程中的问题。”

“是的——虽然我习惯称之为‘未意识到的改进机会’。”Joakim 说道，冲 Marcus 笑了笑。“这是一件重要的事情。看板能够告诉大家很多事情，比如工作项移动缓慢，或者被卡在哪了，还有工作项没人负责处理等，这些都是看板能够提供的信息。通过这些改进机会，大家可以尝试改变工作的方式。大家一定要抓住这些机会，比如，跟运维人员讨论我们能做些什么来改变现状，很有可能他们之前根本不知道这对于大家是个问题。”Joakim 意识到自己有些兴奋，所以在试着让自己慢慢冷静下来。

“我相信会的。”Cesar 轻声说道。他也对目前取得的进展感到很高兴。

“好，在‘等待运维发布’之后是什么工作？”

“哦，那流程就结束了。”Adam 说道，“我们的工作已经上线，可能会发现 bug，但我们会把 bug 记录到 JIRA 里面，所以在白板上就应该在‘待办’这一列，对吗？”

“这是你们的工作流程，既然你这么说那就是这样的。”Joakim 说道，“我们只需要加入最后一列，名字为‘已完成’或其他名字？”

“我们为什么需要‘已完成’这一列呢？”Daphne 问道。

“为什么不呢？”Eric 回答道。“我们想证明我们很棒，不是吗？”

Marcus 表示同意说：“当然是的，所以我们就要想尽一切办法来证明。”他稍微停了一下，说：“我们把这些完成的工作展示在白板上，这样做是很好的办法。”

“是的。”Adam 明白了 Marcus 的意思。“但为什么是‘已完成’呢？我说过有可能发现 bug。用‘发布生产环境’（In Production）怎么样？我觉得这个名字表达得更加准确。”

团队的其他成员都认为这个名字更好，而且暂时没有即时贴放入“发布生产环境”这一列。

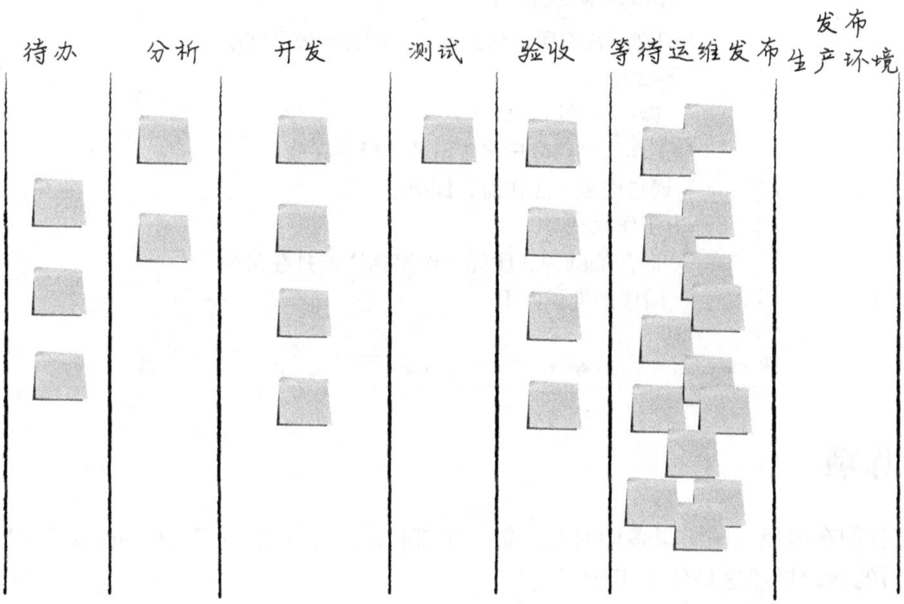

“我们再来看一下现在的白板——这就是你们现在的工作流程，对吗？”Joakim 问道。“你们是否觉得现在比之前在电子系统中，更能够清楚地看到每个工作项的进展和状态？”同时 Joakim 又打开那张写满问题的白板纸。

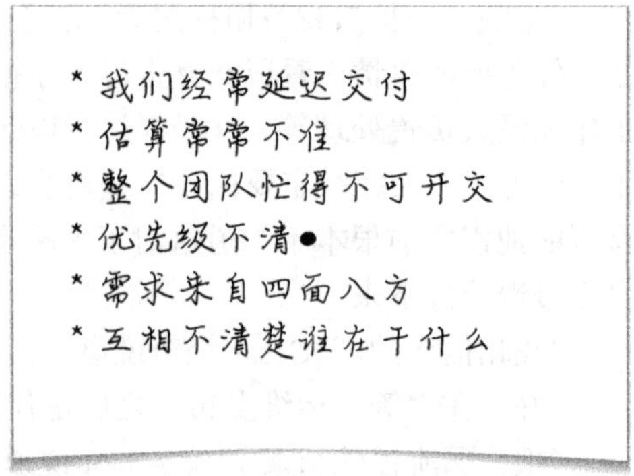

“那么工作的优先级呢？这也是你们提到一项挑战。”Joakim 一边说道，一边指着白板纸。“比如，当你们把工作按照优先级排列在每一列之后，是不是就很容易看到工作的优先级了？”

整个团队对着白板看了一会儿。Frank 提到感觉这有些简化，而且如果不是大家一起尝试过，是无法知道这个方法有用与否的。

“那好吧。”Marcus 说道，“有两件事情需要强调一下。第一，这还没完，这只是到目前为止最好的产出。这个白板和我们讨论的其他所有内容，日后都可能发生变化。在我们进行中，我们会持续不断地改进。”他停顿了一下，在谈到关于检视—适应—持续改进的好处时，他试图避免进入说教的模式。

“第二，接下来我们讨论一下你们提到的不同类型的工作，换句话说——白板上贴的是些什么类型的工作？”

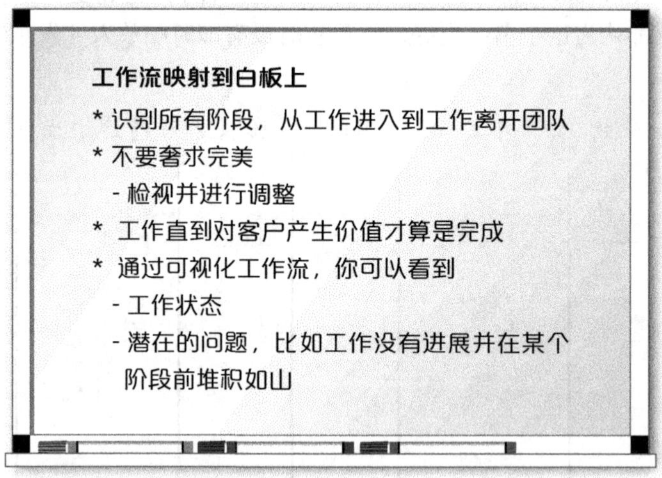

1.4 工作项

“现在我们在白板上贴了很多即时贴，每一个都代表一个工作项。”Marcus 说道，“每一个都有一个简短的标题描述这是什么工作。”

“每个工作项的状态通过其所在的列能够清楚地显示出来。”Joakim 补充道，同时他用手示意着，从白板的左边向右边扫过每一列。

Beth

“这些信息对于你们和所有的项目干系人理解你们目前的工作，够了吗？”Marcus 问道。

“哦，这些标题有时候太简短了。”Beth 说道。

“你的意思是？”Marcus 追问道。

“我想说的是其中有一些只能被负责的开发人员看懂。”

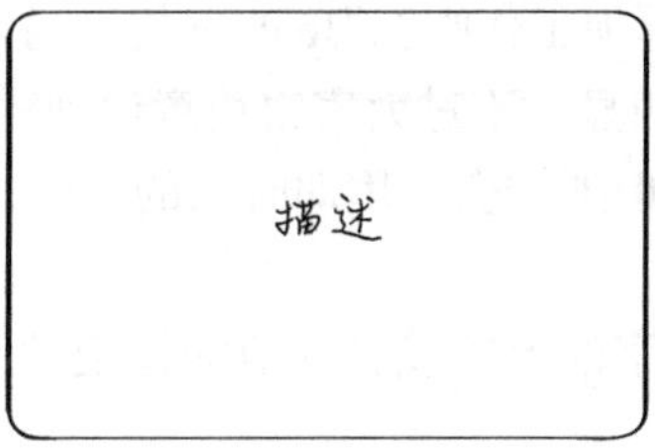

“也许你希望在代表工作项的即时贴上写一个简短的标题，既不要冗长，同时也不能太短以致无法记住这到底代表什么工作。”Marcus 建议道。

“就像一个用户故事？”Beth 笑着说。

“是的，你可以这么做。”Joakim 回答道，“但你不是必须这么做。任何简短的描述都可以，只要能够提醒你这是什么工作就行。如果不用靠近白板仔细阅读就可以清楚地知道是什么工作，那就够好了。这个描述应该是明显易读的，只要眼一扫过，就可以把不同的工作项区分开。”Joakim 在白板上画了一个大方块，然后在中间写上“描述”（Description）。

“这样做就可以了吗？”Marcus 问道。

“不一定，有时候我想要知道 JIRA 的记录 ID。”Eric 很喜欢这个工具，从他的声音中就听出来了。

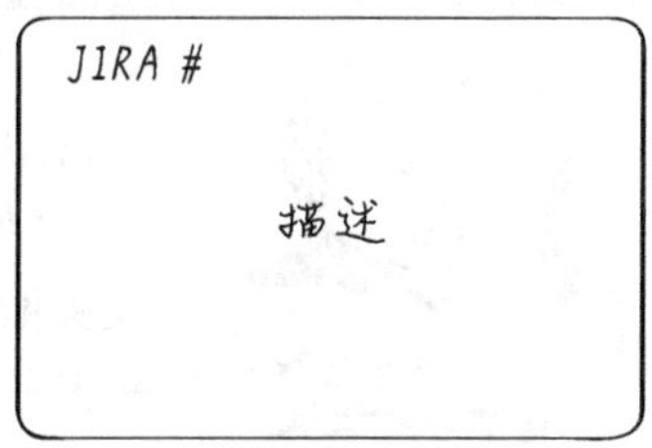

“为什么呢？”Joakim 问道，一方面是因为他对 JIRA 并没有很深的印象，一方面是他觉得 Eric 可能有特别的原因。

“如果我们只有这样一个简短的描述，我们就需要引用回查 JIRA，以便我们查看 JIRA 中的其他信息。有时候，那里有大量有用的信息。比如，深入的讨论、图片或者其他的信息。”Eric 解释道。

“太棒了！”Joakim 把 JIRA 的 ID 号写在方块的左上角。“还需要其他信息吗？”他问道。

“完成期限！”Frank 站起身，几乎尖叫出来。

“是的，这看起来对你很重要？”Marcus 问道，他看着整个团队，可是大家鸦雀无声。过了一会儿，Cesar 打破沉默。“是的，这对我们很重要，但并非我们的每个工作项都有这个期限，那我们该怎么办呢？”他把这个问题抛向 Joakim。

“大家觉得呢？”Joakim 又把问题抛给了整个团队。

“我们在有完成期限的卡片上写下这个信息，就这么简单，不是吗？”Eric 说道。

“是的，不过我们希望突出这个信息，以免我们忽视了。”Frank 像是在自言自语。

“那我们用不同的颜色来突出一下如何？”Beth 建议道。

“真是个好主意！”Joakim 走上前，在方框的右上角写上完成期限。

“另外一个有用的小技巧就是总是在即时贴的同样位置写同样的信息，这样很容易形成一种关联。如果有完成期限，就写在卡片的右上角。”

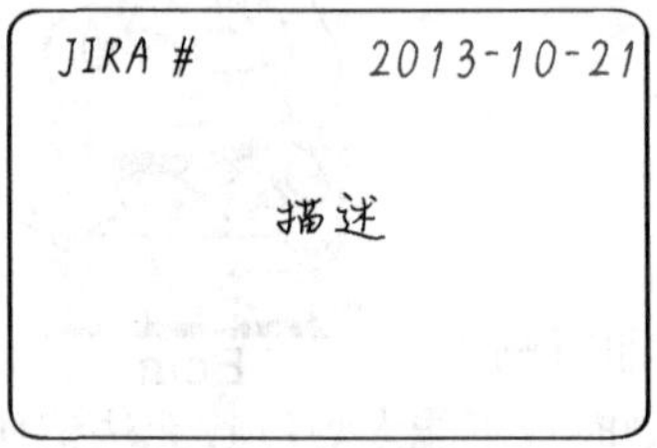

“太棒了！”Marcus 说道。

“不过还有其他有用的信息应该被写在卡片上，”Joakim 说道，“大家猜一猜？”

这次没有人回答。

“那大家是怎么知道谁在进行哪项工作呢？”Joakim 提示道。

在 JIRA 系统中，这个信息很明显，不过大家很快意识到需要把这个信息也加入到白板上。最初的建议是把名字直接写上去，但那样会占用即时贴的空间，而且有时候需要写很多名字，这使得即时贴上的信息很难读。

“一个简单的方法是用某种标记附着在工作项上，一块写有名字的磁铁或者其他的标记。”Beth 说道。

“是的，一个简单又普遍的方法是创建一种称为‘头像’的标记，放在正在进行的工作项上。”Marcus 解释道。

“一个头像？就像一个骑着飞马的忧郁王子？这有什么用呢？”Daphne 看起来很吃惊。

“不，不是那种头像。”Marcus 笑着说道。“一个小图片，或者代表你的某种占位符。就像你自己的图片，或者看起来像你的卡通形象，或者你随心所欲选择的头像。”

Frank

“卡通？但我们看起来一点也不像！”Frank 反对道。

“使用某种看起来像你的头像，或者确保把名字加上。这样就能很容易在头像和你自己之间建立连接。”Joakim 说道，他依然对上次使用狗作为头像的事情记忆犹新，大家当时根本无法把头像和人联系起来。Joakim 开始在白板上描绘头像的草图，他的绘画技巧一般，引得大家咯咯直笑。

“你知道什么信息有用吗？”当 Joakim 画完草图后，Adam 问道。“如果能知道这是一个 bug 还是不是会很有用。”

“为什么呢？”Joakim 问道。

Adam 解释说，bug 一般比其他工作具有更高的优先级，而且在工作流程中可能不需要 Analyze 阶段。他们也希望跟踪 bug 是从哪条 JIRA 记录产生的。经过一阵讨论，团队决定使用其他颜色的即时贴来标明这是一个 bug，大家决定使用红色即时贴来代表 bug，而不是普通的黄色即时贴（这在看板社区是一个普遍的使用模式）。

“这太棒了！”Beth 说道，她一直以为自己是一个善于隐藏自己想法的人，但这次她被深深地迷住了。“这样的话，即便从远处也很容易识别出 bug 的即时贴。”Joakim 在一张红色即时贴上写下 bug，又在一张黄色即时贴上写下“常规工作”（Normal），然后把它们一起贴在白板的一侧。

“大家快过来，看看白板上的即时贴是否需要换一下颜色。”他一边说着，一边把红色即时贴递给大家。

大家针对一些工作项展开了讨论，但对大部分工作项他们能快速地识别其工作类型。一会儿的工夫，他们就完成了。退后几步，他们凝视着白板。

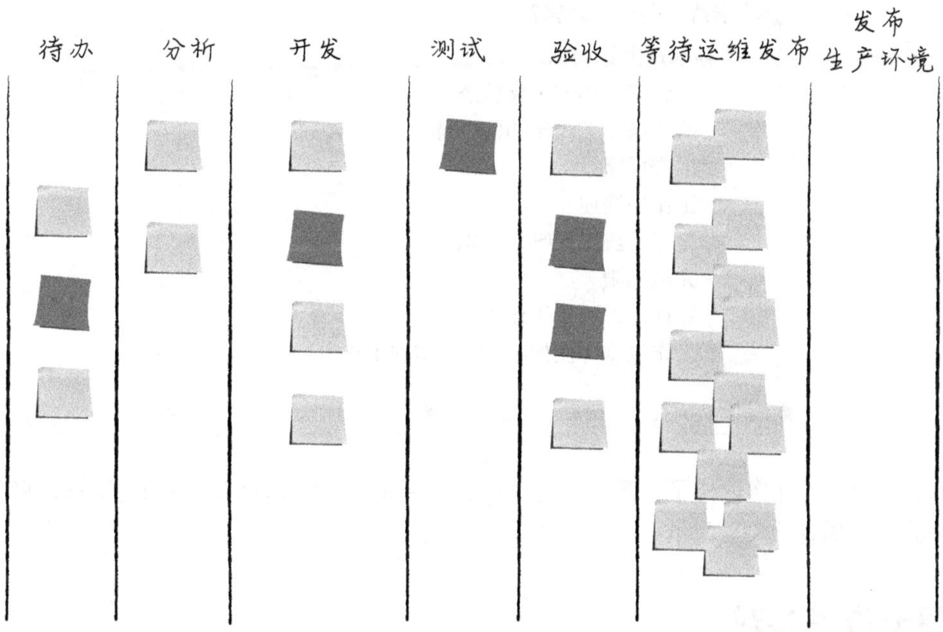

“现在我们可以从白板上看到更多信息了。”Marcus 说道，“而且，白板上一旦被红色即时贴充满，那就说明我们需要坐下来进行一次关于质量的严肃讨论了，不是吗？白板开始跟我们对话了，向我们发出信息，关于我们工作情况的信息。现在大家是否明白我们之前说的信息辐射源的意思了呢？”

大家都点了点头。从这里很容易看到可视化的威力，一些简单的措施，比如更改即时贴的颜色，就能帮助重要的信息凸显出来，像这种卡片代表的工作类型。

“太棒了！”Marcus 鼓起掌来。“我们现在的白板上描述了整个工作流，而且还有一个简单的模板用来描述不同的工作项。下面让我们看看这些工作项如何在白板上移动，以及从中能有什么收获。”

“大家还记得我们从哪里开始这段可视化之旅吗？”Joakim 打断道，“我们希望这个白板和白板上所有的东西向我们发出信息。这些信息能够告诉我们工作进展如何，以便我们能从中有所学习收获。真正的收获不是仅仅看到每个工作项的进展，虽然这很棒，但真正的收获是在学习如何使用的过程中帮助我们做出决定并进行改进。现在只是开始，而且永远不会结束。”

“这就是看板基本原则之一：工作可视化。”Marcus 插话道。

“是的，根本的原因是如果你不能看到，你就不能改进。大家觉得呢？”Joakim 问道。

注意　你无法对自己没有看到的进行改进。

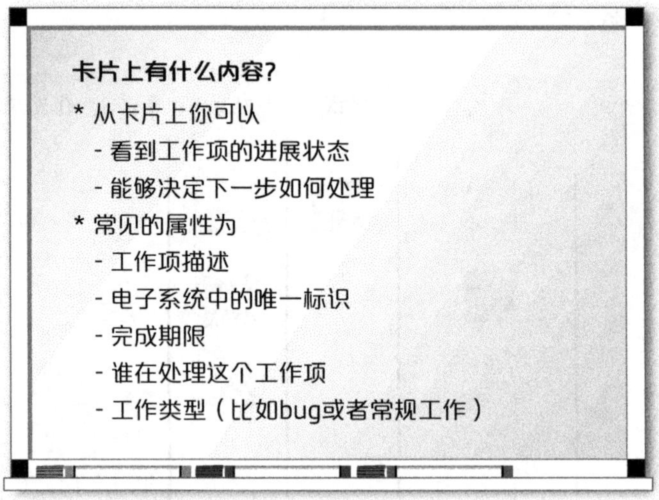

大家都点点头，好像达成了一致。“完全同意。”Cesar 说道，“我们已经知道了这样做的价值。但接下来我们该做什么呢？”

1.5　便士传递游戏

“我们再检查一遍之前提到的挑战。”Marcus 建议道。“让我们看看能做些什么来解决大家感觉忙得不可开交的问题，怎么样？”

“这就把我们带到看板的另外一个重要原则，限制在制品。”Joakim 开始介绍到，“也就是说，努力做到只有很少的工作在同时进行。”

他还没说完，Adam 就怀疑的说道：“为什么？难道我不是该做尽可能多的工作吗？刚刚我们已经把正在进行的工作展示出来了，除了尽快完成这些工作，我们别无他法。”

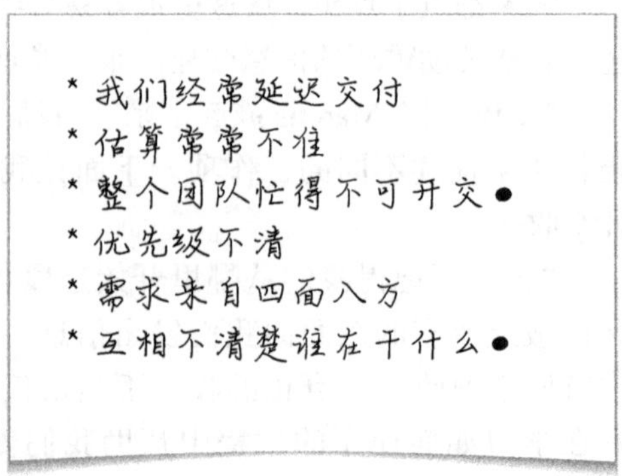

“对此我一点都不怀疑，不过我认为大家可以做得更好。”Joakim 说道。他脸上浮现出一种神秘的微笑。他看看 Marcus，眨眨眼，说道：“我想我们需要一些便士。”同时，他拉过一张桌子和四把椅子。

“好的。”Marcus 拿出一个小钱包。然后他把钱包里的硬币全都倒出来，将 20 个硬币在桌子的一边堆起来。

他转向 Cesar 问道：“我们还有多少时间？”

“我们已经讨论了 45 分钟，还有 1 小时零 15 分钟，请继续吧。”Cesar 呆板地回答道，他想知道这些硬币到底有什么用。

“你们中 4 个人请围着桌子坐下来，”Joakim 邀请大家坐下，“其他人分别选择一个坐下的同事站在其身后，并掏出手机打开计时器。Marcus 和我会填补到剩余两个站着的空位。”

然后他向大家解释了游戏的目标。每个人要把所有硬币翻一遍，然后传递给下一个人。当所有人都翻过所有硬币之后，他们就完成了工作，并交付给了客户。解释到这里，大家似乎都能理解这个游戏要做什么了。

“站在‘工人’背后的人，”Joakim 故意强调了“工人”这个词，“是负责给工人计时的经理，他们会记录每一项工作花多长时间。当你前面的工人开始工作时计时，当他完成工作时停止计时。明白了吗？你们是要为一个工人全部的工作时间计时。”

“最后，我们希望测量整个前置时间，这是指从工作开始到整个工作流结束的时间。”Joakim 说道，“我来作为客户，为整个工作流计时。我会记录两个时间，一个是第一枚硬币到达我这里的时间，一个是所有 20 枚硬币到达我这里的时间。”

经过快速思考后，Daphne 说道，“但是这样的工作方式，第一个硬币和最后一个硬币是同时到达的。”

“是的，这没错。”Marcus 回答道，“至少在第一轮是这样的。在后面几轮，我们会看到变化。”

Marcus 在介绍完这个游戏后总结道，“我们会玩三轮这个游戏，第一轮的规则是每个工人需要把所有 20 枚硬币翻完后传递给下一个工人。大家明白了吗？”

“大家准备好了吗？计时人员，记录你前面工人的工作时间。”Joakim 又强调了一遍。“准备，开始！”

当 Adam 像个疯了一样翻硬币的时候，大家陷入了紧张的沉静之中。他把硬币交给 Beth，然后回头对着背后的“经理”Frank 说道：“我完成了，快停止计时！”

Beth 也全神贯注地开始翻硬币，然后把硬币交给 Cesar。Cesar 在翻硬币的时候摒住了呼吸，直到把硬币交给 Daphne 才喘了一口大气。Daphne 想要同时用两只手翻两枚硬币，但却更慢了。其他人抱怨道：“加油，Daphne——千万不要让我们失望！”

	20		
Adam	10 s		
Beth	12 s		
Cesar	11 s		
Daphne	17 s		
First	50 s		
Total	50 s		

最终 Daphne 完成了，并把硬币交给 Joakim，同时 Joakim 停止了计时器。在一张白板纸上，Marcus 画了一个表格并把结果记录下来。

Joakim 跟每一位“经理”询问了每个工人的工作时间。在把这些时间加起来之后，他转过头对大家说道：“就像 Daphne 预计的一样，第一枚硬币和最后一枚是同时到达客户这里的。”

“现在我们尝试着每次翻 5 枚硬币。”Marcus 跟大家说道，“这意味着——每一批翻完 5 枚硬币就可以传递给下一个工人，然后再接着翻下一批 5 枚硬币，一直到全部翻完。这个规则明白了吗？”

工人们点点头，又开始集中精神到硬币上了。

“各位经理，请记住对各自工人翻硬币的全部时间进行计时。当第一枚硬币到达并开始翻时计时，当最后一枚硬币翻完传递给下一个工人时停止计时。”

“嗯——我想我知道这是怎么回事了。”Frank 自言自语道。

“时不我待哦，”Joakim 打断道，“准备，开始。”

这次硬币的声响很大，但大家还是全神贯注并保持安静。当 Adam 翻完他的最后一枚硬币后，他开始为其他人加油打气。“快！加把劲儿，Cesar！”

很快这一轮就全部结束了，大家把计时的结果记录到白板纸上。

	20	5	
Adam	10 s	14 s	
Beth	12 s	17 s	
Cesar	11 s	13 s	
Daphne	17 s	15 s	
First	50 s	18 s	
Total	50 s	34 s	

“什么？这好像不太对，”Cesar 看到结果后大叫道，“你们确认计时结果是对的吗？”他问道。他先看了看 Marcus，然后又转向 Joakim。

“我确认这个结果是正确的。在我们仔细讨论之前，我们需要再完成一轮。”Marcus 回答道。“这次我们每一批次就翻一个硬币。就是每翻完一个硬币就传递给下一个人。明白了吗，工人们？”

“像刚才一样，各位经理，为你的工人的全部工作时间进行计时。准备，开始！”

大家立刻沉静了下来，除了硬币在传递过程中碰到桌子的声音，听不到其他任何声音。这一轮大家很快就完成了。Joakim 把每个工人的工作时间收集上来，并在白板纸上也写下最终的加和结果。

	20	5	1
Adam	10 s	14 s	18 s
Beth	12 s	17 s	19 s
Cesar	11 s	13 s	15 s
Daphne	17 s	15 s	15 s
First	50 s	18 s	4 s
Total	50 s	34 s	20 s

“我简直不敢相信！”Frank 非常怀疑地说道，就如同被欺骗了一样。“这到底是怎么回事儿？”其他人看上去对这个结果也感到很吃惊。

“这个结果没有问题，好了，下面我们来看看从中我们能够学到什么东西。”Joakim 说道。

“首先，我们看一下第一枚硬币到达客户手中的时间。当我们把每一批翻的硬币数目减少后，有什么变化呢？”Marcus 一边小心地为自己的提问措辞，一边指着白板纸上记录的结果。

“这个时间一直在下降，从 50 秒到 4 秒，这太神奇了！”Frank 摇着头表示这真难以置信。

“那么总的完成时间呢？”

“当然，完成时间也下降了。”Daphne 说道，但对这个结果不够印象深刻。

“但是，和首次交付时间的变化相比，这个变化不是那么引人注目。”Frank 还是无法相信那个结果，他不停地看了又看。

“现在，看看每个工人的工作时间。”Joakim 说完，又给了大家几秒钟思考时间。

“整体的趋势是怎么样的呢？不要特指某一个工人。”他干咳了一声，又对 Daphne 使了个眼色。Daphne 立刻会意了这个玩笑，挥了挥手。

“哦，很奇怪的是，这些时间都在增加，这是怎么回事？”Cesar 看着 Marcus 和 Joakim，希望从他们那里得到答案。

“我们通过这个练习向大家证明了一点，当大家减少并行或者同时开展的工作时，前置时间也减少了。”Marcus 解释道。“首先我们完成的总工作量并没有变，只是改变了工作方式——通过减少每一次批量工作的规模，使得同时进行的工作也减少了。”

“或者我们将它称为在制品，你们会经常听到看板社区的人们使用这个术语。”Joakim 补充道。

注意 在制品（WIP）是同时进行中的工作数量。减少在制品使其快速流过整个工作流，即前置时间缩短。

“如果没有这种奇怪的三个字母形成的缩写，那么就很难称之为一个社区，不是吗？”Marcus 说道，同时大笑了起来。

“就如同大家已经看到的，限制在制品对总完成时间产生了戏剧性效果，在这个例子中从最初的 50 秒下降到 20 秒。”Joakim 指着白板说道，“同时还有另外一个效果。当我们以 20 枚硬币为批量规模工作时，第一枚硬币和最后一枚硬币同时交付。当我们以较少的硬币为批量规模时，我们在 4 秒后就交付了第一枚硬币，这连第一轮的十分之一都不到。”

“小批量，”Marcus 用手臂摆出一个收缩动作，“较少的在制品，会给你更快的速度并使你更加敏捷，因为你总是可以优先交付小的重要的工作。大家明白这是个优势的原因了吗？”

“不仅如此，”Marcus 继续道，“一旦我们翻硬币时犯了错误会怎么样呢？如果客户希望硬币沿其边缘立着翻转——对于不同的批量规模会有什么不同呢？”

因为“直到我们所有人都完成之前，我们没有交付，所以我们将不得不全部重新来过。”Daphne 说道，“在第一轮中是这样的。”

“最后，我们不再关注是否每个工人的工作都是最有效率的。”Joakim 说道，这是给 Cesar 的建议，“在第一轮中，在最后一个工人工作之前，有大量的等待时间，但每个工人都竭尽所能的完成整个批次，然后才交给下一个工人。另外，在最后一轮中，前置时间是最短的，但每个工人的工作时间都延长了，从个人来看工作效率下降了，但整个团队的效率最高。”

注意 优化工作流程以获得快速流动可能会导致资源利用效率的降低。

“我也不愿意扫你的兴，但是，”Adam 靠在椅子上，双手在胸前交叉。他长舒一口气，“我们的工作，‘现实’是，比这个复杂多了。我希望你们能够意识到这一点。”Adam 听起来有些疲惫。

“你的意思是？请解释一下。”Marcus 试图展开一场讨论。

“首先，工作项不是像这样持续到来的，他们可能在我们之间来来回回多次。例如，我做一点测试，然后做一点编码，再之后又是测试，甚至有可能是需求变更。”

“第二，我们的工作项的大小各有不同，而游戏中的硬币大小和工作完全一样。”

“这一点很棒。”Joakim 打断道，因为他看到 Cesar 在看时间。“你说的对，这个游戏是一个简化的模拟，用于展示一个基本原则：在制品越少，前置时间越短。现实工作中，有很多其他的影响因素，必须进行权衡，但这个基本原则仍然有效。”

“缩短前置时间和限制在制品还有很多其他好处，但现在我们没有时间进行讨论了。”Marcus 试图结束讨论，总结陈词道，“这个游戏只是让大家拓展一下思路，不过目前最重要的是大家如何理解这个原则。现在大家围绕在白板周围，看看如何在工作中实际运用，并展现在白板上。”

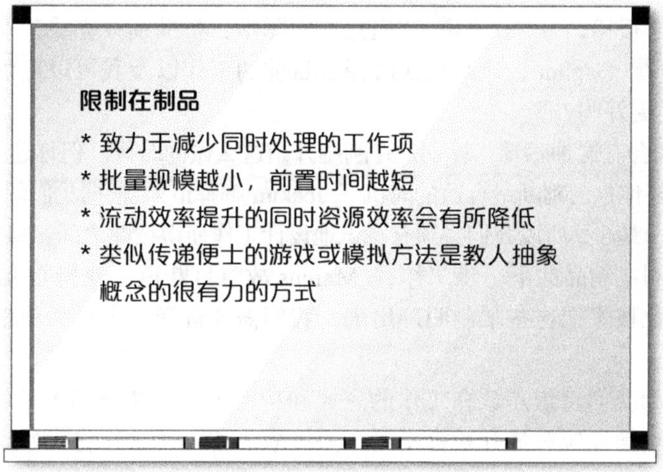

1.6 在制品

他们又走到白板前面。

“我们的便士在哪里呢？” Adam 夸张地说道，表明他还没有完全相信这个结果——至少目前还没有。

“在白板上，什么是便士硬币呢？” Joakim 问大家，故意忽略了 Adam 的说法。

“就是这些即时贴吧。” Beth 说道。

“他们怎么样呢？从游戏中你们学到了什么呢？” Marcus 问道。

“好吧，让我们看看我的理解是否正确。” Frank 开始说道，“如果我们希望这些工作在白板上快速流动，我们应该同时开展较少的工作。比如说，从 20 个硬币下降到 5 个。” 他一边说，一边看着 Joakim 和 Marcus。

Joakim

“大家都同意这个说法吗？” Joakim 回看着整个团队。他们看起来好像都同意了。

“但是我们在实践中怎么做呢？” Eric 想要知道这个答案，“我们需要做什么改变呢？”

“嗯，如果我们都认为这是一个好主意，” Daphne 回答道，他朝着 Adam 瞥了一眼，“那就足够了，对吗？我们都认为应该减少同时开展的工作。”

“是的，你们都同意要*停止启动并聚焦完成*。” Joakim 对着白板沉思道，他号召着大家因为他太喜欢这个口号了，但是大家迷茫的眼神告诉他他需要详细解释一下。“与其开展一个新的工作，大家可以帮助团队中的其他人先完成已经开展的工作。”

“而且与其让你的工作处于被阻塞的状态，” Marcus 补充道，“例如，等待外部的信息或者其他人的评审，你可以尝试着解决这个问题或者努力避免日后再次发生类似的问题。这些都是我们之前谈到的没有意识到的改进机会，对吗？”

“这个理论听起来很棒，” Eric 说道，“但是在实际中，帮助别人完成工作并不容易。我的意思是说，我不希望打扰 Daphne，让她给我解释她目前的工作以及我可以提供什么帮助。难道让她自己独立完成不是更好吗？”

“当然，有时候你会有这种感觉，特别是在刚刚开始这么做的时候。但你还是需要从某个地方开始这个改变，所以需要你自己判断最合适的时机。” Joakim 解释道，“根据我们的经验，经常是开始新工作的时候遇到的阻力最少，所以我们必须有意识地设计工作使得彼此之间容易相互帮助完成工作。”

“这就引出了限制在制品的下一步工作，” Marcus 故意打断道，他担心 Joakim 会扯太多题外话，“就是使用可视化技术把这些限制明确出来。我们需要选择一个最大值来限制能同时开展的工作数量。”

“这个限制将帮助我们将焦点放在工作的完成和帮助工作快速流动上。” Joakim 又回到了主题。“限制在制品能够帮你应对最开始提出的一些挑战。首先，工作将开始流动，因此你不用时时监视大家的工作。”

Joakim 走上前，指着白板纸说道：“当工作在整个系统中以稳定的速度进行时，根据我们的经验，准确地评估和预测就不再需要了。第二，你不会再有被工作淹没的感觉，因为现在已经有了你能同时开展工作的上限。如果谁希望增加一个新的工作进来，他还需要决定把某项工作替换掉。”

Joakim 一边说着，一边在白板纸上打了几个点。

“这样的话，” Marcus 插话道，他脸上洋溢着笑容，“反过来倒便于我们进行优先级排序。开展的工作项数目减少了，而且你现在有信息进行展示和思考，所以就容易进行优先级设定了。大家现在就可以做，就在白板上开始吧。”

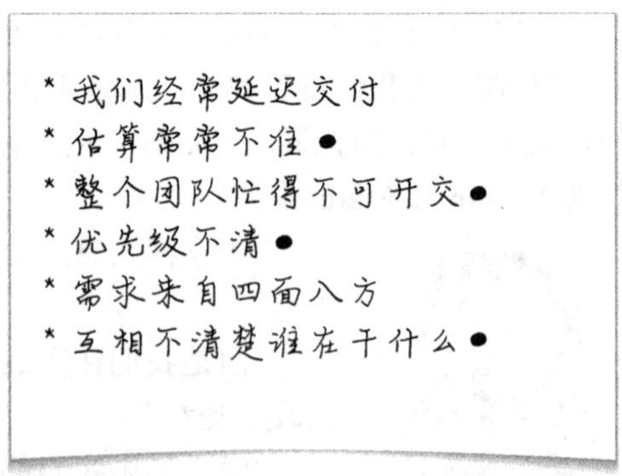

“但我们怎么知道应该使用什么数字作为限制呢？” Beth 说道。

“具体问题具体分析。” Marcus 回答道，但是他马上意识到这是每个咨询师的标准答案，于是迅速尝试说一些更有针对性的建议。“通常，限制越低越好，但是有时候限制太低了也会有不良影响。想想看，如果大家都工作在一项工作中会是什么场景？这将有利于工作的流动性，一旦能够进入开发阶段，就会有开发人员领取这个开发任务并开始开发工作，而且当开发完成时，Adam 也早已准备就绪开始测试了，但这个场景有什么问题吗？”

片刻之后，Frank 打破了沉默。“在种情况下，看起来好像有很多等待，对吗？还是我漏掉了什么？”

“是的，你说得非常对。” Marcus 给 Frank 竖起了大拇指。“在制品规模过低导致大量闲置，这对降低前置时间虽然有好处，但大多数公司可能不会愿意给无所事事的人员支付薪水。”

“你需要在这两者之间进行平衡：快速流动和每个人都有工作。你希望设置一个较低的在制品规模进行限制，但也许不应该是‘1’那么低。”Joakim 总结道。

“但这依然没有解决我们的问题，我们应该设置的限制到底是多少呢？”Daphne 说道。

Daphne

“对不起，这一点我们也不知道。”Joakim 耸耸肩，“这件事你们需要自己决定并且不断调整以便于达到持续向好的趋势和更快速的流动。”

“改变并行工作的限量。好的，我们懂了，但从什么开始变，变成什么呢？”Frank 失去耐心了，“你总要告诉我们吧。”

“从最简单的开始。”Joakim 说道。“从每人一个工作项开始，很快你就会发现某些地方堆积了一串问题。例如，开发人员无法持续下去。”

“你这到底是什么意思呢？”Daphne 半开玩笑地说道，语气里也透露着不满。她的工作效率很快，她对此毫不怀疑。

“有些任务总是比其他工作需要更长的时间才能完成。”Joakim 说道，“工作流到底在哪里减速或者停止，这不是重要的，重要的是你打算怎么解决它。”

“举个例子，”Marcus 把白板上的即时贴清除干净，“我们合理地假设同时有 2 个工作项进入开发是合理的数量，因为我们有两个开发人员，对吗？”他跟 Daphne 确认道。

“当然。”她回答道，防御性的心态开始发挥作用，她非常谨慎，不知道会将讨论引向何方。

Marcus 在白板的“开发”那一列上面写下数字 2。

“我们已经有 2 个工作项在这里了。现在分析人员又准备好了新的工作，期望把这些新工作推到开发阶段，但这会打破我们设定的 2 个工作项的限制，对吗？”Marcus 在白板上画了一个箭头，然后又打上了一个问号。

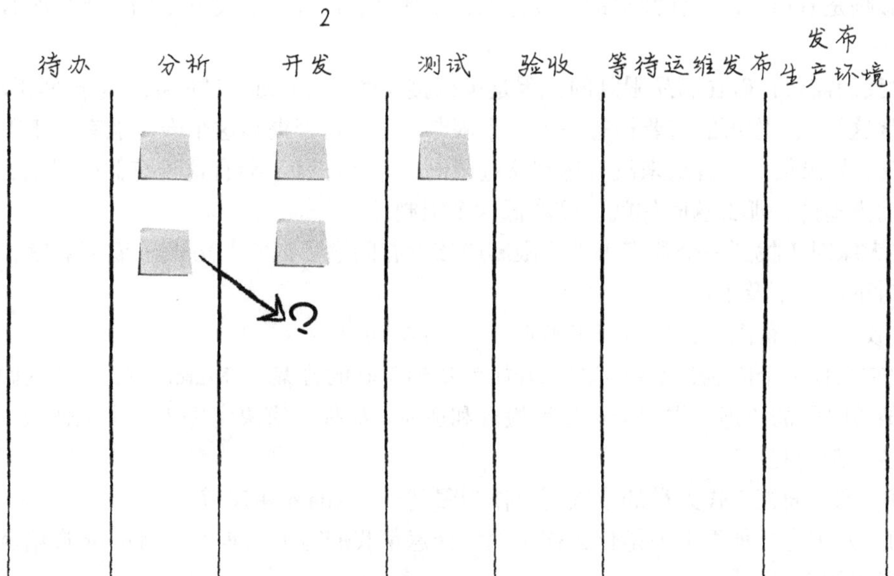

“我们现在该怎么做呢？”Joakim 问道。

Frank 急不可待地分享他的看法：“那就把新工作放进去吧，反正他们早晚都会被放进去。”

“其他人觉得‘把新工作直接放进去’，是个好点子吗？”Marcus 问道。

“当然不！”Daphne 反驳道，“这不同于我们从传递便士游戏中获得的启发啊，我们不是应该确保同时进行的工作是最少的吗？”

“是的——那么我们应该怎么做呢？”

“替换掉其他工作，如果新进来的工作确实很重要的话。”Eric 建议道。

“什么也不做？等待？或者放慢工作的节奏？”Beth 看着这个场景，却不知道该怎么抉择。

“大家看到了吗？我们正在进行一个讨论。”Joakim 说道。“这就是在制品规模限制的意义所在：触发讨论。特别是关于改进工作流程的讨论，即限制在制品的规模以便于工作项的更快流动。这种讨论可以是某种具体措施的讨论，比如如何避免引入更多的工作到流程中。有时候这需要一个开发人员帮助其他人员完成某项工作，有时候需要替换掉进行中的工作，有时候需要开发人员停下开发工作来帮助测试——”

“先停一下！这决不会发生啊！”Daphne 大叫道，从她的声音和面部表情判断，她是在开玩笑。

“好像我愿意让你帮忙一样！”Adam 也快速加入到玩笑当中。

注意 在制品限制不是一个严格的规定，它是用来引发讨论的。

“我们经常是在发布之前才进行大量的测试，”Eric 插话道，“所以我觉得尽早测试以避免造成太大的影响是有道理的。你知道的，没什么，没什么，没什么，突然之间，砰！所有事情都集中爆发了。”

“有时我们需要打破在制品限制的原因是可以接受的。”Marcus 试图把讨论拉回正轨，“但是如果你经常这样做，你可能需要检查一下这个限制，看看是否提高这个限制能有助于工作的快速流动。相反，如果很少或者从来没有达到这些限制，那么你就不会有这种有益的讨论，从而也就没有改进的紧迫感，那么这时你就应该降低这个限制。”

“现在大家对于找到一个数字来进行限制应该没有问题了吧？”Joakim 看了看表，发现再不继续向下讨论就来不及了。

“嗯，找到一个很简单，但是否正确呢？”Frank 问道。

“先把它当作一个限制，不要试图一开始就找到正确的答案。”Marcus 说道，“就如同我们之前说的，随着时间的流逝，你们会逐步地检查和适应。如果大家决定每人一个工作项，该怎么简单地设置这个限制呢？”

“在每一列上面把工作人员的个数写上作为限制？”Adam 建议道。

“是的，好主意！那看上去是什么样子呢？介意帮我们写下来吗？”Marcus 递给 Adam 一支记号笔又退了回来。

“哦，我猜想因为我是目前唯一的测试人员，那么这里就是 1。” Adam 在“测试”这列的上面写下一个大大的 1。

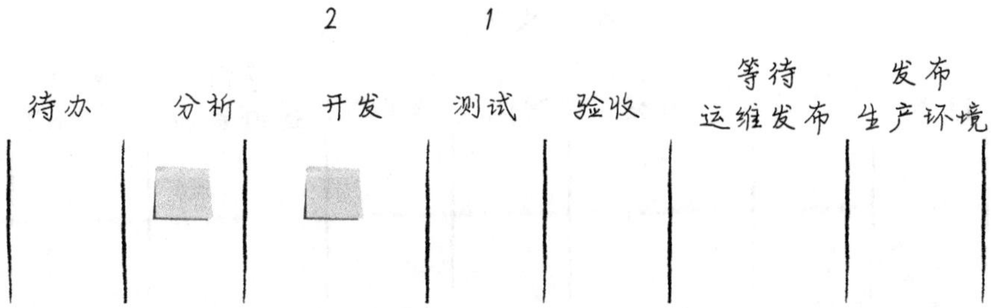

“等一下！” Beth 走上前来，“有时我也会做一些测试工作，这对于我尽早跟踪需求的状态而言，是一种很好的方式。而且分析工作不会占满我所有的时间，因为我经常需要等着参加一些会议。所以我觉得这里写上 2 会更好。”

“是的，你说的没错，那我们就写 2 吧。” 然后 Adam 就在白板上更新了数字。

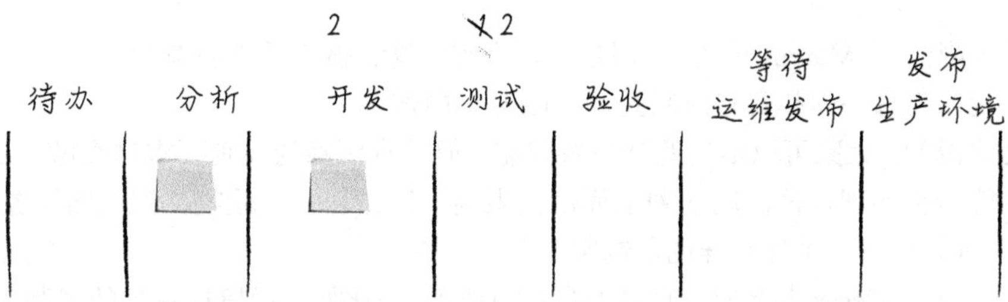

“好的——那么开发人员呢？什么是比较合适的限制呢？” Adam 把笔扔到 Eric 的电脑上，然后 Eric 又快速传给 Daphne。

“对于我而言，只有 2 个工作项好像有点少。有时我们需要等着其他人，这时我们就无事可做了，但 4 个又有点多。Eric，你觉得呢？”

“要我说就是 4 个工作项。现在我们的工作比这个多多了，我们会管好的。” Eric 信心满满地说道。

“嗯——我会写上 3，然后我们会持续留意这个问题。” Daphne 一边说着，一边把之前的数字擦掉，写上数字 3。

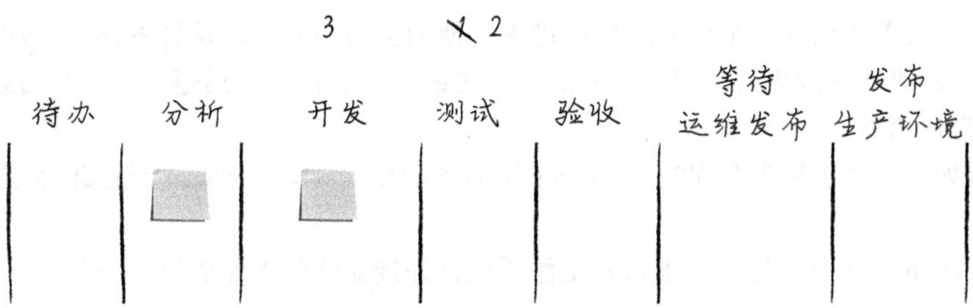

“对于分析工作，我想限制 2 个工作项是合理的。” Beth 说道，并把数字 2 快速写在她的那一列上。没有人对此有异议。

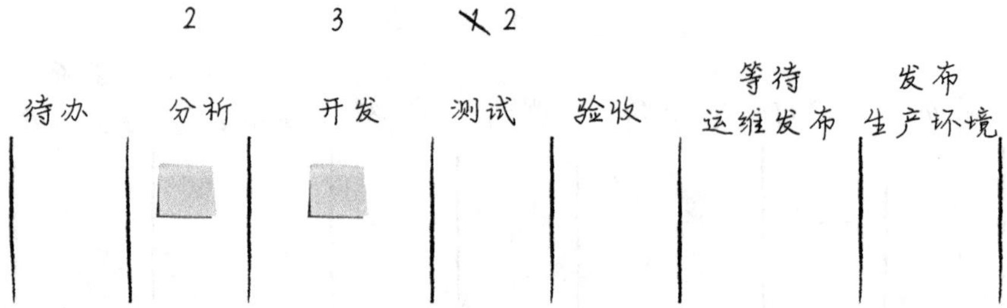

“其余的呢？” Frank 一边说着，一边环顾四周。他发现 Marcus 和 Joakim 此时根本没有在白板附近。“对此我们该怎么办呢？”

“你这话是什么意思？” Joakim 看上去很乐意站在团队的后面，让大家自己想解决办法。

“那么，剩下的这些列，‘待办’、‘验收’、‘等待运维发布’列和其他列，是否也要有相应的限制呢？”

“可以设置限制。” Marcus 说道，“但是为什么呢？这么做有什么收益呢？”

“呃……我以为每一列都要有限制呢。” Frank 坦白道。

“就像之前说的，大家可以给这些列设置限制，但没有明确的规则要求这么做。” Joakim 解释道，“在那些能帮你实现快速流动的列上面设置限制。比如，在‘验收’列上面设置限制会怎么样呢？在这一列该设置一个什么样的限制呢？”

“让我看一看。” Cesar 走上前，轻轻的自言自语道，“比如，设置这一列的限制为 4，意味着一旦这一列充满了 4 个工作项，那么——” 他停下来，并把数字 4 写在那一列上面。

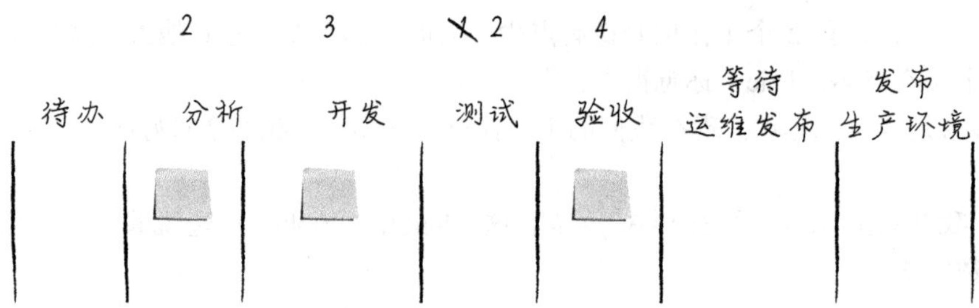

“当测试人员希望增加一个新的工作项进来，他们会被阻塞住，这样的话，工作就会开始堆积，因而工作的流动就因为这个限制而冻结了。” Cesar 一边说一边后退了几步。“这是怎么回事呢？” 他自言自语道。

“那你该如何解决这种阻塞呢？” Marcus 适时地提出问题。当 Cesar 继续思考这个问题时，其他人也陷入了沉默。

“那么，Beth 或我可以检查一下这些工作项目，并接受这些工作成果……”

“是的——你会发现这个限制作为一种信号告诉你们需要来验收工作了。”Joakim 按照他理解的 Cesar 的意思说道，不过顺便翻译成之前介绍看板时用的术语了。

“这样的话——我们为什么不设置为 1 呢？” Adam 问道。

“因为——” Marcus 还没来的及说完，Cesar 就打断道。

“因为如果那样的话，一旦有工作准备就绪可以验收的话，我就不得不跑过来进行验收，否则整个工作流就会开始堆积。”一只思考的灯泡在 Cesar 头顶点亮了。“明白了，这很有趣。”

“那为什么是 4 呢？” Frank 问道。

“我们不知道合适的限制是多少。但是“4”作为一个不错的开始，我们可以先使用一下，后续再进行调整并找到合适的限制。如果设置太低的限制，会要求我们经常出现，但因为出差或者频繁开会，我们经常很难做到。而太高的限制就会造成团队在没有得到我们反馈的情况下走得太远，这可能导致浪费，因为一旦有问题就需要大量返工。我们期望在他们进行得太过深入以致偏离方向之前解决掉这些问题。”

“但是为什么我们要为这一类等着人们做的工作建立一个单独的列呢？” Daphne 问道，“我是说，你等着这一列先被填满，然后才开始验收这些工作。”

“好问题，Daphne。” Joakim 回答道，“实际上这并不少见，我们一般称之为工作的队列或者缓冲区。它通常是放置在一个功能的前面并设置某种限制，就如同这里的‘验收’列。Beth 和 Cesar 无法保证一直在我们身边，所以当他们在这里的时候我们想要确保他们有工作要完成。因而我们为他们创建了一个工作的缓冲区，而且只有当它填满的时候才叫他们过来。”

“Joakim，我不确定我是否明白了你的意思。” Cesar 说道。

“让我们先把它可视化，看看是否能够变得更加清晰。” Marcus 一边说着，一边向着白板走去。

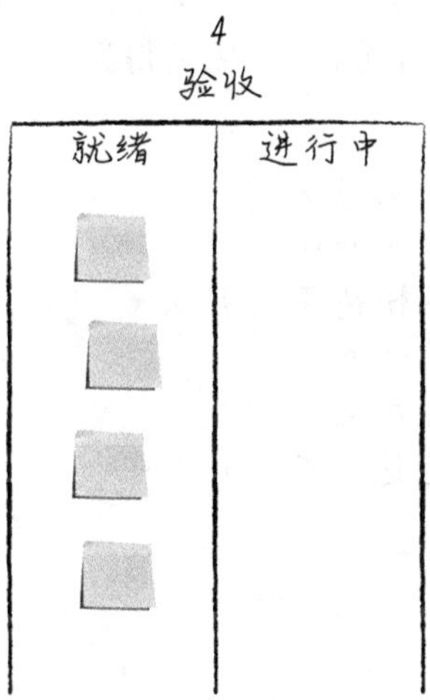

在“验收”这一列中，Marcus 将其一分为二，划出“就绪”列和“进行中”列。然后他转过身对着大家说道，“现在来看，什么处于等待状态，什么处于进行状态，就一清二楚了。当‘就绪’这一列开始有工作填充的时候，我们就可以叫 Beth 和 Cesar 过来。”

“这不是和‘测试’及‘等待运维发布’列很像？” Daphne 说道。

“也许是这样的。你可以在觉得需要的地方加入这种队列。例如，只有有限资源的环节或者你希望将等待和进行中的区别可视化出来的地方。如果涉及工作的交接，比如从开发环节的某个人转给测试环节的另外一个人的时候，也可以通过设置一个队列来指示新工作已经准备就绪等待进入下一个阶段。” Joakim 说的同时看了看时间。

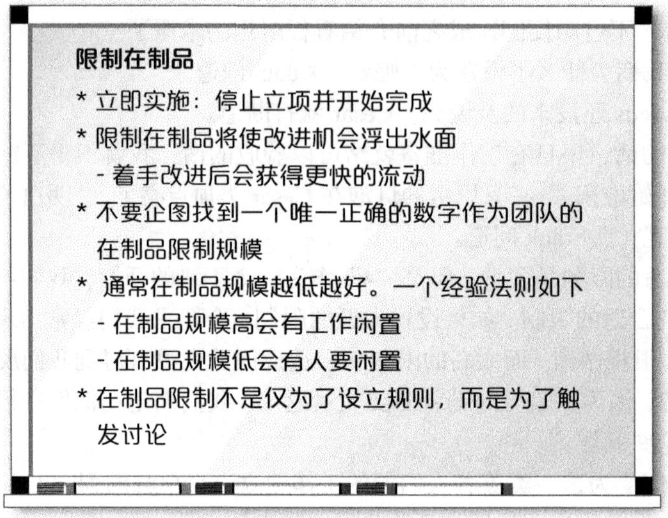

Frank 点点头，似乎他慢慢地理解了 Cesar 的解释。他对着白板注视了一会儿，“就这样吧，接下来呢？这个白板上写满了我们设置的限制，我们完成了吗？”

1.7　紧急工作

“是的，你们的白板就是这样的。”Joakim 后退一步，双手在胸前交叉起来。“你们觉得怎么样？所有工作都在上面了吗？你们的工作流程就是这样的吗？”

Marcus 又把白板纸上的挑战快速过了一遍，然后说道：“虽然现在我们还没有解决这个列表中的每一个挑战，但你们应该已经有相应的工具解决这里面的大部分问题了，大家觉得呢？”

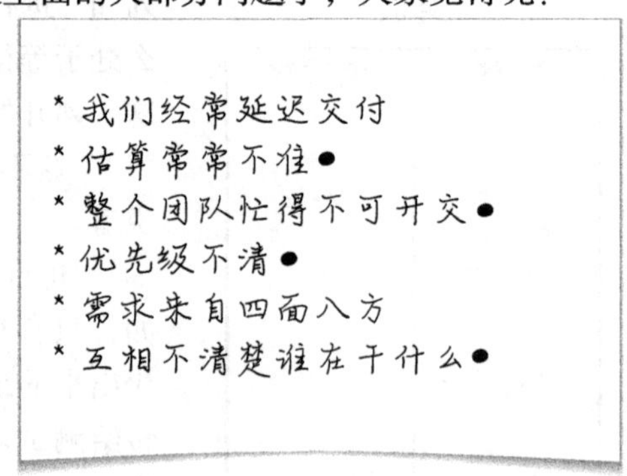

大家先是陷入了片刻的沉默，接着 Adam 清了清嗓子，说道：“再说一次——这一切看上去都很美，但这只是一个简化。”他一边说着，一边叹了口气。

“并非所有工作都是新特性，都能一直向前流动。你也知道，”他继续说道，“有时候工作出了错误导致线上服务出现问题，此时不论你在做什么，也不管你已经有多少正在进行的工作，你就是必须要修复它！立刻、马上修复！”

“是这样的，”Daphne 插话道，“我们当然不能为了遵守在制品限制而阻止紧急工作的插入，对吗？”

“嗯——你可以阻止，不过大多数团队都不会这么做，因为这样做业务会受到恶劣影响。在一天结束时，你们得到的最终结果比完美的流程更加重要。那么，你们现在如何处理紧急的工作呢？”Marcus 转身面向整个团队。“如果你正在愉快地处理着又新又酷的特性时，突然收到线上服务器宕机的警告，你会怎么做呢？”

Eric

“我会放下一切，然后‘奔上山丘[①]’！”Eric 说道，还用上了 Iron-Maiden（铁娘子乐队）的唱腔。这引起了一阵笑声，因为之前没有人见过 Eric 这么快的反应。

“说正经的，我会停下手中的工作，然后看看到底是怎么回事。”Daphne 说道，“啊，我明白了。我们应该在白板上对它进行可视化。从我们的现状开始可视化，然后把规则也显式化，诸如此类的工作，对吗？”

“太对了！”Marcus 用他的右手潇洒地给了她一个手枪射击的动作。

Joakim 转动着眼睛，快速跟着说道：“这是一个常见的情况。一种常用的方法是为这些紧急工作在白板上创建一条特殊的通道，通常我们会称之为快速通道。”

Marcus 一边把虚构的手枪放进皮套，一边在 Joakim 解释时在白板的顶部加入了一条新的通道。

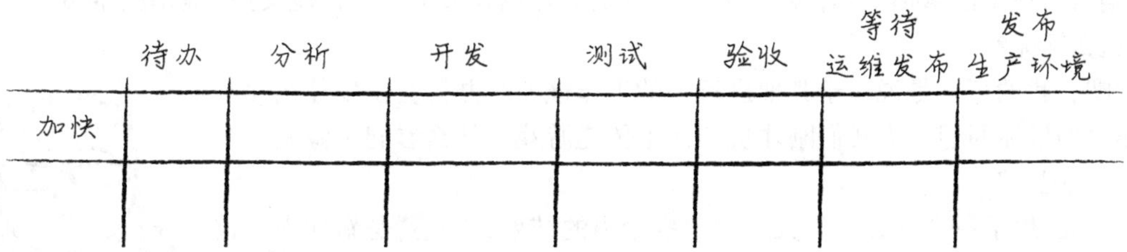

“Daphne，你所暗示的规则，比如应该放下其他工作来帮助解决问题，是比较标准的规则。但通常它们是隐式的，并且不一定所有人都理解或者同意。谁应该采取行动来解决问题通常也是不清楚的，或者，是否所有人都应该来解决这个问题？另外，新的项目是否应该纳入在制品限制之中？等等诸如此类的问题，这里有很多隐式的规则在发挥作用。”

“哦，我知道这是怎么回事了。”Eric 把手臂甩到空中。“如果我们允许这个漏洞存在，我们坐在这里讨论这些限制的意义何在呢？”

“你什么意思呢？”Frank 问道，同时很不友好地瞪视着他。

“你们几个人，”Eric 朝 Frank、Beth 和 Cesar 三个人依次点点头，“你们几个人总是可以在这个通道中加入新工作，这就会为你们打开了进入开发队列的快速通道，因而你们就可能毫无节制的使用，这样你们的工作就可以最先完成。而这将导致我们从一个工作跳到另外一个，这样来回转换，就像去年春天开发 Bank 2.0 大版本的时候一样，还记得吗？”

大家陷入了一阵尴尬的沉默。

“好的，似乎之前在完成紧急工作时有些不太好的经历，那么大家该怎么做以避免再次发生类似的经历呢？”Joakim 问道。

---

① 译自歌名《Run To The Hills》，英国重金属摇滚乐队 Iron Maiden（铁娘子乐队）作品。歌中描述了对自由的追求。——编者注

这引发了更多思考。Eric 因为导致大家陷入尴尬的沉默而自觉有愧，所以针对这个挑战提出了更多的想法，于是建议道："我猜，我们可以加入一个限制。"

通过简短的讨论，大家对于快速通道的规则达成一致。Joakim 总结道："我来总结一下大家讨论的规则，大家看看是否正确。只有真正紧急的工作才能使用快速通道，这个通道不能用来作为进入系统的作弊通道。大家会设置一个限制作为一个月内能接受的紧急工作的最大数量，对吗？"

"嗯，我个人对于这个设置很满意。我向大家承诺，我们会很谨慎地处理紧急工作，而不会用于作弊。"Cesar 一边说着，一边握紧拳头并放到心口的位置，像是在发誓一样。大家一下子笑了，这也让大家从稍显紧张的气氛中解脱出来。

"让我们进一步确认大家对于这个规定的限制理解一致，如果我们把一项紧急工作放进来，会发生什么呢？"Marcus 问道。

"它将被快速完成，这就是我们需要的结果。"Cesar 说道，但他突然意识到自己似乎掉进了一个陷阱。一个巴掌拍不响，两个人就可以玩个游戏。想了一下，他又把问题抛了回去："你为什么这么问呢？"

"嗯，我的意思是说对于其他进行中的工作该怎么办？会发生什么呢？Adam，如果你回想一下我们刚才玩的便士传递游戏，什么看起来像是一个紧急工作呢？"

Adam

Adam 想了一会儿，然后大声说出推论出的结果："我猜是新加入一枚硬币而且还必须在其他硬币之前先传递完成。"他顿了顿说道，"这对于流动而言是有害的，因为我们需要先停止翻其他的硬币，"突然之间，他醒悟过来，"这会使得其他硬币在系统中的流动变慢。"

"说得没错！"Marcus 说道，"使用快速通道时要小心。它的确会使得紧急工作快速流经系统，但同时也增加了在制品，从而导致进行中的工作流动减慢。"

Joakim 觉得这听起来是个坏兆头。"就是说，当使用紧急工作卡片时，要确保你知道这些影响并经过了充分的考虑。的确，有时候快速完成一件有价值的或者重要的工作是正确的抉择，但因为这是有成本的，所以你要知道你付出了什么。如果你愿意的话，这就像收税一样。"

"我们也会确保快速通道不会被滥用。"Eric 看上去很高兴。

"对于在走廊里交待给你的任务，可以使用这种方式处理。"Marcus 说道，同时他在白板纸上对应这一点的挑战旁边画了一个点作为记号。"没错，大家可以这么做，但这么做是否值得你付出的成本？这可以展开一场讨论，并使用真实的数据作为支持。"

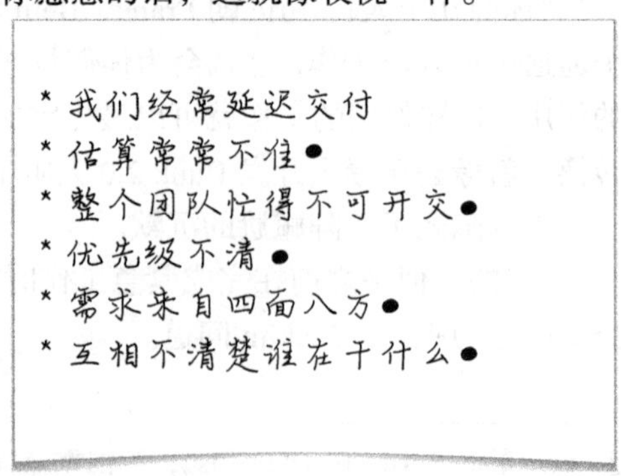

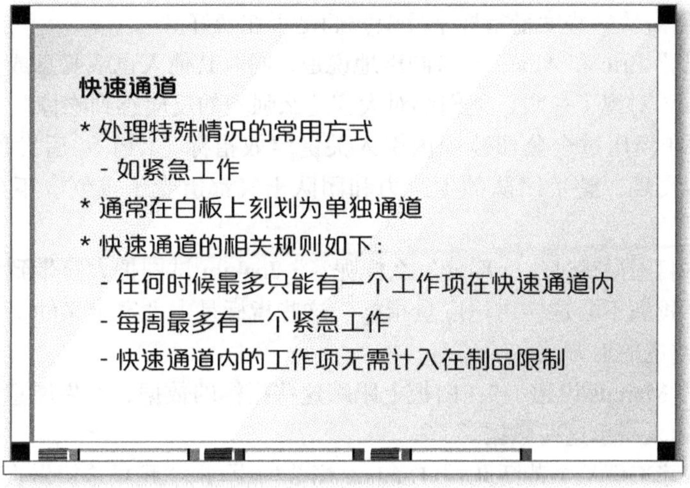

1.8　度量

Cesar

Cesar 走到白板前，注视了一会儿，然后转过身来。大家看出，他打算开启老板的总结发言模式了。

“我想代表在场的每一个人对你们今天的所做所为表达深深的谢意，并且——”

“哦，等一下。”Beth 打断道。Cesar 感到很奇怪，但是这次是 Beth，根据之前的经验，她的话很值得一听。

“怎么了？”他问道，鼓励她继续说下去。“我知道我们就剩下 20 分钟了，但是还有一个方面没有进行过探讨。”Beth 说道，“我们怎么基于此进行改进呢？”

“这是什么意思？”Frank 有些吃惊，“这个方法对工作能提供比我们之前的方法更好的控制，我想这是一个不错的开始。”

“是的，没错！但是根据我的理解，这个方法是逐步演进的，对吗？”他看着 Joakim 寻求帮助。

Beth

“是的，不过……”Joakim 回答道，“就像我们之前讨论的，我们在白板上画出这些列并设计工作项等等，白板上的所有内容都可能发生变化以便我们在进行的过程中进行改进。”

“太棒了！”Beth 打断了他，“那我们怎么知道我们在朝正确的方向前进呢？”

Joakim 说道：“当你们做出改变时，你们如何知道你们在改进？”

“嗯，如果我们比之前做得更好的话。”Adam 说道。

"但是跟什么进行比较呢？" Frank 问道，这是他擅长的领域。"'变好'是什么意思呢？我们是如何判断的？我们需要一些度量指标来反映我们是否在变好。"

"那我们开始吧。" Eric 和 Adam 异口同声地说道，同时其他人也或叹息或沮丧地加入到讨论中。Joakim 和 Marcus 对视了一眼，他们都对大家这么强烈的反应感到吃惊。

这个团队明显在经历过全公司范围内引入关键绩效指标（KPI）[①]后发现这对他们毫无帮助。因为 KPI 必须实现，整个团队的生产力和团队士气都遭受了重创。不久之后，KPI 就被废弃了。

"好吧，那么你们觉得跳过这一部分怎么样呢？" Joakim 试图把大家带到积极的讨论中并获得大家的注意力。"我们不会这样讨论度量指标。这些指标是由大家定义的，为大家服务的，以帮助大家找到可以改进的地方。"

"是的，没错。" Marcus 说道，"在白板上跟踪这些指标的数据，如果愿意也可以自己保留，或者只是对你选择的人展示这些数据。"

"但是获取和跟踪工作是个苦活儿，" Daphne 痛苦的说道，"我只希望做真正的工作。"

"这不一定。" Joakim 说道，"在建立好白板之后，你就可以轻松地跟踪两个既简单又强大的度量指标——前置时间和吞吐量了。"

他走到白板前面，拿了一沓即时贴。就在说话的同时，他在白板的底部画了一个大大的括号。"前置时间就是一个工作项从开始到结束用的时间，即从第一列到最后一列的时间。"

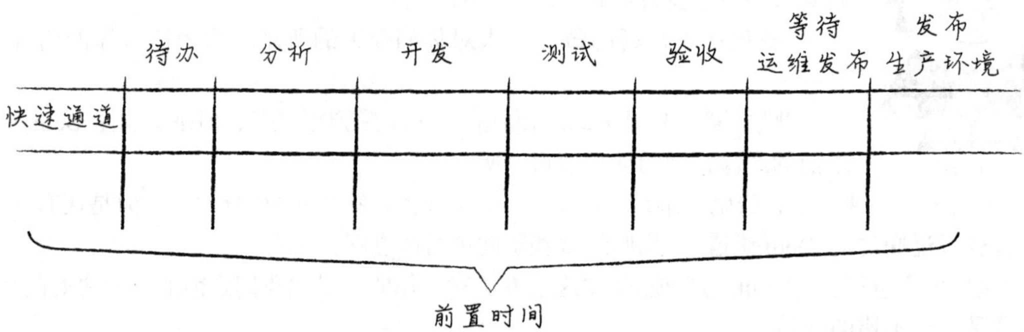

"真的吗？" Adam 插话道，"我们完成工作的时间大相径庭，我们能从中学到什么呢？"

"我稍等一会儿再解释。" Marcus 请求道，"开始跟踪前置时间可以很简单，在即时贴上写下进入'待办'这一列时的日期和进入'发布生产环境'这一列的日期，然后在白板上将这些信息绘制出一张简单的图，这样你就会对前置时间有个清楚的认识了。" Marcus 快速在白板上绘制了一个示例图。

"通过这样一张图，你们能够很容易地看到不同工作项在时间上的区别。" Marcus 解释道。"一如之前一样，我们在这里可以讨论很多东西，比你们问题的解决方案要多得多。"

① 关键绩效指标（KPI）是一种衡量绩效的常用方式。

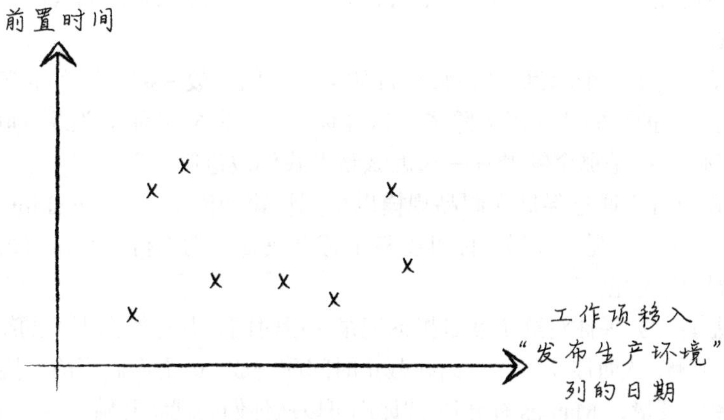

“但这张图对我们有什么用呢？”Adam 挠着头说道。

“让我们一起来看一看。”Joakim 说道，“从这个图表上，你们第一眼看到的最显眼的是什么？”

大家注视着白板，过了一会儿 Frank 说道：“嗯，那三个点。”他指着那三个前置时间最长的点说道。“似乎它们用了很长的时间，为什么会这样呢？”

“那到底是为什么呢？”Joakim 问道。“这也许值得深入分析一下。”

“可能因为这三个都和我们程序中的某个子系统相关。”Marcus 提出了一个假设。

“或者是需求不清楚。”Adam 一边说一边看了一眼 Beth。

“或者是在定义需求时缺少测试人员的意见。”Beth 不失时机地回击了一下。大家都轻声笑了起来。

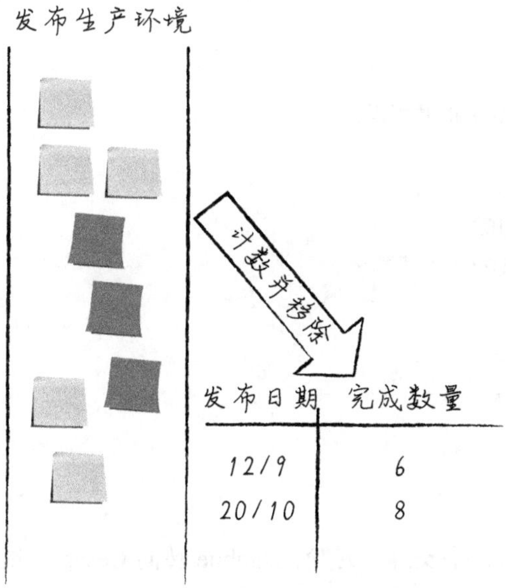

“大家看，”Joakim 说道，“我们又开始了一轮讨论，而且大家可以针对所有的常规工作进行讨论。比如，我们采取什么措施才能把平均前置时间缩短一半？”

“一半？”Frank 说道，从他的声音可以听出来他认为这是不可能的。“现在不可能做到。我们花费在等待运维人员和其他团队的时间太多了。”

“没错，”Joakim 打断道，“我们该通过什么办法来改变这一切呢？”他把这个问题抛出来但没有人回答。

Joakim 看了一下时间，紧接着说道：“吞吐量，即你们完成工作的速率更加容易被跟踪记录。为一定时间段内你们完成的工作项计数，比如每隔两个星期或者四个星期，这取决于哪个更适合你们。”

“我们在每个月的第二个周三进行发布，” Frank 说道，“所以如果你问我的话，我认为这会是一个不错的时间点。”

Marcus 在白板上画了一个示例。“在每个月的第二个周三数一数‘发布生产环境’这一列中的工作项，然后就可以把它们从这里去除了。这样你就可以非常简便地跟踪吞吐量数据了。”

Adam 有些迟疑：“还是那个问题——这怎么帮助我们改进呢？”

“还记得之前我们讨论通过降低在制品规模以得到快速的流动吗？” Joakim 问道，“如果不跟踪数据，你怎么确信这一点呢？没错，你可以基于感受或者直觉进行，但你怎么知道呢？而且你的感觉是否足以说服别人呢？”

Joakim 继续说道：“如果你对这个度量指标记录一段时间，并计算出平均的结果，你甚至可以基于这个结果进行预测，从而你就可以承诺在截止时间前完成。这是你们当前的挑战之一，对吗？”

“通过这些简单的度量，” Marcus 补充道，“你们可以从你们的现状开始跟踪现有的流程。当你们改变后，你们可以轻易地看出来是否有所改进。”

“但这是不是有点太简单了？” Adam 依然有些怀疑，“我们已经有一些复杂的系统来跟踪记录并进行度量——”

Eric 打断他道：“而且我们不喜欢这些系统也没有使用它们，不是吗？我更愿意用一些简单的、对我们有用的指标，而不是那些愚蠢的度量指标——那都是管理层中的某些人想出来的。大多数形式的度量指标我都不再相信，但是这几个我觉得至少可以使用。”

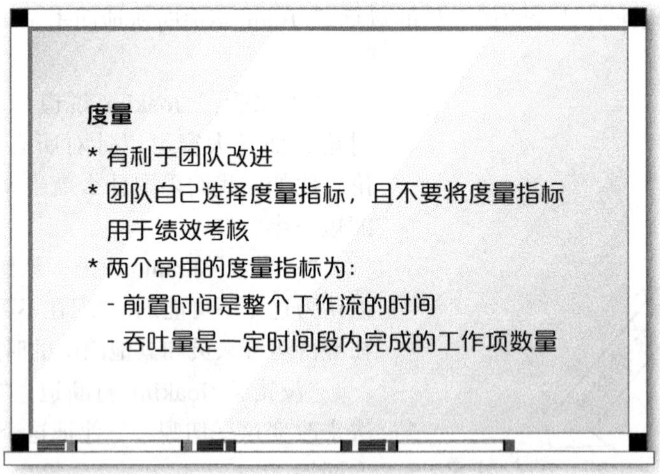

1.9 告别

大家再一次陷入了沉默。这一次不是因为尴尬，而只是安静。突然，Daphne 转向 Cesar：“现在的时间是？”

“还有很多时间——哦，不，等等，我们现在已经过了整整两个小时。”Cesar 一边说，一边看着他的手表。

“我们还有很多内容可以讨论，”Joakim 说道，“不过我们认为这对你们开始使用看板是个不错的开头。”

“在你们使用的过程中，如果希望了解更多内容，你们可以看看精益背后的原则，并将其应用到你们的工作中，”Marcus 继续说道。“这可能比较困难，但你们可以从其他团队的经验中获得启示，看看他们如何把精益应用于他们的工作场景中。你们也可以访问 kanbandev[1]邮件列表、Limited WIP 社区[2]和研讨会来获得更多看板的信息。”

“基于现在的白板，你们可以从明天就开始使用，并继续进行改进。”Joakim 试图结束这次讨论。

“我不会长篇大论，”Cesar 一边说着一边站起来，其他人也跟着欢呼起来。当大家都重新安静下来，Cesar 说道，“但我想说——谢谢你们。这正是我们所需要的一剂良药。你们说的没错，我们确实可以在两小时内建立好看板并运行起来。”说完，他满意笑了。

Cesar

“当你们回到家之后，你们也许会想要了解更多细节和背景，而且或早或晚，你们也会想要了解一些高级技巧。”Marcus 找到他的书包，“这时候这本书能够帮到你们。”

他递给 Cesar 一本他们即将出版的新书《看板实战》。

“最后一个问题，我们现在应该关注什么呢？”Frank 问道。

“前置时间，”Marcus 和 Joakim 异口同声地说，“将整个流程纳入考量，从而努力缩短前置时间。”

“而且还有一个小提示：试着想办法通过降低在制品规模来达到这一目标。”Marcus 说道。

“谢谢你们。”Cesar 看着他们的眼睛，又急忙转过身去。

在门口，他停下来，转过身。

“哦，对了，我们还没讨论给你们的酬金。”他一边说着，一边指向 Marcus 和 Joakim 背后的桌子。

他们两个人都转过身，乍看之下，他们没有发现什么东西。而他们走近桌子，发现了一个即时贴，上面潦草地写着一行数字。

“这是什么？”Marcus 回头望向 Cesar 刚刚站的地方，只看到他出去的背影，门又关上了。

“看上去是一个银行的账户。”Joakim 回答道，“但我们可以用它做什么呢……”

他们两个人又同时恍然大悟了。

“我们得到了酬金。我想我们最好登录一下那个网上银行，如何？”Joakim 看着 Marcus，笑了。

---

① http://groups.yahoo.com/neo/groups/kanbandev.

② http://limitedwipsociety.ning.com/.

1.10 小结

我们的英雄还在那里，而 Kanbaneros 团队已经在回家的路上，准备开始使用看板。这一整章是围绕一个虚构的故事展开的，为了增加故事的可读性，我们进行了适当的简化和调整，不过你还是能够通过本章看到如何简单的建立看板并把它运行起来。

也许你的工作、团队和环境与 Kanbaneros 团队并不一样，但你可以继续沿用这个推理逻辑并进行适当的裁剪。你不必采用他们使用的所有方法，只选用适合你需求的就好。

这一章的目标是帮你开始使用看板。在本书的后续章节中，你会学习到本章介绍的所有概念，包括更详细的描述、各种变型和对常见陷阱的预警。我们也会介绍概念提出的背景，以及如何应用到不同的上下文环境中。

非常欢迎你基于现在所学来尝试使用看板，你也可以继续本书下一部分的学习之旅。在下一章中，我们将简要介绍看板的起源，然后深入解读看板所基于的原则。同时我们也会提供一张建立并运行看板的步骤说明书。

第二部分

理解看板

在帮你快速了解看板之后，本书的第二部分将详细介绍看板背后的理论。不过不用担心——我们仍然会本着实用的原则一点一点地介绍理论。这一部分主要介绍看板所基于的原则，以及这些原则如何应用到你的团队之中。这一部分涵盖的主题广泛，从精益的理论基础到如何用正确的方式移除一张即时贴，都有所涉及。

第 2 章　看板原则

本章涵盖的内容

- 介绍看板原则
- 教你如何开始使用看板
- 定义看板是什么

在第 1 章中，我们通过一个小故事介绍了看板。通过这个故事，向读者展示了如何使用看板对实际工作进行改进。希望你现在可以有信心开始使用看板了，但也许你还有如下这些疑惑。

- Marcus 和 Joakim 是如何想到那些点子的？他们是凭空想象出来的还是有什么方法？
- 那些点子听起来都很棒，但是我的团队和 Kanbaneros 所处的状况不大一样，那我怎么在我的团队使用看板呢？我该对哪些地方进行裁剪以适应我的团队呢？
- 这是看板的全部内容了吗？貌似有点简单，是这样吗？我们如何进行扩展呢？

本书的后续章节将会解决上述问题和更多其他的疑惑。而本章将通过回顾在 Kanbaneros 的做法来介绍看板所基于的原则。

不用担心，本章并非想囊括看板的所有内容以形成冗长的理论篇幅。而且如果你愿意，可以直接跳过理论部分，开始阅读 2.2 节。我们会保持理论部分短小而实用，因为本书就是一本注重实用性的实战书籍。这就是我们将理论篇幅精简的原因，我们期望在你需要的时候再将理论一点一点地提供给你。本章还将提供一个快速的秘诀教你建立看板并使之快速运行起来。

还记得 Kanbaneros 吗？在本书中，他们将穿插进来提出问题，甚至挑战我们，并从你的角度提出实际中的困惑。

让我们再认识一下他们：

如果我们介绍的是另外一种流程，比如 Scrum、极限编程、Rational 统一软件开发过程，第

1 章将会是完全不同的风格。因为我们将集中精力介绍新流程如何工作、该做什么、不该做什么、迭代周期多长、产品负责人（Product Owner）的任务，等等。

看板与他们完全不同，它根本没有事先规定那么多内容。它更像是个“元流程”，可以适用于你现在使用的任何流程。这真是太棒了，因为这意味着你可以不用改变任何东西而直接基于自己现状开始使用看板进行改进。是的，不需要新的流程，不需要新的角色，更不需要恼人的组织架构重组。

看板方法，看板，看板系统？

如果你仔细阅读可能会发现，在本书中我们使用小写字母 k 表示看板（kanban）。然而看板社区正在蓬勃发展并进行持续优化，所以一些定义的表述会发生很多变化。我们先就目前的知识情况对他们做一下诠释。

- 看板方法（Kanban，大写 K）——一种在组织中创建渐进变革的方法，由大卫・安德森（David Anderson）创立并完成著作《看板方法：科技企业渐进变革成功之道》（Blue Hole Press, 2010, http://amzn.com/ B008H1APT0）。
- 看板（有时小写字母 k，有时大写字母 K）——有时指的是一种可视化流程管理系统，用以描述生产什么。何时生产以及生产多少，有时指的是实际的视觉信号。
- 看板系统——用以跟踪在制品的系统。举个例子来说，一面看板墙加上信号卡和工作中遵循的规则就是一个看板系统。

理论上来说，这些概念都具有不同的含义，但在实践中，人们在社区里面往往会不加区分地使用这些术语。通常情况下，当人们提到“使用看板”时，是指使用某种看板系统来管理和优化看板（信号卡）以取得渐进的改善。在本书中，当我们提到“看板”时，也是这个意思。

如果这使得你感到迷惑，不要紧，在通读本书时，你可以自行理解什么是看板，并且在本书最后也没有测试环节——这一点我们可以保证。

与日本的关联

你应该知道，仅仅知道看板这个词相关的知识，就可以让你的朋友对你的日语知识刮目相看。看板这个词是两个日语词组合在一起得到的：kan 在日语中是可视的意思，ban 是卡片的意思，组合在一起就是“可视化卡”或者“信号卡”的意思。

看板这个概念源于丰田，在丰田生产系统（TPS）中，看板的发明解决了准时制生产方式（just-in-time）的调度问题。当西方研究人员研究丰田生产系统时，他们把它称之为精益生产系统，后来称之为精益制造和精益思想[a]。看板源于丰田生产系统和精益生产，这就是为什么你会发现在本书中和其他同类的看板书籍中，有很多地方引用了上述概念。

a. John F. Krafcik, “Triumph of the lean production system,” *Sloan Management Review* 30, no. 1 (1988): 41–52. James P.Womack, Daniel T. Jones, and Daniel Roos, The Machine That Changed the World (Scribner, 1990, http://amzn.com /B001D1SRRS).

虽然看板没有规定很多具体的规则或做法，你还是可以通过使用看板进行大幅改进。这是怎么做到的呢？看板的核心是几条原则，这几条原则可以指导你使用看板进行改进。下面让我们来仔细看看这几条原则。

2.1 看板原则

看板基于三个简单的原则：

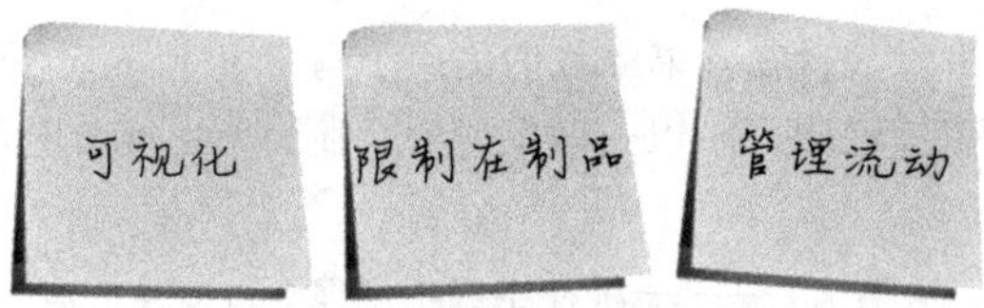

在 Kanbaneros 团队的案例中，我们是从可视化他们的工作开始的。通过创建代表工作项的即时贴，并在一个可视化的工作流白板上跟踪每个工作项的当前状态，就可以很容易地实现可视化。这是一个很棒的方式，可以帮你了解你的工作，反思你的工作是如何运作的[①]，并开始发现在工作流程中的改进机会。

对于我们辅导的很多团队，可视化能立刻产生巨大的影响。仅仅把之前隐藏的很多信息可视化，就可以帮你解决很多问题。

可视化还有其他方面的影响，因为你也可以开始针对工作项制定隐含的规则。比如，每个人可能都觉得他们知道你是如何处理一个特性需求的，然而通过将工作流在白板上按列展示出来，整个团队对实际的过程就一目了然了。通过这样的做法，你对于工作的处理规则一旦有所不同，就变得非常明显。这可能引发一场讨论，用来澄清工作的规则，而且你可以轻易地将这些规则记录在可视化白板上，以便所有团队成员按照同样的方式工作。

在 Kanbaneros 团队的例子中，我们经历了几种常见的可视化工作，如白板、工作项和快速通道。为了进一步了解这些内容，本书第 3 章和第 4 章将进行详细的介绍。

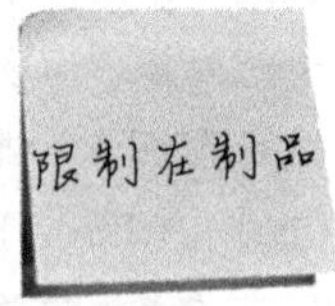

我们将继续通过 Kanbaneros 团队的案例进行一个便士传递游戏（关于这个游戏和其他游戏的细节见第 13 章），这个游戏说明了限制在制品的原理。简而言之，这个原则就是针对你能够同时进行的工作项人为地设置限制。这样做最明显的好处就是同时处理较少的工作项，使得每项工作更快地完成。第 5 章将深入解读限制在制品的作用。

---

① 参见 JohnSeddon 的 Freedom from Command and Control : A Better Way to Make the Work Work (Vanguard Consulting Ltd, http: //amzn. Com/0954618300)。

因为其他一些微妙的原因，限制在制品也是很重要的。通过设置在制品限额，你将在工作流中创造些许紧张。这本身是个好事情，因为它能暴露系统中的问题，或者是 Kanbaneros 案例中的“未曾意识到的改善机会”。在第 6 章你将学习到限制在制品及背后的原因，还有如何将这些限制可视化。

限制在制品将把改进的机会呈现在表面。通过工作流观察，流动可能迟滞（即时贴在白板上的移动非常缓慢），可能积压（在某列中有很多即时贴），也可能完全停止（工作项一直等待）。这些都可以作为你改进整个系统的指标。你用于解决这些问题的做法，取决于是否带来了改善。

如果你想进行改进，就应该知道目标是什么。而这恰恰是看板最后一个原则发挥作用之处：管理工作流使之快速且毫无中断地流动起来。

这只是整个流程持续优化之旅的开始，而且你将永无完成的一天，这听起来是个坏消息。工作流程总是能找到改进点，因为流程中总是存在某个瓶颈会拖延你的工作①。庆幸的是，这些问题在白板上很容易显现出来。不仅如此，往往越严重的问题越早暴露，而且一旦解决掉，工作的流动就会明显改进。

你可能还记得，在第 1 章中 Kanbaneros 团队发现了几个改进的机会。

- 他们意识到之前的产品发布方式严重阻碍了流动。对于 Kanbaneros 团队，我们看到白板上很多即时贴停在了“等待运维发布”这一列。你可能会说他们早就知道了这一点，但现在他们面前不断有数据出现，要求他们采取行动。
- 他们也简单讨论了 bug，因为 bug 的处理和正常工作的处理流程是不同的。可以说，bug 和其他工作是不同类型的工作，因此针对 bug 也许应该给予更高优先级。
- Kanbaneros 团队设置了相应的限制，以便让工作顺畅地流动起来。例如，他们放置 4 个工作项在队列中等待验收以便 Cesar 和 Beth 不必每天跑过来好几次。相应的，当他们来到开发团队时，等待他们完成的工作数量也是相对合理的。

促使工作快速流动起来，这听起来并不困难，对吧？在第 7 章你能学到更多这方面的知识，所以你现在需要做的就是努力做到这一点。

你可以做很多事情来达到这个要求。当基于这一原则开展工作时，你能够从精益思想中找到灵感来消除过程中的浪费以便工作能够顺畅流动起来。你也可以浏览一下约束理论②，并尝试识别、拓宽和缓解系统中的瓶颈。从敏捷软件开发运动中产生的实践可以帮助你提升协作和质量，从而改进系统的流动。到底选择哪条路改进你的系统完全取决于你。最重要的一点是当你的工作向你发出改进信号时，你要响应并改善它。

在实际中，你会发现这三个原则是互相关联的。例如，为了取得工作的快速流动，你设置了限制，并且把它可视化在白板上。

---

① 好吧，当有一天只要你能够想出来，软件（或解决方案）就能立刻实现的时候，就不会再有瓶颈了。但在可预见的未来这并不会成真。

② 参见 http://en.wikipedia.org/wiki/Theory-of-constraints，阅读关于约束理论（TOC）的相关内容。

通过可视化的工作流，限制在制品并重点关注工作的流动，你就建立了易于发现改进机会的机制。至于怎么做，其实完全取决于你，但我们不会让你孤立无援。在本书第 3 ~ 7 章，我们挑选了大量窍门、实践、模式和常见的解决方案来帮你促进工作的流动。

在发掘改进机会的时候，你很快就会跨越团队的工作范围。为了获得更快的流动，你需要和其他团队或者周围的其他职能角色以不同的方式进行交互协作。第一步就是将这些团队或者前后关联的职能角色加入到你的看板中。或者，你也许可以为部门的每个团队都建立一个白板，然后将所有团队的状态聚合起来。

这可能就是一场变革的开始，最终会渐进地影响整个公司。很快你就会发现自己在向其他人讲授看板，并且参与到整个组织级的变革管理中。关于这一点，你可以在第 13 章了解到更多细节。

三个原则？我以为是五个特性抑或是六个实践？

看板作为一种方法论应用到软件业务中的时间还比较短。看板社区是一个充满活力的社区，人们不断发现新的东西并应用于实践之中。这一点很棒，而且非常符合精益原则和持续改进思想。

本节介绍的三个基本原则是看板的基础。近期，大卫.安德森和其他人将这三个基本原则扩展为五个特性，后来又扩展为六大实践。这六大实践现在被称为看板的核心实践。[a]下面对这六大实践进行简单介绍。

（1）*可视化*——如前所述。

（2）*限制在制品*——如前所述。

（3）*管理流动*——如前所述。

（4）*显式化流程规则*——通过明确的规则，就可以开始对整个流程展开讨论，而且这种讨论是基于客观的数据而不是假想、感觉或是传闻。

（5）*建立反馈环路*——这个实践关注的是从你的流程中获得的反馈。例如，运营回顾就是对流程本身的回顾。

（6）*协作式改进、试验中演进（使用模型和科学方法）*——这个实践鼓励人们使用模型（如约束理论或者精益思想）来推动整个团队持续改进。

这就是在我们之前介绍过的三个基本原则之上又新加的三个实践。需要提醒的是，这同样适用于看板方法，即研发运营组织的渐进变革之道。而且，后面的三个实践在看板方法中是非常重要的。

你可能已经注意到，本书采用了一种务实的方法来介绍看板，而且后加的三个实践对三个基本原则的扩展非常适用。

- 显式化流程规则——显式化流程规则和工作可视化是一脉相承的。虽然把明确的规则公开写在白板上很重要，但这往往不是最重要的，反而是针对于即将落实到位的规则展开讨论并达成一致才是最重要的。虽然将规则明确出来是很棒的，但我们认为这本身就是工作可视化原则的一部分。
- *建立反馈环路*——对于我们而言，这是管理流动基本原则的一部分。为了促进工作流动，反馈环路是必要的，所以应该在需要的地方建立反馈环路。

- 协作式改进、试验中演进（使用模型和科学方法）——我们完全同意这一实践的重要性。这一观念深植于看板所基于的精益原理之中，以至于我们觉得这并非看板本身的原则，而是看板发源的环境和生态。

后来，事情变得更加复杂了，因为大卫·安德森使用“原则”这一概念来描述如下内容。

- 从现状开始。
- 追求增量和渐进的改变。
- 初始时，尊重现有的角色、职责和头衔。

最近，又加入了第四条“原则”。

- 发挥组织中的各级领导力。

在我们实践看板的那个年代，我们谈论的看板原则现如今已变成了实践。这些实践从三个扩展到五个，后来是六个，而且重新定义了“原则”，并加入了新的“原则”。我们预测关于这些实践的讨论不会结束，但从这里开始，你就能够理解为什么我们谈论的是三个原则（可视化，限制在制品和管理流动），而其他人却在谈论五个实践或是六个实践。

a. 参见 http: //mng.bz/EkgB。

2.2 马上开始

如同 Kanbaneros 团队一样，你也能马上开始，因为看板本质上是轻量的。实际上，我们为什么不从现在开始呢?

使用看板并不费事，你可以轻易基于现状开始使用看板。你只需要开始关注如何将工作完成，注意是在其他新工作开始前将它彻底完成。建立你和团队的座右铭：停止启动，聚焦完成。这是一个限制在制品的简单方式，但非常有效。

如果你想要一个具体且实际的例子，你可以做一个练习，比如一个类似于我们在第一章中和 Kanbaneros 团队进行的练习。下面的简短描述可以帮你展开这个练习。

（1）从工作可视化开始。我们让 Kanbaneros 团队为每一个工作项创建一个即时贴，并贴在白板上。

（2）在白板上绘制工作流程。比较简单的方式是为工作流程的每个阶段在白板上创建一列。将处于不同阶段的即时贴移动到正确的列中。在这个时候，Kanbaneros 团队谈论了很多有关工作如何进行的话题，这对于大家增加时整个流程的理解是有益的。但在看到整个流程如何运作之前，请不要急着去优化工作流程。在这个练习之后，你的白板可能如下图所示：

教练的忠告 确保和整个团队一起绘制白板。不要让单独一个人绘制，如果你是一个外部教练，特别注意不要自己一个人单干，因为这将严重影响整个团队的接受度。相信我们，这个错误我们犯过多次。

一个让整个团队参与这个练习的简单方法，是当你在白板上绘制的时候，把笔递给其他人让大家一起参与。

（3）用一些工作项来演练一下，看看它们如何流经工作流，是否与你的工作方式相吻合，需要的话可以改变工作流。在 Kanbaneros 我们没有时间来进行这一步骤，但是我们认为这是一个很好的实践。它可以快速告诉你是否设计了正确的工作流。记住，这一步只是跟踪和如实反映你是如何工作的。

（4）决定在制品限制——作为一个团队，同一时间可以并行多少个工作项。我们在这一步花了很长时间来帮助 Kanbaneros，但是也别想的太多了。更好的方法是，先设定一个值，在需要的时候再改进。例如，从每个人两个工作项开始（例子中是 6 个），每个队列平均分配。或者是从本书第 6 章汲取一些好的想法。

（5）作为补充方法，你可以创建一些头像——代表你们自己的图片，把它们贴在正在工作的事情上。这会让你更简单地看到工作进展，知道如果有对某个工作项的问题应该找谁。

这样你就有了一个简单的白板来进行工作改进。即使很简单，这个工具也可以帮你发现问题并且一小步一小步地持续改进。本书其他章节将介绍如何进行这种改进。

2.3 小结

看板是一种基于简单且有效的理念发展出的软件开发方法。它的目标是促进工作在整个价值链中快速流动，从最初的想法或概念到服务客户的生产系统。这个工具之所以能做到这一点是因为如下几个简单有效的原则：可视化工作和规则，限制在制品的数量，促进工作快速流动。

这些工具能引导你持续不断地改进工作流程，从而使得工作更快更顺畅地流动起来。这将是一场永无止境的探索之旅，每一天你和你的团队都能取得改进。

现在你的看板已经建立起来并投入运行。当工作取得进展，就可以把对应的即时粘贴在白板上进行移动。请好好关注影响工作流动的问题。一旦问题出现，停下来并讨论如何解决，这就是改进的机会。请好好处理它们，不要浪费这些机会。

本书其他部分提供了很多实用的建议，如与可视化相关的建议、如何限制在制品、促进工作快速流动的几种不同方法。我们把重点放在实用的建议上，以确保你可以应用这些实践、模式和工具。

现在就来看看可视化这一主题，这可是一个可以发挥你创造力的主题。

第3章　工作可视化

本章涵盖的内容

- 使用可视化技术进行信息透明和信息共享
- 介绍规则显式化
- 使用信息辐射源的方法
- 介绍看板墙
- 将工作流映射到看板墙上的方法

当你进入丰田 Motomachi 组装厂时，首先吸引住你的，便是他们使用可视化和声音来跟踪进度、显示状态并进行沟通交流，这种方式会给你极大的震撼。公司处处都有巨大的显示屏说明工厂不同部分的用途，并通过巨大的信号板（Andon boards）显示生产状态，包括何时何地需要协助。当你把工具从规定的地方拿走后，这个工具的显眼的图像就会展示出来，从而能够提醒所有人这个工具不在这个地方了，这也提醒你要将它放回原地。

如果工人遇到了问题，他会拉动绳索——这就是著名的安灯拉绳（Andon cord）[①]或者称作停止生产线拉绳（stop-the-line cord），以此触发这个工作台的特定曲调，同时信号板上的灯也闪烁起来表明哪个工作台出了问题，这样领班和同事就会得到告警。与此同时，工作台旁的黄灯也会亮起。如果直到装配线上的车辆传递给下一个工作台一个标记时问题还未解决，那么黄灯就会变为红灯，整个生产线都会停止。

工厂中的另一个巨大的显示屏从前面看像是一辆汽车。它的一个“车前灯”其实是一只钟表。它悬挂在屋顶上，显示屏很大，所有人都能看到。上面显示的信息，例如计划装配的汽车数量、实际装配的数量以及当前批次的计划和已完成的百分比。另外一个灯表明是否需要加班十五分钟或者半小时以完成今天的目标。

---

① Andon 也称暗灯或安灯，原为日语的音译，日语的意思为“灯”或“灯笼”。Andon 系统能够收集生产线上有关设备和质量管理等与生产有关的信息，加以处理后，控制分布于车间各处的灯光和声音报警系统，从而实现生产信息的透明化。操作安灯多数采用的是拉绳的方式，一些特殊工位由于生产线限制，可能采用按钮的方式。——译者注

这里只介绍了帮助工人行动和决策的一部分可视化手段，在丰田工厂里还有大量其他的可视化手段。可视化对于“丰田生产方式”非常重要，其基本原则之一就是“使用可视化控制使得问题无处藏身”[①]。这似乎已深深根植于日本文化之中。如果你去过日本，你可能会注意到日本人在日常生活中会利用各种各样的可视化手段。当日本人使用可视化这个术语，或者日语中的目视化（見える化）时，他们的意思常常不仅是使用一种易于理解的可视化形式表示信息，而且是包括更加透明的目标和员工与干系人之间的信息共享以便提升组织效率。这个术语有时也指一系列使用可视化结果的流程，通过对可视化结果的思考以合适的方式展开行动。

对于我们而言，这就是看板“可视化”原则的本质：当人们需要的时候确保所有必要的信息可视化，促使人们有效协作，并通过了解工作如何开展来进行改进。为了通过看板实现这一点，你需要显式化规则并使用信息辐射源。

你是否还记得第 1 章，当我们向 Kanbaneros 团队介绍看板时，我们首先做的就是可视化他们的工作。一开始，他们为正在进行的每一项工作创建了一个即时贴。我们也看到很多团队通过可视化工作恍然大悟的经历和情不自禁发出“啊!”的时刻。“你在进行这个工作？我也是。也许我们应该合作解决。”诸如此类的问题都能快速浮出水面。

本章将介绍看板实践者最重要的可视化工具：看板墙。通过本章的学习，你能够建立并运行一个适用于你的工作的看板墙。

3.1 规则显式化

当人们一起工作时，常常会有很多隐含的假设和规则在发挥作用。人们对每一件事情都会做一定假设，小到人们用完厕所之后是否应当清洗，大到完成一件重要工作时承担责任的涵义。有时这些假定是不一致的，甚至是互相冲突的，因而导致误解和低效的团队合作，继而引发非常情绪化和主观的问题讨论，等等。

……这个法典更像是你们说的“指南”而不是法则。

《加勒比海盗》中的Barbossa船长如是说。

如果你能够将规则显式化，例如，通过在看板墙上可视化整个工作流，然后讨论每一步工作的含义，那么不一致的地方必须会解决，冲突也可以消除。一旦规则

① Jeffrey Liker, *The Toyota Way: 14 Management Principles from the World's Greatest Manufacturer* (McGraw Hill, 2003, http://amzn.com/0071392319).

清晰，关于如何进行改进，就很容易展开一场理性又实证的讨论。这为协作式的过程改进提供了良好基础。

请记住这里的规则就只是规则（policies），而非必须遵循的法则（rules）。规则能够也允许被不时地打破，但这样的决定必须是有目的的，并经过整个团队的深思熟虑达成一致的。

第 1 章中的 Kanbaneros 团队通过将工作流程映射到看板墙上的不同列显式化了大量规则。如果你还记得，关于在不同情形下的工作，他们进行了长时间的讨论。之所以要进行大量的讨论，是因为这个团队之前还没形成如何一起工作的规则。在讨论的过程中，大家对于哪些规则有用哪些没用有了更多领悟。

Kanbaneros 团队显式化的规则包括工作项的类型（颜色）以及如何处理它们，在不同列中能够同时开展的工作的数目的限制，还有加速通道（即所谓的快速泳道）。

警告 有时候透明化可能会让人感到威胁。如果你已经习惯于用自己的方式工作，例如，你用自己的方式排定优先级，优先照顾“自己人”，在雷达盲区里已经飞行了很长时间——那么将规则显式化对你就不一定是个好事情。引入公开和透明的工作方式可能对你是一种威胁。对于这种情况，我们可以一小步一小步地引入可视化手段，并且让团队自行决定可视化什么信息以及如何做。

对于我们而言，工作可视化和规则显式化是密不可分的。但是基于对可视化狭义的解释，官方的看板定义中将“流程规则显式化”作为六大核心实践之一，和“可视化”一起。在你通读本书过程中，会发现大量看板的实践和模式都是关于将规则可视化以及通过可视化来完成的。最重要和明显的实践就是看板墙本身，因为它是最好的信息辐射源。

信息辐射源

高效的团队必须不断对事件做出反应，并协调相应的活动。在快节奏的环境中，传统的项目进展会议经常让人感到沉闷乏味，而且传统的项目文档也像是没有必要的负担，经常是既不准确也不完整。你总是希望信息是最新的，并且感兴趣的人无论何时需要都能很容易地获得最新的信息。

> 信息辐射源用来展示信息，它需要放置在人们路过就能看到的地方。在信息辐射源的帮助下，路过的人不用提任何问题，反而是经过的时候，那些信息直接映入你的眼帘。
>
> ——Alistair Cockburn①

信息辐射源通常是形状巨大的显示器或者可见的图表，这样你只要瞥一眼就能看懂。信息辐射源的表现形式多种多样，比如一张大海报，上面画着反映项目进展的各类图表；或者一面带有索引卡片的墙，在索引卡片上详细记录着讨论会后的跟进事项；抑或是一张通过分隔为不同的列反映整个工作流的白板，每一列中贴着一些代表工作项的即时贴。这些信息辐射源需要精心摆放以便于整个团队总是容易看到，而且项目干系人也很容易访问到。

选择的信息辐射源应该易于更新，这样就可以持续更新必要的信息，从而让其他人也值得频繁进行访问。这就是很多团队喜欢使用手绘图表和简单设备的原因，比如白板、纸、即时贴和索引卡片。更加重要的是，这使得我们更加容易对信息辐射源进行频繁试验和持续改进，以使其更加适合团队的现状。

也有一些电子工具可以模拟白板和卡片墙，这些工具是很有价值的，特别是对于无法坐在一起的团队，或者是因为某种原因选择电子工具而非物理工具的团队。尽管有很多原因能够说明电子工具的长处，但你也需要承受使用电子工具带来的风险。你如何进行流程改进，这将受制于电子工具的限制。特别是当创建一个新的信息辐射源时，你希望可以简单快速地调整可视化的形式，因为通常一开始的时候是很难做到完美的。选择工具时，无论是电子的还是物理的，都要选择易

① *Agile Software Development* (AddisonWesley, 2001, http://amzn.com/0201699699).

于变更的。

Kanbaneros 团队创建了一个大看板墙，并将代表工作项的即时贴放入了对应的列中。通过这个简单而普遍的可视化方法，整个团队的工作现状和负荷是一目了然的，即便一个从未接触过看板的人也能轻易看懂。

接下来我们看一看创建信息辐射源时的几个需要考虑的要点。

1. 不要在把信息隐藏到“信息冰箱”里

电子工具有时候会成为隐藏信息的“信息冰箱”。使用电子工具时，你必须要知道去哪里找到它，而且你还要能够使用这个工具，甚至需要被认证授权，进入工具也需要花费一些气力，等等诸如此类的问题。这和信息辐射源正好相反，你甚至不知道信息就在那里，而且你需要打开门进行一番挖掘才能找到。

如果你选用的是一款不能自然成为信息辐射源的工具，那这一点就非常重要。现在很多电子跟踪系统都提供了仪表盘或者看起来如同带有即时贴的白板一样的主屏幕。要把它显示在靠近团队的大监视器上或者通过投影机显示在墙上。在附录 B 中你能找到更多适用于看板团队的工具信息。

电子看板与物理看板：优势与劣势

关于到底使用物理看板还是电子看板，有大量争论，而且参与争论的团队遍布全球。因为没有一个普适的正确答案，你只能对各自的优劣进行评估并自行做出决定。

电子看板有以下优势。

- 处处可访问，因而这对于无法坐在一起办公的团队特别有利。
- 数据不会丢失，而物理看板上的即时贴经常掉到地上。
- 自动计算度量数据。
- 能保存每项工作的信息和相关讨论。

物理看板有以下优势。

- 通常比电子看板更大。
- 将人们从工位拉离并成为自然的集会地点。
- 通常更易于创建——你只需要一张白板或者一面墙。
- 易于根据特定需求进行变更和调整。

我们更多地讨论使用物理看板是因为它更容易上手，也方便在早期进行调整。再次强调，你要根据团队情况做决定。

2. 坐在一起？奢侈！

你和团队也许没有坐在一起办公的奢侈机会。你可以尝试使用一个公共区域或者走廊之类的地方——大家能方便聚集在辐射源旁边，并且其他人也很容易访问就行。你也可以尝试用投影机或大屏幕显示电子看板。

让团队自己决定

是否使用电子工具的决定应该由团队自己来做。Marcus 曾在 Joakim 工作的 Spotify 公司作为承办商进行教练工作，在其服务的三个团队有两个使用了电子工具。

这个事实本身并不意外，相反的，倒是那个没有使用电子工具的团队却并非是在一起办公的——这个团队有一个成员在德国而其他人都在瑞典。这是使用电子工具的完美场景，但这个团队觉得使用物理看板的同时每天通过照片来同步进展已经足够了。

而另外两个团队，成员的座位相距不超过 10 米，却选择了电子工具，并且通过大显示器来辐射信息。这个团队有很强的意愿使用电子工具，Marcus 也没有理由要阻止他们这么干。

这没有对错之分，只不过取决于你觉得什么工具最适合你的团队。确保所有信息对每一个人都可见，这就是可视化的含义。

3. 无法处理

避免信息过载。不要试图在信息辐射源上放置太多图表、太多信息或者太多细节，因为这将导致信息难以理解而无法处理。

4. 选大弃小

这本无需多说，但经验告诉我们适时地指出这一点是必要的：确保信息以足够大的方式呈现，以便距离几英尺的人也容易看到。还要注意文字要清晰等小技巧，这样人们无需走近或斜视就可以看清楚。

5. 使用它或者抛弃它！

不要包含对团队或干系人没有价值的信息，很少有什么比不得不更新无人关心的无意义信息更加令人沮丧。你需要不断重新评估是否该保持信息辐射源的现状还是应该进行改变了。

6. 1+1 等于 3

当你通过信息辐射源组合使用规则显式化和信息可视化时，规则就呈现在你面前，帮助你做正确的事。如果这种帮助还不够的话，当同事看到你正在进行的工作，或者在信息辐射源上可视化你的工作后，一旦它和团队达成共识的规则（参见 3.1 节）有所偏离时，他们也会施加一些正面的压力。最终看板中结合使用规则显式化和工作可视化的信息辐射源就是看板墙。在下一节我们会对此进行详细介绍。

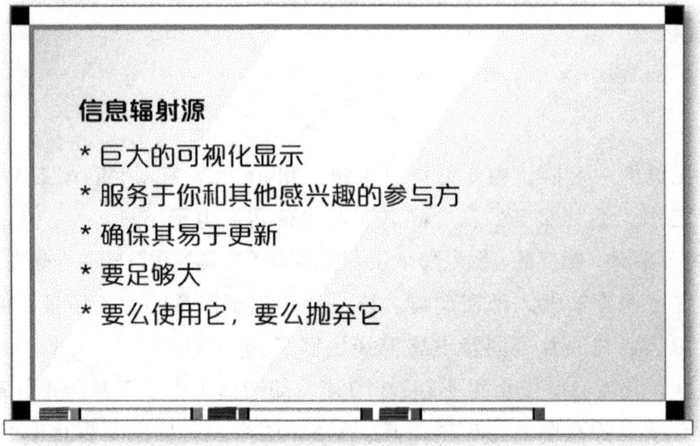

3.2 看板墙

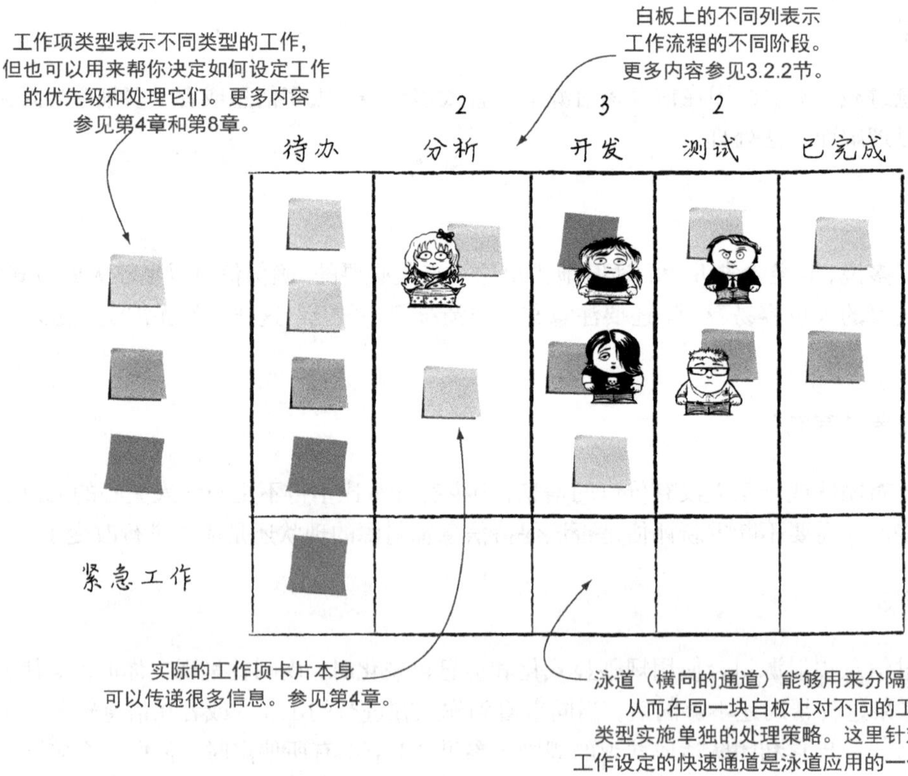

当你进行团队作战时，需要知道很多信息才能高效协作。例如，谁在完成哪项工作，是否都

集中精力关注最高优先级的工作，阻塞事项是否悬而未决，瓶颈环节前工作是否堆积如山等诸如此类的信息。你期望能够跟进工作的进展，这不但对于团队至关重要，而且对干系人也非常重要。因此为什么不创建一个好用的信息辐射源来解决呢？

看板团队使用了很多种信息辐射源，而最常见也是传播最广的方法还是看板墙本身。

3.2.1 看板墙

看板墙的基础就是一张白板或者一块干净的墙面，你可以在上面放置即时贴或者索引卡片来可视化工作流和工作进展。经常更新，从而使每个人都能看到最新的信息并据此有所行动。

使用一张大的白板或墙面不但使之成为有用的信息辐射源，也能够让大家同时移动工作项，共同讨论正在发生的情况并创建新的工作项，等等。大家在这里聚集并讲述已经发生的和即将发生的“故事”，就如同部族围在篝火旁一样，看板墙就成了大家聚集并分享信息的地方。

为了让信息能最大可能地触达每个人，你应该选择一个大家都易于看到的地方放置看板墙，而且这个地方还要有足够的空间能够召开每日站会（参见第 7 章）以便讨论工作。

有时很难使用一张大的物理墙。如果问题出在家具设备的使用规定或者缺乏足够的空间上，你总能使用一张可折叠的白板，比如至少在站会中可以使用卡纸板制作的白板。如果这还嫌麻烦，或者团队分布在不同的物理地点，抑或是其他原因妨碍你使用实体板，还有很多好的电子白板可以使用（参见附录 B）。

警告 在放弃实体墙而使用电子板之前请三思而行。考虑到实体墙的诸多优点，千万别用一两位异地办公的团队成员作为借口而剥夺其他成员使用实体墙的好处。同时使用实体墙和电子板，并进行一些重复的管理工作，一般而言，这要比你想象的工作少的多，而且这么做经常是值得的。

经常见面：每日站会

看板墙是个不错的工具，能够把工作的状态显示给团队。另外一项与看板墙组合使用的最佳实践是聚集在看板墙周围进行简短而频繁的会议。在会议中，团队成员互相之间能够协调、分享和学习。确保会议简短并切中要害，关注看板墙上发生的事件。这种会议通常称为每日站会。

每日站会的简单秘诀如下。

- 决定会议的时间。一天中大家都可以接受的最早的可用时间就是一个不错的开始时间，团队可以把这个会议当做一天工作的开始。
- 确保会议简短：最多 15 分钟。一个确保会议不会拖沓的聪明方式是让大家在会议中保持站立，因此称作每日站会。
- 停止不涉及多数人的讨论，挪到会后进行。

在我们指导过的很多团队，这两个实践产生了巨大的变化：可视化你的工作从而使你能够轻易了解正在进行的工作，每日碰面跟进工作状态并分享彼此的问题或者关切的事情。关于高效的每日站会你可以参见 7.3 节。

好了，你已经有了一块白板或者一面墙，抑或是用其他方式创建的看板墙。你可以用它来做什么呢？看板墙由什么组成呢？如何创建看板墙呢？类似的问题有很多，你可以在下一节找到相应的答案。

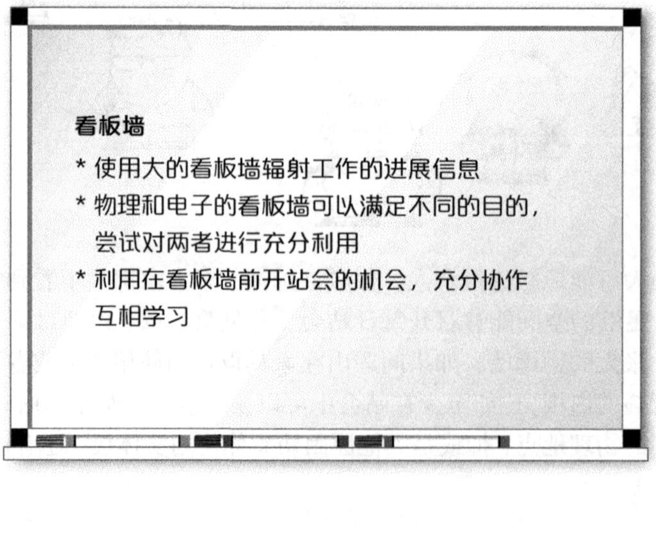

3.2.2 将工作流映射到看板墙上

当你最初打开这本书的时候，如果你还不知道什么是看板墙，看板墙是什么样子的，那么你现在至少了解了看板墙通常划分为多列[①]。这些列代表工作项流经的不同步骤——但这些步骤是什么呢？你如何知道在新建立的看板墙上放置什么呢？

刚入门的人期望刻画出实际的工作流而不是依照公司标准的正式的书面版本，虽然那是你本该使用的流程。一种简单的方法是首先识别出一两种典型的工作项，然后"沿着流走一遍"。你需要了解的是在你所处的特定环境中工作是如何流动的。

获取准确的工作流程是很困难的，你也许还记得在第 1 章中，Kanbaneros 团队花了很长时间讨论他们的工作流程。这确实很花时间，因为这会迫使大家检视隐含的假设并对团队如何整体协作给出深入的理解。在工作流映射之前，大家关于工作项如何进行流动可能有很多不同看法，在工作流可视化的同时，流动规则也被显式化出来了，并切中要害。

教练的忠告 不应该由经理、团队领导，或是教练设计整个看板墙。相反，应该是使用看板的团队成员来设计它。这创造了一种主人翁意识，从而使大家更可能会以达成共识的规则和流程为荣。

接下来，要抑制立刻进行流程改进的冲动。可视化的精髓是让大家理解工作流动并将待改进的机会更容易地呈现出来，看板墙会帮你做到这一点。现在，只需要进行工作流映射。也许，改进的机会并非在你料想的地方出现，也可能出现在别的地方。

并非所有类型的工作项都是一样的工作流程，但这是可以接受的。整个团队必须一起决定如何处理这个问题。有可能某一类工作项会跳过一两列。例如，缺陷类型可能不需要历经"分析"列，在第 1 章中 Kanbaneros 团队就是这样决定的。

有时候，一列的名字太具体而无法适合所有的工作类型，但是当你对这一列的工作考虑得更深入之后，使用一个更加抽象的名字会使其适合所有类型。例如"测试"这一列，对于编码类工作是讲得通的，但对于文档类工作或者调研类工作就不合适了。但是如果你将这一列的名字改为"核实"（Verify）或"同件检视"（Reviewed by Peer），就可以让这几种类型的工作都使用同样的工作流。

最后，切记在最初的时候不要花费太多精力。相反的，随时准备重新绘制整个看板墙，尤其是你发现工作没有像你预想的那样流动的时候。因而我们推荐你使用可擦写的白板笔进行绘制。这样，你就可以在需要的时候轻易的对看板墙做出变化。请尽量不要使用电子工具和花哨的胶带，除非你觉得白板的设计已经相对稳定了。

---

① 坦率地说，看板墙可以是你期望的任何样子。我们见到过的例子包括螺旋型、楼梯型和其他创新的形式。但列表是迄今为止看板墙最常用的形式，因而可以作为一个不错的开始。

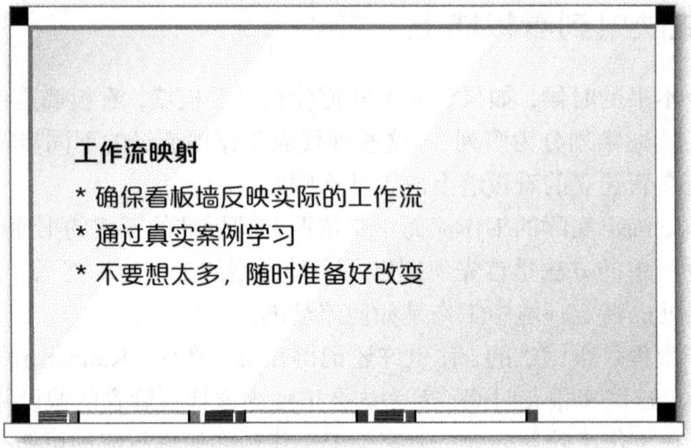

3.3 队列

队列可以帮助你管理工作交接，从而让工作更加平稳地流动，为团队成员提供可视化的信号表示工作可以开始。在白板上，这往往体现为某一列之前或者之后的一个队列。一些常见的队列的例子如下。

- 待办——白板上的第一列。
- 准备测试——工作已经分析完成，现在已准备就绪，开发人员可以选取进行开发。
- 开发已完成——工作项已经开发完成，等待测试。
- 待测试——工作已经准备就绪，等待测试。

从最后两个例子中，你可以看到同一个状态可以用不同方式描述。“开发已完成”和“待测试”几乎是同一个意思。他们都表示开发工作完成了，测试人员可以将选取工作项进行测试工作了。放置队列的位置（如在这个例子中，队列是属于“开发”列还是“测试”列）完全取决于你。下面是一个简单看板的示例，以便澄清这一点。

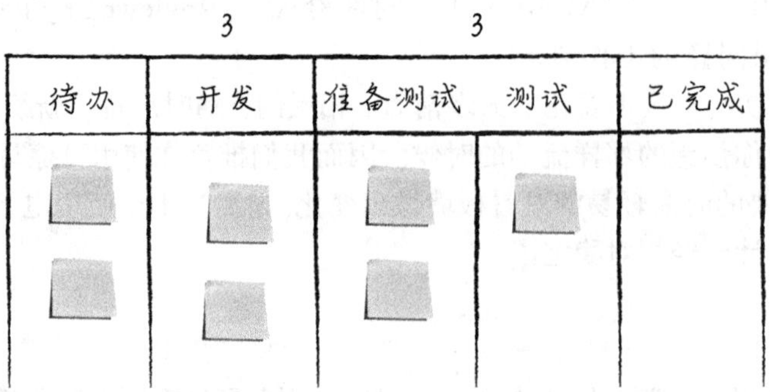

标示“已完成”的队列（如“开发已完成”）很常见，它向其他人发信号表明这一步已经完成，后续人员可以开始处理这个工作项了。将工作项移入队列的人无需知道下一步将要发生什么。对于“开发已完成”这个队列，你可以设想测试人员和产品负责人会进行某种简单的分流以决定工作项下一步如何处理：可能进入“测试”列，可能进入“利益相关人验证”（Stakeholder Verification）列，也可能进入“准备发布生产环境”（Ready for Production）列。

标示为“准备”的队列（如上图中的“准备测试”列）总是为已知的步骤设立，因为它本身就放置在这一步之前，表示准备就绪，等待处理。这样的步骤经常用于工作交接，也许是跟其他团队之间的交接。工作是被推入这一列中的，如将工作移入“输入”列是由特定的事件触发的，或者是有定期的节奏[①]（如双周计划会）的，或者是“输入”列中只剩下三个工作项的时候触发。在示例中的看板上，你可以发现这个团队决定将“测试”列分为“准备测试”和“测试”。“准备测试”就是一个队列，其中的工作项等着被测试。因为测试人员允许有三个工作项，当计数在制品限制时“准备测试”列中的工作项也需要纳入。

从图中可以看到，测试人员有 2 个工作项在队列中（这些工作项等着被处理），还有另外一个工作项在“测试”列中（测试人员正在处理这个工作项）。

准入准出标准

针对每个列、每个队列和工作流中每一步的具体含义，一种消除误解，达成共识的有效方式是回答下述问题：“为了将工作项移入下一列，需要满足什么标准？”这些准入准出标准，一旦显式化，就可以通过简洁的重点描述或者检查清单的方式记录下来，并在其对应列的上面或者下面可视化出来。例如，写在一张即时贴上或者直接写在白板上。

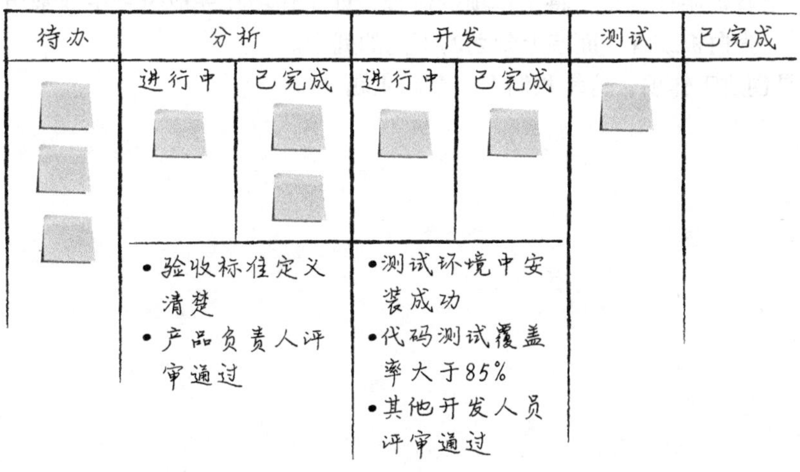

每当你移动一个工作项时，都需要根据标准进行核对。当有新的标准出现或者对已有标准进行了更改时，可以使用这些标准作为每日站会中讨论的工作项的检查清单。甚至可以加入规则，

① 流程的节奏或心跳，更多内容参见第 9 章。

至少要有两个人同意这些标准都被满足了才能移动工作项。这些规则可以持续进行讨论，逐渐进行变更和改进。就如同这些列一样，你也可以设定准入标准或者准出标准，甚至都设置，这取决于当工作项流经每一环节时你想要检查的内容及如何检查。

教练的忠告 我们经常发现重新检视准入准出标准是很有用的，特别是在出现和工作流程相关的问题时。比如在每日站会的对话中，在团队的回顾中，或者是针对缺陷进行的根因分析时。你可以探寻“我们遵循了这些标准吗？”如果是的，那么是否可以加入新的标准以便于我们日后避免类似的问题；如果不是，你需要检视为什么没有遵循已经达成共识的规则。

3.4 小结

这一章介绍了工作可视化——将工作及其相关的规则可视化，这些规则之前是隐含不清的。

- 工作可视化最终是要为更好地理解工作流动和有效的合作建立信息透明和共享。
- 工作可视化的过程意味着将之前不可见的信息变得可见，将隐含的知识和规则显式化，这样做之后，还需要解决随之浮出水面的不一致和冲突。
- 看板墙是一种很好的方法，可以用来可视化工作流和共享信息，比如工作优先级，谁在干什么工作以及每个工作项的进展状态等信息。
- 通过使用大的可视化看板墙，信息被广播给每一个感兴趣的人，从而避免了信息隐藏在人们的脑子里或者难以访问的工具中。
- 创建一个看板墙很容易：将工作项的流程，即工作项在完成过程中通常历经的步骤，映射到在一张白板或者一面墙上刻划的不同的列中。

下一步就是创建工作项，这是我们下一章的主题。

第 4 章　工作项

本章涵盖的内容

- 工作项卡片
- 工作项卡片的设计原则
- 工作项卡片上的内容及如何利用这些信息获取工作进展的状态

软件行业的大部分工作都是不可见的，很多都发生在人脑中或电脑中。为获取谁在负责什么工作以及工作的状态等信息，需要对工作可视化，从而使得之前不可见的信息变得可见。

目前跟踪工作项最常用的方式是创建一张小卡片代表正在完成的工作。可以是索引卡片，也可以是即时贴[①]，或是任何容易上手且易于在白板上移动的卡片。使用白板上的卡片跟踪进度、发现瓶颈和识别工作流程中的排队现象是一种简单、有效、实用的方法，它将信息呈现在你面前并让每个人都了解到发生了什么。

使用物理卡片比电子形式要有优势，物理卡片能容易地注释或附上头像、阻塞问题、进度条、跟踪标识和其他本章中将要介绍的内容。同时，因为物理卡片是可感知的，就更易于在合作中使用、在白板上移动、甚至在需要的时候带走。

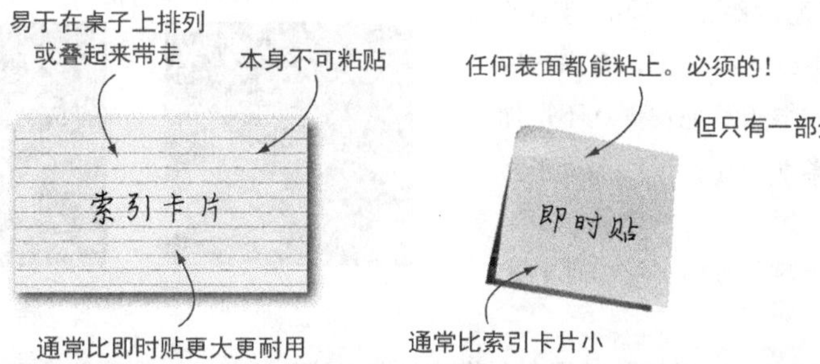

这种可感知的概念还包含其他的秘密。通过在白板上移动即时贴，你调动了更多感官，从而创建你和工作项之间更强的关联。将工作项亲手从某一列移到另一列，会让你更有可能记住你对

① 例如，便利贴（Post-it Note）。

它负有责任。

本章专门介绍了这些卡片的使用。上面有什么内容？如何标明工作项被阻塞了？谁在负责这项工作？对于这些问题以及更多其他的问题，读者可以在本章找到答案。再次提醒，读者不要局限于我们给出的建议，而且可能也不需要一股脑全部用上，也许还有一些我们根本没想到的信息可以写在卡片上。所以在解决工作流程的问题时需要调动丰富的想象力，同时使用我们的建议作为启发改进工作的灵感。

本章讨论的主题是可视化工作项基本信息的常见方法，记住要确保卡片上包含所有必要的信息以便于团队能针对每个工作项做出相关决定。

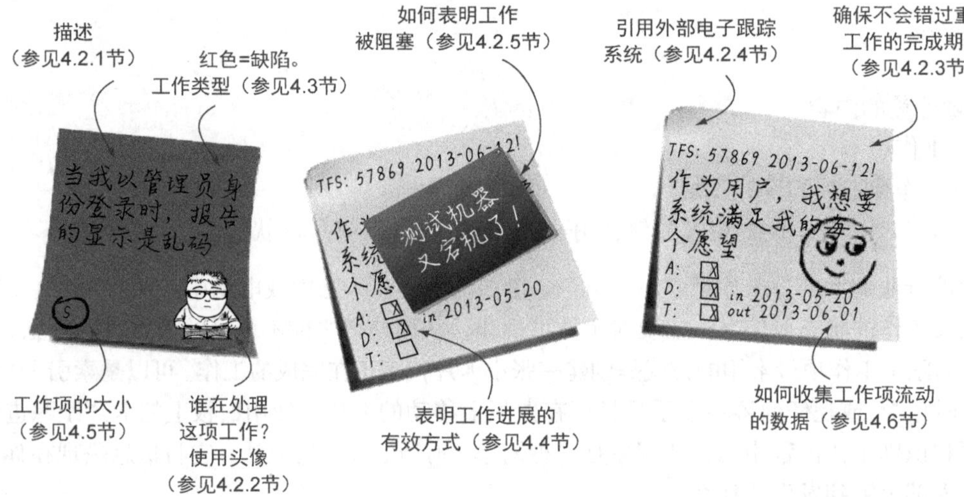

如何从一沓即时贴上取下一张

也许，这是历史上最极客的提示栏，但它确实能保护你免遭很多团队用即时贴跟踪工作项时遇到的困扰。设想这样一个场景：你进入办公室，看到一块白板和掉落一地的即时贴。你很庆幸地发现这不是你的看板墙，你的即时贴都稳稳地粘在看板墙上，多亏了这个侧边拦。在你的脸上露出了嘲弄的微笑，接着你去拜访了那个即时贴撒落一地的家伙，教给他们正确移除即时贴的高超技巧。

从一沓即时贴中取下一张，确保不要弯曲；这样使其粘贴牢固。

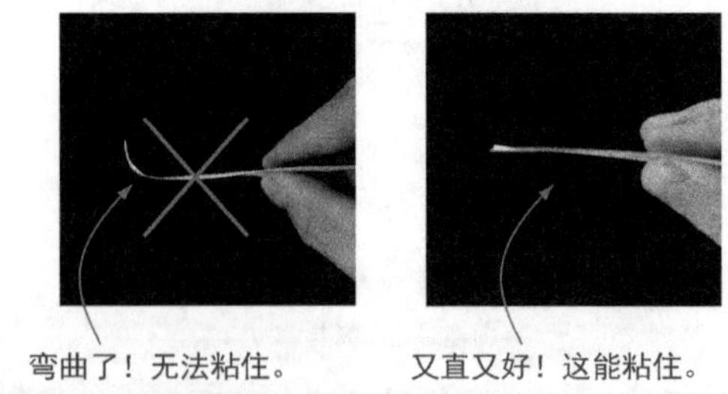

诀窍是粘贴的部分不要弯曲。在即时贴下面向上移动手指到粘贴的部分，然后从右到左缓慢而稳定地拉起来。这将确保粘贴的部分又直又好，从而增加了即时贴粘贴的面积。

现在你已经知道且可以告诉你所有的朋友这个移除即时贴的正确方法。这不但是个非常极客的诀窍，而且更重要的是解决了工作项从看板墙脱落的问题。

除了使用物理的工作项卡片，你也可以使用电子系统表述工作流。这也没什么错，而且当今的很多电子系统特别棒，尤其是在收集数据和度量报告方面。但请记住你也同时放弃了物理的可触卡片的一些好处。当有所怀疑的时候，先从物理看板开始，然后当有需要的时候再转向电子工具。或者，更好的方式是两者都用。

4.1 创建卡片的设计原则

工作项卡片可以体现为很多不同的形式，我们稍后将深入介绍常见的模式。毫无疑问的，你会找到其他方式更好地满足需求，所以请根据需要进行变更并精心设计。但是当决定什么信息放入卡片并用什么进行注释时，有一些设计原则要牢记于心。下面我们来看一看创建工作项卡片的设计目标。

4.1.1 促进决策制定

首先且最重要的是，你希望卡片的设计和其上的信息能促进团队的决策制定，努力帮助团队自我组织。你希望避免团队陷入不知接下来做什么而必须询问别人才能继续的困境。同样糟糕的情况是，团队中不同的人因为缺乏信息对于同样的情形以不同方式应对。所以，从一开始就需要有明确的规则和清晰的工作方式，这是一个主要原因。

这些目标虽然易于表述，但却需要一些时间才能使团队从内心理解认同。同时，力求简单明确的规则，使其在卡片上一眼就能被看出来。通过头像来展示谁在进行哪项工作就是一个不错的例子，这样你就知道需要找谁了解更多信息或者哪项工作还没人干。

4.1.2 助力团队成员优化结果

当事关风险、客户满意度和经济利益时，卡片的设计也应该能助力团队成员优化产出。如果一个工作项具有高风险，你需要用某种方式展示给团队成员，以避免冒险的行为。例如，使用新法律的生效时间作为最后期限的工作项就是一个高风险的例子。错过这类最后期限将可能遭受某种罚款。因此，你希望确保团队知道最后期限并相应地进行优先级排期。

对于客户满意度和经济利益的因素同样适用。如果某个客户比另一个更重要，就要明显地标示出来。这种工作项的一个例子是对于新用户非常有利的新特性，也许你希望在任何维护工作之前完成这项工作。

如何处理这个工作项由规则（无论明确表达出来与否）决定并常常和工作类型（如特性、缺陷和维护工作）与工作分类（如特别紧急的工作项或者具有固定交付日期的工作项）相关。我们将在 4.3 节和第 8 章对工作项类型进行深入的讨论，通过清晰展示团队所选工作的类型和分类帮助大家遵循规则。

正如你所看到的，需要考虑的方面很多，但我们还是要力求简洁。如果你在即时贴上加入太多内容，以至于可能都忘了它们是干什么的了，这就没用了。开始时力求简单，当需要时再尝试加入更多信息。你希望工作项的信息辐射出来从而容易被看见和理解。沿着这条线考虑，你也希望明显和清晰地展示变化和味道（参见提示栏“流程的味道”）。你希望对常规运营之外的事情采取行动，而且当这些事情发生时必须是容易被发现的。

流程的味道

Kent Beck 和 Martin Fowler 曾讨论过代码的味道(Refactoring: Improving the Design of Existing Code, Addison-Wesley Professional,1999,http://amzn.com/0201485672)，我们从他们那里借用了“味道”的概念。一种味道可能意味着麻烦，但不一定有味道就代表着麻烦。这就像闻孩子的尿布，如果有味道，你至少应该检查一下，但并不意味着你总能发现什么。

如果一张即时贴有某种味道。例如，它已经在某一列中呆了好几天了，你应该检查一下。这可能意味着你需要采取行动，但也可能是因为它有充足的理由停留在那儿。

教练的忠告 当阅读工作项设计的模式时，请记住这些设计目标，同时看看你是否能想出其他的办法在你的团队和看板墙上清晰地表达这些目标。

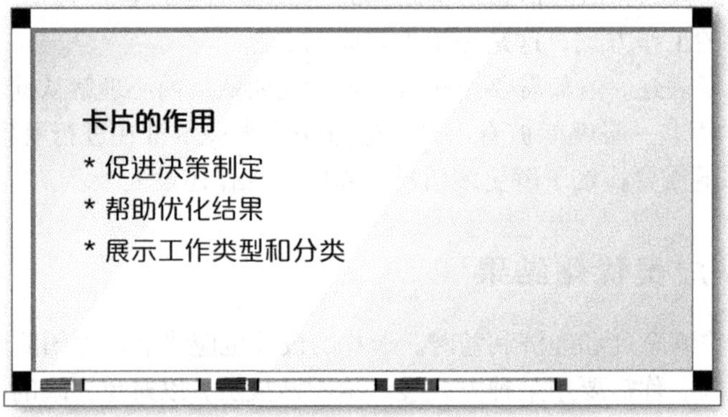

卡片的尺寸如何选择

你不久就会发现，在一张工作项卡片上会包含大量信息。请确保选择合适的卡片尺寸以便你能把所有需要的信息放在上面。即时贴有各种尺寸，所以可以从合适的尺寸开始尝试。

我们也看到很多团队创建的卡片使用了定制的结构和形式。这里你会看到一张经过改良的工作项卡片[1]：这个团队将卡片放入塑料卡套中，从而可以轻易擦除干净并不停复用。

---

① Marcus 的一个客户，名叫 Tradera（瑞典 eBay 分公司）。当 Marcus 访问时，发现他们在看板墙上使用这种卡片。这是他见过的最精致的卡片中的几种。

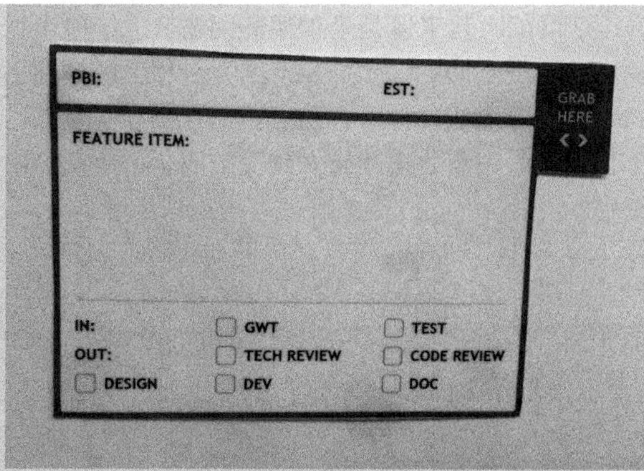

这没有正确和错误之分。选择适合的卡片大小和形式，当发现需要变更时进行调整即可。

4.2 工作项卡片

很多内容可以放置在卡片上，在接下来的章节我们将探讨一些常见的属性，从最明显的一个属性开始：工作项描述。

4.2.1 工作项描述

对于大多数读者而言，这可能听起来像是个很傻的问题，工作项当然会有一个描述。但这恰恰是我们看到的很多团队尚有改进空间的一个方面。因为卡片上的描述不够充分，团队成员对工作项到底是什么陷入争论，我们已无法统计看过这一幕的次数。

为了更加便于讨论工作项及其内容，描述要做到简洁明了。要点突出，而且易于团队成员理解。在实际中这要怎么做呢？

1. 用户故事

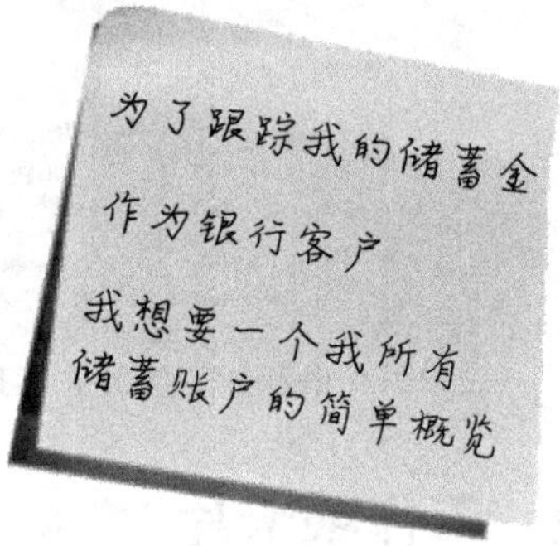

用户故事是工作项描述的一个例子，其短小简洁而且被证明很有用[①]。它解释了这个工作是什么内容、为谁干和为什么要干。

我们不会在这里深入讨论用户故事[②]这一主题，因为它已经超出本书的范围。从现在开始，我们简单地认为其是一张带有文字的卡片，这些文字提醒你要进行一段对话。在对话中，讨论细节并将确认的信息作为验收标准记录下来。他们可以通过缩写 CCC 很容易被记住：卡片（Card）、对话（Conversation）和确认（Confirmation）。

用户故事的常见模板是：

> 作为[角色]，我想要[功能]，以便得到[价值]

或者是

> 为了[价值]，作为[角色]，我想要[功能]

选择你感觉使用比较自然的模板，但在描述中务必要包含为什么（价值），谁（角色）和是什么（功能）。

2. 标题

每次讨论工作项时，描述往往比口头重复提及工作项的话要长，为卡片加上一个标题，就会方便很多。简短的一句话，既容易记忆，又便于提及，这能帮你记住工作项的内容。

3. "就是那个……"

用户故事是书写描述的一种方式，但有时团队手头的工作（如缺陷）并不容易被写成用户故事，却依然需要一个很好的描述和简单的记忆方式。我们使用的是《老友记》的命名惯例：在脑海中，把"就是那个……"（The one where）放在卡片的描述之前。（《老友记》每一集的标题都

---

① 谨防过于依赖用户故事的模板及其优点。它只是一种将你手边工作进行结构化描述的方式，而不是永远有效的王牌。有些人（包括 Joakim）曾经不时地提到用户故事是反模式。

② 更多内容参见 Mike Cohn 的 *User Stories Applied* (AddisonWesley Professional, 2004, http://amzn.com/0321205685)。

是这样，比如“[就在那里]Ross 和 Rachel 觉得他们又相恋/分手了”。）

利用这一点提醒我们首先把重点放回到为什么这个工作项置于看板墙上。标题要易于在对话中提及，如同下面的工作项：

- （就是那个）名称字段允许太多字符
- （就是那个）如果你以管理员身份登录，却没有管理员权限

教练的忠告 记住“就是那个”不需要写在卡片上。这只是一个引子，帮你聚焦在工作项背后真正的原因。

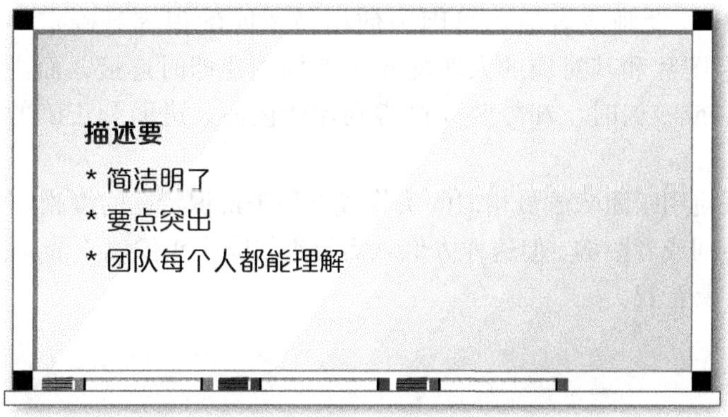

把什么内容放在卡片上作为描述，这里有几个好的例子（也有几个糟糕的例子）。

在学习了工作项的内容之后，下一个要解决的问题是谁在干这项工作。让我们来看一个常用的解决方案。

4.2.2 头像

你希望工作项负责人的信息一清二楚，这样就知道该找谁讨论问题、寻求建议和表达赞赏。很多团队通过在工作项卡上附着一个头像的方式来标明谁在负责处理该项目。在这种情况下（参见提示栏“什么是头像？”），谁在干什么就一清二楚了。

许多人使用图片、动画或者涂鸦是因为使用模式匹配很容易确定一个人。你只需要将一个图片和其对应的人匹配起来就能创建即时连接，而当你看到一个潦草的名字或签名时，却需要经过辨别才能读懂，进而和正确的人关联上。

这意味着你应该使用跟团队成员相似的头像或者易于辨识特征的漫画。当然，你也可以在看板墙的一侧加入关键词或者图例，但这样人们就需要查找哪个头像属于谁。通过使用和团队成员类似的头像，就不需要查找。

什么是头像

在计算技术中，头像是代表用户的图形或者用户的特性和另一面。它可能像游戏或虚拟世界中的三维形式，或者是像网上论坛或在线社区中的二维形式；也可能像 MUD 游戏（Multiple User Domain 多用户虚拟空间游戏，最早的网络游戏。没有图形，全部用文字和字符画来构成。）等早期系统中的文本方式。它是代表用户的一个物体。头像这个术语既可以指跟用户个性连接的屏幕上的名字，也可以是互联网用户的图标，比如 Facebook、Twitter 和其他社交媒体站点中的图标。

一些团队使用头像来限制每个人手中的在制品。这是一个对囤积者[①]的有效约束方式，这里的囤积者是指习惯性参与白板上每一个工作项的人。例如，在看板墙上给每人放置三个头像是一种可视化的有效方式，确保没人接受太多工作。

教练的忠告 你可能会认为，使用可爱的动物或者酷炫的卡通作为头像是个很棒的主意并为看板墙增加了趣味，但经验表明这个想法可能会出问题。Joakim 曾经指导的一个团队决定用狗作为头像。当他们不得不记住谁是贵宾犬，为什么达尔马提亚狗没有完成测试，雪纳瑞犬一直都在进行的分析工作到底是什么的时候，造成了很多混乱。使用的头像至少要和本人相似！

① 给经常收集了太多即时贴的人的绰号。

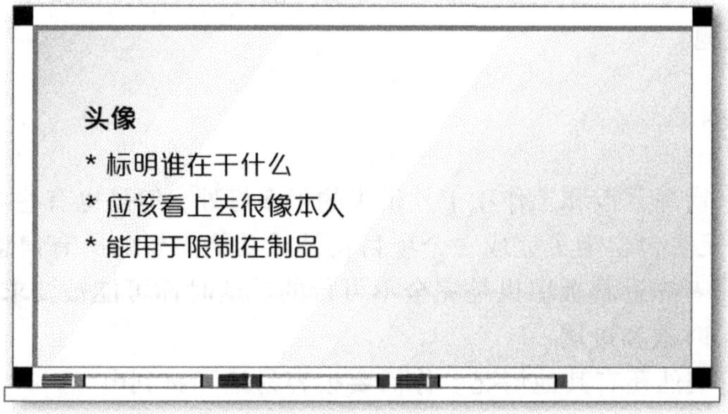

通过使用头像，你能够很容易知道谁在处理哪个工作项。我们现在将注意力转向截止日期，它能帮助读者了解工作项定于何时完工。

4.2.3 截止日期

设定截止日期有很多原因，比如为营销活动完成的一组产品功能，或是新的法律将于指定日期生效，甚至是一个新客户下周来参观办公室。

为了清楚地显示工作需要被完成的日期，你需要将其直接写在工作项卡片上，甚至可能用另外一种颜色来突出显示。截止日期是风险管理的信息，可以帮助团队设定优先级和自行组织。你一定不希望错过这些信息，所以要确保它们清晰可见。

一些团队甚至使用不同颜色的即时贴来表示固定交付日期的类型，这种工作项类型带有截止日期。要确保每次使用同样的可视化方式以创建一个模式或者习惯。例如，始终在即时贴的右上角写下截止日期。

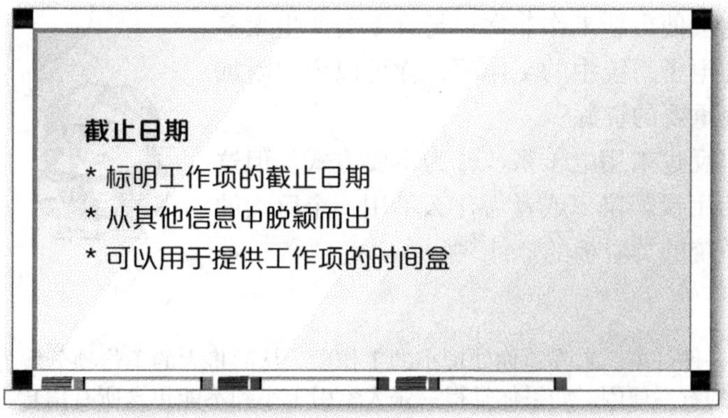

至此，你在工作项上也设置了截止日期。还有其他重要的信息，一直沿着这条路走下去，把

所有信息放到卡片上，很快卡片上就没有空间了。对于无法在卡片上放置的信息，你该做什么呢？这正是下一小节的主题。

4.2.4 跟踪标识

我们已经讨论了物理看板和工作项卡片带来的很多好处，但是也有些事情是其不擅长的。即时贴的有限空间[①]无法包含为了完成一个项目特性或功能需要的所有信息，而很多其他文档试图附着于即时贴或者靠近看板墙也是完全不可行的。这时你可能被要求在电子系统中记录你的工作、工作的小时数和进展。

在这些情况下（当然还有其他情况）你需要很容易地了解到电子系统中的哪个项目代表看板墙上的工作项。你可以把这个想象为“更多信息”的链接。一种简单的方法是将电子系统的跟踪标识写在即时贴的角上。跟截止日期类似，确保在每个即时贴同样的角上书写，这能培养良好的习惯。你也可以为跟踪标识加上前缀，比如“JIRA:”“TFS:”或者“GIT:”，确保不会和即时贴上可能出现的其他数字产生混淆。

警告 谨防落入如下陷阱：把所有工作项的信息都放入电子系统，然后将工作项卡片退化为无法被理解的描述（参见 4.2.1 节）。

聪明的读者现在会开始担心“双重管理工作”如何保证看板墙和电子系统中的信息同步。为了解决这个问题，你可以首先决定一个主要方式——倾向于使用物理看板，因为它就立在那里而且工作进展一目了然。

在电子系统中，你可以使用一个简化的工作流，比如：未完成，已完成。这会使更新工作非常轻量且不会产生太多额外工作。而且，在电子系统中的工作项，你可以为它附加文档或者链接到其他重要的资源。

当然，你也可以反过来用电子系统作为主要方式。但这样的话我们建议你使用投影仪，或者为什么不用一个巨大的触摸显示屏和电子系统的类看板的插件[②]呢？

---

① 有限的空间可能是一件好事。它强迫你处理小的工作项，从而将大的工作项分解为小的。这就是在小卡片上书写用户故事的背后原因。如果你觉得一张大索引卡小到不能包含所有信息，不妨试着用一张更小的卡片来迫使自己用更简短的方式描述它。

② 有很多这种插件，但只有一部分我们喜欢用，包括 Kanban for TFS、JIRA Agile 和 HuBoard for GitHub。

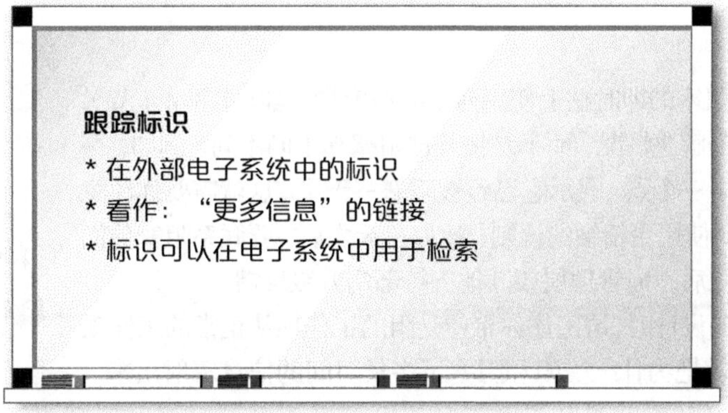

直到目前，我们都在考虑通往成功之路。但在现实中我们的路并非总是如此顺利。当我们无法按照计划完成工作时，发生了什么呢？接下来我们进行探讨。

4.2.5 阻塞事项

即便目标是让工作快速顺畅地通过工作流程，还是会时而发生如下情况：你不得不等待其他人先完成他们的工作；某个人生病了；或者是你遇到了阻碍工作完成的问题。

1. 受阻的工作项

在这些情况下，你需要工作项突出显示出其被阻塞了。这么做了之后，你就会得到了一个信号和一个关注该问题的理由（如在每日站会上）。和正常工作项不同的工作项容易吸引目光，这就帮助你聚焦于那些偏离正轨的工作项。借用我们之前介绍过的概念，一个受阻的工作项应当是一种视觉上的味道（参见 4.1.2 节）。

为了做到这一点，很多团队用另外一张即时贴附着在受阻的工作项上面。这是一个好主意，因为你也可以在附着的即时贴上写下这个工作项被阻塞的原因。用这种方式，你不但得到了该工作被阻塞的信号，而且也得到了被阻塞原因的信息，从而帮助团队关注并解决阻塞事项。

还有很多其他常见的方式可以表示一个工作项被阻塞了。将磁粒放在受阻的工作项上面，或者把受阻工作项移入看板墙上单独的“停车场”区域。如果你决定要移动卡片，确保用某种方式记住其之前的位置，这样你就能在问题解决后将其移回来。

教练的忠告 虽然为受阻的工作项设置单独的“停车场”看上去是个好主意，但我们建议不要使用。这基本上就像是在说被阻塞也没什么——“看，我们甚至在看板墙上为此设立了一个特定的区域。”将受阻的工作项保留在列中，使你能够直接面对它，并且影响着你的在制品个数，这将迫使你在站会时要去考虑如何解决。

2. 阻塞事项进展

一些团队也在被阻塞的即时贴上使用简单的进度指示器（参见 4.4 节），帮助进一步关注问题的解决情况，而不是任其被阻塞却不闻不问。例如，一个受阻的工作项上打了三个点，表示它已经被阻塞三天了。这就需要你注意了，不是吗？有些团队使用更精细的规则，比如三天之后，要联系阻塞他们的个人或团队；五天之后，向管理层或其他支持部门升级反馈。

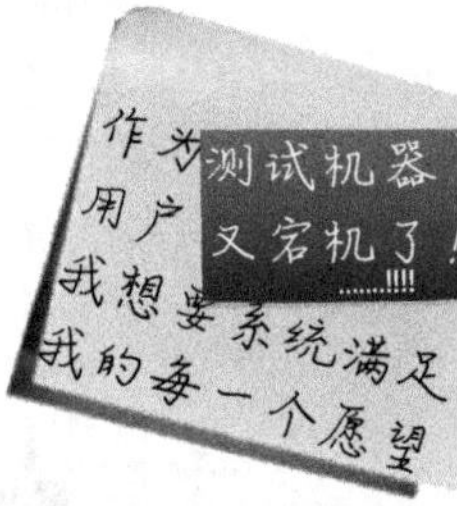

当选择阻塞事项的设计时，请记住你希望受阻的工作项从正常的工作项中脱颖而出，最好能够把为什么受阻和阻塞了多长时间的信息辐射出来。

将“味道”升级

2013 年在北美召开的芝加哥精益看板大会上，我们学习到一个团队将可视化和“味道”升级的案例。这个团队没有使用附着一个即时贴到工作项的方式表示工作受阻，而是将一个香蕉皮订在索引卡片上[①]。随着时间的流逝，如果问题依然没有解决，香蕉皮会变得越来越黑，而且散发着难闻的味道。这就是在召唤你的行动！

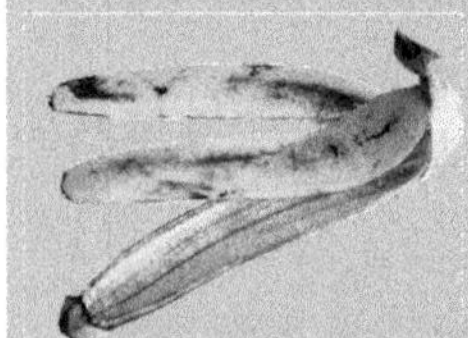

他们的另一个想法是使用真正的臭虫表示软件缺陷。“我们不知道你对此作何感想，但我们一定会努力构建代码质量以免把真的臭虫钉在看板墙上。”

一些团队很喜欢这些创新的想法。如果你就在这样的团队中，你应该想尽一切办法使用香蕉皮这样的可视化手段。

通过阻塞事项，你现在能够处置工作未按计划流动的情况了。

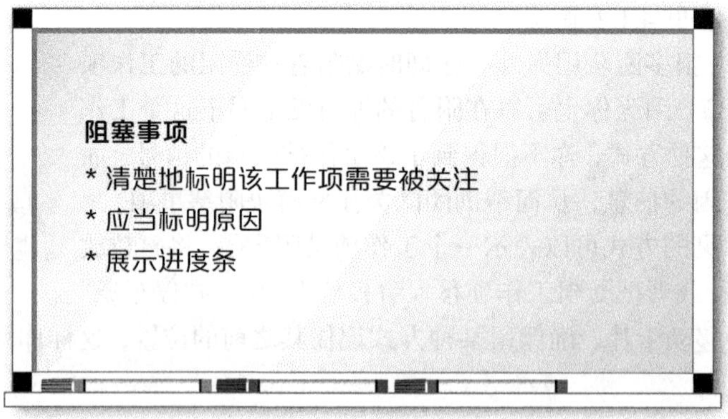

直到现在，我们都在使用通用术语*工作项*，但工作项有不同的类型。下面我们看一下如何可视化工作项类型。

---

① 图片来源于网站 Gualberto107/FreeDigitalPhotos.net。

4.3 工作类型

工作项可以有不同的类型，比如缺陷、技术工作、维护工作或者特性需求。不同的工作类型往往使用不同的方式处理和设置优先级。你需要团队能够轻易区分不同类型的工作，也能够自行设置不同类型工作项的优先级。

为帮助团队自行安排工作如何处理和设置工作的优先级，一种常见的方法是让每个类型使用特定的颜色。通过这样的方式就很容易将缺陷和特性需求区分开。这些类型也可以用来设置处理工作的规则，这通常称为*服务类别*（参见第 8 章）。

下面给出一些常见工作类型的例子。这里使用的颜色已经在看板社区中形成惯例。但是，就像我们再三强调过的一样，请确保这些颜色的使用对于你和团队是合适的。（虽然在印刷书籍上这些即时贴是灰色的，但是在电子书和看板墙上他们是绿色、黄色和红色的。）

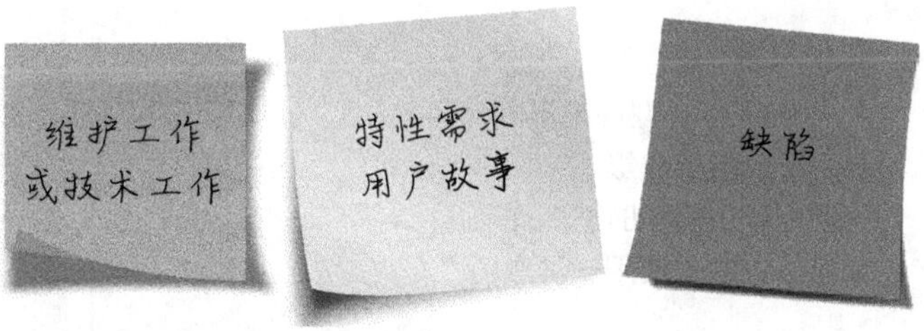

如何选择取决于你，但你要努力确保看板墙上的所有卡片不要看上去都一样。你一定不希望掉进黄色即时贴的海洋，这会使你很难对不同类型的工作项设定优先级或是看到某种使用模式。

确保把不同类型的工作明显区分。例如，通过不同颜色的即时贴，能帮你看清不同类型工作的进展。快速扫一眼看板墙，你可以得到团队工作的整体状态。例如：

- 如果看到大量红色的即时贴（缺陷），你就知道系统中存在质量问题，那么你就该努力提高质量。
- 当注意到看板上没有绿色工作项（维护工作或技术工作），这可能是因为你的团队没有按需要还清技术债务。随着时间的推移，这会使系统更难维护。
- 没有黄色的工作项（功能需求）意味着你没有在给系统增加新需求。这可能是你所期望的，也可能不是。看板墙给你一个简单的可视信号告诉你它的状态，无论是好是坏。

如果你只用黄色即时贴，你将不得不通读每一个卡片才能知道看板墙上所有工作项的整体状态。

警告 不要陷入懒惰的陷阱而随便使用手头任何颜色的卡片。在看板墙上毫无理由地混合使用不同颜色的即时贴将导致混乱。最好的方式是挑选一定数目的工作类型，然后为每一个类型分配一个颜色，然后使这种类型一直使用这种颜色。

如果你很难记住每种颜色代表何种工作，可以在看板墙上贴上图例以扫清各种误解。这对于干系人和其他不是每天使用看板墙的人也很有帮助。

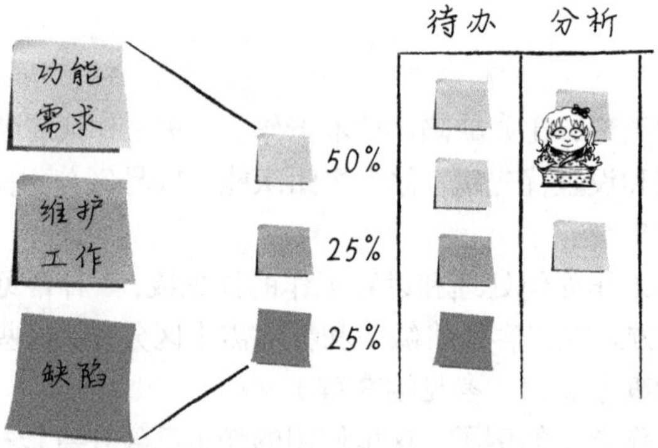

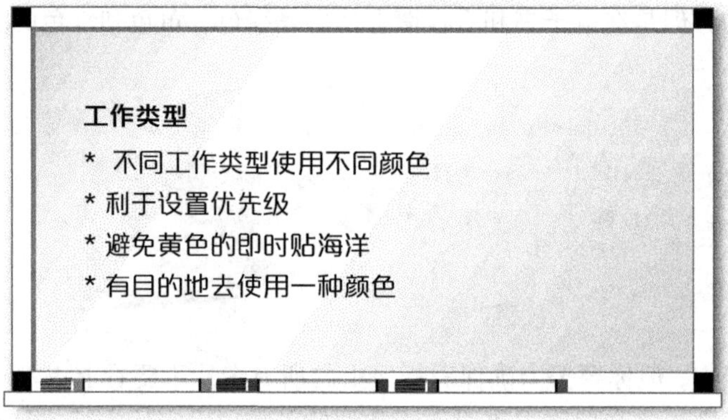

现在让我们把注意力投向你的工作进展。在接下来的一节中，你将学会使用一个简单的工具来记录工作进展。

4.4 进度指示器

卡片置于看板墙的某一列中是一种很棒的可视化方法，这能给你大量信息，但工作项的历史信息却不易被记录。比如，这张卡片在这一列多长时间了？对于开发阶段而言，这个前置时间正常吗？只知道卡片现在处于哪一列，对于回答这类问题无济于事。

进度指示器是一个能帮你记录信息并展示工作项进度的简单工具。你可以简单地为工作流中每个即时贴所经历的每一天打一个点来表示，也可以使用更高级的方法，比如为工作流中的不同阶段使用不同颜色打点。

在我们指导过的团队中，曾经见到有的团队将期望的时间线画成方框，当工作取得进展方框就被填充上。这就标示出了目前工作与你之前的一般情形或者期望结果相比取得了哪些进展。你甚至可以使用服务等级协议（SLA，

Service-Level Agreement）的简单形式来讨论：“你可以期望分类为‘小’的工作项在 3 天内完成。”

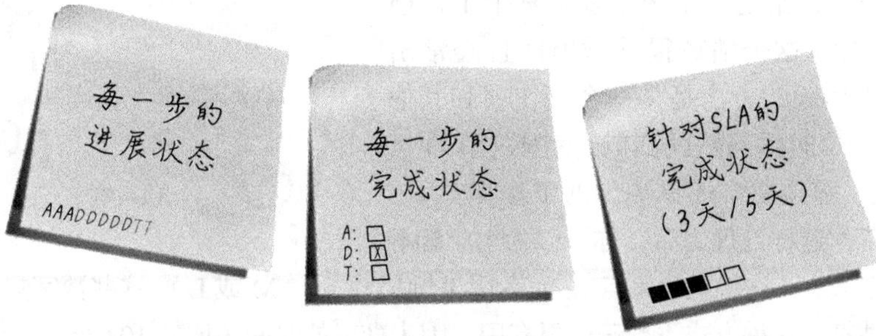

对于非线性工作流[①]的工作项而言，工作流中的每个状态可以有一个方框。当对应的工作完成后，可以在方框中打钩，从而显示出什么工作还没做。

展翅高飞：倒计时

除了记录已花费的天数，还可以采用倒计时的方式计算剩余的天数。例如，基于截止日期来计算。这样就可以在每日站会中更新这个数字以反映还剩下的天数。如果你使用过 Scrum，就会知道在燃尽图（burn-down chart）中这是基于估算跟踪进展的常见方式。

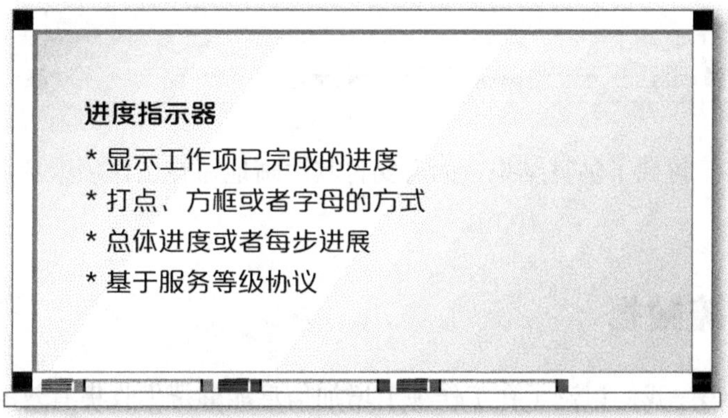

通过进展指示器，你现在开始收集和跟踪工作流程的数据。为了做到足够的精度，你需要知道每个工作项花费的时间。让我们看一个这样做的方法。

4.5 工作项的大小

工作项的大小为你管理看板墙上的工作项提供了宝贵的信息。唯一的问题在于工作的实际大小无法预知，除非你已经完成了它。

① 其中的工作流程不是遵循步骤的自然顺序，而是工作项的各个步骤可以按照任何顺序进行。

我们将在后续章节进一步讨论估算（参见第 9 章），但是简单而言，给定一个数字表示某个工作项需要花费多少小时，这个估算很难做出而且经常出错。一个更加令人信服的方法是将某个工作项和其他工作项进行比较。这时候问题就变成，完成工作项 A 和工作项 B 比较，需要更多还是更少的工作呢？

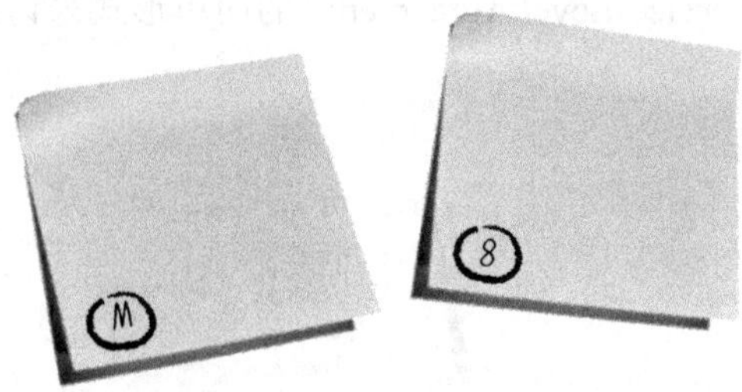

将你手边的工作这样处理之后，你可以为大小相等的工作项分配一个数字（这就是故事点），或者用 T 恤尺寸（S、M 或 L）。这些数字只表示对完成任务所需时间的相对估算。这种方式不准确但更有用，因为准确的时间（比如 104 小时）也是猜测。

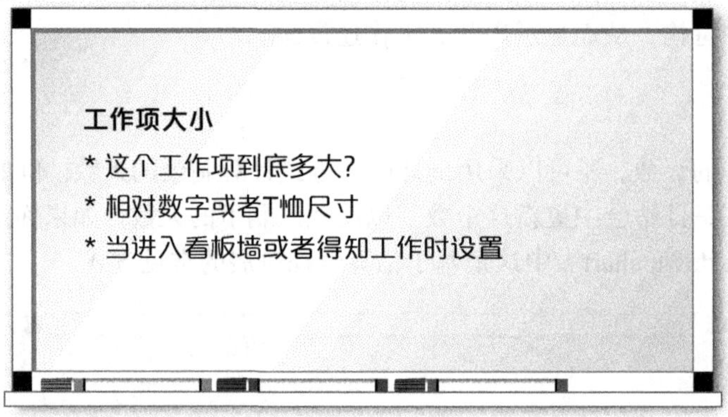

不管怎样，你终于得到了估算结果，你需要将其清晰地写在工作项卡片上，以便每个人都能一目了然。

4.6 收集工作流数据

在上面几个小节中，我们讨论了在工作项上增加信息能够帮你收集有效的数据以反映工作流程的表现。这些信息对你未来进行工作流程的改进是很有用。接下来让我们仔细看一看。

4.6.1 收集工作流程的度量数据

当工作流程被详细地设定后，你就有绝佳的机会收集工作流状况的数据，以衡量和跟踪工作的进展趋势。

其中一些度量数据在任何时候都很容易获取，但另外一些数据则无法在事后获得，因而需要在工作进行中记录。许多团队跟踪几个容易获取的指标，比如每个工作项的前置时间和吞吐量（如每周完成的工作项数目），以研究工作进展的情况。在第 1 章中，读者看到 kanbaneros 团队用短短几步就为他们的流程建立了度量。

这一节不是关于度量数据和如何使用的主题，读者可以在第 11 章看到更多关于度量数据的内容。在这里我们希望介绍几个定制你的卡片以获取度量数据的简单方式。

最简单的方式是，你可以在卡片上写下其进入看板墙的日期和进入工作流最后一个阶段的日期。这将帮你记录下该工作项的前置时间。

写下到达每一列（即工作流程中的每个步骤）的日期是这个方式的扩展使用。它可以让你看到工作流程中每一步周期时间的趋势，比如哪里是瓶颈和哪里经常发生等待。你需要类似的数据以构建更高级的分析图表（参见第 11 章）。

结合我们之前讨论过的工作项大小（参见 4.5 节），你现在可以做出一些预测，比如：

- “如果你将一个小的工作项放入，最多将在三天内完成。”
- “一个中等的工作项在 90%的情况下会在 5～8 天处理完。我们对此有统计数据支持。”

注意，你要收集的数据需要和团队达成一致。不要过度使用。从一个易于跟踪的度量指标开始，当有需要的时候再引入更高级的方法。你也不会希望增加太多额外的工作来获取并处理度量数据。只需在卡片上记下一个简单的日期——就是这样。只有当简单的度量无法满足需求时再进行变更。

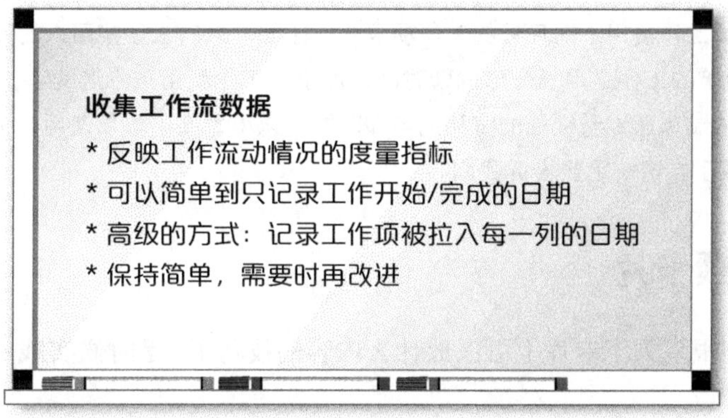

这一小节我们讨论了如何获取实际数据以反映工作项在流程中的流动情况。接下来一小节我们将讨论一个感性且舒适的话题：情绪。

4.6.2 收集情感数据

一些团队使用工作项记录团队是否乐于完成他们正在进行的工作。你也可以这么做，当完成时在即时贴上简单画一个图标，比如一个笑脸。一张生气的脸，或者别的什么表情反映你对于这项工作的情感。这个图标显示了你当时的感受。

因为卡片即将从看板墙上移走，你也不必担心将即时贴弄乱。所以就在已有的信息上面画下这个图标作为你当时感受的快速提示。

团队中的任何人都可以在移出看板墙时记录下这张卡片的“情感”。实现这个方式之一是在每日晨会中进行快速投票。也可以规定由接触完成这个工作项的成员来决定。在有些团队中，是一个或一队开发人员将工作项共同移动并通过整个工作流的，那么他们最后将一同决定这个状态。

每隔一段时间，你可以将这些数据放在一起进行检视，看看在团队和工作之间有什么发现。你是否能够发现某种趋势或者模式？也许某一类工作，或者某个客户看起来比其他种类的业务让团队感到更难过。你是否能够采取什么行动？对数据进行这种检视可以由如下方式触发：完成了一定数量的工作项（比如每完成 10 个工作项）；或者按照特定的节奏（比如每隔两周）；或者如果有回顾会议的话，就在回顾会上进行（参见第 10 章）。

有趣且有用的实践

我们听过许多实践——多到无法在本书中全部列出来。但是在这里有两个实践很有趣而且有点与众不同，你可能会觉得它们比较有用并能激发你尝试些不同的实践[a]。

- 当出现并行活动（它们会分别通过平行的泳道，并在结束时合并一处）时，可以将工作项一分为二（可以分别写两张纸条，或者真的用剪刀把它剪开）。例如，一个工作项需要并行地进行安全检查和代码评审，而且在最终汇合之前各自有不同的工作流或者经过不同的列。
- 不同大小的工作使用不同尺寸的工作项卡片。比如，大的工作就用大的即时贴（大约 A5 尺寸的），中等的工作是用长方形的即时贴，而小的工作就用正方形的。你甚至可以进行物理的在制品限制（通过看板墙的宽和高与即时贴的大小）而不单单使用一个数字。

a. 如果你真的做了，请一定要告诉我们。

4.7　创建工作项卡片

现在你已经看到很多关于卡片上可以放什么内容的技巧了，是时候实践一下并想一想你的卡片应该长成什么样了。

我们建议你把设计工作项卡片当成一个团队练习，一开始可以简单一点，当有需要时再扩展。以下是一些团队可以讨论的内容。

- 你需要知道什么信息才能处理这个工作项？请记住 4.1 节的设计目标。
- 并不每日处理工作项的人会对什么信息产生兴趣？
- 你是否有不同类型的工作？你是否能从区分不同工作的类型中获得收益？
- 是否需要阻塞事项？如果需要，你的规则是什么？对于标记为受阻的工作项该采取什么行动呢？谁来负责解决阻塞事项？

最后一个有趣的练习是创建你个人的头像。切记不要过度创新，你需要的头像至少是和你相像的。

4.8 小结

本章介绍了工作项卡片和其置于看板墙上之后辐射（传达）的信息。工作项应该包含所有团队需要知道的信息以便于进行处理。我们讨论了下述内容。

- 描述——从中你可以知道这个工作的内容。
- 头像或其他标记——从中你可以知道谁在处理这个工作项。
- 截止日期和其他重要的日期——从中你可以知道何时你需要完成该项工作。
- 跟踪标识或其他外部系统的索引——从中你可以知道在哪里能找到更多信息。
- 阻塞事项——从中你可以识别出无法进展的受阻工作项。
- 工作类型——从中你可以知道每个工作的类型，这很重要，因为你可以根据不同的类型设置工作项的优先级。
- 进度指示器——从中你可以知道到目前为止已经完成了多少工作。
- 大小——从中你可以看到工作项大小与投入的区别。
- 流动数据、情感和当工作流经看板墙时累积的其他数据——从中你可以知道工作流动的表现和团队对此的感受。

如果你发现这个列表令人却步——停下来！不要全部都做，我们没有遇到一个团队能同时做所有这些。从适合你当前需要的开始，不要过度！当需要时再增加特征。

如果你发现这个列表中漏掉了什么内容，你可能是对的，而且这原本就是这样的。不要将你的工作项卡片限制在这个列表内。这只是一个起点没，尽情地发挥创造力进行细化并提出令人眼前一亮的点子吧。

下面是一些工作项卡片的例子，它们用到了我们讨论过的部分，但不是全部的特征。

现在你掌握了能创建大量工作项的工具，但你不该这么做。你应该创建少量工作，这正是下一章的主题。

第 5 章　在制品

本章涵盖的内容

- 在制品（WIP）的概念
- 在制品过多造成的影响
- 如何限制在制品

在看板社区或阅读精益文献时，时常听到或看到“在制品”这个词。似乎大家不喜欢在制品，或者至少希望它越少越好，所以你经常会听到看板爱好者们谈论“限制”在制品。

本章将帮助你了解什么是在制品，工作流程中的在制品过多会导致什么后果，并在最后介绍一些限制在制品数量的方法。

5.1　了解在制品

在本节中，我们将剖析在制品（Work In Process，WIP）的概念。首先，让我们谈谈 WIP 这个缩写，以及这个词该如何解释。WIP 至少有两个不同的含义：

进行中的工作

流程中的工作

这两个意义在精益文献中都被广泛使用。我们研究精益和看板的时候，碰巧看到了“流程中”这个词。在本书中，我们使用“流程中”这个表述，但如果您愿意的话，也可以把这个词换成“进行中”。

5.1.1　什么是在制品

在制品是指你手头正在处理的所有事情，包括正在处理的任务、等着被验证或者部署的工作项、还有那些虽然还没开始处理，但已经等在你的收件箱里的事情。也就是，所有那些需要完结，才能交付最终客户价值的半成品。

1．在制品和前置时间

限制在制品是看板的核心原则之一。它并不意味着你应该做更少的工作，而是指你应该减少在同时处理的工作。从整体效果来看，限制在制品将帮助你更迅速地完成更多的任务。

也许你还记得，在前面的介绍里，我们曾与 Kanbaneros 做了一个小游戏——便士传递游戏（游戏的详细玩法请见本书第 13 章）。游戏的目的是展示在制品数量将如何影响前置时间，也就是一枚硬币通过全部流程所需要的时间。当我们要求 Kanbaneros 成员翻转完 20 个硬币之后再往下传递的时候，总前置时间很长，此时在制品数量为 20 个硬币。然后我们减少或限制在制品数量，先降到 5 个（即每人翻转 5 个硬币后传递），接下来降到 1 个（即每人翻转 1 枚硬币后传递）。这个过程中，前置时间不断缩短。简单的游戏告诉我们，批量越大，在制品越多，前置时间就越长。

教练的忠告　在往下讲之前，如果你想要一些更具体的例子阐述在制品很多意味着什么，我们可以给你一个写作本书时发生的例子。有一次，尽管手头正在写的还没完成，我们变得不耐烦起来，开始同时写很多章节。当时大概有 8 章在同时进行，其中有些章马上就要完成了。然后我们决定重排目录，结果很多内容被调整了。如果我们的在制品数量少一些，比如两章的话，这种调整相比之下将非常容易，省时省力的多。

在排队理论中有一个法则显示了在制品和前置时间之间的关系，叫做“利特尔法则”（Little's law），让我们来仔细研究一下。

2．利特尔法则

谈到限制在制品的时候，常会提到利特尔法则。约翰·利特尔（John Little）博士从数学上证明，同时做的事情越多，每件事情花费的时间就越长。公式是这样的：

$$\text{周期时间} = \frac{\text{在制品数量}}{\text{吞吐量}}$$

完成每个工作项所需的时间 → 周期时间

在制品数量 ← 并行的工作数量

吞吐量 ← 完成每个工作项所需的平均时间

第一次看到这类事情，人们通常的反应往往是“嗯……什么？！”如果你和我们一样，应该不会发出“啊哈！”之类的感叹。让我们放一些实际数字进去，这样能看的更清楚些。

试想一下，你的团队在一个月同时进行了 12 项工作，在制品数量就是 12。通常每个月完成 12 个工作项，也就是说每个月的吞吐量为 12。我们能非常容易地计算出每个工作项的周期时间：1 个月。

$$1\text{个月} = \frac{12\text{个并行的工作项}}{12\text{个工作项/月}}$$

$$0.5\text{个月} = \frac{6\text{个并行的工作项}}{12\text{个工作项/月}}$$

让我们做一个实验，不改变工作方式、团队人数或工作内容，只是将并行工作项减少为 6 个。这样一来，在制品数量为 6，每月的吞吐量仍为 12，周期时间则变成半个月。哇！仅仅通过减少了并行工作项，我们就取得了相当大的改善，难道不是这样吗？

反过来也是如此。如果你的工作项数量增加一倍，周期时间则变成两个月。这里有个前提，就是假设其他条件（如工作方式、工作项的大小、团队人员等）保持不变。

$$2\text{个月} = \frac{24\text{个并行的工作项}}{12\text{个工作项/月}}$$

不用做其他任何改变，仅仅通过减少并行工作项（或者说限制在制品数量）就可以缩短周期时间，更快速地完成工作！现在你或许就可以尝试这样去做，让工作项更快速地流经整个工作流。并且你可以更快速地获得反馈，更快地从过程中学习，这样又给你提供了改进流程的机会，从而使工作项流动得更加迅速。

警告 你注意到上文中使用了“或许”这个字眼吗？如果在制品数量已经相当低了，你可能无法在降低它的同时，期望保持利特尔等式中的其他变量的稳定了。有时在并行工作中，让两个人以相同效率处理一项工作很难，减少在制品数量也许对平均完成率造成了负面影响。这未必是一件坏事。

事实上，这正是看板的一个优势，因为它带来改进的同时也提出了挑战。降低在制品数量时，你要如何改变你的工作方式来保持完成率？在 11.1.2 节中，你将阅读到更多相关内容。

现在你了解了一些关于在制品的概念，以及为什么要限制它的理论基础。让我们再具体看看在制品在软件开发行业的用处。

5.1.2 软件开发中的在制品是什么

在第 1 章中，教练们帮助 Kanbaneros 团队认识到了他们的在制品是什么。在精益制造领域，在制品是显而易见的，因为它们在物理上是可见的——诸如机器前面摞起来的等待加工的零件，或者是那些加工完了堆在地上，等着被运输到加工链条的下一个环节的零件。一旦你认识到它对你的工作有负面影响，就不难把它识别出来，因为它是看得见摸得着的。

知识领域中的在制品并不是可见的，这就是我们要把工作可视化的驱动力——让以前不可见的工作被展示出来，变得显而易见。这也是把工作项和所处的状态利用看板墙和即时贴可视化出来的主要原因之一，就像第 3 章描述的那样。即使不用看板墙，工作还是在那里，只不过你无法清晰地看到。

但是，在制品不仅仅是指并行的工作项数量，只考虑并行工作数量是一种简化方式。本节中，我们会看看软件开发领域中在制品的表现形式。①

1. 尚未实现的需求规格说明

想想这些规格说明，它们都标明“最好在此前实现”的日期。如果被搁置的话，它们可能会变得腐化过时。

设想你今天写了一份规格说明，然后你就放下它不管了。当任何一个人 6 个月后拾起它要编

① 要了解更多这方面的内容，请参阅 Mary 和 Tom Poppendieck 所著的《实施精益软件开发》（Addison Wesley Professional，2006，http://amzn.com/0321437381）。

码时，有多大可能性这份规格说明是仍然有效的？即使仅搁置 2 个月，仍然有效的机会也很渺茫。商业环境发生了变化，这份规格说明所应用的系统也可能在等待期间发生了变化。至少，你需要重读一遍规格说明以确保它仍然有效。

已经编写但被搁置起来等待实现的规格说明是你的在制品。

2. 未被集成的代码

沿着老套的开发流程走下去，下一个会增加你的在制品的因素，就可能是你还没有签入并与其他人集成的代码。那些同样属于在制品，因为你不知道在完成那个工作项前还有多少事情要做。

如果你曾经听到过“在我的机器上是工作的”这样的话，你就知道我们的意思了。如果没有和其他人的代码集成，你就不知道它是否真的能工作。它仅仅是在你的机器上，用你的配置，在你的环境中才工作。

频繁签入并集成代码是个好办法，这样避免累积过多的集成工作，并能对当前工作的质量获得快速反馈。

3. 未测试的代码

在软件开发领域，未测试的代码是在制品的另一表现形式。编码但没有一个快速的方式证明它是否工作，这是构建未完成工作堆的“绝佳”途径。

自动化测试是解决这个问题的一个方法。通过使用自动化单元测试或测试驱动开发（TDD），你可以获得及时反馈，确保不会向已有的软件中引入缺陷。通过应用自动化验收测试或者实例化需求技术，你可以得到反馈，清楚自己是否在构建满足需求的正确应用。

教练的忠告 测试驱动开发（TDD）是一项设计和开发实践。它的原理是针对将要开发的生产代码，先编写小测试。这个小测试就是一个微小的规格说明，它对应着完成任务需要编写的下一小段代码。这种做法有一个意外收获，就是你得到了所有你编写代码的测试案例集。归根到底，TDD 的目的就是为了正确地开发代码。

教练的忠告 实例化需求又叫做行为驱动开发（BDD），本质上是以可执行案例的形式编写规格说明的有效方法。实例化需求便于沟通，确保每个人都理解彼此。在我们的经验中，沟通没做好将耗费大量时间。因为你不得不来回反复，以确定要开发的功能的相关信息。在流程早期，通过在功能编写说明时使用具体的实例，人们对特性理解一致的可能性将会增加。从本质上说，实例化需求的目的就是为了做正确的事情。

4. 尚未发布的代码

最后，已被开发和测试，但尚未部署到生产环境的代码也是在制品。因为还有些事情要做，你并不清楚特性是否能正常运行，或者它是否会对系统其他部分有负面影响。毕竟，它还没有为客户提供任何价值——它仍然是在制品。

如果你再仔细想一下，生产环境中的代码可能也是在制品。代码上了生产环境并不一定说明工作就“完成”了。代码上了生产环境，正常工作，这都不是真正要紧的。关键是用户如何接收到这些特性，他们是否从中受益，你的软件是否实现了你所期望的（商业）影响。如果用户的行为并没有被影响，你能说真正完成了吗？

我们已经了解了我们行业中的在制品是什么，以及它的表现形式。现在，让我们深入进去，探索一下过多的在制品会造成哪些影响吧。

5.2 在制品过多的影响

你也许在想：好吧，我知道有很多在制品是件坏事，但会有多糟糕呢？过多的在制品会有什么影响？本节会详细解释其所带来的问题。阅读这些问题也许会使你感觉沮丧，但请集中精力。你已经知道了如何解决这些问题：限制你的在制品！

5.2.1 上下文切换

如果你是前面卡通中的 Adam，你是否也是回来的时候要绞尽脑汁回想之前干到哪里了？很可能需要，是吧？发生这种情况是因为常说的上下文切换。

上下文切换最早是计算机领域的一个概念。它描述了在一个进程切换到另一个进程时，计算机如何存储和恢复状态信息。这是 CPU 进行多进程任务处理的基础。这种“试图恢复到之前工作状态”的感觉是一样的，只不过后者是针对人。当在多个任务间切换时，你需要将大脑重置到你之前那个任务的“状态”，可以把这一过程想象为针对人的上下文切换。

你可以拿这个和工厂中一台机器的换装时间做类比。如果机器被装备来生产 A 型号，当要转为生产 B 型号时，就需要花些时间重新调整。不难理解，如果要生产的下一个零件，一直都需要 A 型号和 B 型号间的切换，大量时间就会浪费在换装上。

这正是你在知识工作中做上下文切换时的体验。你需要同时记住脑中的每件任务，这样不仅浪费了时间，并且使你很难聚焦。

一项案例研究[①]表明，你会浪费 10%的工作时间在每个项目的上下文切换上。这说明如果你同时做两件事，你在每个项目上只有 40%的可用工作时间。如果同时干 5 项任务，每个项目就只剩下 5%的时间了。

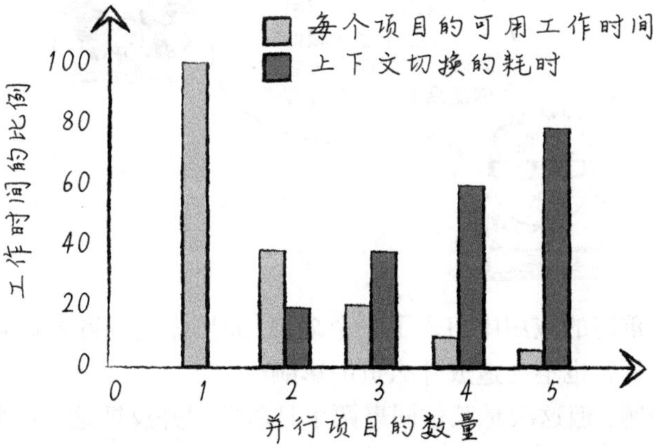

有趣的是，另外一项研究也表明，上下文切换会让 IQ 下降 10 个百分点。这是在其他研究中吸食大麻对 IQ 影响的两倍！如果你必须在两者中做个选择，你应该知道怎么做了吧。[②]

接下来，你该怎么办呢？这些项目和任务是你的在制品一部分——属于你的在制品。现在你知道该怎么应对在制品了：限制它的数量！尽量让它保持在一个最小值。如果你不得不并行多项任务，至少要尝试尽可能减少其数量。尽量在结束一项任务后再开始另一项任务。这样做会帮助

① 杰拉尔德·温伯格的著作《质量·软件·管理：系统思考》（Dorset House，1991，http://amzn.com/0932633226）经常被引用作为这些数据的来源。尽管我们没能在书中找到相关内容，但温伯格在与我们的私人信件中确认这些数据来自他本人。

② 我们想澄清的是，最后一个问题纯属玩笑。我们不想让任何人以为我们在鼓励吸食大麻。作为救世军的一员，Marcus 特别想强调这一点。研究本身不是玩笑，尽管"'资讯症'比大麻更可怕"。来自 BBC 新闻，http://mng.bz/HjcX。

你避免上下文切换，同时更快地完成每项工作（根据利特尔法则）。

现在你清楚了在我们这种类型的工作中进行上下文切换的问题，让我们继续看看过多的在制品会导致的另一个问题：更多的工作。

5.2.2　延迟带来额外的工作

设想你不小心在你重写的应用中引入了一个缺陷。如果你立刻得到缺陷反馈，就在几分钟内，你可以很容易地把它修复，也不会造成什么负面影响。

现在考虑同样的问题，但这次是某位同事两个月后发现并反馈这个缺陷给你。现在就需要更多的努力去修复这个缺陷。首先你要记得相关的特性是什么，你之前做了些什么，然后考虑怎么修复缺陷。你可能为了重现这一缺陷而将系统设置到以前的某个状态。最后，系统其余部分可能相较以前发生了变化，使得修复缺陷的工作更艰难和复杂。而这仅仅是考虑到你自己的情况，你可能不得不拉上其他人一起重现缺陷（例如需要测试人员、系统管理员或数据库管理员将系统设置到一个正确的状态）。[①]

当缺陷反馈给你，而你可以对他做点什么的时候，距离你引入这个缺陷已经过了很长时间，延迟引起了所有这些额外的工作。由于延迟，你要处理更多（流程中的）工作，而且这个问题拖长了反馈环。同时要做的事过多不仅仅让每一件事情进展得更慢，而且让我们花更长的时间才能

---

① 在一个客户那里，Marcus 提前 30 分钟结束了一个会议，因为另一位与会同事要去查看一个缺陷，他们在接下来的会议中要讨论这个缺陷。“我一年半前就登记了这个缺陷”，这个理由足够充分，她不得不提前离开会议去看看当年自己到底写了些什么。

知道用户对每个工作项的接受程度以及它们在生产环境中的表现。

这不是件好事。对任何一种敏捷过程来说，反馈都是个核心部分。反馈是知识的创造者，它告诉你工作的质量和工作流程的质量。什么是有效的？你应该做哪些改变？哪些应该保持不变？

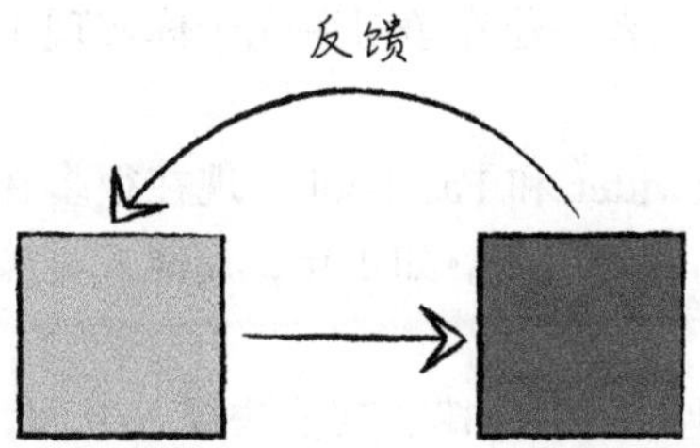

越快获得反馈，就能越及时地针对一个糟糕流程做些微小改进，让它变得更好。毕竟，如果肯定要出现问题，你总会希望它能尽快发生。延迟反馈让修复问题的努力更难链接到根本原因上，使学习变得更困难甚至不可能发生。正如你所看到的，更多的在制品导致反馈变得越来越慢。

除此之外，缓慢的反馈甚至会产生更多的工作。这让在制品数目进一步升高，进而拖长了反馈环。如此循环下去……好吧，你看得出后面的发展方向，是吧？通过降低在制品数量避免这类问题，在小粒度工作迅速通过完整的工作流的过程中，你能得到快速反馈。

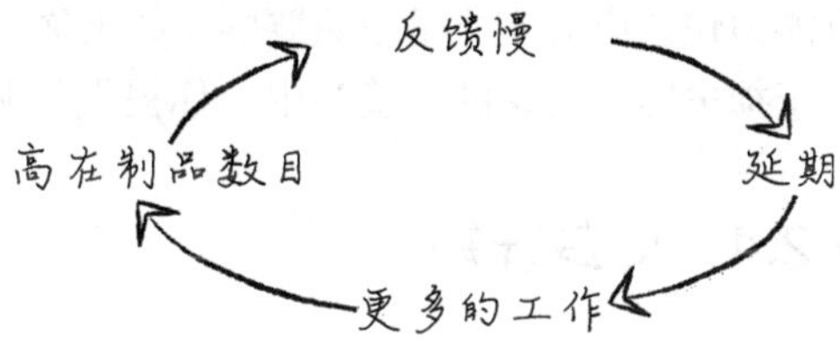

但是，更多的在制品，更长的前置时间，被拖长的反馈环，这些事很严重吗？答案是肯定的，后面几节将通过案例说明它们如何对你造成阻碍。

5.2.3 加风险

当同一时间有更多的工作在进行时，你在增加风险。这会导致你的团队不能快速应对变化，进而让你更容易被周遭环境变化所影响。

例如，假设你的流程有很长的前置时间。如果你的客户提出一个特性变更，这将耗费很长时间来构建并发布到生产环境。在此期间，这一特性可能会过时，或者一位竞争对手先于你实现了那个要求。

举个例子，上面说的特性可以是与社交平台集成，如集成 Twitter 和 Facebook。现在很多在线服务都允许你通过这些平台的身份数据进行登录。如果你的前置时间长，如 1 年，其他人可能早就复制了你的服务并且提供了与其他社交媒体集成的能力。

在技术中，还包括在你公司运营所依赖的其他环境（如行业趋势、法律、其他法规）方面，有能力快速应对变化是很重要的。如果你不能快速变化，把新特性或变更快速提供给客户，你将处于损失客户关系的风险当中，你提供的服务将变得不再领先，甚至被其他人击败。

5.2.4 更多开销

大量在制品的一个非常糟糕的地方是，它们需要被协调，因而会产生很多新工作。这是个恶性循环，很快就会失控，最后你只能做协调工作了。5.2.2 节中我们提到过延迟带来更多工作，上面便是对这一情景的再次解释，这里的延迟是指大量的在制品导致了更长的前置时间。

设想你同时参与了三个项目。这不仅意味着你要做大量的上下文切换，而且三个项目间的切换很可能要求你做汇报、进度跟踪，还有针对所有项目的计划。因为你要在各个项目间进出，也很可能要做不少移交和协调工作。大部分额外工作是由于你同时在做多个项目而产生的。如果你仅被安排在一个项目上，就不会因为要协调在三个项目上的工作而去完成很多额外任务。

这类情况经常发生在专注于如何将“资源”[①]充分利用的企业中。如果你专注于让你所生产的东西保持较短的前置时间，并且让它们平滑地流动到客户那里，大量额外工作就会被认为是浪费，你也会尽量消除它们。

教练的忠告 我们都作为外包人员工作过。在这项业务里，工时汇报是核心，因为那就是我们的产品：作为外包人员，我们按小时向客户收费。外包公司的工时系统都一团糟，毫无例外地常被抱怨，用起来很耗时。通常，你在任何一家外包公司都会听到：“谁应该为我使用工时系统的时间付费？”

在 Marcus 所在的 Aptitud 公司里，他试图通过汇报与通常情况下的差异来解决时间浪费的问题。如果他被分到一个项目，占用他 60%的时间，这代表了他服务于那个客户的小时数。如果他没有汇报工时的话，Aptitud 将向客户发出他 60%时间对应的账单。如果因为某个原因，他相对 60%少干了 2 小时，他就会汇报这 2 小时的差异给公司。

5.2.5 质量下降

如果你是一位开发人员，长周期时间会牺牲代码质量，这与被拖长的反馈环有关。反馈环从写代码开始，一直到你知道它如何被验收，以及如何在生产环境中发挥作用为止。

想象一下，你不小心引入了一个缺陷。你认为客户只需一个名字字段，但实际应该是由名和姓两个字段组成。这个错误没有被发现，因为截至目前，系统中所有的用户都是公司，只需要一个名字字段。

几个月后的一天，你的第一个“私人”客户试图登录。但他很沮丧，因为他无法像往常一样输入名和姓。修复这个缺陷并非易事，有很多依赖于客户的已编写的代码只有一个名字属性。而在此之前你却没有注意到 bug 的存在，而只是绕过了它。

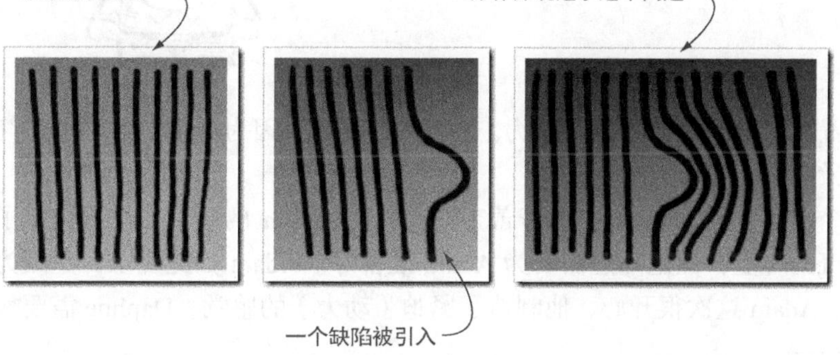

① “资源”一词在这类企业中也常用来表示人。

Scott Bellware[①]曾经用向系统中引入突出物做类比，并且利用上图做了说明。一开始，你的系统是漂亮整齐的。当你引入缺陷，一条线发生变形。直到被通知有缺陷之前，你将绕过这个问题，引入糟糕代码弥补系统中的缺陷。直到问题被修复，你才能回到以前的轨道上，重新拥有一个整齐的系统。

拿这种情况与另外一个场景对比，此时缺陷立即被通知到你，你能在几个小时内修复它。没有突出物，没有忙乱，简单快速。

两者之间的区别就是前置时间——从你引入缺陷到被告知有缺陷时为止。在这期间，你牺牲了代码质量，这意味着修复缺陷将更为耗时，并且更加困难。

5.2.6 缺少动力

过长的前置时间也能降低团队的动力。原因不难看出，因为员工发现工作最终都堆在另一个队列中并不会激发他们的动力。

注意上一个卡通中的 Daphne。她辛苦工作并按照 Adam 的要求在今天完成了那个特性的开发。她甚至加班到晚上，但她知道需要为 Adam 准备好。Adam 如此要求，是因为前三次他不得不等她的工作。Adam 这次很开心，他制造了紧迫（动力）的感觉，Daphne 需要额外多做些工作

① 参见 Scott Bellware 的 “Design Flaws, Hernias, and Anemic Quality”, 2009 年 2 月 9 日, http://mng.bz/f2x1，了解更多内容。

确保今天完成这个特性。

但当 Daphne 早上过来的时候，她发现她的工作是一长串等待测试任务中的最后一个。她按时交付的动力遭受到严重的打击。

这个例子中，Adam 同一时间有一堆事情要做。因为这个原因，他只能两周后才给 Daphne 反馈，这进一步打击了 Daphne 的士气。当 Adam 最后回来的时候，Daphne 根本就不在意测试的结果了。此时 Adam 是在干扰她，因为她已经投入在其他工作上了。

他们应该如何应对这种情况呢？好吧，这里说下追求更低 WIP 和更短前置时间的真正原因：这样做会向你暴露问题[①]。如果你修复这些问题，流动会更快、更流畅。不幸的是，看板并没有给出太多如何修复这些问题的方法。你必须依靠自己，一次抓住一个尚未实现的改进机会。第 10 章会介绍帮助你发现和实施流程改进的实践方法。

5.3 小结

本章谈到了流程中的工作，特别讨论了通过约束在制品来缩短前置时间。

- WIP 是一个通用缩写，它至少有两个含义：进行中的工作和流程中的工作。我们倾向于使用流程中的工作，本书中也会一直使用这种说法。
- 利特尔法则确定无疑地告诉我们，更多的在制品会让每个工作项的周期时间变长。你应该约束在制品，以获得更快的流速和更短的前置时间。
- 在制品有多种表现形式，我们看看软件开发领域中的几种常见的表现形式：
  - 没有被实现的需求规格说明；
  - “在我的机器上可以运行”但还没有集成的代码；
  - 未测试的代码，它们可能符合也可能不符合你的标准；
  - 等待下一次发布，还没有进入生产环境的代码。
- 大量在制品会带来的问题和负面影响：
  - 更多的上下文切换；
  - 被拖长的反馈环，进而给你带来额外工作。
- 还有我们提到的，有过多的在制品的几个表现形式：
  - 风险增加；
  - 消耗变多；
  - 质量下降；
  - 动力降低。

你现在已完全理解了在制品的含义，知道为什么在制品过多是个坏事，而且你也知道了理论上该如何应对过多的在制品。下一章将更偏重于实践，你将开始为你的团队设置在制品约束。

① 对不起——换成“尚未实现的改进机会”更准确些。

第 6 章　限制在制品

本章涵盖的内容

- 如何找到合适的在制品限制数的原则
- 团队限制在制品数量的常用做法
- 可视化在制品限制的常用做法
- 回答经常被问到的问题

通过上一章，希望我们已经让你相信限制在制品（work in process，WIP）会带来很多好处。到现在为止，你可能充满了疑问：适合你的在制品限制是多少？如何找到它？有没有一些比较好的指导方法呢？

你很快就会发现，这里并没有硬性的规则。找到一个合适的在制品限制不仅仅取决于上下文，而且依赖于你想要达到的目标，并且是一个移动的目标。在制品限制可以而且应该被改变。在本章一开始，我们已经揭示了一个秘密：限制在制品并不是目的，它只是用来驱动改进的手段。我们的目标是提高流速，这将是下一章的主题。

这就是为什么在本章中，你将读到很多的"这要视情况而定"，以及"你能做这个、那个、或者其他"。并不是因为我们不知道，而是你需要找到最适合你和你的团队的方法。

不过不用担心，我们已经整理好内容。在本章中，我们列出了找到合适的在制品限制的全面指导原则，还有很多团队可视化并且设置在制品限制的实践。现在，就让我们深入地看一看，你将如何以自己的方式找到适合你的团队的在制品限制。

6.1 确定在制品限制

对于你的团队而言，确定一个合适的在制品限制可能是件棘手的事情。到底哪个值适合你当前的团队呢？答案是全世界的咨询顾问都很喜欢的一句老生常谈："这要视情况而定"。

实际情况的确如此。它取决于以下因素。

- 所在组织持续改进的动力有多大。
- 团队的规模以及团队可投入工作的时间。
- 正在处理的工作项的类型和规模。

而以上并不是所有的因素。

以下是一些给团队设定在制品限制的基本原则。但是，随着你对它了解的增多，要做好随时改变在制品限制的准备。

- 更低比更高好。
- 人员闲置或者工作闲置。
- 没有限制是不对的。

让我们来逐条仔细研究一下。

6.1.1 更低比更高好

通常更低的在制品限制比更高的好，因为你希望尽可能地限制并行工作项的数目。这样做将缩短前置时间，提供更快速的反馈，强迫你移除各种阻碍因素。而这些都有助于改善工作项的流动。

但是，将在制品限制设置得过低，会让这个过程因为各种出现的问题而陷入停滞。想象你让整个团队仅仅处理一个工作项。突然，你需要从客户那儿得到反馈才能继续。因为这是当前唯一的正在进行的工作项，团队将完全陷入停滞。

在制品限制过低所暴露出的问题往往是你的流程里需要改进的问题。但是，快速暴露出太多这样的问题，可能使你的团队一下子难以招架。与热情高涨地解决这些问题相反，他们通常的反应是放弃，不再在意一次次打破在制品限制。

因此，你需要确定一个较低的在制品限制，但不能过低。在下一节中，你会了解更多指引信号。

6.1.2 人员闲置或者工作闲置

找到合适的在制品限制很容易变成一个久议不决的话题：什么才是最佳在制品限制？这往往会引发团队无果的大量讨论。花时间在这上面并不明智，更好的做法是边试验边调整。

下面是一个帮助你上下调整在制品限制的简单方法：

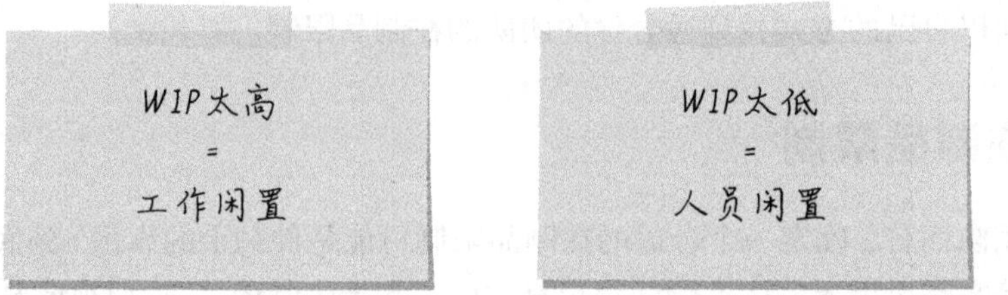

如果你把在制品限制设置得过高，将出现工作闲置的状况，会有一些工作项无人负责。这是你降低在制品限制的好时机。

如果你的在制品限制设置得过低，将出现人员闲置的情况。所有的工作项都开工了，但还有一些人没有工作。这时你可以让大家协作完成工作，或者提高在制品限制。

6.1.3　没有限制是不对的

一定注意不要落入完全不设定在制品限制这个陷阱！这是许多团队导入看板方法时最常犯的错误。看板方法有三个简单原则，不要刚刚开始就废掉一个。

如右图展示的，不设置在制品限制的风险在于你会得到一块堆满工作项的看板。看板体现出你效率低下，无法推动工作取得进展。最终，这块看板会被废弃，因为你甚至无法看清板上的工作项。

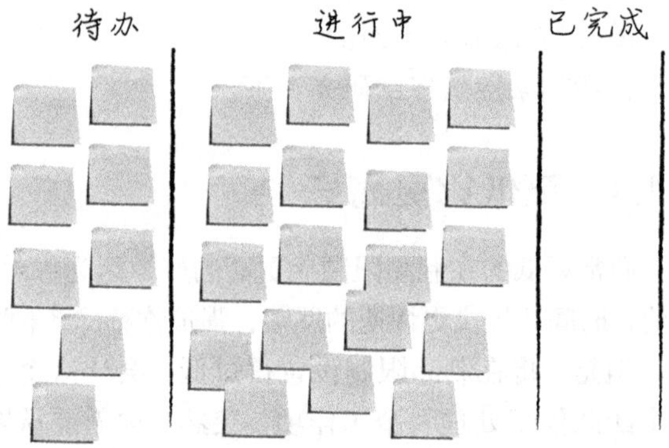

世界上很多办公室里面都有贴满了即时贴的废弃看板，不要让你的看板也加入这个悲伤的行列。与之相反，让看板成为帮助你改进的工具吧。

另外，如我们将在第 7 章里讨论的一样，取消在制品限制将使你丧失改进的动力。没有了在制品限制，就没有了敦促团队变得更好的力量。如果你允许无限的工作项出现在你的看板上，就没什么动力逼迫你在开始一项新工作之前完成旧的工作项。

这是因为（如果你还记得第 5 章中关于在制品的内容），并行的事情越多，流程中所有工作项的前置时间就会变得越长。你希望有一个限制来推动你尽快完成手头的工作，不断改进你的流程。我们将在第 7 章里深入讨论这部分内容。

让我们把注意力转向设置一个合适的在制品限制的基本原则。

6.2　设置限制的原则

设置在制品限制取决于上下文以及实际的情况。在这节里，让我们来看看曾经辅导过或者了解的那些团队，在对限制达成共识时采用的一些通常做法。

请记住，在制品限制数目并不重要，最关键的是将你目前的在制品限制可视化。你应该根据需要不断对它进行调整。请拥抱变化吧，这对你非常有益。

和往常一样，我们使用简单的例子启发灵感，扩展它直到适合你的需要为止。让我们从一个简单的原则开始："停止启动，聚焦完成"。读过了前几章以后，这句话可能已经在你的脑袋里生根了。

6.2.1 停止启动，聚焦完成

限制在制品的一个简单而有力的出发点，就是同意在开始任何新工作之前，尽力完成当前手头的工作。这将让你的在制品保持在较低的水平，因为只有完成了手头的事情，新的工作项才会开始。

开始这么做的一个简单方式是在团队内引入以下口号：

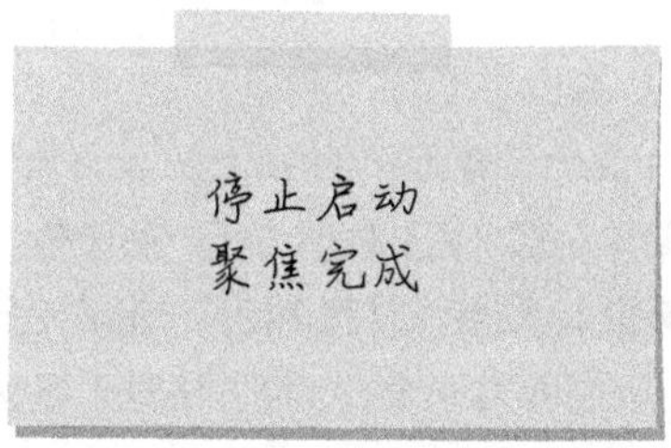

是的，刚开始几次这么说的时候比较困难，但慢慢就会习惯了。一个好办法是把它放到看板的上方，这样每天早上开会的时候都会看到；或者把它做为每日站会的开始或者结束语。

《山街蓝调》——点名

为了把这句话印到大脑里，你可以借鉴《山街蓝调》这部电视剧里点名的结尾。当站会结束人们要离开的时候，说一句：

"哦，还有件事，每个人要停止启动，聚焦完成哦！"

停顿一秒钟，再加上那句著名的结尾：

"让我们小心些吧。"

通过引用《山街蓝调》里的台词，我们很可能已经透露了自己的年龄。《山街蓝调》是一部 20 世纪 80 年代在瑞典很火爆的警匪剧，每个看过它的人都记得警局早上点名的结尾部分：全体起立，警长大喊一声："还有一件事，让我们小心些吧。"

这句简单的口号里蕴含着巨大的力量。它不仅能让你降低在制品，还建立了看板的一个基础模式——在新工作开始前，尽量完成正在进行的工作。通过这种方式，不仅限制了并行的工作项数量，还缩短了前置时间，让工作快速通过整个价值链，帮助你获取反馈，改进过程。

让我们引用一句激动人心的话作为这节的结尾，帮助你记住重要的内容：

> 不是“你开始的越多，就完成的更多”而是“你结束的越多，才完成的越多。”
>
> ——David P. Joyce

当你需要细化对在制品数量的的控制时，这条规则也许就不够精细了，但是强调它是个非常好的开始。

6.2.2 “1”并不是答案

我们力求能将在制品设置得较低，因为这会改善工作流（见第 7 章）。但是如果将它设得太低，也可能会对流速造成干扰。例如，如果你的在制品限制为“1”，流动过程中的任何干扰——比如人不在办公室等，都会让工作停顿。绝大多数组织还没有准备好同时抓住所有改进机会（我们有时也把它称作问题），所以，你可能要把在制品限制设置得多于 1 个。

团伙编程

团伙编程（mob programming）是个新奇而有趣的系统开发方法，它是由 Woody Zuill 辅导的一支团队首创的。团伙编程的基本概念很简单：整个团队同时进行一项任务。这意味着：一支团队，一个（主要的）键盘，一块屏幕（当然是指投影仪）。这就像是整个团队一起在进行结对编程。

进行团伙编程的团队的在制品限制即为 1 个，这种方法对于尽快完成某项工作很有效。任何问题、任何阻碍都能被立刻处理，所有需要的人都在房间里并能马上开始解决问题。

但是当要最大化团队成员利用率的时候，这种方法就很低效了，因为不是每个人都在积极地写代码。

问题是：你到底是想表演敲击键盘还是要完成特性？

对很多组织来说，团伙编程过于极端。在制品限制为 1 可能并不适合每个人。但对于能掌握这种方法的人，工作流速的确是非常快的。

总结而言，我们觉得在大多数情况下，将在制品限制设置为“1”并不是个好主意。你应该缩小它的数量，但不一定将其设为1个。

到目前为止，你也许渴望得到一些实际的建议，了解如何通过使用普遍的实践、可视化以及其他团队觉得有用的方法来设置在制品限制。好的，让我们从为整个团队设置一个统一的在制品开始。

6.3 整块看板，整个团队

在这节里，我们将研究当整个团队使用一块看板的时候，限制工作项总数的几个方法。以这种方式着手很简单，而且对你的团队来说也许已经够用了。

请记住，“真正的”在制品限制是不存在的。在制品限制是种改进工具。你可能会有一些问题，诸如“这个在制品限制会让我们的工作流速变快还是变慢？它会让很多人无所事事吗？会不会有很多工作被闲置？如果这是个问题，我们该如何解决呢？”

6.3.1 选择1！选择2！

我们辅导过的许多团队在找到适合的在制品限制前都有过类似的经历，这些经历表明了设置在制品限制时必须考虑的因素。我们将在这里系统阐述，请根据你的情况选择一个合适的方法。

让我们假设你有一支5人的团队。比如，你大胆地开始，决定在制品限制为每人1个，这样在制品限制的总数就与团队人数相同。

很快，你将发现这种方法造成了一些问题。例如，如果有阻塞发生，除非打破在制品限制，否则你无法开始新工作。你可能觉得更合理的方式是让每人同时最多做两件工作，这样即使一件工作受阻，人们也有事可做。这样在制品限制的总数就等于团队人数的两倍了。

但是这种方式也未必合理，因为这样做的目的是即使团队里的每个人都遇到阻塞，团队仍可

以在不打破在制品限制的情况下继续工作。完美情况下的确如此，但很多时候这对团队的驱动还不够。设置在制品限制是为了驱动你解决问题，而不是让你忽视它们。

为了推动团队，你可以把在制品限制从 10 减少到 8。如果每个团队成员都在当前工作项上受阻，当其开始另外一项工作时，在制品限制将被打破。这种情况会比在制品限制为 10 的时候更早发生，所以你可以早些开始处理阻碍项。如果你希望更早得到预警，可以将在制品限制调得再低一些。

值得注意的是，我们例子中的数字并不重要，重要的是找到在制品限制的推理过程（如受到阻碍时如何处理，怎样改进流程，等等）。请记住，正确的在制品限制是不能仅仅通过计算得出的，你必须找到最适合你的团队和实际情况的那个值。最合理的办法是尝试设立一个在制品限制，然后根据需要对它进行调整。

同时，要考虑你希望通过在制品限制驱动什么样的行为，从而形成持续改进的机制。

6.3.2 一起来吧

在上一节中，每个人在同一时间里手中有至少一个工作项在进行。如果你的团队正在应用结对编程之类的实践，应该将在制品限制调得更低。在这种情况下，你可以将在制品限制设得低于团队成员人数。可以将人数除以 1.5（或其他你认为合适的数字），从而得到一个更低的在制品限制。

以那个五人团队为例，这样在制品限制就约等于 3 了。

对于一个在制品限制为 3 的五人团队来说，如果每个人都独立工作的话，人们很快会完成手里的工作项，变得无所事事。为了能在保持在制品为 3 的状态下让人们参与这个过程，团队成员们必须共同合作，特别是采用敏捷团队所追求的那些协作实践，通过结对编程、共同编写规格说明、结对测试等方式完成这些工作项。一个很好的副作用就是，工作项将在看板上快速移动。

对于那些平时协作并不紧密的团队来说，这将是一个很大的变化。和往常一样，开始时别把在制品限制设得太小，可以在之后逐步调低，同时对过程做出改进。

6.3.3 降低在制品规模，以 20%的速度

Don Reinertsen 介绍过一个设置在制品限制的技巧①。先观察一个不受约束的系统的正常水平，也就是这个系统在通常状态下的工作负载。从这里开始，将工作项可视化并计算其数量，从而得出现阶段的在制品。

然后将在制品乘 2，使用这个数字作为在制品限制，即允许在制品是你通常情况的一倍。之所以翻倍，是为了日后能够用统计的方式将其正常缩小，几乎没有团队会打破限制。我们可以确信这种开始方式几乎不会造成什么影响——任何人都可以完成。从这个新限制开始，你可以以递进的方式将其降低 20～30 个百分点（以每月或每两周为频率），直到你开始遇到问题——出现排队或者看到人们在两个任务之间无事可做。

让我们来看看这个实践。假设一个团队经常同时有 4 ~ 5 个工作项。根据 Reinertsen 先生的理论，你最初应该允许看板上同时有 10 个工作项，然后规律地以 20%的幅度将其递减。第一个迭代后在制品为 8，之后为 6，再之后为 5，以此类推。

在你这么做的时候，你不仅仅是降低了在制品限制，使工作项在系统中更快流动。同时，你开始了一个持续改进的趋势，这正是精益思想的理念。

这个方法强调了在制品限制的一个重要方面：要容易实现。你仅仅是选择数字而已，不需要做得更多。如果没有进展，如果太多的工作处于闲置状态，你可以回溯到上一个阶段。在实践中调整在制品限制是一件极好的事情。

---

① 来自 2012 年中欧精益看板大会上的演讲。详情请见 www.lean-kanban.eu/sessions/reinertsen/。

如果你将限制以 20%的幅度递减会怎样？让我们试试并保持观察。如果没有进展，回过头想一想为什么会这样。你要采取什么样的不同措施，在降低在制品的同时确保工作项在系统中顺畅流动？

这个方法让团队能够持续评估在制品限制，改进工作流。因为初始在制品很高，最开始的一两次递减不会造成什么大问题。这将帮助团队养成评估的习惯，有节奏地对限制进行调整。

在这个例子里，虽然我们对整个团队设了一个在制品限制，但这种思路完全可以用于设置每列的在制品（如在 6.4 节中所谈论的那样）。当某列的在制品限制让你感觉难受的时候，在那一列停止递减，而在其他列中继续调低在制品。

6.3.4 选一个数字，开始尝试

如果你不知道什么是合适的在制品限制，选一个让人出乎意料的数字。是的，你没有看错，任选一个奇怪的数字！

或者更确切地说，你可以选一个看上去好像很有道理的数字，但别想太多。就如我们反复强调的那样，这个数字可能并且应该在过程中不断被调整。

使用在 6.1 节中谈到的原则，找到适合你的在制品限制。

到目前为止，我们讨论了整个看板和整个团队的在制品限制。但没有考虑工作在工作流的各个步骤（看板上的列）间是如何分布的。在上面的例子中，我们只设置了单个在制品限制，也就是整个系统只有一个常量在制品限制（也称为 CON 在制品）。

让我们来看看设置在制品限制的其他方法。你能只为工作流中的某个部分设定在制品限制吗？为什么要这么做？如何将它可视化？

6.4　基于列的在制品限制

我们辅导过的大多数对象不会对他们的整个团队设置在制品限制，而是对每一列设置在制品限制。这样能够进行更精细的控制，从而更好地了解工作的流动情况，并且有机会消除瓶颈和流动不顺畅。也就是说，如果你不知道从哪里开始，为整个看板墙设置一个在制品限制依然很有用，这样做会是个好起点。

在本节中，我们将深入了解限制每列在制品的通常方法、这样做时需要考虑的因素以及我们能从中获得什么好处。

6.4.1　从瓶颈处开始

所有的工作流程都会存在某个瓶颈，而瓶颈决定了整个工作流的步伐。如果提高瓶颈上游的吞吐率，工作就会在瓶颈处排起长队。在这种情况下，提高瓶颈下游的吞吐率毫无用处，因为这里不会有足够的工作输入。这时使用在制品限制就有了意义，它能够帮助识别出工作流中的瓶颈并解决掉它。

关于如何发现瓶颈并对它们进行管理的更多内容，参见 7.5 节。

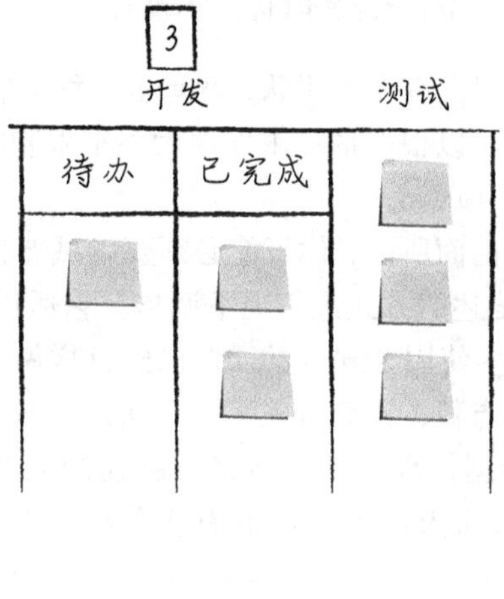

让我们看一个例子。在右侧的这个看板墙上，“测试”列前的工作项出现了堆积排队，测试是个瓶颈。如果不采取措施，工作会越积越多，在制品和前置时间都会增加。

如果你为整个开发列设置在制品限制，比方说 3 个，开发人员就会在队列开始形成的时候停止开发工作。这时他们应做什么呢？他们可以帮助测试人员完成测试工作。无论他们做什么，都不应带入新工作，因为这样只会使在制品数量增加。

如你所见，在瓶颈之前的步骤设置在制品限制，可以防止瓶颈处工作泛滥，并且促使人们解决瓶颈，进而改善整个流程。

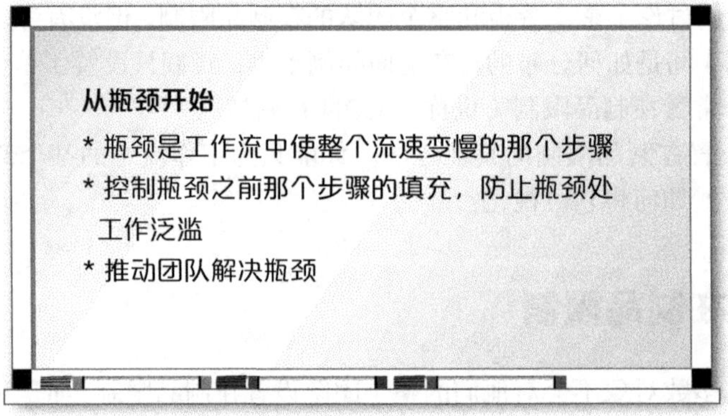

6.4.2 选择可以帮助你改进的列

你为什么购买此书？你为什么认为看板可以帮你提高？多数团队都能很好地意识到他们的问题（至少是某些问题）出在何处。通常情况下，团队使用看板的目的是同时聚焦更少的任务，展开协作，从而更快地完成它们。在以开发人员为主的团队中，大部分进行中的工作都会处于“开发”列中，这时在“开发”列设置一个富有挑战的在制品限制是有意义的，它可以促进团队的协作。

许多团队都以 6.3 节中所述的“整块看板，整个团队”的方式开始，所有的列加起来分享一个在制品限制。或者是把这个数字只用于限制一个列，例如以开发人员数量的 1.5 倍作为“开发”列的在制品限制。

6.4.3 请保持有限的故事

世界上有多少团队，就有多少种限制在制品的方式。在这里我们来谈一种时常会被问到的方法：你可以根据估算工作项大小来限制在制品吗——如使用故事点[①]？（更多关于故事点的内容参见第 9 章。）

如前面所说，你可能必须要尝试着找到适合你的团队的在制品限制。从直觉开始，然后按照 6.1 节描述的方式进行上下调整。它适用于单个工作项或一组工作项的工作量（如用故事点）估算。许多使用 Scrum 的团队已经这样做了，在计划下一个迭代的时候，他们会根据通常能够完成的故事点数，计算带入下一个迭代的新工作。

根据估算的工作量来限制在制品意味着你只在可接受的限制范围内带入新工作。例如，10 个故事点以下。以下面这个看板为例，上面的数字显示开发人员的在制品限制为 10 个故事点。

① 故事点是一种使用相对估算方式来预估团队工作量的方法，它应用于许多敏捷实践（如 Scrum 和极限编程）中。

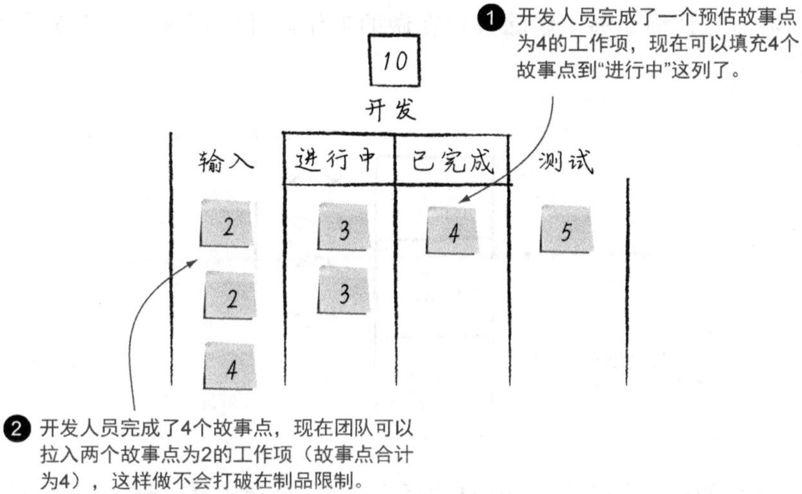

与确定整个团队的在制品限制相比，这种方法通常更适合于确定每列的在制品限制。因为随着工作的深入进行，工作量可能会发生变化。例如，在你开始分析一个工作项时，你可能会发现与第一次实现相比，不再需要投入那么多的工作量了。

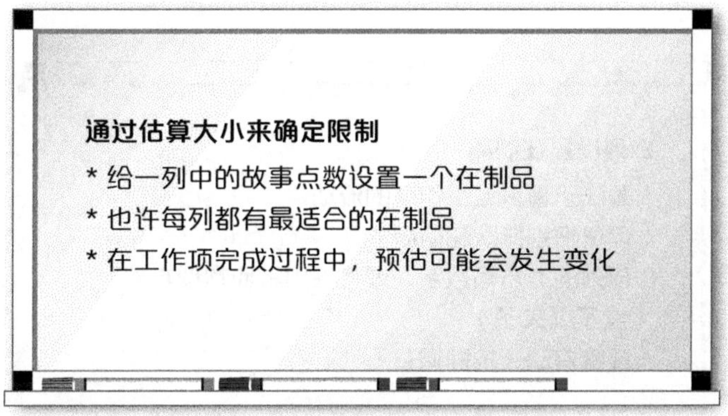

6.4.4 如何可视化在制品限制

基于列的在制品限制通常会在看板墙的每列上方标出，但除此之外还有很多其他的方法实现可视化。

我们接触过的一些团队中会用下面这些方式。

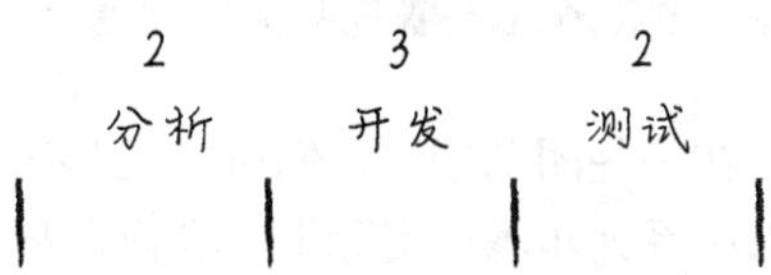

- 每个工作项一个格子——当在制品限制被打破时能很容易地表现出来，因为此时你只能将工作项放到格子之外或者是其他工作项上。

- 塑料夹或其他物理形式的占位装置——与画格子的方式接近，而且还是个不错的可视指示器。它让你能够了解除去正在做的工作以外，还剩下多少工作项会达到在制品限制。

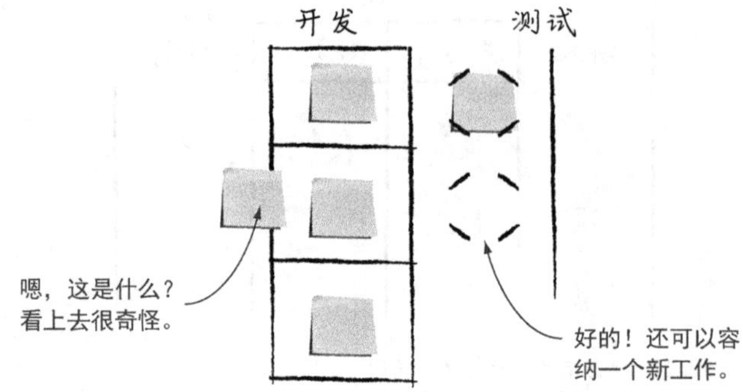

如何做取决于你的想象力以及你的团队更适应什么。要勇于做试验，宁可尝试新事物而不成功，也不要满足于某个次优方案。

如你所见，在看板的列上限制在制品的方式有很多种，这样做有助于识别问题、瓶颈以及其他使流速变缓的东西。对你最有效的是一种以经验为依据的实践：试验，不断尝试，然后采取措施进行改进。

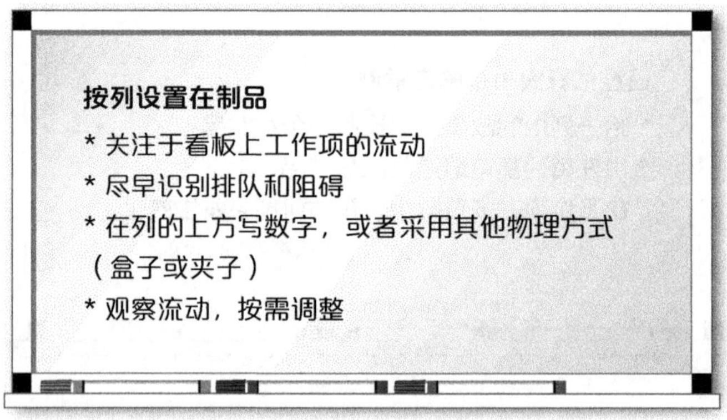

让我们转换思路看看另一种限制在制品的方式：按照人员进行限制。

6.5 按人员限制在制品

在一些团队中，人们可能会将工作从头至尾完成，很少将其传递给别人，虽然工作还是会流经那一系列步骤。实际上，尽管在整个过程中工作由同一个人处理，但展现工作项当前所处的状态还是非常有价值的。

举个典型的例子。你处于某个一线技术支持团队中，当获得一个客户的投诉后，你需要持续处理此事直到问题解决。这类投诉通常会经过如下阶段：先给客户做个紧急处理，记录一个缺陷，测试缺陷修复后的新版本，最后关闭投诉。技术支持团队中的某一个人可以完成所有这些环节。

这种情况启发了另一种策略：一些团队选择限制每个人的工作项数量。你关注的不再是优化整个流程的流动，而是在每个人都有工作的同时，不让某个人做太多的事情。

另一种按人限制在制品的适用情况是为了避免团队中各个层面的多任务。在这种情况下，为每个人设置在制品限制有利于发现是否某些人的工作项过多[①]，并且由此导致整个团队的在制品过多。通过使每个人的限制显式化，可以逐步转变，避免上面的情况。

限制个人在制品的通用方法

现在我们来进一步看看按人设置在制品限制并将其可视化的通常做法。

1．这个看板墙不足以放下所有这些头像

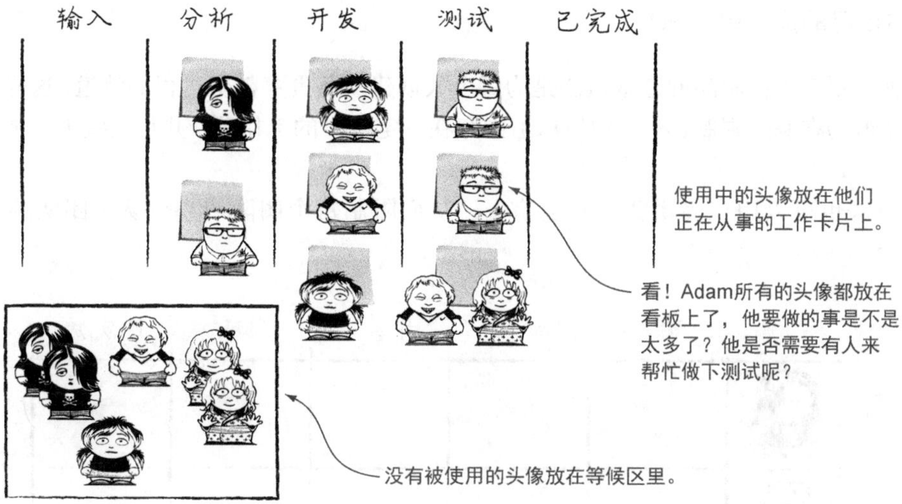

如果你用头像来表示工作的分配，一种简单的方式是限制每个人可以同时“活动”的头像数量。比如，你可以为每个人印制三张头像，这样可以有效地将每个人的在制品限制为3。现在就可以很容易地看出每个人在做什么，以及每个人手头有多少正在进行的工作项。

① 这种人也被称为“囤货者”（下面给出了一个真实的例子）。

可怜的 Sean，他的头像太少了

在一个由 Marcus 辅导的团队中，有那么一名同学，暂且叫他 Sean。Sean 已经参与这个应用程序项目很长时间了，这是他一手构建的，每个决策都要通过他。你也许见过 Sean 几次，至少认识和 Sean 类似的人。

这让团队的进展速度变得非常慢，因为团队很大（8 个人），每个工作项都要由 Sean 经手才能完成。当我们创建看板系统的时候，为了切中这一痛点，我们为每个人只印了 3 个头像。

实际上，第一次早会开了 35 分钟。在大部分的时间里，人们都在等待 Sean 把头像贴到他今天要做的 3 项工作上。"只有 3 个吗？能再给我 5 个吗？"

在让 Sean 着了一通急之后，我们对团队产生这种情况的原因以及工作项的流动进行了讨论。让 Sean 大为吃惊的是，当他休假或者生病的时候，团队仍然在不断地产出。

也许有一些工作项并不需要 Sean 参与？如果 Sean 没有事必躬亲，或许可以增强团队其他人的自主意识和技术能力？也许这样能够让 Sean 闲下来，有更多时间去处理团队中只有他才能处理的复杂工作？

结果很好，但对可怜的 Sean 来说，最开始真是吓了一跳。

2. 请在你自己的泳道中游泳！

另一种限制个人在制品的通常做法是为每个人创建一条贯穿整个过程的泳道。这样你就能够确定每条泳道的在制品限制，有效地使泳道中存在一定数量的工作项，并且这些工作项可以分布于任何列上。

这种方法也可以用在多团队的看板墙上，从而限制每个团队或小分队（团队的一部分）的在制品。

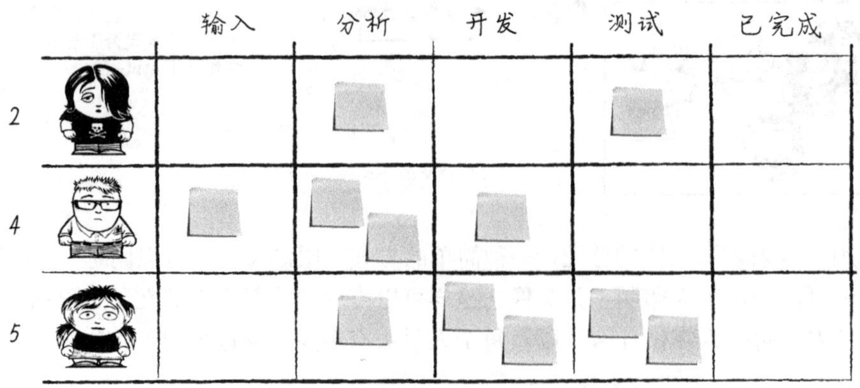

警告 请牢记这些策略的目的是侧重于确保每个人都有足够多的工作可做，但对工作流动到完成状态的帮助不大。你可以以此为起点，但用这种方法限制在制品的效果值得商榷。要知道，客户并不关注你是否保持忙碌，他们只希望你能够交付成果。

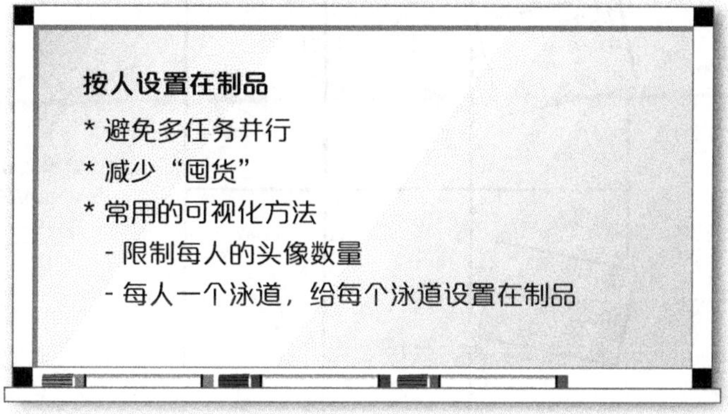

现在，我们已经提供了许多原则、想法和实践提示，以便你能了解如何设置在制品。关键是这与上下文相关，取决于你的需要以及所处的情况。围绕着如何设置在制品限制，通常有很多疑问产生，接下来我们将解决其中较为常见的一部分。

6.6 常见问题

因为你所选择的限制依赖于你的需要以及所处情况，因此对在制品限制会产生一些疑问并不奇怪。在制品限制有时很容易被认为是一成不变的，这增加了人们的困惑。实际上，在制品限制数应该是可以调整的。

6.6.1 工作项还是任务——你限制的是什么

通常，团队会将工作项根据流程中的步骤分解成许多任务。开发环节的任务可能包括“实现数据访问”“编写 HTML 页”“完成业务逻辑”。在“测试”列中，任务可能包括“准备测试数据”“编写报告”和“执行人工测试”。任务是某个工作项中的一部分，可以认为任务是为了完成一个工作项，在看板的某个列中所需要做的全部工作。

在开发环节中的所有任务都完成了，一个工作项才能移动到下个环节。一些团队甚至会将列分割成许多子列，从而为任务形成迷你看板墙。

这里你可以看到两个正在进行中的工作项（每行一个），每个工作项都被拆分成了几个任务。团队为工作项设置了在制品限制，而不是对组成工作项的任务进行限制。

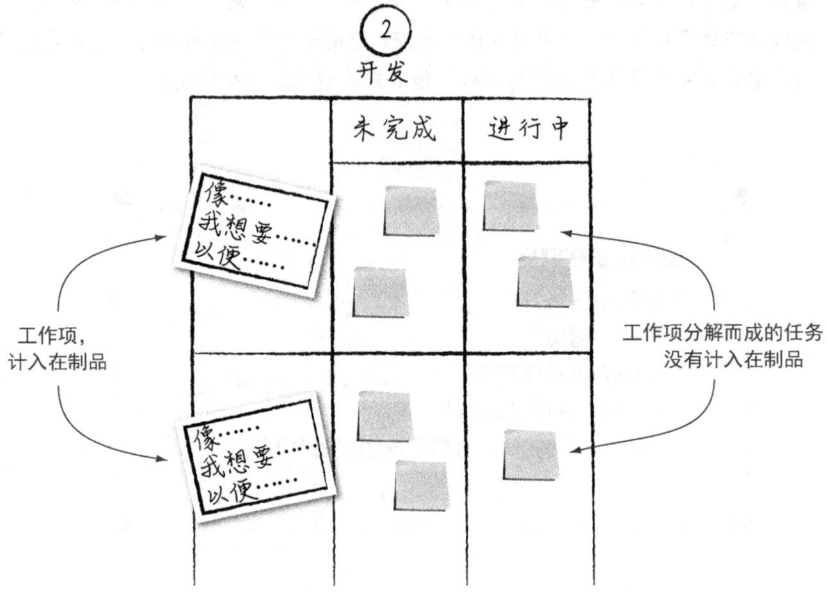

许多团队都采用对工作项进行在制品限制的方式。任务只用于追踪为了完成工作项所需要做的事情，这些事情通常不交付客户价值。只要客户在等待有用的东西被交付出来，任务在看板中流动的快慢就是无关紧要的。

有时你可能需要限制某些特定列里的任务数量。例如，你也许想限制多任务并行的程度，或者确保你总能协同完成某些特定任务。

6.6.2 应当对等待队列设置在制品限制吗

我们通常用列之中单独的一列来可视化队列，前面我们使用过的“测试”列中的“准备测试”就是一个例子。

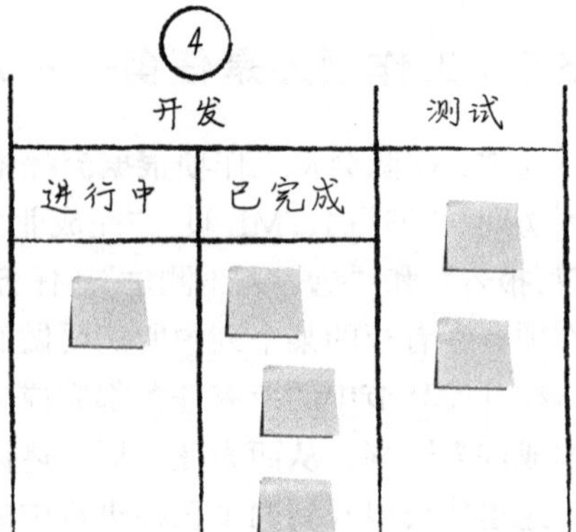

在右图中，可以看到“开发”列的在制品限制为 4，然后此列被分割成了两列：“进行中”和“已完成”。

开发人员正在开发的工作项有一个，已经完成的有三个，刚好达到在制品限制。

另一种可视化这个队列的方式是将“开发”列中“已完成”列改为“测试”列中的“准备测试”列，这样就需要遵守测试环节的在制品限制。

具体采用哪种方式可视化取决你的目的，即谁应当“拥有”等待测试的工作项。是开发人员得到信号对团队更有帮助？还是对测试人员限制排队以遵循在制品限制更有用？做选择时通常需要与团队进行讨论，但等待队列的实用功能对于两种方式都是相同的：在等待队列中的工作项会使流动减速和停滞，人们不能向其之前的列中加入新工作。通过这种设置方式，你可以清楚地看到开发人员已经完成的工作和正在进行的工作。

最后，不知你是否还记得，我们在6.4.1节中还展示了一种方式，在那里等待队列是具有在制品限制的独自一列，如右图所示。在这个例子中，该列具有自己的在制品限制，无需遵守其他列的限制。也许这是能够帮助你的团队的另一个技巧。这列的限制不会从“你的”列中“偷走”容量，但是，该列的功能和前面讲的是一样的。

这种可视化等待队列的方式避免了单个测试人员变成瓶颈。它在这名测试人员前面建立了一道缓冲，使他可以从缓冲区中拉入工作，从而保障他的工作不会泛滥并且总有事可做。

有时，等待队列应当遵从在制品限制，甚至自己也有在制品限制（如6.4.1节中独立的等待队列）。另一些时候，区分等待队列和执行队列是用来可视化各环节详情的一个方法。

“等待队列应当遵守在制品限制吗？”对于本节的这个问题，回答依旧是：“看情况。”例如，当你注意到测试成为瓶颈的时候[①]，设置一个等待队列就能非常有效地保证总有可供测试的工作。在这列上设置在制品限制可以确保队列不会太长，通过这个限制，将不会出现工作泛滥的情况。当你看到一个等待队列达到在制品限制的时候，就要讨论一下如何清除这些障碍了。

简言之，工作出现堆积的地方就有瓶颈产生，而瓶颈之后的环节往往空空如也。

6.7 练习：设置在制品，正确地设置在制品

是时候让你们来讨论一下在制品限制了。重申一遍，这需要团队共同努力。记住，对你的团队而言，没有最优的在制品限制可供选择，那只是一种用来帮助你改进工作的工具。

如果你一开始找不到明显的在制品限制，先来试试6.3节、6.4节、6.5节中提到的方法。可以重点讨论如下几个问题。

- 是否应该对整个看板墙设置单一的在制品限制？这对你有何益处？
- 开始的时候，是否可以从限制某些列中的工作开始？应该是哪些列？为什么？
- 如果限制每个人的在制品，将给你带来什么？
- 如果每个泳道都设置在制品限制，是否会对你的情况有帮助？

如果你不知道如何回答这些问题，你应该尝试一些看上去适用的措施，注意观察接下来会发

① 如何发现并管理瓶颈本身就值得单写一本书。

生什么，并从中学习。如果以一个好的策略和一个数字入手，请开始讨论一下这项政策将如何影响你们的日常工作。

- 你设置限制的方式，是在鼓励何种行为？
- 当你的在制品限制将要被打破时，你应当如何应对这种情况？
- 阻塞的和等待队列中的工作项应该计入在制品限制吗？

一如既往，你应该从简单开始，当需要的时候再采取进阶方式。

6.8 小结

在本章中，我们讲解了如何设置适合的在制品限制并将其可视化。

- 对于你和你的团队，没有特定的在制品限制方式。
- 限制在制品不是目的，改善流程才是。在制品限制只是一个工具，能够帮助你发现阻碍流动性被改善的问题。
- 在制品限制越低，工作流动越快，问题也能被越早地发现。虽然需要较低的在制品限制，但请不要将它设置得过低。
- 当开始设置在制品限制时，一切从简——也许仅仅是一个口号："停止启动，聚焦完成"。
- 可以为团队/工作流设置整体在制品限制。
  - 这种方式可以帮助你改善合作。
  - 帮助你专注于在新工作开始之前，完成旧的工作项。
- 可以按列设置在制品限制。
  - 这会让你聚焦到工作项的流动上。
  - 这能帮助你管理瓶颈。
  - 也许你已经意识到要从哪里改进，可以从给那一列设置在制品限制开始。
  - 可以通过估算的工作量来限制工作（如按故事点）。
- 可以按人设置在制品限制。
  - 限制可分配的头像数量是这样做的一种简单方式。
  - 另一种方式是利用泳道。
  - 这样有利于防止多任务并行，避免某些人要参与到几乎所有的工作项中。
- 绝大多数团队都会针对工作项而不是任务限制在制品数目。

在制品限制是改善工作流动性的工具。流动指的是什么呢？这个我们至今尚未讨论的话题是精益的主要概念之一，也是下一章的主题。

第 7 章　管理流动

本章涵盖的内容。

- 什么是持续流动及其价值
- 消除浪费以实现流动
- 利用看板管理流动
- 通过每日站会助力工作流动
- 如何选择下一个工作项
- 利用约束理论管理瓶颈

多年来，流动（抑或称作单件连续流）是丰田[①]生产愿景的基石。单件连续流是一个系统，其中每个为客户创造价值的部分在流程中从创造价值的一步直接移动到下一步，如此执行直到交付给客户，在这些步骤中既没有等待也没有批量操作。区别于为防万一建立库存的方法，它只有在需要的时候才即时生产——在正确的地点以正确的数量，既不多也不少。

这种连续流将每个流程紧密连接形成全部相连的链。流动一旦停止或者发生故障，就没有问题能隐藏，没有等待处理的库存，没有可处理的工作。因而一旦发生问题，你就能立刻知道，并被迫把问题解决。这引发人的思考，通过这个过程造就了优秀的团队成员。

本章会详细介绍通过连续流的方式组织工作的好处。读者不但会学习到消除浪费的方法和周期时间，也会学习到如何通过保持工作移动和使用诸如约束理论的模型来管理流动以改进整个流程。同时我们也会介绍一些能帮助读者聚焦并改进流动的常用实践，比如缩短等待时间、消除障碍和使用跨功能团队。还有一些多数团队都使用的实践能帮助你关注流动，例如每日站会和下一步该干什么的规则，我们也会对此进行讨论。

现在让我们从头开始，看看为何流动是值得你关注并为之努力的。

① 丰田公司是丰田生产系统（Toyota Production System，TPS）的开创者，而精益方法的根基正是丰田生产系统。

7.1　流动为何重要

丰田绝不是唯一一个，甚至也不是第一个追求连续流动的公司。无论是个人还是公司都已经为这个愿景努力了几个世纪。那他们为什么这么做呢？如果实现了单件流，就能没有延期、没有队列、没有批量、没有库存、没有等待。将不会有生产过剩，只需要交付客户实际需要的产品，而且当真的需要时，能立即交付。

读者在前面的章节已经学习到流动能够带来灵活性和快速反应能力，更好的风险管理，更快的反馈以带来更好的质量（构建正确的产品并使用正确的流程），提升可预测性以增强互信，减少加急请求和加速价值交付。

如果这还不够的话，流动还能暴露改进机会并提供改进努力的愿景：更快的流动。

那么我们可以做什么工作以取得更快的流动呢？接下来让我们看看在很长一段时间内帮助丰田的一个策略：消除浪费。

7.1.1　消除浪费

丰田花了大量时间进行完善，并几乎实现了单件流。在这一点上，丰田确实比其他公司更加接近于这一愿景。丰田的这个完善过程的一个重点部分就是聚焦于消除浪费。

> 我们所做的就是关注整个时间线——从客户下订单的那一刻开始到我们收到钱的那一点为止。然后我们通过去除没有增加价值的浪费来缩短整个时间。
>
> ——大野耐一[①]

另一种方式是抛出如下问题："是什么阻止了工作的流动？"从这个角度看，你在以客户的角度检视整个流程。客户到底想要从整个流程中得到什么？这里的客户可以是最终的产品客户也可以是下一个生产阶段的内部客户。客户想要的东西才具有价值，其他不想要的东西都是浪费。流程中的某些步骤增加了价值，而另外一些步骤则没有。这对于所有流程都是适用的。

早期的时候，丰田识别出适用于制造业的 7 种类型的浪费，之后又将同样的思考应用于其他领域，比如产品开发。从此之后，不同的行业也针对其特定的领域识别出类似种类的浪费。Mary 和 Tom Poppendieck 针对软件开发领域也进行了类似的工作，参见他们的著作 *Lean Software Development:An Agile Toolkit*（AddisonWesley Professional，2003）和 I*mplementing Lean Software Development: From Concept to Cash*（AddisonWesley Professional，2006）。

7.1.2　软件开发的 7 种浪费

让我们仔细看看 Mary 和 Tom Popendieck 识别的 7 种浪费。

- 部分完成的工作——没有完全完成的工作就只是在制品。它待在那里等着你处理，而且增加了在制品数量。关于在制品的更多内容参见第 5 章。
- 多余的特性——大野耐一的名言是"没有比生产过剩更大的浪费。"如今生产的大量软件都没有人使用或是对客户毫无价值。The Standish Group 在 2000 年初期完成的著名 CHAOS 报告中指出，软件应用的 45%的特性从未被使用。这充分说明我们可以通过更好地理解客户所需来避免大量浪费，即：构建正确的产品。对于每个软件人员，如果你曾有过如下想法："这可能更方便"或者"也许他们希望这是可配置的"，就会对上文我们说的意思更有体会。
- 重复学习——软件开发从某种程度上是一种学习过程。未能从之前的错误中学习却不得不重复

① Taiichi Ohno, *Toyota Production System: Beyond Large-Scale Production* (Productivity Press, 1988, http:// amzn.com /0915299143), p. ix.

失败（并重新学习解决方案）就是一种巨大的浪费。团队和个人都可能存在这种浪费。

- 工作交接——当把工作从一个人交接给另一个人时，需要创建大量额外工作以传递必要的信息给下一个人。即便做了额外工作，大量信息在工作交接过程中还是丢失了。
- 延期——延期会造成额外的工作，记得么？如果不记得的话，请立即阅读 5.2.2 节“延迟带来额外的工作”。
- 任务切换——之前我们介绍过上下文切换（参见第 5 章）和它对关注力与能力造成的浪费效果。
- 缺陷——缺陷是因为你第一次做错了而反馈给你的工作。这不仅产生了额外工作，而且通常这种工作出现的时候都很糟，会减缓正在进行的工作。参见 5.2.5 节“质量下降”。

教练的忠告　看板社区中有人认为，在精益软件开发中对于浪费太过执着，并且“浪费”转移了人们的注意力。据此，这些人建议应该聚焦于缩短交付时间和风险管理，而在这一过程中浪费会被识别并消除。我们无法确定这二者是否有冲突，通常而言读者当然应该避免过分着魔或严重依赖基于信条的方法。部分困惑来源于人们如何看待某些行为是否属于浪费。

例如，协调团队研发活动的每日站会是增加价值还是纯属浪费？如果是增加价值的活动，为什么不多开几次呢？为什么不整日开站立会议呢？这个问题的答案是，活动本身并非增加价值或是浪费，而是帮助你加深认识或交付客户价值的时间的投入产出比，最终决定了它是否为浪费。

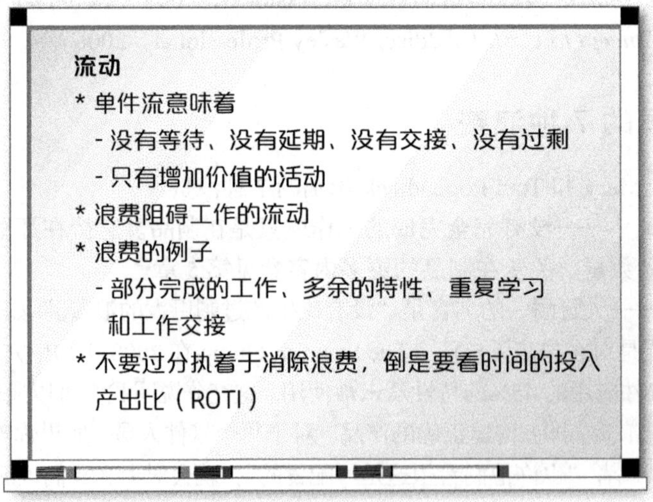

消除浪费和限制在制品是获得流动的不同方式。但如何在实践中应用这些原则来促使工作流动起来呢？

7.2 帮助工作流动

看板的核心实践之一是管理工作经过流程每个状态的流动。这意味着对工作如何流动进行监控和度量，同时确保工作快速流动。读者可以通过几种不同的方式来帮助工作流动。

7.2.1 限制在制品

当团队期望保持工作流动时，限制在制品是一项基本实践。在制品越少，流动越快，能发现的改进机会越多。读者也许还记得利特尔法则（Little's law），它表明在制品越多，每个工作项的前置时间就越长。更多内容，参见第 5 章。

流动与资源利用

限制在制品能获得更好的流动。但这是你想要的结果么？改进流动是一个战略决策。这个决定需要权衡，要达到更好的流动可能导致人们有时处于空闲状态。为了达到更好的流动，这是可以接受的吗？

而对于某些工作类型和情况，相反的理念也是成立的：竭尽全力使资源利用最优。比如，轧铝机。这种设备在极端高温条件下运行并且需要长时间加热，所以关掉它的消耗是非常昂贵的。于是你期望熔炉永远运行，同时希望准备大量物料供熔炉处理（大量在制品产生了）。甚至当没有客户订购铝的时候，依然期望设备持续运行。这就是优化资源利用。

另一种情况是改进流动，消防部门可以作为一个例子。消防人员有大量空闲（等待、准备和训练）以便当火警发生时能立即出动扑灭火灾。我们这个社会接受这种情形并支付其工资，即便他们有大量空闲。因为当我们呼叫他们扑灭火灾时，我们不希望他们在忙。为改进流动，我们接受了这一事实。这种行为通常发生在高风险环境中。

到底是改进流动还是优化资源利用，这是一个战略决策。但通过聚焦于流动效率能减少大量不必要的工作和浪费，从而实际上也优化了资源利用。在 *This Is Lean: Resolving the Efficiency Paradox*（Rheologica，2012）一书中，作者 Niklas Modig 和 Par Ahlstrm 将“精益”定义为关注通过提升流动效率达到改善资源利用效率的运营策略。

7.2.2 缩短等待时间

在看板上是否有工作项处于“已完成”这一列并正等待被拉入到下一个状态？是否有工作项处于“等待部署”或者“待办”状态？工作项处于等待的时间比实际处理的时间长，是很常见的现象。那么等待时间如何缩短呢？

如果还没有一种显式的方式表明工作项已经完成到某一阶段而在等待进入下一阶段的话，做到显式化就是你的第一步。这使得等待状态可视且提醒他人此工作项已可以被拉动。

而且这也易于跟踪和度量花费在等待中的时间。收集并分析此种数据，才能洞察其中的改进机会。如果很难说服别人相信时间都在等待中被浪费了，那么这种数据度量会使人大开眼界。

你是从零开始工作，还是工作已经在别处（我们通常称为看板墙的上游）开始了？也许工作就在那里，等着你开始处理。在将工作交付给客户前，你是最后一位接触工作的人吗？为缩短等待时间，经常需要扩展看板墙以覆盖你负责的工作流之外的部分。

1. 确保工作就绪

避免等待的杰出方法是采取措施确保工作总是准备好进入下一状态的。为了做到这一点，读者可以计划和拆分工作以减少依赖，也可以让外部人员或资源准备就位使得你的工作不会被阻塞，或者将工作设计得利于合作以致于完成工作的团队成员能协助你的工作而不必拉入新的工作。

明确预期结果并确保在工作开始前跟每个人沟通清楚，这对于避免误解和混乱造成的延期和等待非常有效。

实例化需求

实例化需求（Specification by example）是确保彼此理解的最好方式之一[①]。这意味着你要将需求写成验收标准的形式或者特性如何被使用的具体实例（使用真实的数据）。当实例被满足时就是特性开发完成之时：既不多也不少，刚好满足。

为避免不必要的等待，有时确实需要增加队列中在制品的数量，特别是在瓶颈之前的队列（参见 7.5.1 节）。

2. 确保工作项较小且尺寸相近

设计并准备工作项以缩短等待时间的另一种方法是确保工作项较小且尺寸相近。小工作项会缩短前置时间并降低在制品的数量。大工作项经常难以估算，而且有时问题隐藏其中无法暴露，除非你开始拆分它。与其创建全面的用例（如购买书籍），不如尝试用户故事（如将书放进购物车，填写订单信息，支付订单）。

如果工作项尺寸相近，流动将更加平滑且可预测性提升，从而有助于建立互信并避免使用“特殊需求”的快速通道。在实践中，这也消除了等式中的成本部分，因为所有工作都是同样的成本，至少在时间维度上如此。

限制在制品显然是缩短等待的良方：在制品越少，才能越快将工作项拉动到下一个状态。另外很多等待是由于阻塞导致的，这将在下一节展开讨论。

---

① 参见 *Specification by Example: How Successful Teams Deliver the Right Software*, by Gojko Adzic (Manning, 2011, www.manning.com/adzic/)。

7.2.3 消除阻塞

阻塞属于一种特殊类型的等待。这些事项阻碍了你的工作进展，但又不受你直接控制。比如第三方依赖、等待外部的代码评审或者等待外部信息。在我们的经验中，这种阻碍经常被认为是事情发展的自然规律并被认为“我们毫无办法”，但在实际中相反的一面常常被证明是成立的。

> **永远不要被阻塞——敏捷开发的最高指示**
>
> Robert C. Martin，即 Bob 大叔，是敏捷宣言会议的发起人，其声称永远不要被阻塞是任何敏捷开发人员的最高指示[a]。
>
> > 就像每位优秀的桌球选手总是保证每一次击球都为下一次期望的击球做好铺垫一样，一名优秀的敏捷开发人员完成的每一步都为下一步工作做好了准备。优秀的敏捷开发人员永远不会阻塞自己的工作也不会阻塞其他人的工作。
>
> 其核心思想是每一个跟其他系统交互的接口都应该如此处理以确保即便是其他系统还没完成的情况下也可以继续自身的工作。例如对于编码工作，这可能意味着跟外部系统创建交互接口。如果其他部分没有及时交付，你总是可以先提供一个替代的实现（通常称为桩——stub），然后继续工作直到真正的实现完成。
>
> 但这个最高指示不仅仅是针对于开发者个人：
>
> > 最高指示可扩展到团队和组织的各个层级。永远不要被阻塞意味着建立开发环境使得阻塞不会发生。如果核心团队构建了一个可重用的框架，而我们需要的一些功能还未实现，那我们可以自行实现，直到核心团队的功能实现后再使用。如果企业架构支持这种需求，那我们将不得不花费数天来理解，然后避免使用企业架构而用简单的方式获得这一功能。这样我们的工作就不会被阻塞。
>
> 对于其他工作类型，确保完成你能完成的所有工作，而不是等待其他人。

a. “The Prime Directive of Agile Development”, http://mng.bz/NT5s。

只是在技术支持系统中录入一个记录或者向某人发送一封邮件，这并不代表你为了工作不受阻塞已经完成了所有能完成的事情。是否可以打一通电话，或者甚至直接走过去跟他们当面沟通？你是否解释了这个问题如何影响了你的工作？如果得到帮助，你的工作能够得到什么进展？是否有其他人可以帮你解决这个问题？也许有一个暂时能用的替代方案？你应该想尽一切办法并找到一种方法使工作不会被阻碍。

如果已经尝试了所有办法，但你还是被阻塞了，那么先不要开始新的工作。读者应该记得我们在第 5 章介绍过开展新的工作会增加在制品，从而降低其他工作的速度。也许在你等待阻塞被解决的过程中，可以完成其他一些事情。在工作流中是否存在其他瓶颈或者问题你能够帮助解决？关于这个主题的更多内容请参见 7.5.1 节。

当你被阻塞时，可以完成一些有益的任务。有些团队甚至为此创建了特定的服务类型（参见第 8 章），即团队认为很重要而对其他利益相关人无法产生直接效益的特殊工作。比如升级构建服务器或者自动化某些手工操作之类的工作——这些工作将在未来带来工作质量和速度的提升。当你被阻塞时，可以开展这类工作；当阻塞问题解决后，又可以快速放下这类工作。

阻塞事项也是一个学习如何改进工作的机会。是什么原因导致了阻塞？是否可以做点什么来预见这种情形并通过变通的办法来应对？如果你改变工作方式，是否这种阻塞事项就可以完全被避免？或者是需要其他人改变工作方式？一些团队形成了对每个阻止流动的问题进行根本原因分析的习惯，通过问题的根本原因分析（更多关于根本原因分析的内容参见第 10 章）来学习和改进。

跟踪阻塞事项

跟踪阻塞事项及其对你的影响通常是消除阻塞的一个良好开端。如果你将开始时间和结束时间记录在阻塞事项上，或者在阻塞事项的即时贴上每天打一个点，则一个工作项的整个周期时间中有多少花在阻塞等待上就一目了然了，这就就如同我们在上一节中对等待时间的建议一样。利用这个数据来理解阻塞是如何影响你以及你该如何处理它。当向阻塞你工作的人解释他们的工作对你的帮助有多大时，这个数据也很有用。

跟踪阻塞事项的数目的变化和解决问题的平均时间也可以驱动改进。关于跟踪阻塞事项的更多内容，请参见 11.1.3 节。

2. 群集行动

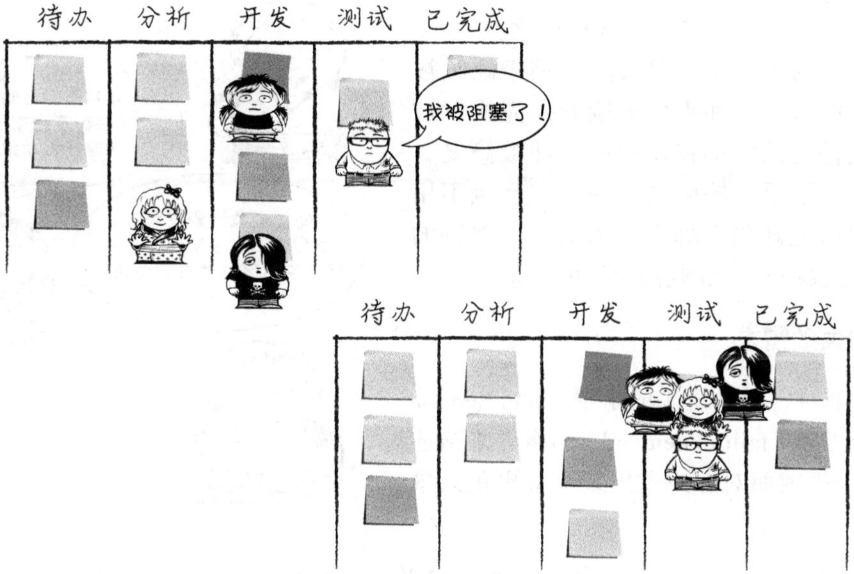

有一种行为在很多看板团队都出现了，这种行为被称作群集行动。它表现为当在制品达到限制时，当阻塞事项发生时，或者是当一个工作项太大、太迟或太复杂以致于一个人甚至少数几个人都无法处理时，团队对于限制在制品和确保工作流动的关注驱动大家共同行动。大家蜂拥而上一起快速解决问题[①]并使工作流恢复正常。

当被阻塞时或者发现缺陷时该如何处理，有些团队为此制定了显式的规则。每当他们遇到了阻塞事项或发现了缺陷，所有人群集而上共同解决。群集行动也可以作为一项规则应用在某种特定的服务类别上（参见第 8 章）。

群集行动也可以用来描述参与专业之外工作的一般行为，这种行为致力于帮助高风险或高回报的工作快速完成，或者减少在制品的总数。很多看板团队都高度认可这种行为。

7.2.4 避免返工

有时一个缺陷从工作流的一个阶段漏掉，就只能在下一个阶段中被发现。这将使工作项重新回到上一个阶段，从而导致这个工作项的周期时间延长，而且也会导致其他工作项的周期时间延长，因为在制品数量增加了。避免返工对流动和周期时间都有重大影响。

① 当然，有时更多人加入会减缓你的工作而不是起到帮助作用。这里的关键是所有人都可以帮助你，就像“全体人员各就各位”一样。也许你并不需要每个人都来参与解决这个问题，但一开始，每个人都会帮助分析这个问题并提出解决方案，而实现解决方案也许只需要少数几个人。

这与精益软件开发[1]的关键原则之一“一开始就内建质量”是不谋而合的。实现这一点的好方法是大力投入技术实践[2]，比如结对编程、测试驱动开发、持续集成和测试自动化。

内建质量的另一个重要实践是缩短缺陷被引入和解决的时间。如果代码刚开发完成就被测试，并且任何缺陷都在发现后立即被修复，那么你就节省了录入缺陷的时间，并且也不用花大量时间研究缺陷在哪里引入的了。并行的工作项越少且越小，就越容易缩短时间。

价值需求和失败需求

缺陷并非唯一导致返工的事项。John Seddon 曾提出失败需求（failure demand）的概念来描述“要求系统因失败而对客户做出某事或更正某事的需求”。

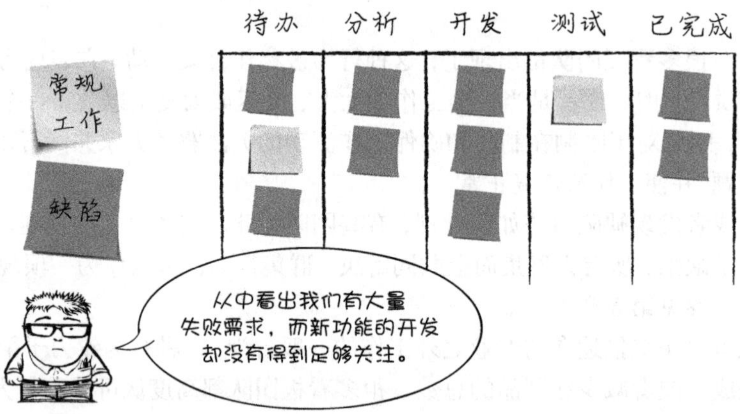

进入工作流的所有需求并非全是新功能的需求，有些是因为某些工作并未达到预期而产生的需求。比如某些需求太难理解了，或者某些工作遗漏了，诸如此类的原因。这类需求就落入了失败需求的范畴。软件开发领域的例子包括没有考虑用户体验的失败设计、没有获得真正用户反馈而产生的糟糕需求。还有理解不一致或沟通不畅导致的返工。

① 精益软件开发由 Mary 和 Tom Poppendieck 提出。

② 更多内容参见 Robert C. Martin 完成的姊妹篇：*Clean Code: A Handbook of Agile Software Craftsmanship* (Prentice Hall, 2008, http://amzn.com/0132350882)和 *The Clean Coder: A Code of Conduct for Professional Programmers* (Prentice Hall, 2011, http://amzn.com/0137081073) 。

保证失败需求快速流动也没有多少收益。相反，尽可能消除失败需求以便容纳更多价值需求，这才是你应该生产的产品。读者应发现客户的真正所需和价值所在，做到快速交付并且内建质量。

呼叫中心的失败需求

在 *Freedom from Command and Control: A Better Way to Make the Work Work*（Vanguard Consulting Ltd.，2003，http://amzn.com/0954618300）一书中，John Seddon 讲了一个呼叫中心的故事，其收到 40%的电话是关于费用清单的问题。因为在创建清晰可理解的费用清单一事上的失败，导致了本该避免的大量系统需求。当然，当公司更改了费用清单的结构和布局之后，失败需求下降了，而且呼叫中心接到的电话量总数也下降了一大截。

教练的忠告 一个简单有效的实践是开始跟踪并显示失败需求。这可以通过在每个代表失败需求的即时贴进入看板墙时打一个红点标识来实现。当该即时贴离开看报墙时，可以为日后避免类似问题进行根本原因分析（参见第 10 章）。

7.2.5 跨职能团队

一个跨职能团队是具有不同职能专业或多学科技能的团队。当一个团队拥有满足需求的所有技能和资源时，就称为真正的跨职能。这意味着它不依赖于跟其他团队的工作交接，也不可能等待其他团队的工作或者被阻塞。例如，如果产品负责人或者业务分析员在团队中，那构建什么产品能即时决定，而不会出现需求未就绪或者待完成的工作堆积如山。如果团队具有开发和测试的双重能力，代码就无需交给其他人测试。

努力打造跨职能团队有助于减少等待、避免阻塞或易于消除阻塞，也有利于避免返工。这也可能降低在制品数量。换句话说，这是确保工作快速流动的杰出方法。

世界上最伟大的跨职能团队

当想到跨职能团队时，有一个团队特别突出：The A-Team（天龙特攻队）![1]这是迄今为止组建的最好的跨职能团队。他们具有完成任何工作的所有技能：

- 头儿和所有行动的指挥：John “Hannibal” Smith（约翰 “汉尼拔” 史密斯上校）
- 美貌先生：Templeton “Face” Peck（坦普莱顿·派克中尉）。
- 水牛：Bosco “B.A.” Baracus。
- 最后是每个伟大的团队都需要的：一个疯狂的直升机飞行员，Howlin “Mad” Murdock 上尉。

虽然他们都是各自领域的专家，但他们总是一起工作解决手头的任务。

① 《The A-Team》是美国电视史上最经典的电视剧集之一。该剧港译名为《通天奇兵》，台译名为《天龙特攻队》。讲述了四名越狱美军团队在洛杉矶警恶惩奸，维护正义的故事。——译者注

特性团队和组件团队

一种组建跨职能团队的常见方式是让团队对某个特性负责。有些人将其称之为特性团队。这个团队对于某个特性从开始到结束全程负责。为完成一个特性，团队可能需要对完整的系统做一个垂直的切片，这样团队可能会接触到系统的所有部分，因而需要具备各种能力才能完成这一特性。

作为对比，考虑一下组件团队，即只是负责数据访问层或用户接口层的团队。当按照这种方式组建团队时，就要承担开发特性时一个团队等待另一个团队的风险。一个完整的特性可能涉及多个团队：UI 团队、业务逻辑团队和数据团队。如果任何一方延期，整个特性都会延期。当工作在不同团队间交接时，信息丢失和错误理解经常发生。因此可能导致整体延期和质量失控的巨大风险。

教练的忠告 Marcus 曾看到过一个巨大的项目组织结构图，其中有大约 250 个人处于五层组织结构中。最底层的团队包括诸如集成团队、数据访问团队、手机 UI 团队等。从中容易得出结论：这个项目（已经运行两年）建立的方式使得要么所有团队都一起完成要么所有团队都完不成。最慢的团队决定了整个项目的速度——这是由于项目的组织结构导致的。

按照特性组建团队和看板流动是相契合的，甚至可以通过一个共同的看板墙上分为不同泳道可视化各个特性。

7.2.6 服务等级协议（SLA）或前置时间目标

有些团队发现他们的服务等级协议为他们设定了一个努力达成的目标，而另外一些团队则喜欢设置自己的目标，例如，平均前置时间（或者为什么不更少一些?）并跟进目标实现的进展。这有助于培养一种重视时间的心态，以促使工作快速流动。这也能带来时间盒（timeboxing）的好处。

时间盒这种简单技巧在很多种敏捷开发方法中用来管理风险和聚焦于优先完成重要工作。这些方法经常使用固定时间长度（如两周）的迭代来进行工作计划和检查。当团队大小和时间分配都固定下来后，范围需要灵活可变，从而需要优先构建最重要的特性。关于看板中如何使用迭代的更多内容，参见第 9 章。

使用时间盒也能使你意识到一个任务花了多长时间，并提醒你避免过度追求完美。即继续进行工作，但其新增的价值远不及额外投入的成本。

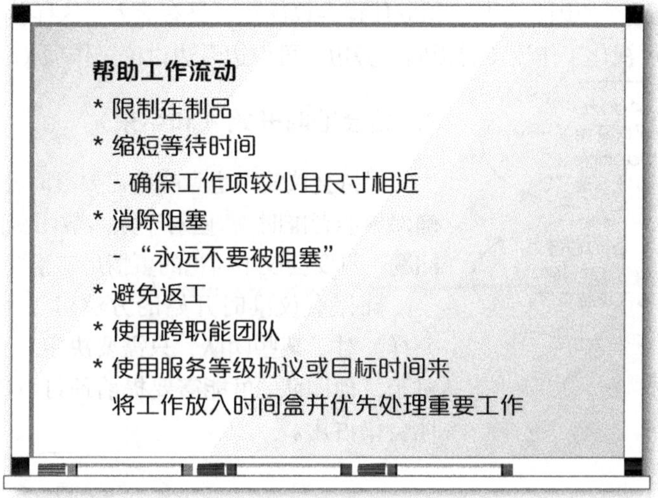

7.3 每日站会

助力工作流动的一种方法是讨论并处理阻碍工作流动的问题——每日进行，甚至更频繁。每日站会（即每日晨会或者电话会议）在软件开发社区中随着敏捷方法（如 Scrum 和 XP）的发展而变得流行。Scrum 方法将每日站会作为核心会议，称之为 Daily Scrum。我们认为每日站会是确保每个人获得团队进展并同步工作状态的很好工具。

仅仅因为我们提到的敏捷方法使这一实践变得流行并不意味着只有和这些方法一起使用时每日站会才会发挥作用。很多团队甚至在没有使用敏捷方法的情况下也会采用某种形式的每日站会。这似乎是每个人都认可的实践之一。配合在看板墙上可视化工作流，这也许是很多团队一经采用就能取得效果的实践了。

7.3.1 站会的常用优秀实践

运转每日站会不需要花太多精力，但要使站会卓有成效却很难。在效果显著的站会中，团队能帮助工作顺畅流动，并且处理阻碍流动的问题。如何成功运转站会有一些常用技巧，本节就介绍其中一些技巧。

1. 站会很短

保持会议简短，5～15 分钟比较常见。被控制在简短时间内的会议强迫参会者只讲重点，并且考虑什么问题可以在别的地方讨论。所以准确的时间限制不是关键，关键是要保证会议聚焦重点并精力充沛。

“站立”会议就是这个原因。参与者站立使得会议简短且具有活力，这样就不会成为会议室中进展报告的翻版。站在可视化工作流（看板墙）旁边，可以边看边讨论工作项（更多内容稍后讨论）。

2. 站会准时开始（和结束）

保持会议简短也意味着需要准时开始。有很多方式可以确保参会者准时[①]，但对于大多数团队而言这似乎并不是个问题，只要会议中讨论的事情足够重要且吸引人。

确保会议准时开始的方法对于不同的组织可能也不一样。对于某些团队，只需要决定一个时间就可以了；而对于其他团队，可能需要提前预订以确保时间段不会被其他会议占用。

3. 站会要聚焦重点

确保谈论的内容对于参会的团队成员是重要的。如果讨论变得拖沓而且只涉及两个人，就善意地提醒他们站会后继续讨论。千万不要让人站在那里干等着听其他人讨论他根本不感兴趣的话题。读者需要确保每个参会人员的宝贵时间都得到充分利用。

4. 站会要有规律

每天在同一时间、同一地点举行站会。这为一天中的工作创造了节奏，不久就会变成团队的自然习惯。

很多团队都以每日站会开始他们一天的工作（经常称之为晨会），因为这为一天的工作创造了一个良好且专注的开端，但这并不是强制

① 包括罚款、让人们静静等待迟到者和其他使人一想到就觉得尴尬的方式。我们都是成年人，为什么不将准时参与的利弊讨论清楚并挑选一个适合所有人的时间呢？

的。在一个团队所有成员都觉得合适的时间召开站会。我们认为一天的工作以聚集在一起互相同步进展作为开端是个很好的主意，但也许你不同意这一点。不过没有关系，请让团队一起做出决定。

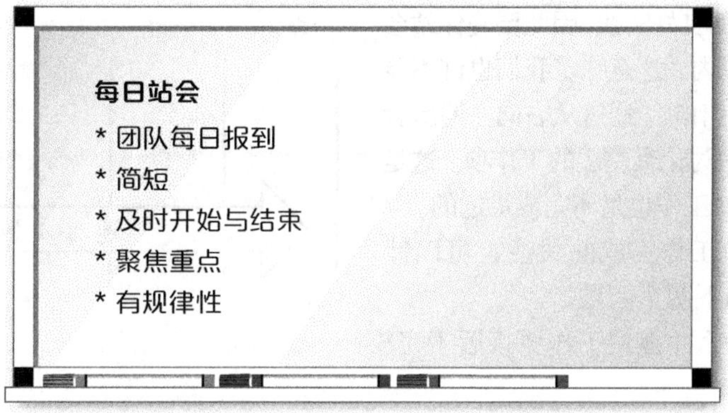

7.3.2 每日站会的看板实践

随着看板团队开始实践站会，一些和传统站会不同的做法或想法出现了。

1. 关注事（接力棒）——而不是人（运动员）

看板团队站会与传统站会的第一个区别就是看板团队关注看板墙上的工作而不是团队中的每个人。这可以和关注团队中每个人相比较，比如 Scrum 实践中让每个人回答以下三个问题。

- 你昨天做了什么？
- 你今天计划做什么？
- 是否有什么困难阻碍你完成工作？

这一优秀实践确保每人都在会上发言，而且可以获得团队每个人的工作进展。但这可能错过讨论手中工作的机会。也许有一项工作被阻塞了，可能值得用整个会议讨论如何解决。或者也许没有被阻塞的工作，所有工作都如期流动，那么就可以尽早结束会议而不必使其过于拖沓。

最后，也许是最重要的一点是，不关注每个人做了或没做什么，而是关注整个工作流或者单个工作项的流动是否有什么问题。这会加深整个团队对团队成员需要互相帮助，一起完成工作的理解。

2. 遍历看板墙

看板团队通常从右向左遍历工作，从“已完成”这一列开始向上游移动。这能强化拉动原则，将特性拉到线上，而不是将工作推到下一个状态。

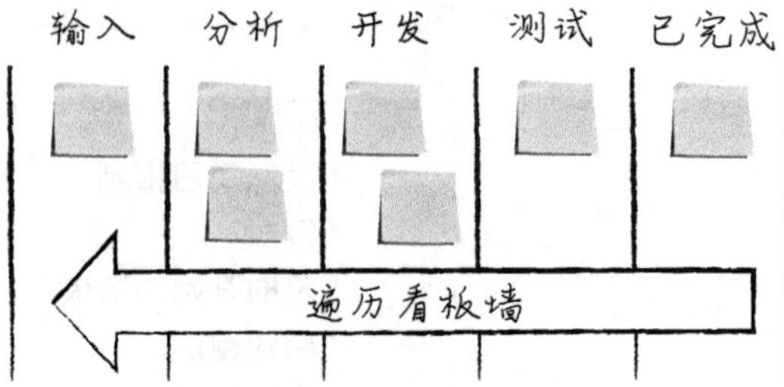

我们要尊重站会的良好实践，因此要确保站会时间控制在 15 分钟以内。这意味着我们也许不能遍历所有看板墙上的工作项。通过从右向左遍历看板墙，我们将可能无法讨论最左边的工作项。这是可以接受的，因为这些工作也是离完成最远的。

为进一步加强对工作完成的关注，可以针对每个工作项询问如下两个问题。

（1）还需要做什么才能使工作更接近于完成？

（2）谁来做呢？

如果你最终发现团队经常无法讨论看板墙上的某一部分工作（例如当从右向左遍历时，最左端的工作经常无法讨论），可以考虑使用其他策略。例如，关注那些没有遵循规则的工作，或者有“味道”的工作。

3. 关注味道

当工作没有像预期一样流动，或者工作被阻塞了，或者工作违反了某些规则时，本书介绍的很多可视化方法都能帮你发现。这些指标和可视化方法能帮你发现看板墙上没有遵循规则的工作项——味道（参见第 4 章提示栏“流程的味道”）。

这是 Kanbaneros 团队某日站会的看板墙。这里有很多事情没有遵循可视化和显式化的规则，你能把它们都揪出来吗？

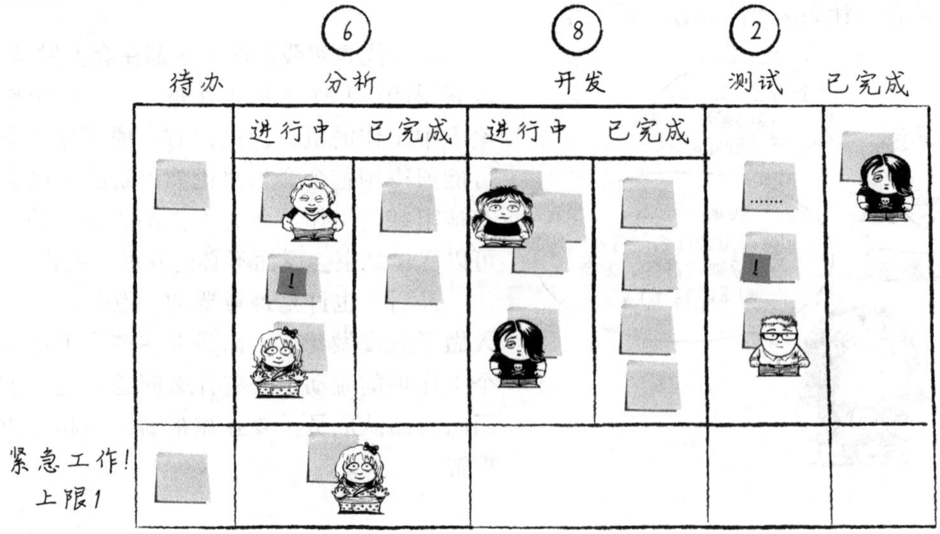

如下为团队在站会上看到的事情和讨论的内容。

- 我们在紧急工作通道中有两个工作项。难道我们不是规定了那里只能有 1 个吗？对于第二个工作项我们应该怎么做？而第一个紧急工作是否得到了足够关注？
- 在“已完成”这一列中，Eric 还在处理一个完成的工作项。除非他是在平行宇宙中工作，否则我们需要讨论一下这个问题。这个工作项真的完成了吗？如果没有，正在进行的是什么工作？这个即时贴是否该被移动到正确的列中？也许我们应该加上“部署”列。
- 在“测试”这一列中，有三个工作项，这超出了我们设定的在制品限制 2。这也许是可以接受的，但是团队根本没有注意到这件事情的发生。打破在制品限制应该至少要触发一次讨论：Adam 是否可以在别的地方提供帮助而不是拉入更多新工作？我们是否准备好接受更高的在制品限制？这经常发生吗？我们是该改变工作方式还是修改这个限制？
- 在“测试”这一列中，有些工作等待了很长时间但还没人处理。这是通过即时贴上的点显示的，每过一天打一个点。Adam 为什么要测试其他工作呢？是否有阻塞事项需要向上级通报？
- 看一下等待测试的工作，即“开发/已完成”这一列中的工作。这儿暴露出了瓶颈问题。也许开发人员应该停止将更多工作放入队列，而是去帮助 Adam 进行测试。将未测试的工作堆积起来不会使工作快速完成。
- Daphne 在“开发”列中囤积了大量工作项，这样做可以接受吗？她为什么这么做呢？这会造成问题吗？她是否需要帮助呢？
- 在“分析”这一列，唯一没人处理的工作却标记为重要，为什么会这样？这个工作项是否真的重要？谁能来处理这个工作项？这一列中的其他工作怎么办？

读者可能会发现更多问题（我们故意将一些问题留待读者去发现），但希望我们已经说明白通过关注偏离正常流动的工作，可以将站会的时间花在值得关注的工作项上。通过可视化方法和显式化规则能帮助读者很容易地发现这些问题。

7.3.3 发挥站会的最大价值

如果希望发挥每日站会的最大价值，这里还有一些事情值得考虑。

1. 扪心自问

“你在处理的工作是否还有没在看板墙上的？”在站会中这是一个针对每个人的好问题。你经常很容易就发现一些需要处理的“手头小事”。这些事情不但占用你的时间，也容易逐渐形成一种习惯，长远而言意味着看板墙就不再有意义。不久之后你可能就会维护自己私人的工作项列表，甚至是一个只有手边小事的私人看板墙。所以请尽量保证看板墙能反映真实的情况。

2. 处理错误的工作

“我们现在是否都在处理最重要的工作？如何知道这一点呢？每个工作的优先级清晰明确吗？”我们经常听到团队努力处理的工作并非当前最有价值的工作。这当然需要和长期工作（如偿还技术债务）进行平衡。处理这种情况的一个方法是使用不同的服务类别（参见第 8 章）。

如果你听到有人说不知道接下来干什么事情或者觉得正在处理错误的工作，这时你可能需要重新梳理一下设定工作优先级的规则。这或许能够作为使规则更加显式化的触发点——优先级规则能可视化吗？能做到更加清晰吗？

3. 不理解工作的规则

随着看板墙的演化，很多规则和改进都随着良好的意图被加入到看板墙上。但过了一段时间，这些规则就变得很难理解，即便是对于团队中的人。外部人员更难以遵循这些规则。

尽量找到更简单的方式描述你的工作。请记住可视化方法也会将看板墙上的信息辐射给你周围经过的人。一个外部人员是否理解这是如何工作的？你呢，理解吗？

4. 自发改进

只是关注看板墙上的味道（偏离和问题）而不去处理它们是没有用的。当每日站会结束时，时常看到有人停留在看板墙周围，围成一圈开始讨论刚刚站会中提到的工作。这被称为自发改善，整个团队开始讨论如何改进他们的工作。

这种行为应该被鼓励，你可以在站会上推迟讨论并在会后触发这种讨论和对话。当两个人在站会上转移话题进行讨论时，你可以说：

- "我们可以在会后进行深入讨论吗？"（参考"记下问题"提示栏中的例子。）
- "我们会后再一起讨论一下这个工作项的解决方案，就在看板墙这儿吧。"
- "你们能否在会后讨论一下如何更好解决这个问题？"

提供帮助，并鼓励他们邀请需要的人一起解决问题或者改进现状。

记下问题

在纽约的 Spotify 公司，有个团队想到了一种很好的方法将问题可视化出来并在站会后讨论。先把话题写在一张小的即时贴上并将其关联到需要讨论的人身上。这个人就一直关联着这个即时贴直到讨论完成，通常讨论都是在站会后立刻进行。

另一种在站会中使用的更正式的持续改进方式是使用看板招式[①]（参见第 10 章）。通过使用看板招式，可以在如何进行改进工作方面获得帮助，并且对正确的问题提供指导。

当团队采取了自己的规则和工作方式后，你会发现每日站会中没有太多这一节介绍的味道了。每日站会进行得很快，你可以转而关注改进的思维，更多内容参见 10.3 节。

看板实践：每日站会

* 关注工作（work）而不是工人（worker）
* 遍历看板，从右至左
* 关注"味道"和偏离
* "你所有的工作都在看板墙上了吗？"
* "我们在做正确的事情吗？"
* "我们理解我们的工作规则吗？"
* 每日站会之后，鼓励自发改善会议

① 看板招式是一种应用正式步骤进行改进工作的方法，它能帮你进行小的实验以指导你的团队向更好的方向发展。

7.3.4 规模化站会

就如同本节刚开始时介绍的，每日站会这一实践容易进行，易于接受且收效快速。基于这一原因，很多团队开始采用这一实践，无论其是否在使用极限编程（XP）方法、Scrum 方法或其他任何方法。

我们经常遇到的一个问题是如何规模化站会。即“我们有几个团队在同时开发一个产品或项目，而且我们需要一种方式来协调这些团队。其他使用看板的团队如何解决这个问题？”

1. 为什么

确保一个很多人参与的大规模会议既简短又专注且精力充沛，特别是在每天都开的情况下，是非常困难的。所以你应该问的第一个问题是“为什么需要一个多团队的每日站会呢？”是什么原因驱使我们想要召开这样的会议？通过这些会议希望解决什么问题？在这些会议上不应该讨论什么话题？

每日大会→每日同步→发布同步

在一个客户那里，Marcus 作为教练辅导一个大的团队（大约 40 人），这个团队被分为五个小组。这个大团队每天早上站会，因为他们认为不但对于每个小组而且对于大团队每日站会都是很自然的。所有团队在大看板墙上都有条通道，里面放有正在进行的工作项的副本，所以这些副本往往比各小组看板墙上的工作项形式粗略。

很快他们意识到，他们已经在每个小组的站会中讨论过工作状态了，所以在每日大会中再重复一遍感觉很奇怪。保证大看板和每个小组看板的状态同步也很烦。因而他们决定将每日大会调整为每日同步，即只讨论那些需要在多个小组间同步的事情。而且他们还将大看板上的通道全部移除，只是口头同步进展。

这样进行几周之后，他们发现发布和上线是最常讨论的话题。于是这个会议就变成了发布通报，且只关注一个事情："今天我们发布什么内容？"他们创建了一个简单的看板，只有一个发布队列，每个小组将要发布的工作项放入，然后进行讨论。很多时候，这个会议就只需要两三分钟即可。

我们总是用如下问题结束会议："还有其他什么事情需要所有小组知道？"结果是经常没有什么事情需要告诉每一个人，但一旦某个信息需要同步给所有人，就可以利用这个会议进行同步。

2. 多团队站会的技巧

当需要进行多团队站会（在没有合适术语情况下，我们先称之为每日大会）时，可以考虑如下几点。

- 每日大会应该在小组站会之前开还是之后呢？如果每日大会在前，可以将信息同步给每个小组，但却有可能错过每个小组的最新状态；如果每日大会在后，能够获得每个小组的最新状态，但却错过了向每个小组站会同步信息的机会。
- 谁应该参加每日大会呢？你可能想要每个小组至少有一个人参加。这个人要能在需要的时候做出决策（例如，如果某些额外工作要加入这个小组的待办列表中）。我们建议任何感兴趣的人都可以参加，但要保证每个小组至少一人。
- 这个会议该使用什么可视化方法来帮助决策呢？每日大会是否会有一面看板墙呢？你希望什么样的信息在上面展示呢？你希望在上面展示什么样的问题、状态和进展呢？这个看板墙的主要受众是谁呢？
- 是否在每日大会的看板墙上也展示每个小组的状态呢？如果每个小组也有自己的看板墙，如何进行同步呢？谨防在大看板墙上放太多细节，因为这意味着信息重复且每个小组要在两块看板墙之间进行同步。于是一个聚合的状态可能更好。

就如同读者看到的，当召开每日大会时需要考虑很多事情。但是当整个团队开始考虑想要如何利用这个会议时，就可以开始聚焦在这几个问题上。每日大会是一个加速信息共享的机会，但需要仔细平衡，否则容易陷入本节我们所讨论的问题中。

3. 自下而上还是自上而下

我们刚刚介绍的方法适合于当团队觉得需要将工作状态同步给聚合的看板墙时。但是反过来也可能是适用的：一个大团队分为几个小团队（一些公司称之为分队）也需要同步工作状态。这时可以使用粗粒度的看板墙，不需要细节，利用我们前面介绍的优秀实践来关注工作（接力棒）进展。如果小团队之间需要交换信息，可以在会后进行协调。而且他们可以有自己的看板和站会，只不过关注工作流的一小部分和自己的小任务。这里介绍的看板墙及其实践可以扩展到一个小团队之外。而且进一步介绍的实践（如粗粒度看板墙等）可以继续扩展。

如果你要想使每个人都经常沟通，你还需要促进大团队中所需要的合作。你要知道谁在干什么工作项、需要和谁讨论、谁在等你的进展，等等。这增加了解决阻塞事项的可能性，缩短了等待时间，并同步了有价值的信息，因为每个人都参与到同一个工作流程之中。

就如同几乎所有实践一样，经常自问这个会议提供的价值是否值得你的投入，这一方式可以避免你落入陷阱。如果不值得，就使用其他方式确保每个人同步信息。可视化方法可能是一种方法，经常演示可能是另外一种方法。要让工具为你工作，而不是反过来。

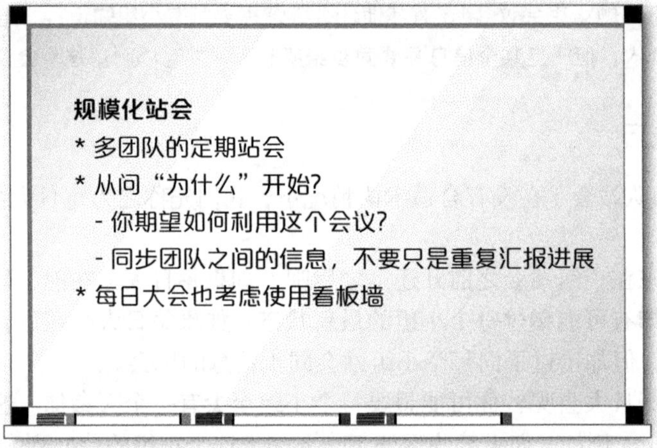

让我们结束每日站会这一话题，来关注一个经常在站会中出现的问题：“我现在该干什么？”我们已介绍过几个可以帮你回答这个问题的看板实践，现在我们就来深入讨论一下。

7.4 我接下来该做什么

如果要获得快速顺畅的流动，就不能被接下来不知道该做什么所阻碍。在站会经常出现的一个问题就是某人接下来该做什么？这当然是一个合理的问题，但团队也希望自己能回答这一问题。你当然不希望因为要等别人来告诉你接下来该做什么而减缓工作的流动。

许多可视化技巧和本书讨论的很多显式化规则试图将你的团队推向自组织，从而也就能够达到顺畅流动。例如，按照优先级排序，使用不同的颜色表示不同的服务类别，应用阻塞事项或者紧急工作指示器，加

入快速泳道和设置在制品限制。所有这些技巧都能帮你回答“我接下来该做什么？”这一问题。

接下来我们看一个应用这些实践的具体例子。这是测试人员 Adam 几天前所处的一个状况：

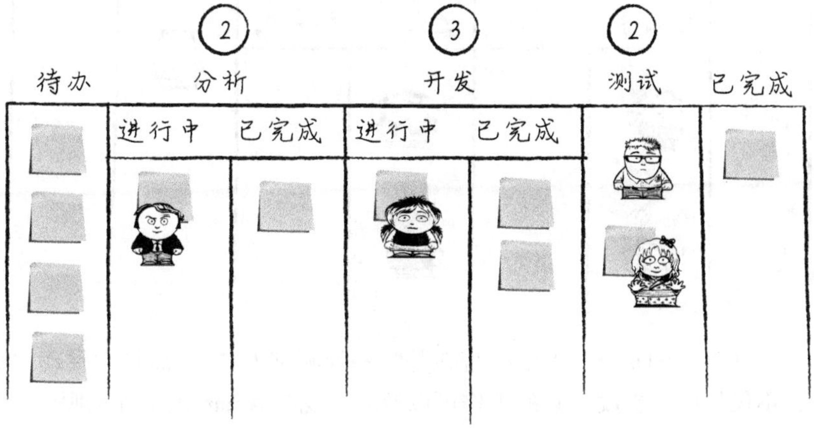

为了使工作流动顺畅，现在 Adam 该选什么工作呢？首先，他应该检查“测试”一列中是否有其他工作。为了获得更快速的流动，这一点应该铭记于心：“我能帮助完成某些在制品吗？”读者也许还记得 Kanbaneros 团队的格言：“停止启动，聚焦完成。”这种状况就该使用这一理念处理。

因为 Beth 在测试另外一个工作项，所以 Adam 可以将这一格言用到实处。他帮她完成了那个工作项，然后“测试”一列中就清空了。他们真棒！

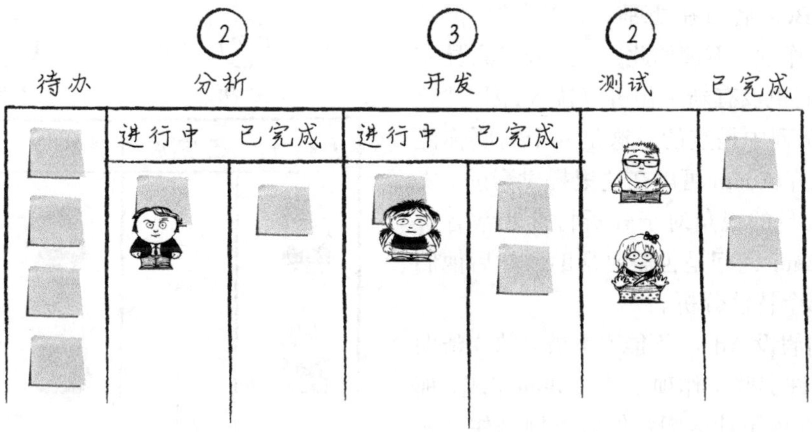

现在怎么办？“测试”一列中没有其他工作项了，但在“开发/已完成”队列中堆积了两个工作项。Adam（和 Beth）现在该干什么呢？他们可以将那两个工作项都拉过来测试。根据在制品限制，这似乎是个好主意。或者他们也许希望先处理最高优先级的工作项（在“开发/已完成”队列中的最上方），一起完成这个工作并将在制品数量控制在低水平，从而使工作能够更快被完成。他们怎么选由团队的规则决定。在这个案例中，Beth 和 Adam 各自开展了一个工作并完成。

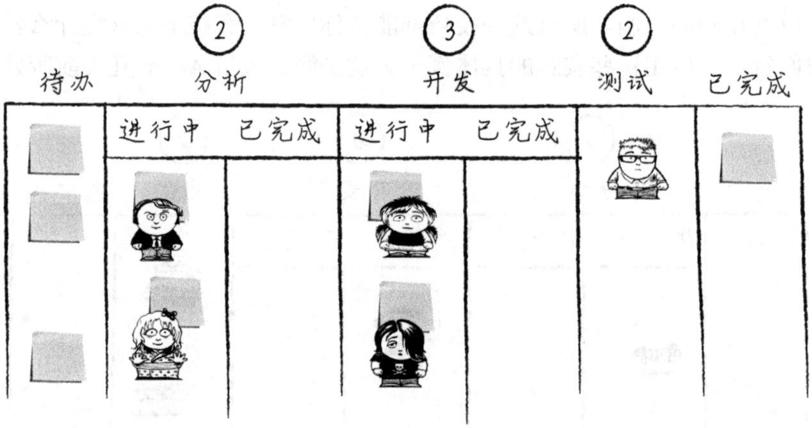

接着，看一看几天后的状况。Adam 现在是唯一的测试人员[①]，而且他发现“测试”一列中没有工作可做，不仅如此，也没有新的工作可以拉入。现在 Adam 该干什么呢？

读者的第一个直观反应可能是建议他帮助某一个开发人员。这就保证他们的工作项完成后能移入“开发/已完成”队列，然后 Adam 就可以拉入并开始测试了。可惜，Adam 完全不具备这些开发工作需要的技能，所以他没有办法帮忙编写代码[②]。并非所有人都能做任何工作，无论我们的期望如何，这是现实。

那么 Adam 应该干什么呢？如果你注意看板墙上的前几列，就会发现在某一步开始形成了等待工作的情况（即瓶颈）。这就是“分析”，你发现了吗？

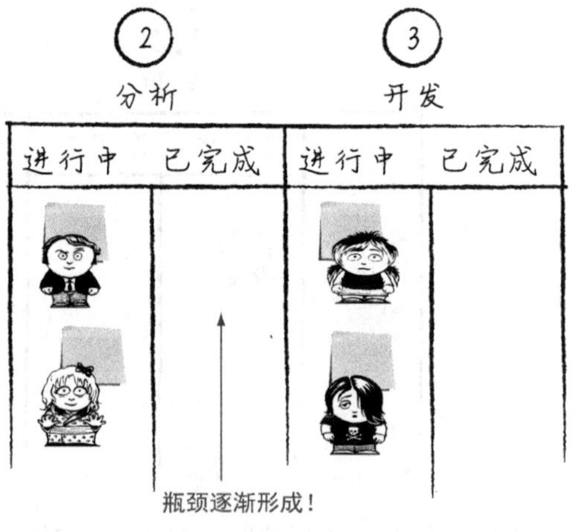

Frank 和 Beth 各自在处理一个工作项，但是没有完成的工作项。不仅如此，一旦开发人员完成了工作，他们也没有新工作可以拉入，因为“分析/已完成”队列中是空的。这是一个需要你注意的瓶颈，也许 Adam 可以在这里提供帮助。实际上，测试人员的视角对于分析特性非常有价值。他找到 Beth 询问是否需要帮助，然后他们一起完成了那个特性分析。

现在我们假设 Adam 不能（不被允许）帮助业务分析，也许那些工作项不适合共同完成，那么 Adam 现在该干什么呢？他应该抑制住拉入新工作、增加在制品的冲动，而该看看是否有些有意思的工作可以完成。比如一旦看板墙上新工作就绪后（比如当新工作已经准备好进行测试了）

① Beth 首先是一名业务分析员。

② 我们第一个反对这个描述。测试人员常常能和编码的开发人员很好得结对工作，这也是产生高质量代码的良好方式。这里只是一个例子，我们假定 Adam 无法参与开发工作。实际中，这很难遇到。

就可以快速停掉的事情。这种事情可以是那些已经推迟好久的事情：升级新的测试服务器。清理部署环境中的数据库或者更新原有 API（应用程序接口）的文档。然而，不要选择需要经过正常工作流程的事情，因为这会增加在制品同时减缓流程中所有工作的流动。

这个大好机会也可以用于改进、发明或者学习新事物以便日后能高效工作。是的，这个空闲时间没有对客户产生价值，但对日后改进工作是很有益的。

> 没有空闲就没有改进。
>
> ——Arne Roock 博士（@arneroock）

总结：我接下来该做什么

我们先把上文的例子放下，总结一下如何推理得出下一步该做什么[①]。

（1）你能帮助完成已经在进行中的工作吗？完成它。

（2）你不具有完成 1 中的技能吗？查找瓶颈或减缓流动的其他事情，帮助解决它们。

（3）你不具有足够技能解决瓶颈或移除阻碍事项吗？拉入新工作，只要不超过在制品限制。

（4）如果你还没有工作可做，找一些有意思的并对团队有用的事情，完成它[②]。

教练的忠告　这些针对接下来该做什么的指导原则可以作为经验规则来帮助刚刚接触看板的团队理解流动原则。但它们不该被当作守则使用。你也可以优先使用其他规则而不是这里列出的原则。比如，考虑到所处的环境，可能优先解决瓶颈比帮助其他人完成工作更合理。

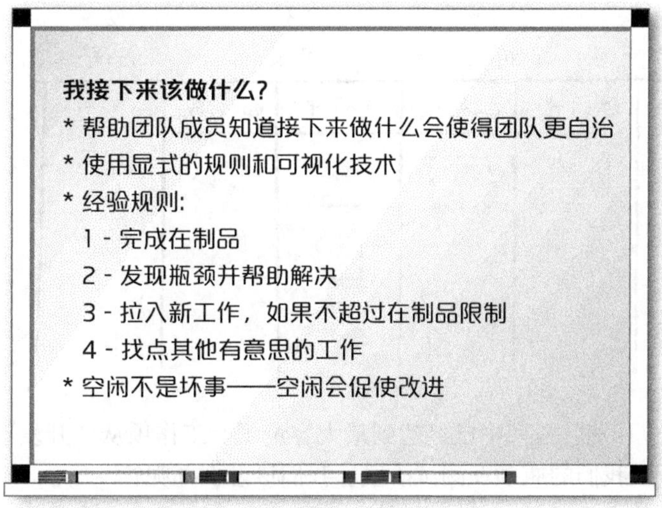

① 这个列表是由 David Joyce 建议的。

② 好的，你当然不该让自己永远空闲，只是做“其他”有意思的事情没有办法支付帐单。如果这经常发生，也许你该看看你的工作是否需要更多配合，或者将工作设计得容易拆分为更小的部分。

7.5 管理瓶颈

队列和在制品限制共同构成了显示工作流程中问题的领先指标。它们向你揭示瓶颈在哪里，并能在阻塞发生之前提示哪里正在形成瓶颈。我们来看一个例子。某一天早上，看板墙看上去像下面这样。每一步中都填满了工作，团队成员在各自工作。

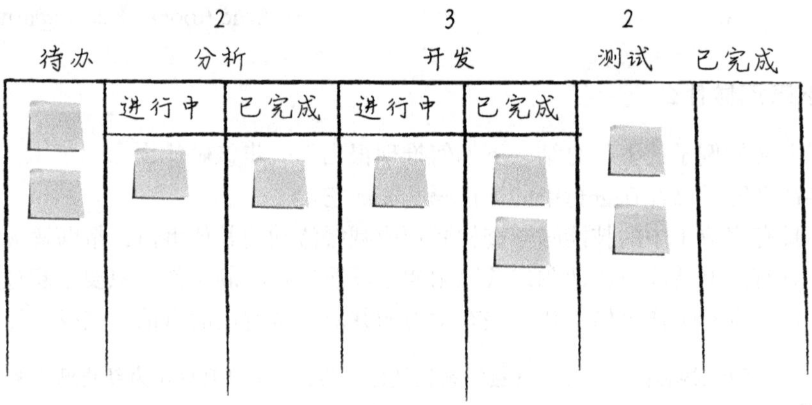

过了一会儿，开发人员想拉入新工作。在“开发/进行中”一列中只有一个工作项。开发人员从“分析/已完成”一列中拉入一个新工作项（它正等在那里）。

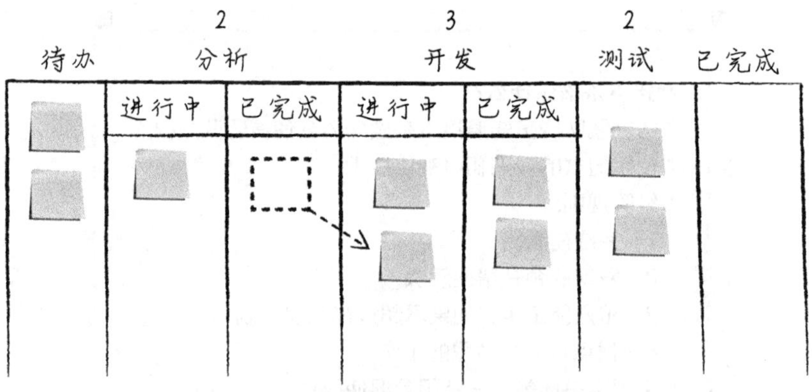

但是请想一想，“开发”一列中已经达到最大容量了。工作项从“开发”列到“测试”列显然移动得不够快，所以我们的瓶颈在测试阶段。我们该怎么办呢？

如果我们对瓶颈什么也不做，只是不断拉入新工作（即忽略在制品限制）。“测试”一列将被等待的工作项淹没。这会增加工作流程中每个工作项的前置时间，并导致我们在第 5 章讨论过的所有与高在制品限制相关的恶果。

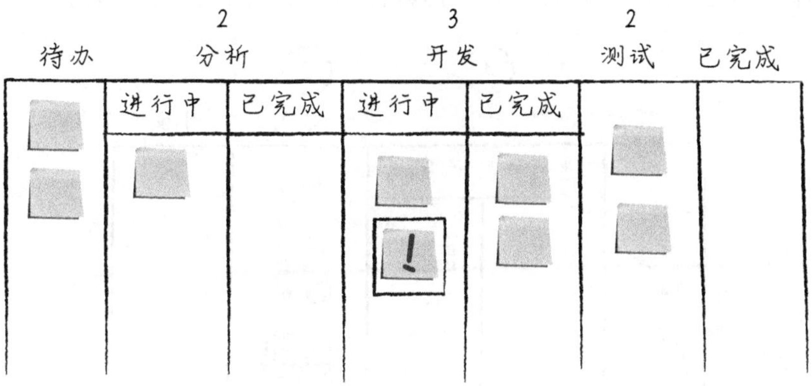

我们需要释放人力解决问题。幸运的是，想拉入新工作的开发人员显然有富余产能。在许多情况下，这只是一个短期方案。例如，测试工作可能需要特殊的技能，这使得开发人员很难快速开展工作。如果测试经常成为瓶颈，长期解决方案更有意义，比如雇用更多测试人员或将大部分测试自动化。

约束理论：简单介绍

约束理论[①]是一种管理哲学，它基于一个理念，即系统的吞吐量至少受限于一个约束条件：减缓生产的瓶颈。没有约束的系统，吞吐量是即时和无限的。当你点击购买时，汽车会立刻出现在车道上；或者当你说想要某个特性时，它立刻就被部署到线上环境。

这也意味着约束减缓了整个系统。任何针对工作更快通过约束的改进都会改善整个系统的运行。任何针对系统其他部分的改进并不是真正的改进，因为瓶颈约束了整个工作流程的节奏。

约束理论，作为管理瓶颈的先进理论，将这些方案划为提升方案，因为它们关注于提升瓶颈的容量。这也是人们当遇到瓶颈时最容易想到的解决方案：增加更多人或机器、更多培训、更好的工具和更先进的技术。这些解决方案通常很难实施，因为需要昂贵的投资和很长时间才能产出结果。

根据约束理论，通常还有另一个更简单也不那么昂贵的选项：充分利用瓶颈。这意味着你首先要确保瓶颈达到最大容量。在瓶颈环节工作的人是否在做非瓶颈类工作？这些工作能否由其他人完成？在我们上一个例子中，也许开发人员能帮忙填写测试人员的工时报告或报销费用。瓶颈环节的任何空闲时间和任何用于进行非瓶颈活动的时间，都会减少整个系统的产出。

1. 发现瓶颈

瓶颈经常展示为这样的环节——前面环节堆积了大量待完成的工作，而后面环节却无事可

---

① Eliyahu M. Goldratt 和 Jeff Cox 在著名的商业小说 *The Goal: Excellence in Manufacturing* （North River Press, 1984, http://amzn.com/B0006EI69C）中对约束理论的原理和应用方法进行了详细介绍。

做。在下面的看板墙上，你会发现有大量工作等待测试而没有工作等待部署。

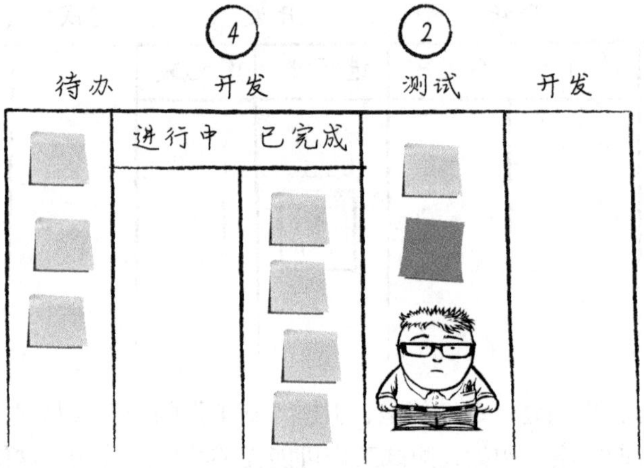

在这个例子中，开发人员无法拉入新的工作项因为那会打破在制品的限制（4）。所有 4 个开发完成的工作项都在等待测试。而测试环节中也已经达到了在制品限制（2），所以也无法拉入更多新工作。最后，我们发现测试之后的环节（“部署”列）无事可做，因为没有工作从测试环节流过来。

通过在测试环节之前设置队列，你得到了一个即将发生问题的领先指标：你可以看到问题随着时间逐步发生。这使你有机会在问题真正发生前快速反应并开始处理瓶颈。

2. 充分利用瓶颈：测试人员

当然，测试[①]只是用来作为一个例子，因为这很常见且易于理解。瓶颈可以发生在任何环节：是的，开发人员也会成为瓶颈。

五大核心步骤

在 *The Goal* 一书中，Mr. Goldratt 也介绍了五大核心步骤作为持续改进系统吞吐量的一种途径：

（1）识别系统约束。例如，工厂中所有工件都要经过的一台机器。

（2）充分利用约束。例如，确保机器总是在运行。

（3）使其他工作服务于充分利用约束这一步。例如，确保不要将问题工件发往这台机器，因为这会浪费这个约束的时间。

（4）打破约束。比如，购买另外一台机器来分担工作。

（5）重复。再次检查整个系统，看看这个约束是否还是系统中最大的约束。你也不希望“抵制改变”的惰性成为约束，我们需要持续学习和改进。

① Adam 是一个优秀的测试人员，我们都很爱他。他不总是瓶颈，这一小节只是作为例子而已。抱歉，Adam。

为充分利用瓶颈，可以做如下事情。

- 确保构成瓶颈资源的人或角色（在我们的例子中是测试人员）总是有工作可做。例如，通过在他们前面建立一个工作队列来实现。
- 内建质量确保最小化其工作负荷。
- 消除或至少限制工作被打断。
- 消除影响他们工作的阻碍或迫使他们等待的事件。
- 精心为瓶颈工作设置优先级以便团队人员总是在完成最重要的工作。你一定不希望约束环节浪费时间在不重要的任务上，对吗？记住，约束减缓了整个系统的生产。
- 通过平稳的工作到达速率使他们处于稳定的工作节奏。

3. 例子

为确保测试人员总是有工作可做，尝试将工作项拆分为小的可独立测试的可交付物，从而使工作能很快就绪，而且到达的节奏也稳定，于是避免了需求突增。

确保测试人员尽早和开发人员及其他上游人员（产品负责人、业务分析员、设计师等）紧密协作以做到内建质量并更好地理解他们将要测试的工作。

警告 一个常见的反模式是测试人员工作在非敏捷环境中并期望在迭代或版本结束时批量完成测试。大量时间花在准备、计划管理和其他类似活动上。他们甚至会参与到其他活动中，比如下一个版本规划或另一个项目计划。这增加了他们的在制品并且缩短了他们花在瓶颈活动的时间。

警告 当你改变系统后，瓶颈环节也可能变化。这是五大核心步骤的最后一步（“重复”）而且应该持续被评估：现在的瓶颈在哪里？你是否在处理正确的瓶颈？记住，对流程中非瓶颈步骤的改进根本不是改进。

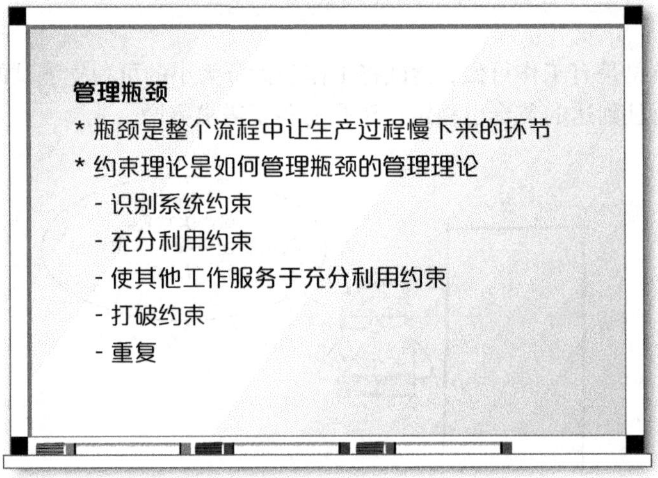

约束理论还有很多内容可以探讨和学习，这里只是一个简单介绍。更多内容请参考我们的朋友 Steve Tendon 和 Wolfram Müller 合著的书籍 *Theory of Constraints in Tame the Flow: Hyper-Productive Knowledge-Work Management*（Leanpub，2013，https://leanpub.com/tamethe-flow），其中深入介绍了这一主题及其应用。

7.6 小结

本章介绍了几种管理工作流动的方法。

- 流动（或者持续流动）是描述一个流程的理想状态，其每一步都创造价值且没有中断和等待时间。
- 对这一理想状态的追求是永无止境的，这不但能帮你获得一个更顺畅、更快速的流动，也能发现流程中的问题。
- 任何在客户眼中不是价值的事情都是浪费。消除浪费能获得更好的流动。

- 管理流动是看板的基本原则，有很多实践可以助力工作流动。
    - 限制在制品。
    - 减少流程中的等待时间。例如，确保下一步需要的工作总是准备就绪或者将工作项拆小以便于快速流经整个流程；尽快消除阻塞，或者为什么不努力做到“永远不被阻塞”？
    - 通过在流程一开始就内建质量以避免返工。你现在的系统中有多少需求是失败需求？如何才能做到更少失败需求和更多价值需求？
    - 建立跨职能团队以减少等待时间。
    - 使用服务等级协议（SLA）之类的目标以便明确时间盒和努力的目标。
- 很多团队利用每日站会进行更好的协作。如下这些实践能帮助站会更有效。
    - 保持站会简短且具有活力：千万不要超过 15 分钟（这就是你为什么要站着开的原因）。
    - 保持站会有规律：每天同一时间，同一地点。
    - 保持站会纪律：准时开始，准时结束。
    - 保持站会聚焦：详细讨论放在站会之后。
- 很多看板团队会使用如下实践。
    - 关注工作（work）而不是工人（worker）。
    - 从右到左遍历看板墙上的工作项。
    - 关注偏离——流程中的味道。
- 为充分利用站会，还有一些点可以考虑。
    - 是否所有的工作都在看板墙上展示了？
    - 我们在处理正确的事情吗？
    - 我们理解我们的工作规则吗？
    - 每日站会之后鼓励自发的改善会议，其中小的改进每天发生。
- 站会也能扩展到多个团队，但要确保每一层增加价值而不只是汇报进展。规模化站会要考虑如下问题。
    - 在每个小组站会之前，还是之后召开？
    - 谁参加？
    - 需要什么样的可视化手段？
    - 如何在小组看板墙和其他看板墙之间同步状态？

第三部分

高级看板

到目前为止，你已经了解了看板的基础部分、它所基于的原则以及帮助落实这些原则的实用性技术。

现在让我们把注意力集中到一些被许多团队使用的外围高级实践，这些实践对实施看板并非是必选的，但可以在特定情况下帮助你。不要被“高级”这个词吓到，它并不涉及什么高深莫测的技术，我们还是会用非常实用的方式手把手引入这些实践，但这些技术将进一步帮助你和团队实现超越，完成组织的变革。

第 8 章　服务类别

本章涵盖的内容

- 什么是服务类别
- 服务类别的应用
- 常见服务类别

第 7 章我们学习了如何管理工作流。但这些原则、经验和实践都没有很好地应对一个问题，那就是并非所有的工作项都同等重要，有些类型的工作需要比其他类型更快地流过工作流。这就要引入服务分类的概念了，让我们从一个典型的例子开始。

8.1 紧急情况

很多团队都要不时应对特别紧急的工作，为此流程要足够灵活，允许重要和有价值的例外打破常规策略。这些例外包括生产问题、合规问题修复或者是必须快速响应的市场机会等那些有必要让你放下手头的事情来尽快完成的工作。针对这些事，常见的可视化方法是在看板墙上增加一个特别的通道，清晰地表示这是一类单独的工作项，拥有特殊的处理策略。下面是一个例子。

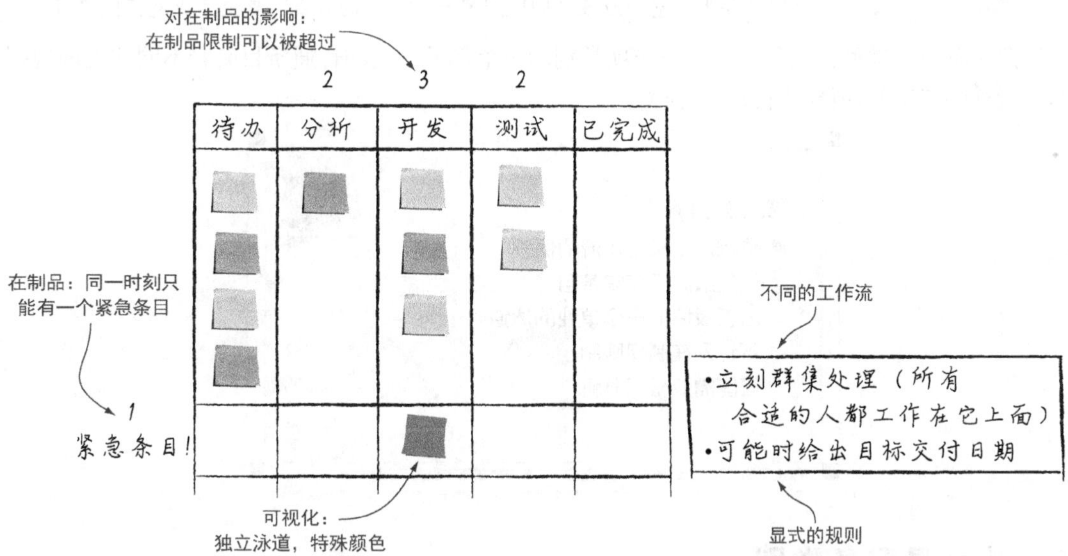

紧急工作具体如下。

- 有自己的泳道。
- 写在粉色的即时贴上。

- 不计入在制品限制。
- 优先级高于正常的工作。必要时，每个人都应该放下手上的活儿来帮助解决这个问题（也称作群集处理，参见 7.2 节）。
- 只做大致的估计：能否在特定期限前交付。
- 应该是例外。例如：任何时刻紧急通道中都只能有一个条目，每周最多两个条目。

最后一点非常重要，尤其是当要求加入紧急任务的人不能立刻感知其成本时。如果还记得利特尔法则（第 5 章），你应该知道加入更多的工作会导致更长的周期时间。看板可视化了这点，帮助人们理解它，从而避免不必要的加急工作。看板帮助你意识到，紧急的条目必须被当着例外处理。

教练的忠告 为了保证紧急的类型不被滥用，帮助我们从例外中学习、提高，最近我们在每个紧急条目做完后都会组织一个额外的小活动——短小的回顾或根因分析。正因为它们是例外，你应该把它当着知识的珍宝，从中学习以改善流程。因此，每个紧急条目完成后，大家都可以聚集在一起做个回顾：

- 什么样的流程导致了这一紧急条目的产生？
- 怎么防止它再次发生？
- 对这个条目是按计划处理的吗？

我们还发现，当人们意识到条目完成后要组织一个回顾会议后，他们重新划分了紧急条目——也许它并不是那么紧急！这正是我们想要的，紧急条目应该仅仅用在真正紧急的事务上。它不应该是团队用来把“自己的条目”更快完成地特快通道。

紧急（有时又被称作加急）只是工作项类别的一个例子，它和普通条目有着不同的处理规则。你可以说这些工作项有着不同的服务分类。

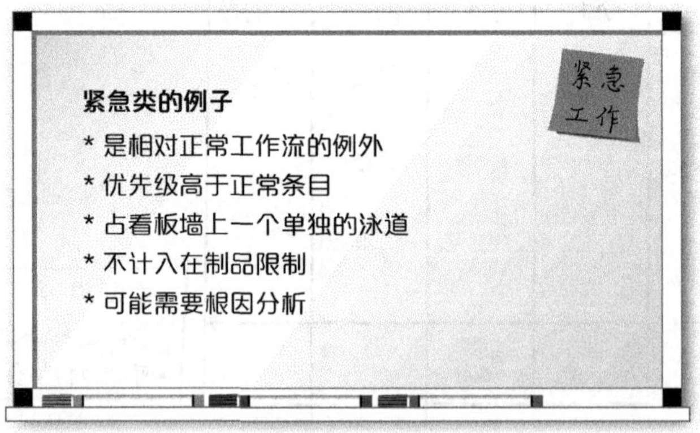

8.2 什么是服务类别

在紧急类型中，我们显式地申明特定的工作项类型对应着特定的服务。现实中，并不是所有的工作项都必然有同等的价值和时间要求，但我们也希望把这一点显式地反映到看板墙或其他规则中去。这就是服务类别成为看板社区中一个重要概念的原因。

为不同的工作项指定不同的服务类别,这一简单和透明的方法让团队更可能围绕工作自我组织。显式化工作项的价值、风险和处理策略，甚至把它们可视化在看板墙，这让业务要求更易得到满足。针对不同的工作类别使用不同的服务等级还可以提高客户的满意度。

让我们看一看识别和可视化不同的服务类别要考虑哪些因素。

8.2.1 创建一个服务类别要考虑的因素

正如在紧急服务类别中看到的，识别和创建服务类别时，你需要考虑工作项诸多方面的行为表现。以下的例子展示了影响工作项类别的一些因素。

1．可视化

为了使工作项的服务类别更容易被看到，它应该对团队成员及感兴趣的人都是可见的。一种做法是使用泳道就像在紧急工作案例中提到的那样。也可以对不同的工作项类别使用不同颜色的卡片，或者是通过在工作项卡片上附加即时贴或图标来标记。

2．对在制品的影响

该服务类别是否影响在制品限制？是否只是影响其中一些列，而不影响其他列？如果服务类别有自己的泳道，这个泳道是否有在制品限制（条目数的上限或下限）？

3．优先级设定

与其他类别相比，怎么设定该类别的优先级？它是否应该优先于其他类别的工作项被拉入看板？是否需要群集处理策略（所有人放下手中的工作，共同以尽快的速度完成这一条目），或者是“先入先出”（First in First out，FIFO）的策略就可以了。

我们需要考虑风险相关的信息，比较典型的有延期成本、特殊技能需要、技术影响等，并把它们显式地表达出来，以授权和帮助团队成员即时做出好的风险决策。

4．不同的工作流

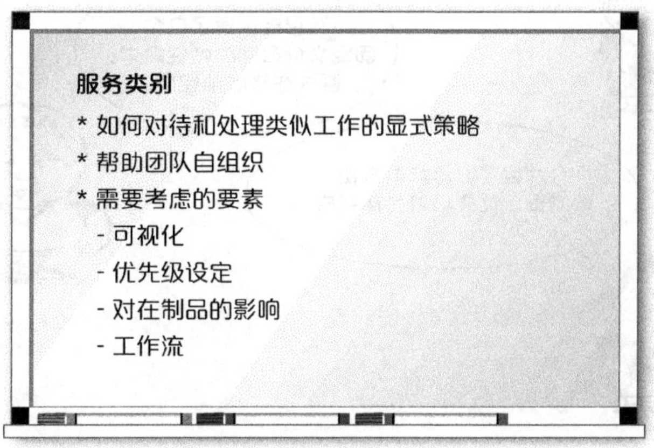

这个类别的工作流与其他类别的有不同之处吗？或许，它会跳过其中一列，例如缺陷服务类别会跳过分析步骤；或许，工作流中的某一步的处理策略会不同，例如对于缺陷，非 QA 的开发人员也可以做验证；或许，和其他类别相比，它的估计可以粗略一些。

应改变特定服务类别的工作流以优化条目的产出。对于紧急条目，你需要为速度优化，而对于无形类更应关注的是代码质量。

在考虑以上因素的基础上，让我们更进一步，讨论一下看板社区中常用的几个服务分类。

8.2.2 常见的服务类别

除我们已经讨论的紧急类型之外，还有几个常见的服务类别。应用最广泛的是大卫·安德森在《看板方法：科技企业渐进变革成功之道》一书中描述的：加急类（我们称之为紧急类）、固定交付日期类、无形类和常规类（安德森使用的是“标准类”，为了避免概念上和精益中的标准工作相混淆，我们倾向使用“常规类”一词）。我们还增加了缺陷类，因为在很多组织中，它是一个常见的服务类别。

在这一部分，我们将深入地探讨这些服务类别。如果你发现它们和你的工作环境不相符，那么请具体分析并按需做出变化。这里的指导原则会给你一些启发，但你还需要根据所处的工作环境加以定制。

1. 固定交付日期类

使用固定交付日期服务类别是为了满足在特定时间前交付某个条目的需要。工作项的优先级设定和拉入工作流的时机都必须满足这一时间要求，否则会导致成本增加或机会错失。我们很容易想到的例子是合同或法律的强制约束，同时也可能是因为技术原因，比如第三方服务将在某个日期停止。

对于固定交付日期类，你需要根据到期日来及时计划，而不是过早开始，否则会让其他更有价值的工作延期。

固定交付日期的工作可以有以下的特征和处理策略。

- 写在紫色的即时贴上。
- 在卡片上明确标明到期日。
- 比其他低风险的工作优先拉入。例如，优先于加急类之外的所有工作。
- 当截止日期逼近时，就应该考虑把它提升至加速/紧急类别。

警告 不要滥用这个类别，否则会让工作项变成传统计划驱动型的甘特图[①]中的任务。把它谨慎地用在有外部的时间限制或类似约束的条目中，否则，会把正常条目的工作流弄得一团糟。

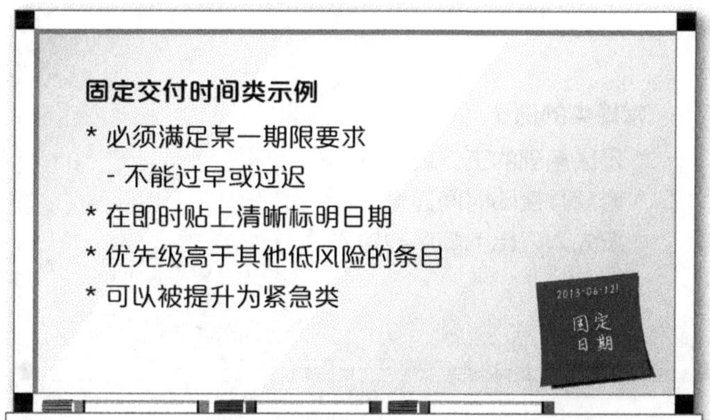

① 甘特图是一种条状图，它表示了项目的进度安排以及任务间的依赖关系。敏捷社区避免使用甘特图，因为它把对未来的估计和猜测当成事实看待。 Dan North 甚至说：“新生儿只害怕两件事：亮光和甘特图。”

2. 常规类

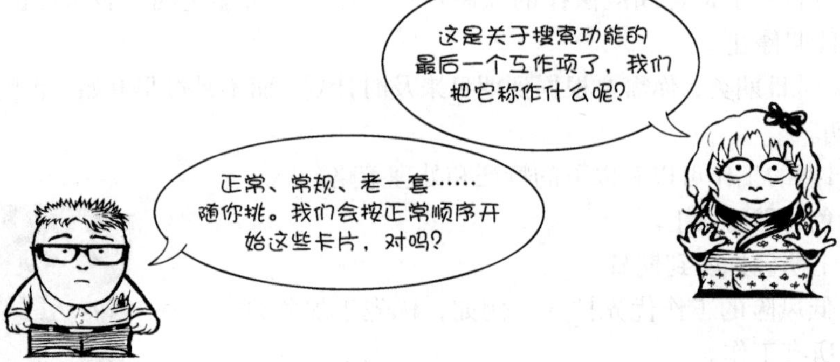

常规服务分类是构成日常工作的“面包和黄油”，在工作流中它应该以合理的、可预测的前置时间尽快移动。

这一服务分类的另一称谓是“渐增紧急度”[①]。通常这类工作项当前并不紧急，但随着时间的流逝它们的紧急程度也随之增加。

我们通常看到常规类工作项遵循以下的简单规则。

- 写在最常见的黄色即时贴上。
- 按先入先出的规则被拉入。

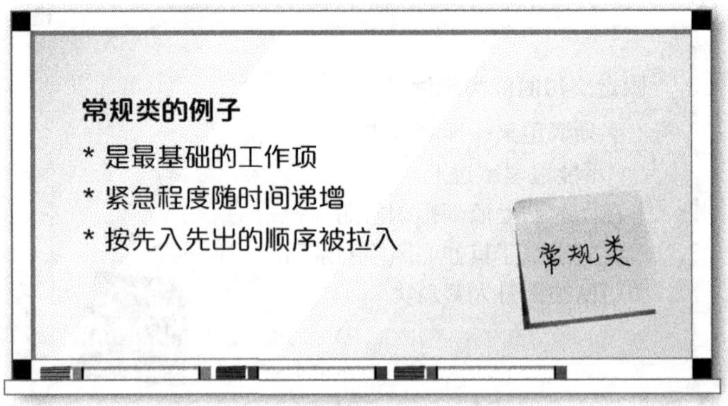

3. 无形类

这类工作项不具备有形和具体的业务价值，至少其价值不易评估，但它很重要。它包含低优先级缺陷、可用性改进和设计变更等。

① 更多内容请参见 http://mng.bz/P6M4。

这个分类包含了史蒂芬·柯维（《高效能人士的 7 个习惯》的作者）称之为“重要但不紧急”的任务。它们是那些为了提高效能应该被重视却又容易被忽略的事：改进型工作、消除技术债务、提高中长期的产能，以及其他能够降低未来成本或创造更多选择权的事情。

搁置这类工作带来的成本很低，人们倾向于无限期地把它们放在一边，一天天地拖延。避免这一现象的一个方法就是持续为这类工作分配产能。它带来的一个额外好处是为系统预留了空闲时间，这些时间在必要时可用于让其他类型工作更快地流动，如优先于无形类被拉入的更紧急的工作。

使用无形类让团队选择一些自主的工作任务（如消除技术债务和内部改进），这在那些由产品拥有者和外部利益相关人决定团队工作的组织中并不罕见。

无形类工作项可能有如下特征。

- 写在绿色的即时贴上。
- 只有在没有其他类型的工作项时才被拉入。
- 可以用某种方式限制看板墙上此类工作项的数目（参见 8.2.3 节），例如：
  - 看板墙上同时最多有两个此类工作项；
  - 最多占一个迭代中 20%故事点数；
  - 维持每个月 3 个工作项的速率。

无形类也可以表现为其他形式。如著名的 Google 时间，它允许人们为无形类工作分配特定的天数。我们还见过由团队来创建技术和改进卡片，允许任一时刻看板墙上都可以有一个“改进卡片”。有些人称之为技术金卡，因为通常这就是开发者期望去处理却总找不到时间的“金砖项目”。

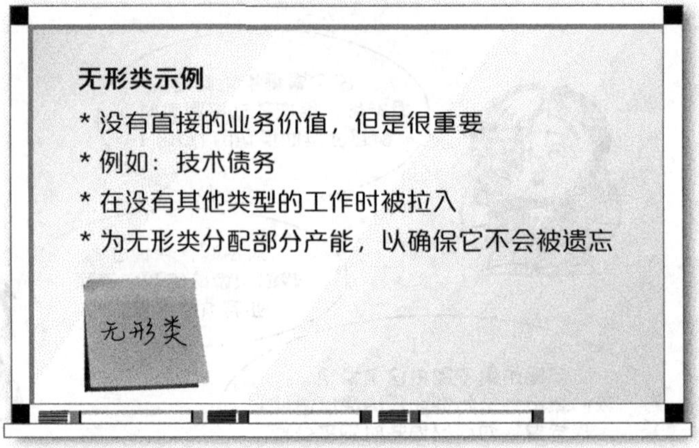

4. 缺陷类

缺陷是你不想看到的工作类型，缺陷通常是第一轮工作缺乏质量的标志，是在已经完成的工作上的额外工作或返工。

缺陷也可能是其他事情，如必须立刻处理的产品或服务器故障。

以下是缺陷类工作项的处理策略示例。

- 写在红色的即时贴上。
- 跳过分析的步骤，直接进入“开发”列。
- 不需要估算。

- 应该被当做根因分析的素材，避免将来发生类似的缺陷。
- 必须在缺陷跟踪系统中管理：关闭、分配给 QA 等。
- 可以在正常的版本之外发布，也就是不必等到下一个常规版本前就可以发布。

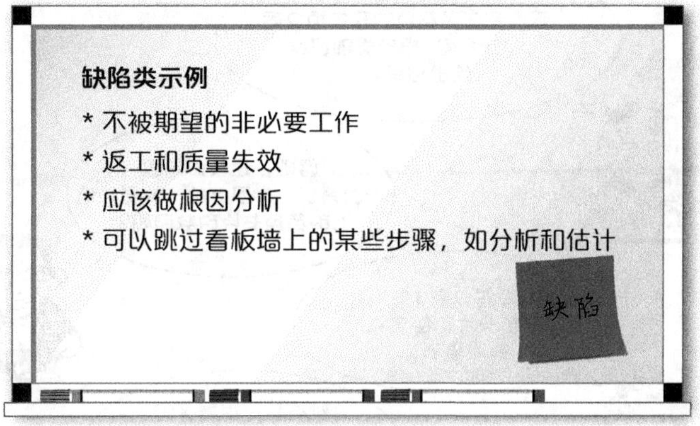

至此，你已经看到了一些服务类别的应用，以及常见的分类。但是为什么要为工作项分类呢？你能从这些分类中得到什么好处呢？

8.2.3 服务类别的实践应用

服务类别可以为团队的很多决策提供帮助。它让团队规则、工作项价值和风险信息更加显式化（参见第 3 章），从而帮助团队自我组织，拉入正确的工作项，并在接下来帮助工作项更平滑和快速地流过工作流，因为你不必在遇到每一个问题或决策点时都需要他人的决策或批准。

服务类别的一个用处是为不同的类别分配团队的产能：例如，确定看板墙上每个类别的工作项数目（或百分比）。让我们看一个现实的例子：

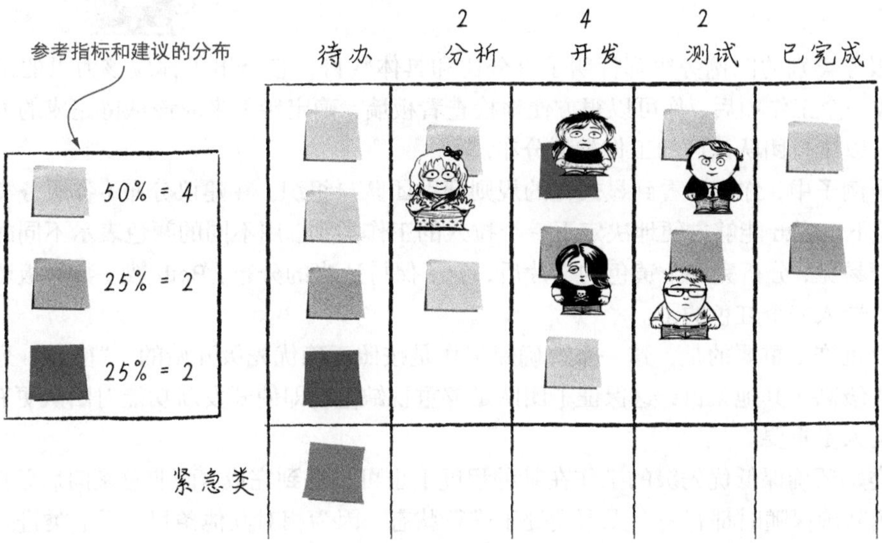

在这个看板墙的左边，团队贴出了图例以及建议的服务类别间的分布。你可以看到 4 个服务类别：常规类、无形类、缺陷，以及一个用于加急流动的紧急通道。

每个服务类别的图例旁边都标明了百分比和具体数目，它指出了你应该力求的工作类别分布。当完成一个工作项后，你可以很方便地检查看板墙，确定接下来应该从待完成的列中拉入哪个工作项，以维持团队认可的工作类型分布。

在这个例子中，你可以看到显式化的规则帮助团队自组织。在建议分布（各服务类别的百分比）的帮助下，Beth 能够方便地决定下一个拉入的工作类别。用不同的颜色表示不同的服务类别让它们显而易见，分析完一个黄色的卡片后，为了保持适当的分布，Beth 数一数看板墙上的卡片就知道应该拉入一个红色的了。

同时，也许更重要的是，这一系统确保工作是按照正确优先级开始的。“待办”列中的缺陷卡片的优先级高于其他条目，这保证了团队足够重视缺陷，即使开发新功能对团队更有趣，对业务利益相关人更重要。

服务类别还确保低优先级的工作在某种程度上也可以得到完成，而非总是向后延期。在这个例子中，团队确保随时都有一个无形类处于进行状态。因为相对其他条目，无形类进入下一列的优先级要低一些，这也为更快完成重要的工作创建了“空闲”。

为反映业务需要的变化，不同类别间的分布当然是可以持续调整的。如果你感知到产品质量有问题，或许就要增加缺陷类的比例直到问题解决为止。刚刚完成了对固定期限的冲刺，这时是增加无形类以补偿欠下的技术债务的好时机。

一切都是混杂的

Marcus 辅导过一个客户，调研表明他们 70%的预算都花费在被称为杂项的类别中。他们本应该给予三位主要出资人的工作更高的优先级，却置之不顾。

怎么会这样呢？首先，这很常见，它反映了工业界的现实情况——相当比例的预算都花在了打补丁上；其次，在当下的环境中我们很难拒绝这样的请求“这个小玩意很紧急，需要在周五前完成”。

如果能应用好服务类别分布并做出清晰的优先级设定，他们就能够更加清晰和快速地看到问题的所在了。

你的目标是让看板墙上的工作项更好地流动。在很多团队中，流动可能会因一个简单的原因而停滞。例如，需要排定优先级时相关人员不在场，你不得不停下工作，因为需要产品拥有者指明接下来的工作项，而她只在每周二有半小时的时间。

交易成本和协调成本

交易成本是一个经济学词汇，它表示完成一次经济交换所产生的成本，如搜索和信息成本、签订和执行合同的成本等。在软件开发的世界里，交易成本是指与交付价值相关的设置和清理活动，比如计划、估计、预算、集成和部署等。这些成本意味着浪费（参见 7.1 节），因为客户为得到价值并不期望支付任何此类交易成本。这并不意味着你要立即停止做这些事，这是完成业务的必要付出，但你应该尽一切可能消除它们。

协调成本是那些与他人协调以达成目标而产生的特殊成本。所有用以协调活动的会议、电话、邮件等都属于协调成本。

例如，召开业务利益相关人会议就会产生许多协调成本：必须召集需要的利益相关人，确定他们的日程；要提前安排会议；团队不得不停下手头的工作参加会议。

如果利益相关人就坐在隔壁，随时可以走过去问一下工作项的优先级划分，那情况就完全不一样了。

如果团队拥有显式的规则，选择工作项的协调成本会低很多。从“待办”列表中选择工作项的原则很明确，通常也会在看板墙上可视化出来。团队可以自主和即时的选择，而不必因为难得抓住利益相关人一次而必须预先大批量排定需求。

正确的时间、以正确的顺序、选择正确的事情，这一过程被称为日程计划：

> 日程计划是排定工作项的顺序以产生经济上最优结果的过程，应该持续和动态地进行。日程计划肩负着十分重要的职责，因此其方法应该可靠、透明。[①]
>
> ——Mike Burrows（@asplake on Twitter）

① 更多请参考 http://mng.bz/avnN。

在第 9 章中，你将学习到更多关于日程计划的知识。

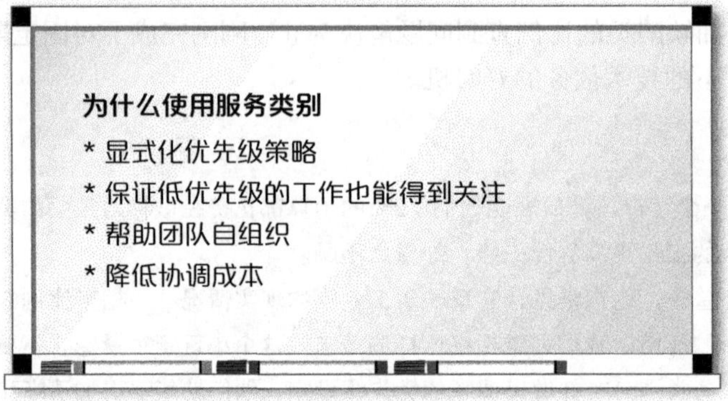

小批量（较小的工作项）地快速流动能够同时降低交易成本和协调成本。它是通过持续和动态地选择工作项，而不是为未来做可能会改变的计划来达到这一点的。实现它的工具就是透明和显式的规则，如限制看板墙上每个服务类别的工作项数目等。

8.3 管理服务类别

Kanbaneros 团队询问 Joakim 类似问题的情形并不少见。即使我们已经就不同业务类别的清晰定义达成了一致，也并非所有的工作都能归类到其中。例如，工作项可能由几个属于不同服务类别的任务构成；或者，你会根据来源的不同而按不同的方式处理工作项。这一节中，我们将讨论应对这类状况的几种常用方法。

1．分割和再分类

有时单个工作项可能属于不同的服务类别，特别是当它比较大的时候。这让你难以决定它应该属于哪个类别，可能会觉得它是一个缺陷的同时也是一个无形类。遇到这种情况，可以尝试把大的工作项进行细分，看一看分割后的工作项是不是可以作为不同类别加以处理。

分割和重新归类工作项的原因由上下文决定，它与团队工作以及与客户协作的方式相关。以下是一些常见原因。

2．工作项大小很重要

有时很难再对大的工作项进一步分割。这或者是因为工作项的自然属性，或者是因为技术和组织的依赖关系。有时，一些工作项比另外的工作项要大和复杂一个数量级。

我们不能说大的工作项的前置时间就一定不同。或许它适用于其他规则，也可能意味着应该考虑一个特殊的服务类别。或许，你会允许大的条目在看板墙上停留很长一段时间，并在这一时段里总是为它分配特定的工作量。

3．一些客户比其他客户更重要

一些客户可能比另一些更重要，这会体现在服务等级协议（Service-level agreement，SLA）

中。或许为了确保一个新合同要讨好某个客户，或者某个产品的优先级高于其他产品。如果这些不同带来工作处理策略的不同，或许就需要定义新的服务类别了。

4．不同的分割方法

另一个被证明有效的方法是按需求的来源来区分服务类别。应用这一方法，其类别可能会表现为市场、客户支持问题和开发需求等。

这是区分服务类别并显式化其对应规则的又一方法。各个类别分别采用的策略要由所处的上下文决定。但是就优先级（参见 8.2.2 节）而言，你总是能抽取出一些适用于所处上下文的通用模式。

警告 别搞得太复杂，不要超过 5 ~ 7 个服务分类。因为太多了就让人难以记忆、理解和在日常决策中应用。你需要发挥想象和探索能力以深入理解你的工作。

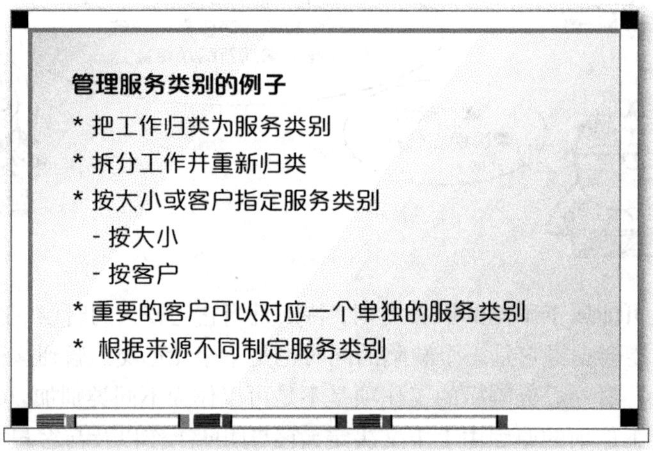

5．放大、探索而后简化

用来分割、区别和改变服务类别的方法很多，问题是你应该探究到何种程度的细节呢？我们将引用一位朋友的说法：

> 放大（更多的列/分类），探索，然后再简化是我看到的可行的模式。
>
> ——Jabe Bloom（Twiller@cyetain）

Jabe 的意思是首先要尽量的详细，包含尽可能多的信息：如看板墙上更多的列，以及针对规则和工作流定义更多的服务类别。这强迫你探索和尝试不同的方式直到找到适用于团队的模式。此后就应该尝试简化了：可以删掉什么？哪些分类可以归并到一起？等等。

8.4　练习：现在开始分类

和团队坐下来看看应该使用哪些服务类别。

- 我们要用紧急通道吗？它适用怎样的规则？如何确保不被滥用？可以确保同一时刻只有一个紧急工作吗？
- 考虑你所做的不同种类的工作，或许已经使用了特别的颜色标记某些工作（如缺陷）。或者有一些“大家都知道”的隐含规则，通过讨论并把它们写下来会有些好处。
- 是否有些工作总是容易被遗忘或者得不到优先级？为它们定义服务类别可以帮助完成这些“低优先级工作”吗？可以用简单的词语来描述这些规则吗？怎样可视化能帮你记住这些规则，并不断总结提高？
- 哪些规则可以简化？

8.5　小结

本章我们讨论了把显式的规则应用于特定的工作类型——也就是服务类别的概念。

- 服务类别围绕特定工作的服务等级显式化团队的规则，是一个强大的工具。
- 指定服务类别会对工作项产生影响，如可视化、优先级设定、对在制品的影响以及工作流等。
- 服务类别帮助团队围绕以下方面自组织：
  - 工作选择和日程安排；
  - 工作量分布；
  - 确保团队的产能按照团队达成的一致决定进行分布。
- 常见的类别包括以下几个：
  - 紧急类（又称为加急类）——优先级高于其他工作；
  - 固定交付日期类——需要在特定日期前完成；
  - 常规类——常规工作。时间越久，紧急程度提高。以先入先出的规则被拉入；
  - 缺陷类——因质量问题的返工（越少越好）；
  - 无形类——没有立即可见和具体的业务价值，如偿还技术债务。

下一章我们将介绍另一个对任何流程都很重要的概念：计划和估算。在看板中如何做计划？估算还重要吗？有什么常用的估算方法？

第9章　计划和估算

本章涵盖的内容

- 计划、排期以及如何在正确的时间做计划
- 估算、故事点以及其他相对估算技术
- 节拍：流程的心跳
- 你真的需要计划吗?

计划的作用是告诉其他人和自己“你现在何处”以及“要去往哪里”。你不仅要关注自己的看板墙，还要考虑到团队所处的上下文。有时你需要让上下游的团队和人们了解你的进度状态。

考虑右图中看板墙所对应的团队。

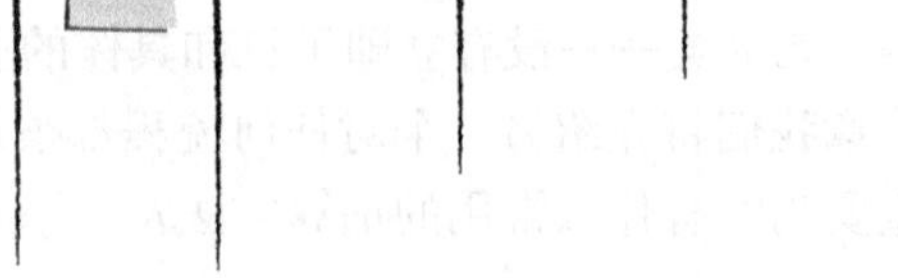

输入队列中只剩下两个条目了，怎么重新填充呢？你要和谁讨论才能知道接下来做什么？多久和他们讨论一次？这都是你需要做的计划，它帮你理解接下来做什么以及告诉上游环节你准备好接收更多工作了。上游的意思是在你这个环节之前的工作，可能是其他部门或人员，或者是在另一环节中从事的任务。它也可能会在一个独立的看板墙中被可视化出来，如下图所示。

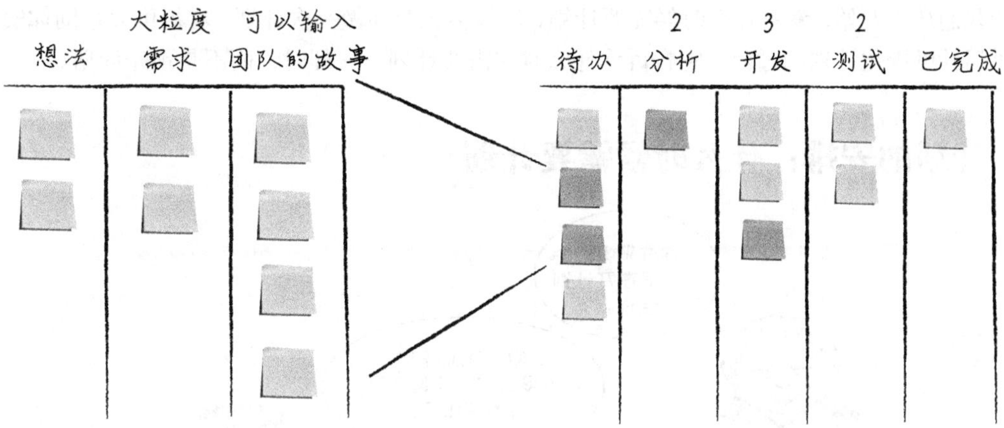

上游看板墙　　团队看板墙

在看板墙的另一端，你可能需要与下游环节互动并做出相应的计划，例如将产品部署到生产环境上去。当流程与其他流程衔接时（不管是在上游或者下游），通常就需要某种同步或者是计划了。

另外一个需要计划的原因是你需要和周边的团队协调一致。设想，两个团队在开发同一个产品，他们的看板墙如下所示。

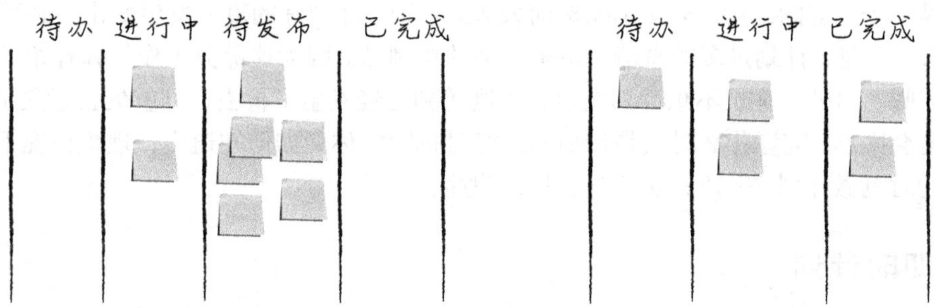

后端团队　　前端团队

过去几周，后端团队对系统做了很大的变更，并且会影响到前端。因此，前端团队需要密切监控和协调他们的代码移交。

本章将展示看板中几种计划和同步的方法，我们将介绍一些通用的可视化技术和计划方法。

为了做出计划，你需要对未来的工作量做出预测——也就是估算。我们将展示几种快速估算技术，以便开始计划活动。

估算事实上是深入到工作当中揭示其中的不确定性。因此，估算也可以被看做是风险管理。

你想尽早了解那些有风险的以及可能在将来导致问题的未知的事情。

让我们从头开始，看看什么时候需要计划，以及多长时间做一次计划。看板可以帮助你安排计划的时间并可视化计划的过程，它告诉你什么时间需要计划——即时，而不是预先计划。

9.1 计划的安排：什么时候需要计划

计划是一个事前的活动，但又不能提前太久。否则，计划好的事又发生变化而必须重头来过的风险很大。而且，计划过多的事情会带来更多的在制品。因为这部分工作就算开始了，只不过在等你处理呢。另外，你也不想计划太迟，否则等到已经发生了再去计划就失去意义了。

你可能会困惑，究竟什么时候是计划的最好时机呢？你又如何知道呢？理想情况下，你希望在最恰当的时刻做计划——不迟也不早，即时发生。

9.1.1 即时计划

计划活动产出了待完成的工作项库存。这是一件好事，因为这样团队就知道下次拉入新工作时可以选取什么工作了。但同时它也是一件坏事。在第 3 章中，我们了解到库存也是在制品，更多的在制品导致每个条目更慢地流经工作流。

团队一下子承诺过多的工作项，它们堆积在一起，这会让我们变得更不敏捷。因为，当有紧急工作项需要完成时，你不得不考虑所有已计划的工作，和它们一起排定优先级。

为了避免以上问题，你或许会设想工作开始之前才去及时的计划，这样可以最小化预先计划。但这也会带来了另外的问题，毕竟计划是有成本的。例如，举行计划会议；客户通常不是随叫随到的；在计划之前要做很多准备工作。（参见第 8 章中的“交易成本和协调成本”）。

为了在维持小批量的工作缓冲的同时，综合考虑计划的成本，一个可行的方案是事件驱动的计划方式——在流程中通过特定事件告诉你有能力进行更多工作了。事件驱动的计划可以通过建立简单的信号系统通知你要计划更多条目了，这样的信号系统可以比较容易地在工作流中实现并可视化到看板墙上。

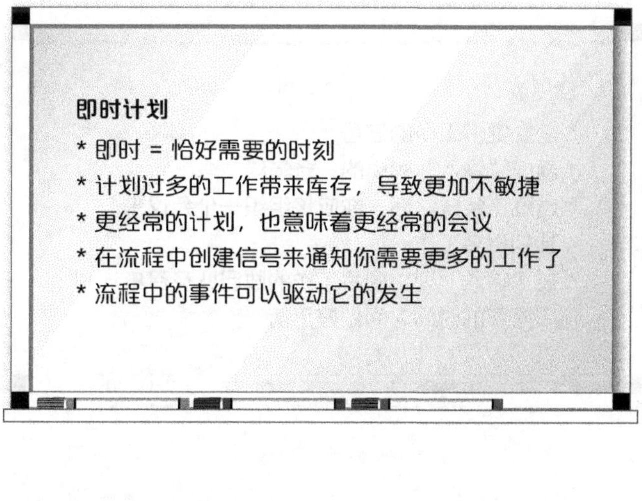

与之对照，你可能不管需要与否，每月都做一次计划。定期计划的风险在于，你可能会在并不需要计划更多工作的时候进行计划会议，因为你还没有完成正在进行的工作。另一风险与之相反，计划会议要在两周之后才开始，你却无事可做了，因为你比计划更早完成了工作。

9.1.2　订货点

所谓“订货点”（order point）是指，当剩下的条目数小于某个值时，就从利益相关人那里拉入更多的工作。这操作起来很简单，实际上，在 6.4.2 节我们已经介绍过这一概念。

在图中的看板墙上，你可以看到在“输入”列中有 6 个工作项，而在第三个工作项下面画了一条线。团队从列的上方开始领取工作，直到虚线——这条线就是团队的订货点。

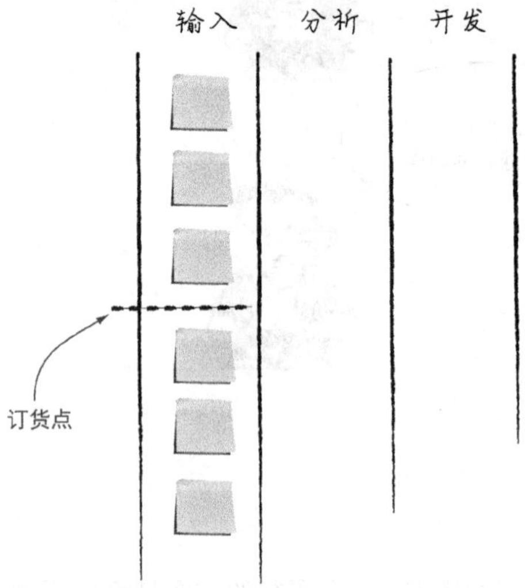

当“输入”列中的条目数到达这个水平时，团队就会联系他们的利益相关人（业务方）安排一次会议以排定更多的工作。他们也知道在会议召开前还要一段时间来准备输入。因此，他们需要一些储备——订货点下方的三个条目，这就确保了在协调和召开会议前还有工作可以做。

通过在工作流中引入这一简单的可视化机制，团队创建了一个在需要更多工作时发出信号的事件。它确保了在需要时才及时计划，而不是创建大批量的待完成的工作项。

通常为了适应上下文，你需要小心行事，按需改变流程。如果你的利益相关人很难被召集在一起，或者是在确定接下来的工作之前要做很多工作，也就是协调成本更高时，你就需要更多的工作项来缓冲了；如果协调成本相对较低，比如你可以随时电话通知利益相关人，那么你的订货点就可以设置得更低。总之，你需要在试验中改进。

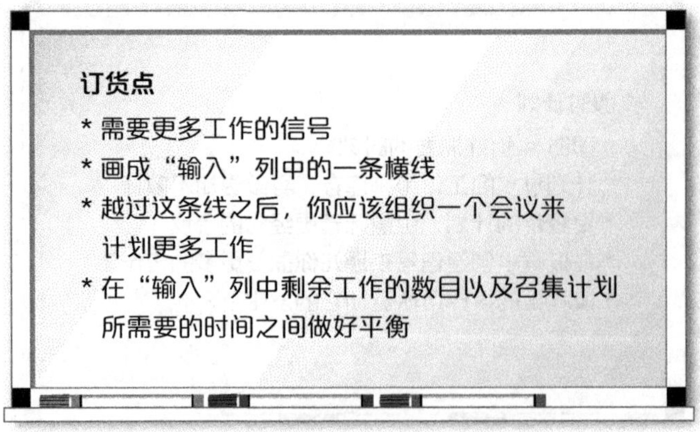

9.1.3 优先级过滤：可视化出“什么是重要的”

但是，你如何知道哪些工作重要呢？你是否遇到过这样的项目，列表中所有需求的优先级都是 1？[①]或者公司中是不是有超过一个“最高优先级”的项目？为需求排定优先级是个困难的任务，很多组织都为此花费了大量的时间和精力。

Corey Ladas[②]曾介绍过一个被称为“优先级过滤”的技术，它让设定优先级的流程变得简单可视。它把注意力放在正确的事上。你应该设法仅仅工作在优先级为 1 的工作项——即当前最重要的事上。

这一可视化的方式非常简便，还是用一个实例说明吧。

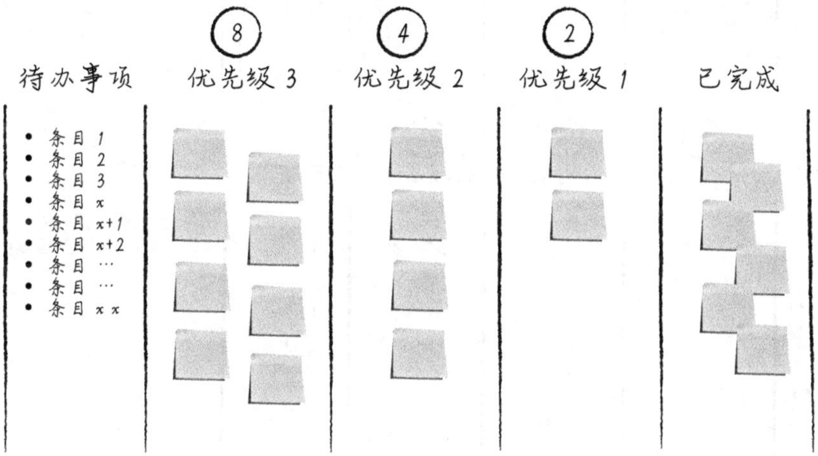

优先级看板墙由优先级渐增的列构成：3 最低，1 最高。优先级为 1 的条目既然有最高优先级，就应该现在或至少是尽早去做。该列中的条目的数目受当下产能的约束，这些条目应该输入到看板墙的输入（或类似的）列中[③]。优先级为 2 的条目紧随其后，一旦有空余的产能就应该移入优先级为 1 的列。优先级为 3 的列是将来的工作。

每一列都有在制品限制，它们也反映了团队的产能。在这个例子中，团队决定同时工作在两个优先级为 1 的条目上。在制品限制数目逐次渐增——优先级为 2（在制品=4），优先级为 3（在制品=8）。这也反映了一个事实，对于即将开始的工作，其不确定性越高，其优先级也越低。

还有一些将来（具体时间未定）要处理的条目，由它们构成的列被称为待办事项或想法池。为反映不确定性，在它们足够重要（或紧迫）前，待办事项甚至还不是工作项。只有当它出现在优先级为 3 的列时，才需要为它创建一个即时贴，贴在看板墙上。我们曾看到团队用思维导图组

① 我们曾经遇到过一个客户，他们使用了 1、2、3 三个优先级，但是他们觉得应该再加一个优先级 0，因为最高优先级的条目实在是太多了。我们不太确信这种优先级设定的方法能帮助他们。

② 更多信息参见 http://mng.bz/8cDm。

③ 可以把这些优先级列加到常规的看板当中。但在操作上可能会有困难，比如看板墙不够大，或者负责计划和优先级排定的人和团队不坐在一处。

织待办事项，贴在优先级过滤墙旁，它替代了待办事项列表。[①]

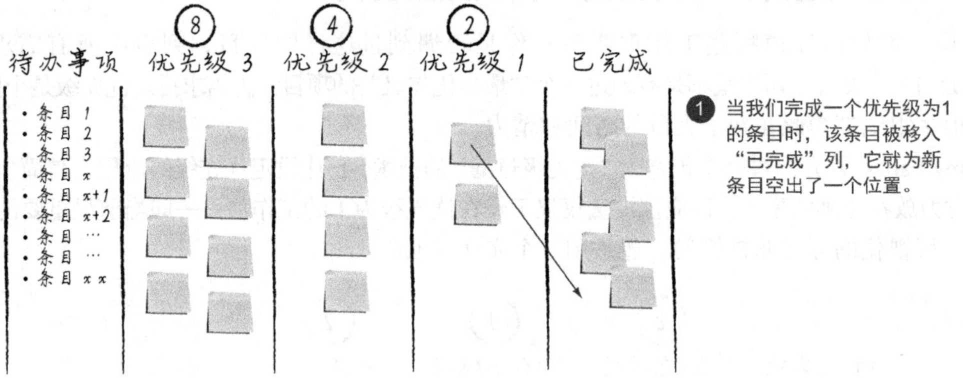

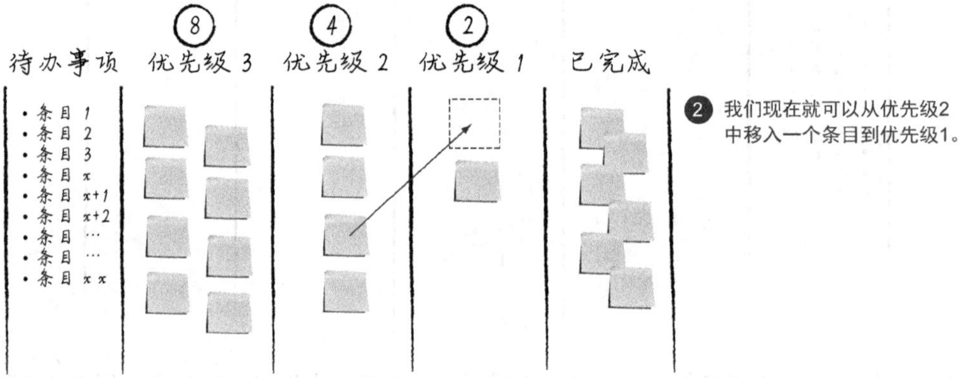

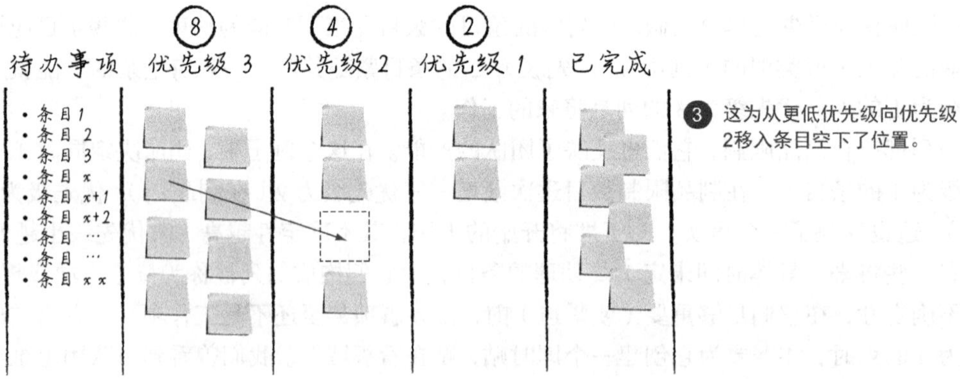

这只是一个例子。有些团队只用到两个优先级，有些团队为这些列起了更有意义的名字，如马上要做（upcoming）或接下来再做（next）。

---

① Marcus 在他的博客中有一个案例，描述了一个客户是如何应用优先级过滤器做到更加专注和快速的。参见 http://mng.bz/32q3。

优先级过滤器的一个重点是优先级和时间是紧密相关的。当你完成了一个优先级为 1 的条目，有了完成新工作的空间，这时，你应该关注的是“下一个最重要的事情”。事实上，你不需要对优先级 2 和 3 的列严格排序，一个条目的优先级究竟是排在 3/4 或 3/5 并不重要，不是吗？至少在它们被拉入优先级 1 的队列前，你不需要花费时间来排定优先级。你只需要关心每一列中的哪个条目需要被提升到更高优先级的列——从优先级 3 到 2 或从优先级 2 到 1。你应该延迟决策，直到真正需要时才做决定。这样就不需要花大量的时间来比较各个条目并设定它们的优先级，而最终执行时却又是另一回事了。

通过这个简单的可视化方法，优先级对于团队内部和外部都更可见和便于跟踪。这是把隐含的规则变得显式的又一个例子。对于很多团队设定优先级既头痛又耗时，而这种方法很容易上手。

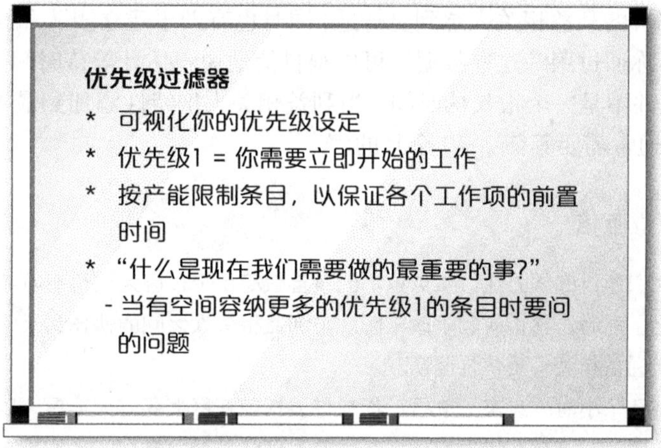

9.1.4 迪士尼乐园的等待时间

想象你正在一个游乐园[①]，排队等一个过山车，你的孩子们已经唠叨了一整年要玩它了，甚至你自己也期待已久。队伍很长你已经等了 35 分钟了，你又向前一步，看到了一个如图的标记。

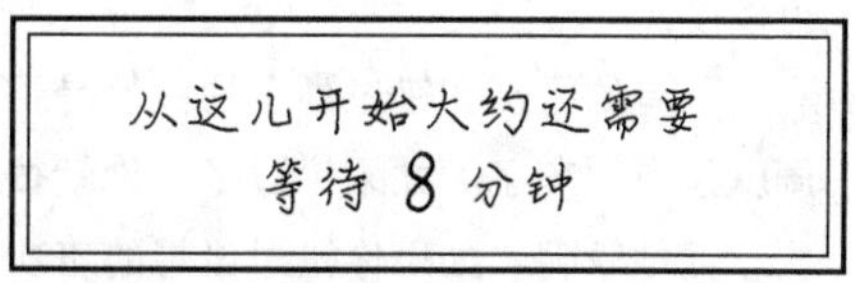

你在想，“他们怎么知道的？好吧，不管怎样，这很好。”根据这个合理的预测，你可以计划一些事了。“还有 8 分钟”,你算了一下，又从包中拿出了一个糖果递给孩子们。

过山车的工作人员之所以知道还需要多长时间，是因为他们跟踪过数据，并度量过流动过程：每分钟有 x 辆车离开平台，每辆车搭载 y 名乘客。剩下来的就只需要大致计算队伍中有多少名乘客，并做一个简单的计算就可以了。展示这个结果为顾客提供了平均等待时间的预测。

你也可以很容易地在看板墙上实施这一度量，效果非常好。它让你的利益相关人感到舒适，就像让你知道“只需要再等 8 分钟”一样。这有时被称为迪士尼等待时间法。下面是一个例子。

① 这个游乐园或许和某个知名电影公司有关系，或许没有，这是你的想象。

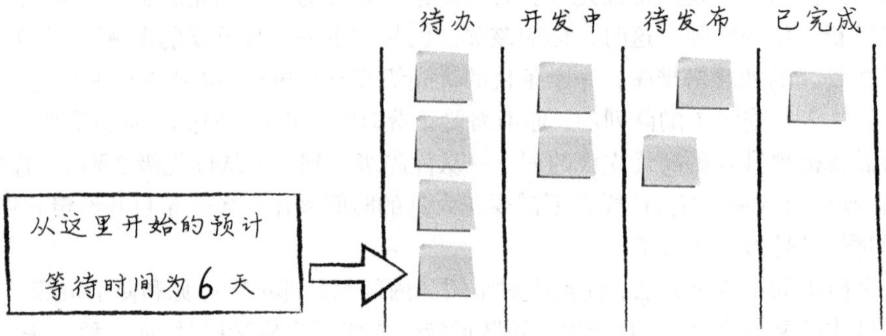

这让等待功能部署的利益相关人感到更舒适，同时也有助于建立团队和利益相关人之间的信任。作为一个团队，你通过跟踪这些数据，可以很自信地说：估计等待时间为 6 天。

最后，因为 6 天并不是一个很长的时间，当利益相关人把特性添加到最下方时，可能会感到意外——“6 天？我通常需要等待 1 ~ 2 个月的。”

地铁不是火车：建立互信

谈到订货点，我们建议你努力让订货点以下的条目数尽量少，因为这也意味着更低的在制品，它对于流动有明显好处。同时，它也有利于改善团队与利益相关人之间的协作和互信。更紧密的协作和更频繁的发布，能让利益相关人更信任团队。

设想，你准备坐几个小时的火车去旅行。你或许要提前在网上买好火车票，以确保有座。为了不错过火车，你要提前到达，甚至在出发前还会在网站上确认是否会发车。当你出发去火车站时，你必须保证在恰当的时候到达那里，你可不想错过火车[a]。

再看看乘坐地铁的情况，你会做多少计划和确认呢？或许根本没有。你直接去，跳上下一趟车就可以了。

两者的区别和错过列车的代价是相关联的。对于长途火车，误车的代价很高，很可能今天甚至本周就没有列车了。如果错过了，你就很难有到达目的地的其他途径了。

而地铁呢，如果你错过设想的班次，你只需要等待几分钟后的下一趟车。即使最坏的情况发生，你也可以出去步行，或者乘坐出租车。

如果利益相关人每 6 个月见一次团队并留下一堆工作，那他一定倾向于要一个精确的估算和计划，保证他的工作能够被交付，而且还要知道具体的交付时间和顺序。如果利益相关人每个周一和周三都会和团队见面，那就不需要同样详细的计划和估算了，因为如果某个条目没有按期交付，他很快就能够得知。

你所做的正是降低计划好的在制品数目。这样，你就会更频繁地和利益相关人见面，并建立互信。

a. 在瑞士，一年中有很长的时间，铁轨上的积雪会影响火车的到达或出发。

一个常见的问题和反对意见是，要得到一个可信的“迪士尼乐园等待时间”（天数）非常困难。答案是，你应该通过度量前置时间获得一个目标值及其对应的“交期绩效”（due date performance）：

也就是成功达成这一目标值的条目所占的百分比。很多团队发现难以做到这一点，因为前置时间的波动很大。以下是一些解决办法。

- 为不同大小的条目设置不同的时间。如小条目平均耗时 1 ~ 3 天，中等的 2 ~ 6 天，大条目则是 5 ~ 20 天。
- 使用交期绩效：根据对前置时间进行一段时间的度量，给出例如以下的说法："有 80%的可能，这个条目会在 x 天内完成"。你也可以通过对数据的研究发现那些不能达到前置时间要求的条目的典型特征。例如，依赖第三方实现，特定类别的工作项，特定的服务等级等。这可以为客户带来更高的可预测性。

"迪士尼乐园等待时间"是提高可预测性的一个方法，它告诉利益相关人工作的完成时间。我们的经验是可预测性经常比绝对速度还要重要。经常按期交付能够建立信任。

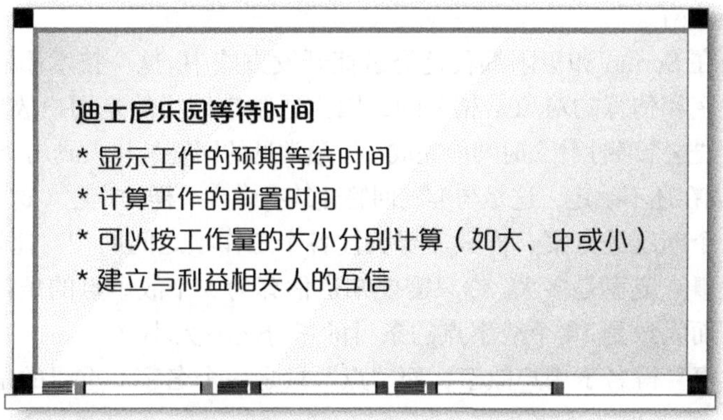

9.2 估算工作量——相对而言

和计划紧密相关的任务是估算。估算是很困难的，因为这是在预测未来。而历史证明，作为一个行业，我们的估算经常是错误的——误差巨大，而且在很多时候都是这样。

估算经常是错误的，但是估算过程仍然是有用的。估算过程是管理前方的不确定性的契机，它可以被当做风险管理的工具，让你可以发现误解、不一致以及需要进一步调查的地方。

为了估算，你需要深入研究前方的工作，以充分了解要做的事。团队共同完成估算可以让大家建立对工作一致的理解。但是，根据收益递减原理，你不应在估算上花太多的时间。你可以做出一个快速但不那么准确的估计，也可以再多花一点时间做一个更准确的估计，但花上几天的时间得出精确的小时数就没用了。最好的估算应该是介于"瞎猜"（WAG）[①]和基于详细的规格说明来估算之间的。本章接下来的部分，以及下一章将提供一些估算的工具。

① 瞎猜（wild ass guess，WAG）是 Robot C. Martin（也就是 Bob 大叔） 发明的一个词，我想它大概得名于野驴的估计能力。

9.2.1　故事点

估算棘手的地方在于，你要预测未来并确信它会按预期的方式发生，而未来本身就是未知的。为了得到精确的估计，你需要相当了解待估算工作的细节，而且这一切发生在项目的起始——这恰恰是你对于工作了解最少的时刻。

并且，人类是不善于绝对估算的。你可以很容易验证这一点，只需要看一下某个高层建筑，试着猜一下它的高度，就知道绝对不易估算。

最好是问一个简单一点儿的问题，比如“那边的两个建筑，哪个更高？一个相对于另一个高多少？”这些问题对人类来说要容易很多。或许对于石器时代的人类祖先就是这样，对他们而言知道两个猛犸象中的哪个更大是有用的。

这让几乎所有的敏捷团队都倾向使用相对而不是绝对估算，此类敏捷估算工具中最著名的就是故事点（story point）了。

故事点最先应用在 Scrum 和极限编程这类敏捷开发方法中。这一技术用以标明工作项的相对大小。故事点这个名字和估算的对象是相关的，因为通常它们指的是用户故事[①]。

你可能会被问到：“这个特性什么时间能完成？”最常见的回答是几天或几个小时。通常你会提供一个范围——因为你现在还不确定，这是与准确回答建筑有多高一样的难题（这一节的前面解释过）。

故事点是应对这个问题的方案，你只需要关注各个工作项之间的相对比较。在相对估算时，你不需要了解一个故事点究竟是多大。你只需要知道估算为 5 个故事点的条目大概是 2 个故事点的条目的两倍大小，而大致是 14 个故事点的条目的三分之一大小。

故事点中的“故事”得名于用户故事，而“点”只是一个名字。重要的是数字之间的相对比较，而不是数字本身。

教练的忠告　应该在估算中避免使用“天数”或“小时数”，因为它可能让你和他人误以为它是真正的天数。例如有些团队使用“相对天数”，这也是为了传达那不是真实的天数。

斐波那契数列

斐波那契数列是由莱昂纳多·斐波那契发现的，在故事点估算中经常被使用。这个数列的起始是 0 和 1，接下来的数是前两个数的和，这就产生了以下的数字序列：0, 1, 1, 2, 3, 5, 8, 13, 21, 34, 55, …。

用斐波那契数列并不是为了表现得像数字极客。而是因为，如果只允许使用数列中的数字，我们会发现，估计的精确性会随着规模的变大而变弱。它反映出的事实是：当工作项的规模变大一个数量级时，我们的相对估算能力也随之变弱。讨论某个工作的大小究竟是 12 还是 13，那显然是自欺欺人地认为拥有比事实上更多的信息来做出如此精确的估计。

① 用户故事可以简单理解为提供用户价值的小的增量功能，并因此得名。

1. 这又有什么用

至此，你可能会怀疑，这又有什么用？相对估算：人们会怎么使用它呢？

首先，它传递的信息是估算是不精确的。你没有说："需要 258 小时来完成这个功能"，而是说它是 8 个故事点，大约是上周完成的 5 个故事点的工作项的两倍的规模。

其次，相对估算可用来跟踪并和实际绩效做对比。例如，团队工作了一个月，交付了 34 个故事点。由此可以预期下个月，同一团队做类似的任务，可以交付 30 ~ 40 个故事点之间的特性。

2. 故事点的问题

故事点是相对的，这让它成为一个估算的好工具。但这也带来了问题——它是相对的，因此不精确。很多人为此感到不适，并落入试图把故事点换算天数或小时数的陷阱。团队经理会觉得一个月完成了 34 个故事点，因此一个故事点大约可以换算成一天。但这是错误的，它只是此刻你给出的用户故事之间的相对估算。

同一个经理可能还会想：这个团队一个月做了 34 个故事点，他还管了其他 3 个团队，因此 4 个团队加起来应该每个月完成 136 个故事点。他又犯了一个错误，因为估算只属于特定的团队。两个不同的团队可能会对同一个工作项给出不同的估算结果，一个团队认为是 5 点，而另一个团队可能会认为是 8 点。因为第一个团队可能把他们最小的用户故事设定为 1 点，而另一个团队则把它设为 2 点，而将来所有的估算都是以它们为基准的。

估算还可能受团队动态的影响，如谁在讨论中更强势，或者不同团队的强项、弱项以及经验。对一个团队很难的事情，对另一个团队或许非常简单。

总之，故事点是相对的，并且和特定团队相关联。这种相对性是有益的，它传递的信息是你无法给出精确的估算，同时却还提供了一个衡量工作大小的工具。

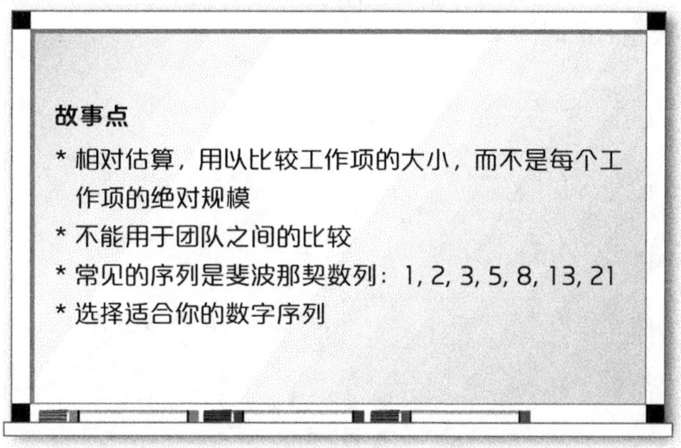

故事点是以数值的形式表达的，这带来了潜在的问题。因为数字意味着精确，而它又只是要表达相对估算。为了解决这个问题，让我们看看下一个估算方法：T 恤尺码。

9.2.2　T 恤尺码

故事点的问题让很多团队选择了非数字的估算方法，如 T 恤尺码估算法。你只需要选择以下的规模之一进行估算：S、M、L、XL。

这只是对工作项大小的粗略估算，因此应该尽量简单。你只需要标示出一个估算为 S 的条目，它与你做过的其他的 S 条目差不多大小即可。这背后的思想是给出工作的相对大小，而不是高精确度的估计。

我们遇到的团队经常使用的序列是 S、M、L。如果工作项比 L 大，他们会把它拆分成大小为 S、M 和 L 的更小条目。一个 XL 的条目会占用团队太多的产能，也不便于管理。

你可以向这个序列中添加更多的尺寸（如 XS、XXL），但大多数情况下没有必要。记住，XL 的条目可能掩盖很多不确定性和风险。我们有时会看到，一个 XL 的条目被拆分成 2~3 个 XL 的条目，因为团队也不知道在这样大的条目背后隐藏了什么。

教练的忠告　拆分被估算为 XL 的条目，直到变成 L 或更小。这也是管理不确定性和风险的好方法，并有助于限制在制品。

和故事点一样，这种相对估算的好处是，你可以根据以往一段时间的真实数据做出预测。如果团队通常用 2 ~ 5 天完成一个大小为 S 的工作项，而且过去 30 个 S 条目都是这样，那么下一个也很可能会在 2 ~ 5 天内完成。根据这些信息，你可以预测在待办事项中排队的 30 个大小为 S 的条目将花费团队 100 天左右的时间来完成。

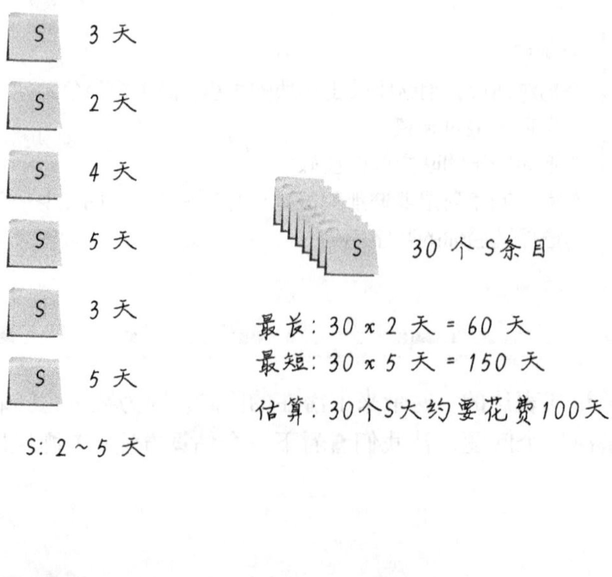

T 恤尺寸估算法使用字母，故事点使用数字。但除了这一点，两者并没有大的差别，它们的意图是一致的。

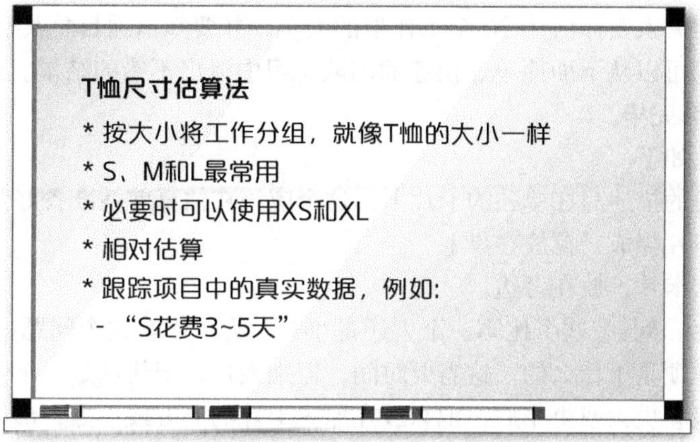

让我们以几个估算技术为例，看看相对估算在现实中是怎么使用的。

9.3　估算技术

敏捷开发中有几个常用的估算方法，其共同的特点是协作。通过本节介绍的几个方法，你还会发现它们都还有一个潜在特点——做到足够好就行。你不希望在估算上花费太多的时间。

我们强烈建议大家以小组为单位来估算，小组最好包含不同水平、技能和角色的人。估算和计划可以被看作知识获取的过程，读者能够通过它们来消除不确定性和发掘信息。

来看一些通用的估算技术，让我们从快速估算整个项目的完整待办事项开始。

9.3.1 卡片队列

假设项目利益相关人要你估计 50 个工作项的大小，并要知道项目总共要花多长时间。回答这个问题很难。我们可以从下面简单、快速的团队练习中得出不错的结果。50 个工作项，可以在 10 ~ 20 分钟内估算完毕。

练习的过程大致如下。

（1）把每个条目的描述写在单独的卡片上，这个应该在估算前就准备好。

（2）把所有的卡片摞成一摞放在桌上。

（3）拿出第一张卡片，放在旁边。

（4）再拿出一张，问："这个比第一个大还是小？" 为了回答这个问题，你可能需要和其他人讨论一下这个工作项是干什么的。这需要时间，但别太长，记住这是一个快速估算。

（5）当你决定了它更大或更小后，把它放在原先卡片的上方或下方，形成一列。

（6）重复第 4 和第 5 步，直到用完所有的卡片。

（7）现在你可以把所有的卡片分组了——这也是该技术的第二阶段。从桌上底部（最小）的卡片开始，声明第一组的估算是"小的"。①

（8）继续向上，决定到何时为止卡片已经变大到需要用一个新的估算值（如"中等"）了，让团队决定。

（9）很快，你就可以把整列卡片再过一遍，并加总（5 个的估计是 S，4 个 M，等等）以得到整个列的总和，这也就是需求的总工作量估计。从队列最下面的部分开始，第一部分可以被当做 S。

① 你也可以用故事点作为替代，使用适合你的度量和单位。

教练的忠告 我们曾经在每次发布（两周一次）后重复这个练习，通过它来估计待办事项中的剩余条目，每次都不会占用超过10分钟。

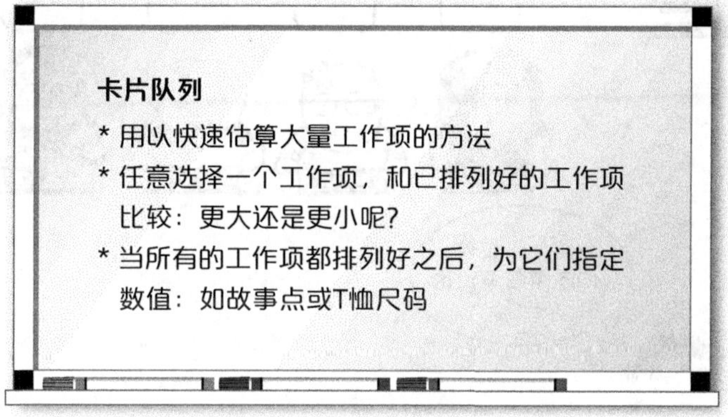

一个更正规、更详细的估算方法是计划扑克，下面就来介绍一下。

9.3.2 计划扑克

计划扑克是小组估算的另一个方法。它充分发挥了群体的智慧，有极强的参与感，能在有效讨论的过程中做出估算。“计划扑克”一词是由 James Grenning（敏捷宣言①的签署者之一）命名的。它和扑克的唯一联系是，计划过程中可能会用到一种扑克一样的卡片。过程大致如下。

（1）把扑克卡片（稍后说明）发给每个参与者。

（2）选择一个待估算的工作项，并向团队简要解释。

（3）讨论这个工作项，并回答相关问题。

（4）每个人都觉得足够清楚后，开始进入估算环节。

（5）每个人选择一张带有对应点数的扑克卡片，但不要让其他人看到。

（6）数1，2，3，同时向其他人展示自己的扑克卡片。

（7）这一步是最有意思的，如果大家的意见一致，你们就达成了估算，可以开始下一个了。如果大家的意见分歧很大（如2、4、8和13），就应该问一下自己为什么。

- 给出2或4的工作项估算的人，认为这个工作项意味着什么？
- 给出8和13的又认为它意味着什么？

① 访问 http://agilemanifesto.org/。

■ 讨论之后回到第五步，再次投票。

（8）一直重复，直到你们就估算大小达成一致。小的不一致是可以被接受的，但应该是比较接近的值。

重点是讨论，玩过多次计划扑克的人都清楚这一点。只有通过讨论，你才能知道每个人是怎么设想这个需求对应哪些工作的，这一方法会激发有价值的讨论。

计划扑克的另一种玩法

在《Agile Adoption Patterns: A Roadmap to Organizational Success》一书中，Amr Elssamadisy 以另一个方式描述了计划扑克的过程。那就是对每一个需求：

（1）由一个领域专家向团队解释需求并回答问题，以确保大家都理解。

（2）进入以下轮次，只有在没能达成一致时才进入下一轮次。

- 第一轮：大家用卡片独立投票，不要讨论。比如像上面一样数 1，2，3 一起投票。
- 第二轮：让人们先思考一到两分钟，再进入下一轮独立投票，还是不要讨论。
- 第三轮：大家先解释一下自己为什么给出这样的投票，然后再次投票。
- 如果还没有达成一致，就暂时搁置，先进行下一个需求的估算。

这个方法让你快速得到足够好的估计。如果能够达成一致，就不会对需求做详细的讨论了。

对于之前没有在一起工作过的团队，这个方法会有点困难。因为大家对基准没有共识——2 个故事点究竟代表什么？遇到这样的情况，你应该选择一个小的用户故事，达成对它的一致估算。其他的工作都以它为基准来进行相对估算。

另一个方法是先使用几次卡片队列（参见 9.3.1 节）方法，然后再让团队尝试计划扑克。

教练的忠告 目的在于讨论，而不是估算，这一点再怎么强调也不为过。要鼓励提问和讨论：它让学习得以发生，新想法被发现，既定的事实被挑战甚至放弃。有时，我们无法得到答案，因为有太多的未知，这本身也是一个有用的结论。利益相关人也不愿意在这种情况下开始项目。为了保障估算过程的效率和效果，你要确保能够回答问题的人在场。

应该用什么样的卡片

很多公司都会设计自己的计划扑克[①]，如果你正好有一副，那很好。如果没有，就需要用纸和笔自己做一副，只需要半分钟。下面是可以包含的卡片。

- 数字：1，2，3，5，8，13。
- “？”——意思是：“我还没有头绪，需要更多的信息。”
- 一个休息或咖啡杯的标识——意思是：“脑子转不过来了，我需要休息。”

也有一些手机应用[②]能做到，但并不值得你花钱去下载，实在不行用手指就可以了。估算并不是最重要的，不要在显示数字上花太多精力。

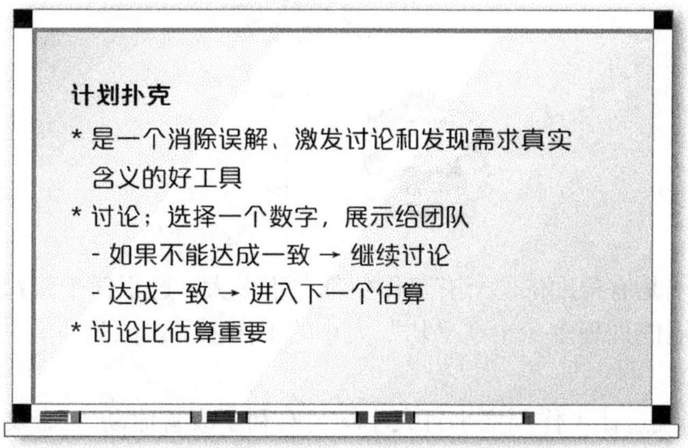

以上的练习都是关于估算的，但是还有另外的方法。假如，你去调整工作项的大小，让它适应估算又会怎么样呢？让我们从一个童话故事开始，来看看怎么做吧。

9.3.3 金发女孩

作为对工作项大小估计的替代，你可以把工作项调整到合适的大小。就像古老的谚语所说：“山不就我，我便就山。”[③]这一技术[④]从儿童故事《金发女孩和三只小熊》中受到启发。

---

① 这没有问题，我们就建议我们的咨询公司都制作自己的计划扑克。

② 在手机应用市场中搜索“计划扑克”。

③ 更多信息参见 http://mng.bz/0l2M。

④ Joakim 最早是在数年前在 Oredev 大会上从 Johannes Brodwall 和 Lasse Koskela 主持的一次工作坊中了解到这一技术的。

在这个故事中，女主人公金发女孩在森林里发现了三只熊的房子，里面住着熊爸爸、熊妈妈和熊宝宝。熊爸爸身形最大，熊妈妈其次，熊宝宝最小。金发女孩进入房间时，三只熊都外出了。她困了，想休息一下啊。她试了试椅子，熊爸爸的太大，熊宝宝的太小，熊妈妈的则刚刚好。金发女孩就坐在了这张椅子上休息了。

我们最好别迷失在儿童故事里了。使用"金发女孩"估算技术，你需要改变工作项的大小，以使他们正好合适——不太大，也不太小。你不再是指定每个工作项的大小，而是去分割或组合工作项，让它们的规模大致相当，并便于后续操作。

你可以先做一个练习，把一堆工作项分成三摞——太大、太小和刚刚好。描述每个需求，通过投票决定每个工作项属于哪里。然后把太大的工作项，分割成"刚刚好"的工作项。反过来，你还要组合太小的工作项，让它们也变得"刚刚好"。

这一练习对于预测是有帮助的。所有工作项都差不多大，这很便于跟踪和度量。例如，几周后你就能知道团队每周能处理多少个"平均"大小的工作项了。因为所有的工作项都差不多大，这让预测变得容易起来。

在 7.2.2 节，我们说过让工作项变小且大小均匀有利于改善流动。"金发女孩"估算技术应用了这一理论，在帮助我们估算的同时，改善了流动。

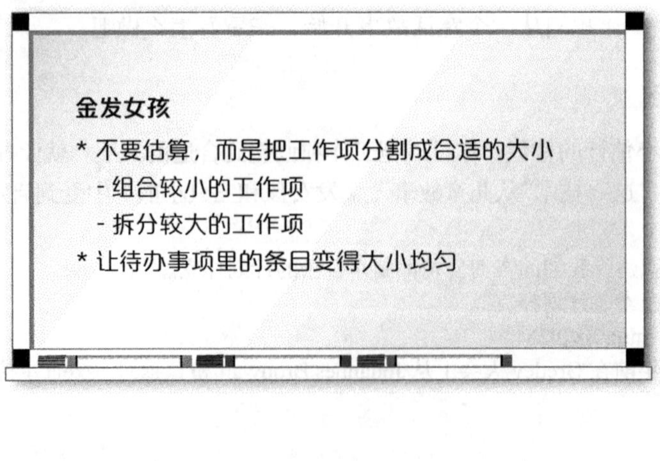

现在，我们已经了解了几个估算技术。让我们把关注点转移到把整体工作分割成可管理单元的方法。

9.4 节拍

“节拍”（adence）差不多和心跳及音乐中的节律是一个意思。你可能会感到奇怪，我们为什么要引入音乐中的术语。但精益的实践者所说的节律是指工作的节拍或旋律，它是流程的心跳。

你的工作是有节律的。这并不奇怪，例如许多流程都含有迭代的概念。例如，Scrum 中，被称作 sprint 的迭代就是它的心跳。每个 sprint 从计划会议开始，在计划会议上，团队选择尽可能多的能在下一个 sprint 中完成的任务。两周的 sprint 结束时，团队展示和评审这个 sprint 的交付，并举行回顾会议。

节拍提供了可预测性的基础，在固定节拍下你可以衡量及预测实际工作和目标。例如，你设定的目标是每两周交付 4 ~ 6 个工作项。两周结束后，你可以做一个回顾，看看实际结果和目标的差距。这时，两周的节拍就起到了评审的作用。

上述基于时间盒的迭代只是节拍的一种。节拍可以表现为很多形式，在本章中我们将探讨看板中的不同形式的节拍，以及它们的使用。

1. 迭代和看板

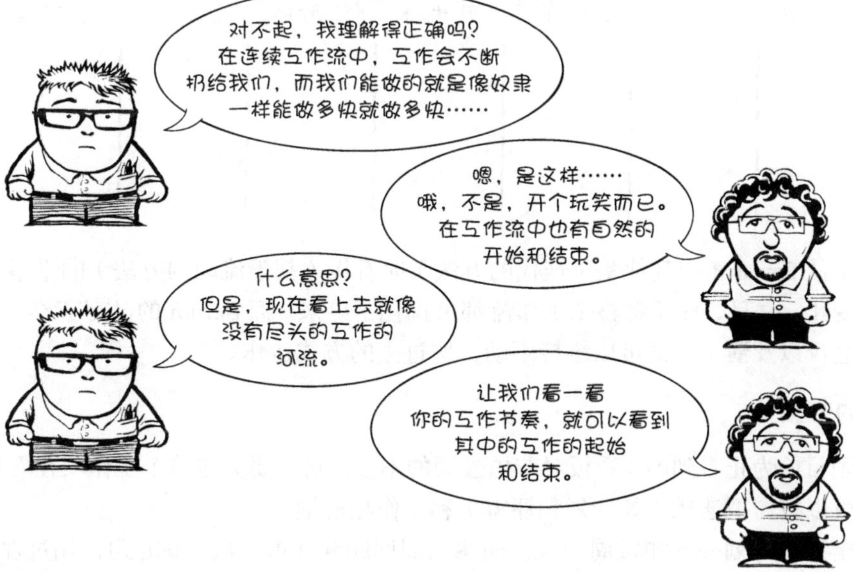

一个典型的迭代通常从计划或评估可以做的工作开始，然后你开始做，之后将它完成。最好在结束时你能够有一个回顾，看看可以改进的地方。迭代的节拍或许是两周，下一个迭代启动了新的心跳节拍。

正如所看到的，迭代就像是基于时间盒的有明确开始和目标的小项目。下面的例子是现实中的迭代的看板墙。

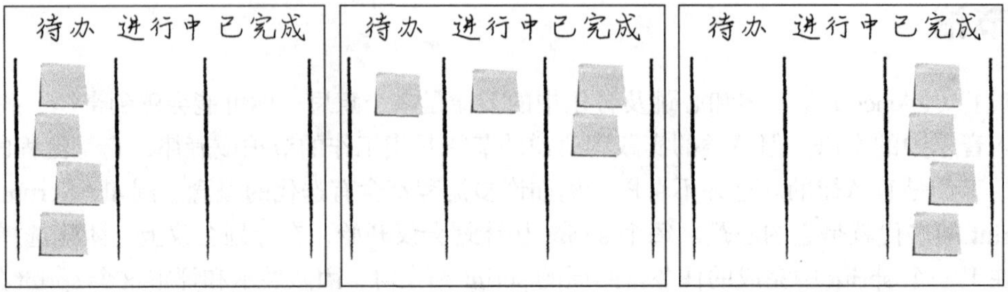

迭代开始　　迭代中间　　迭代结束

在第一幅图中，团队将迭代中所有的工作排入“待办”列。在“迭代中间”这幅图中，一项工作已经开始，一些工作已经结束，还有一个没有开始。理想情况下，迭代结束时所有的工作项都已经在“已完成”一列中了。看板墙将会被重置，以开始下一个迭代的计划。

2．从基于迭代的流程开始迁移

你也可以在看板墙上将迭代的流动过程更好地映射出来，就像 Eric Willeke[①]建议的，看起来如下图。

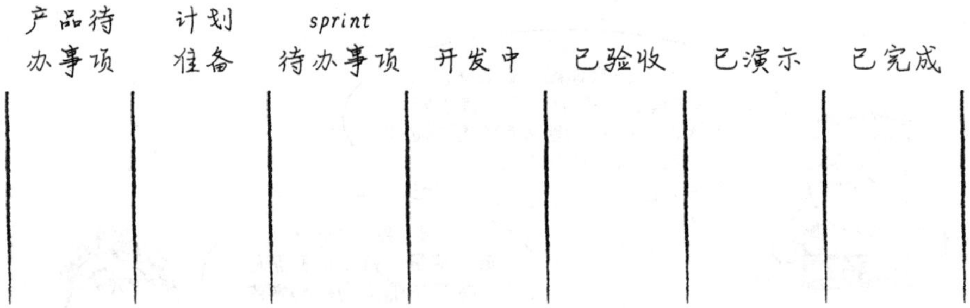

这提供了从 Scrum（或其他基于迭代的方法）向看板（基于流动的方法）的平滑迁移，因为什么也没有变化。并且，你还将整个工作流都可视化了出来。而 Scrum 的已有节奏（计划、每日站会、回顾会议以及演示）都可以维持不动，按过去的方式运作。

3．看板中的节拍

正像你到目前为止看到的，看板对节拍强调的不多。它主要关注单个工作项在看板墙上的流动。这让你可以按需把迭代（如计划和评审）和工作相解耦。

你可以定期的计划——如每周一次，而每三周回顾和评审一次。你也可以用过程中的事件作为信号来触发计划、评审和其他活动，就像我们之前讨论的那样。这也体现了精益原则中的拉动思

① 参见“从 Scrum 向看板的迁移——嗯?”：http://mng.bz/j6UJ。

想——只有在需要时才及时计划，而不是时间到了就计划一堆工作。

尽管看板并不涉及迭代。但如果愿意，你也可以在看板中使用迭代。记住，看板只是三个基本的原则（让工作可视化、限制在制品、帮助工作流动），它没有对迭代或节拍做任何定义。很多 Scrum 团队采用了看板的原则，而逐渐从以迭代为核心的流程向基于流动的流程过渡。关于这一点，可以读读 Corey Ladas 的 *ScrumBan*（Modus Cooperandi Press，2009，http://amzn.com/0578002140）一书。

所有我们前面谈到的可视化、限制在制品和促进工作流动带来的益处，对于使用迭代的团队也同样适用。唯一不同的是，看板原则的影响就只能局限于迭代范围之内了。

基于迭代，或者是基于流动，哪个更好？这很难说。如果你有了一个完整的产品待办事项，而且那是你唯一的工作，那么基于迭代的方法是合适的。这可以让你保持专注，直到下一个迭代开始之前，都拒绝新进来的工作。如果情况不同，你需要管理持续进入的工作（如在开发新功能的同时，还要做产品的支持和维护），或许没有迭代起止的基于流动的方法更合适。

4. 不要把看板作为偷懒的理由

最后，如果你开始从基于迭代的流程向基于流动的方法迁移，不要让它成为你偷懒的理由（我们将在第 12 章中讨论）。继续使用对你有益的实践，如有节拍地进行拆分工作的计划会议、带来改善的回顾会议，以及为利益相关人做演示等。

9.5 用看板的方式做计划：痛苦更少，收获更多

在这一节，我们要退后一步思考：为什么需要计划，有没有替代方案？除了理论和理性让我们尝试做更少的计划和估算工作外，很多看板团队在更多使用看板实践和原则后发现，计划和估算的需求逐渐变小了。

教练的忠告 不要只是因为看板没有要求做计划而停止计划（以及其他帮助你做好工作的方法）。太多的团队以“看板中没有计划”为由而停止做计划。不要这样！你可以做得更好。

做一个类比，看板也没有说过任何关于代码质量的问题，甚至也没有说要编码或者测试，难道你就能直接部署代码了吗？

9.5.1 计划和估算的必要性变小

使用看板的团队很快就会发现，计划和估算的必要性在逐渐减小。估算和计划的需求是由对风险和不确定性的管理驱动的。计划的作用是：让你对前面的工作有些感觉，知道已经走了多远，如何处理意料之外的情况。为了做出值得信赖的计划，你就需要估算完成这些工作的工作量。同一时间做的事越多，你就需要越大量的计划（这又导致了更多的工作：更多的估算、计划等，参见第 3 章的“利特尔法则”）。

使用看板，你努力最小化在制品，让开始的工作更快地流动起来。这意味着并没有很多要计划的工作。而且因为你要让工作更小、更快，计划和估算做起来应该会很快。计划和估算一个特性会比 25 个特性要容易很多，不是吗？

当团队开始频繁拉入新工作，甚至每天几次时，对每个工作进行估算很快就显得有点累赘了。不久，你就会开始质疑这样的估算究竟有多少意义了。为什么不去问问利益相关人，他们需要的究竟是什么呢？或许，使用看板一段时间后，利益相关人对于详细计划和估算的需要在变弱呢？至少值得一试，比如某个月我们不进行或进行非常轻量级的计划和估算，如“T 恤尺寸”形式（参见 9.2.2 节）的估算。

看板告诉我们将流程中的方方面面可视化，让它们对团队和相关的人都是可见的。状态一目了然：就在白板上。如果，某个利益相关人还需要什么数据，你应该尝试把它可视化出来。把待办事项打印出来，划掉已完成的条目，用图形展示每周完成了多少需求。这些只是帮助利益相关人了解团队进展的一些可视化的例子。

“这是我们得到过的最好的报告！”

Marcus 曾帮助一个客户把一个用过时技术（VB6）实现的关键系统，转化成了更现代的实现方式（VB.NET）。这个系统是一个庞大的由几百个窗体构成的单一 Windows 应用。自然，在第一周出现的不可回避的问题是：“要花多少时间？”“什么时候能完成？”

团队对此毫无线索，因为之前他们也没做过此类事情，对代码并不了解，也不知道最后会是什么样。我们决定创建一个简单的报告，来安抚大家。

我们按大小列出了所有的代码文件（VB6 的窗体），并简单地假设文件越大就有越多的代码需要转换。所有小于 20 KB 都归类为 S，20～50 KB 的归类为 M，60～100 KB 归类为 L，100 KB 以上的归类为 XL。

我们把它们都放到一个表格当中，工程师在表格中填写开发开始和结束的时间。

这样，我们很容易就画出了反应当前项目状态的图形，加上日期就可以算出剩下的工作还要多长时间。我们完成了 3 个 S 的条目，平均花了 3 天的时间。待办事项中还剩余 60 个 S 的条目，还需 60 X 4 = 240 天来完成这些 S 的工作。

工程师对这种轻量级的报告很满意，但让 Marcus 意外的是负责监控这个高风险项目的管理层说：“这是我们在这家公司见到过的最好的报告！”

我们认为这得益于两个简单的事实：它对每个人都简单、透明和可见；它每天都会及时更新。这有助于建立信任，预测是建立在足够好的，让每个人都感到安全的项目进展的基础上的。

9.5.2 理性地归因：客户的诉求

让我们回退一步，想想你为什么在这儿。IT 部门或项目的目的是为了让业务运行得更智慧、更方便、更好。用 Gojko Adzic[1]的话就是制造业务影响——而不是软件影响。

---

① *Impact Mapping: Making a Big Impact with Software Products and Projects, by* Gojko Adzic (Provoking Thoughts, 2012, http://amzn.com/B009KWDKVA)

也就是说，软件是手段而不是目的。软件本身不是重点，在软件的背后是有人想要工作得更好、更顺利和更有意思，否则软件就没有存在的理由了。让我们称这个人为客户。

教练的忠告 是的，即使你看不到，也总是有客户需要你的工作的。有时，团队不知道客户是谁，或者没有想过他们，但客户总是存在的。

如果你不知道客户是谁，就从钱开始，想想谁买单？预算从哪里来？他们的钱又是从哪里来的？这就是你的客户——你应该关心他们。

客户是你在这儿的理由。客户在乎的不是计划和估算。上次客户给你打电话说过“谢谢你为项目做的那么棒、那么准确的计划和估算”吗？对，他们从来没这么说过。这从没有发生过，也永远不会发生。客户需要的是把业务做得更好、更快或以新的方式完成业务的能力。

你知道你“需要”通过计划和估算来帮助完成工作，并让它们更加准确和前后一致，但它本身并不带来产品价值。再一次，你可以问一个测试问题：“如果你认为估算带来价值，那你做更多估算，就会带来更多的价值，对吗？”[①]

也就是说，如果你发现计划和估算能带来价值，就继续做，帮助工作更好流动。例如，在估算过程中，你可以更好地了解工作。当更多的估算并不能帮助你发现更多的知识，这时花更长时间来估算就没有意义了。

> 计划本身毫无价值，但计划的过程是一切。
>
> ——德怀特 · 艾森豪威尔

9.5.3 #不做估算——你可以完全抛弃它吗

由 Torbjörn Gyllebring 撰写

更深入阐述上一节要点的方式是让我们了解一下“不做估算”运动。我们邀请了我们的好朋友 Torbjörn Gyllebring[②]来写作这一章，因为他熟知这一主题。Torbjörn，交给你了。

尽管对估算过程和结果的质疑从未停止过，但大多数人仍把它当做理所当然。“#不做估算”运动要做的就是质疑这一假设并找到离开估算而高效工作的方法。

1. 什么是“#不做估算”

在很多环境下，放弃估算而用替代方法管理工作不仅是可能的而且是有益的。以下是几个关于可以取得估算收益的替代方案。

研究系统需求的自然分类让我们可以基于概率来做预测和模拟，它让我们可以根据历史数据

① 这个测试某个活动是否带来价值的方法是由 David J. Anderson 提出的。

② Twitter 账号@drunkcod。

来创建可靠的计划。Troy Magennis 因为在蒙特卡洛模拟方法上做的工作成为该领域的先锋。[①]

另外一些不做估算的团队所使用的方法，被我叫做“平均平均法则”：

> 平均来说，一个平均的工作项会花费平均的时间。

据观察，如果需求足够平均，或者团队学会了自发将工作分解至适当的大小，你就可以跳过估算，而把它们看作差不多大小。一些工作项花的时间长一些，而一些则短一些，但只要时间够长，他们就会变得均衡。

假设你以比较小的批量进行工作，并且利益相关人的参与程度很高，这样就可以使用“逐步出资”（drip-funding）模型了。你可以开始处理“下一个最有价值的工作”。当价值实现后，或者你发现你的投入已经超过了价值时，就停下来。

这需要足够的能力做到持续交付，同时在较低层能够拥抱不确定性。高层的方向和愿景是通过跟踪整体的投入来管理的。

你也可以转换估算的问题。不去问“完成所有这些工作需要多长时间？”并将这些猜测合并到一起，而是问一个更有力的问题：“假设我愿意投入这么多资金，那么可以完成什么？”

2．为什么要“#不做估算”

“#不做估算”背后的驱动力是它导致了很多负面的行为，如估算变成了承诺、计划和最后期限。通过在操作上去掉估算，你也消除了那些导致时间和资源浪费的问题。

估算成为问题并不是因为估算天生就是邪恶的，而是因为它们容易被用于多重目的，而这些目的随时间而变得理所当然，数字也不仅仅被当成估算看待了。在没有估算的情况下工作，强制大家努力思考估算在流程中究竟承担了什么功能，从而找到更有针对性的方法来完成这样的功能。协调事务、发现不同的假设、长期的规划、“继续还是停止”的决策以及成本等，这些都可以通过一定的方法解决，而不一定要在一起搅混水。“#不做估算”并非易事，它需要纪律和能力，但带来的收益也是令人激动的。

如果要进一步阅读关于“#不做估算”的内容，我们邀请你加入我们探讨这一话题。可以从以下列表开始。

- 在 Twitter 上搜索 #NoEstimates。
- 阅读 Neil Killick 的博客，进入“#不做估算第一部分——使用 Scrum 时不做估算”（http://mng.bz/7wvp）。
- 阅读 Woody Zuill 的博客，进入“如果你发现估算没有价值——你会怎么办？”（http://mng.bz/3a85）。

谢谢，Torbjörn!“#不做估算”充满启发，并激发深入的思考。把它作为估算和计划这一章的结束再合适不过：通过不断向前看以及自我挑战，来尝试新的、更好的方法，不断地学习。

---

① 参见 http://en.wikipedia.org/wiki/Monte_Carlo_method。

9.6　小结

本章中我们谈到了计划和估算。

- 我们先讨论了在什么时间计划，以及发现计划时机的不同方法：不要太早也不要太迟——在需要时计划：
  - 我们学习了事件驱动的计划，谈到了订货点——一个实现事件驱动的方法；
  - 更频繁的计划让利益相关人更紧密地参与，建立更好的信任，但是它的成本较高，所以，你需要平衡，找到合适的计划频度；
  - “迪士尼乐园等待时间”是显示预计交付时间的方法。
- 计划和估算经常是应团队周边的人要求才去做的，为此我们也简要讨论了如何把工作流向上游和下游扩展。
- 绝对估算比相对估算要困难得多，所以我们倾向于使用相对估算。
  - 故事点和 T 恤尺码是两个常见的相对估算方法。
- 我们介绍了几个估算技术：
  - 卡片队列；
  - 计划扑克；
  - 金发女孩。
- 节拍是所处流程的自然节律。在基于迭代的流程中，迭代的开始和结束就是自然的节拍。
- 应用看板方法，可以设置适合评审、计划、演示和回顾等各个活动的节拍。不需要把它们和工作流绑定在一起。
- 最后，我们回退一步，思考了计划和估算的必要性：
  - 使用看板的团队发现有了更紧密的反馈循环，计划的必要性降低了；
  - 客户要的是业务能力提升，而不是计划和估算；
  - 如果你在发现新的信息，那么计划和估算就是有用的；
  - “#不做估算”运动谈到了放弃估算，发现不依赖估算而高效工作的方法。

下一章我们将谈一谈流程改进，应用到目前为止所学到的工具来帮助我们持续改进。

第 10 章　流程改进

本章涵盖的内容

- 持续改进——看板的真正目的
- 尊重人——以人为本
- 回顾会议、根本原因分析和看板招式

> *既然是人在制造物品，那么除非人得到很好的发展，否则制造就无以立足。*
>
> *——名古屋丰田技术博物馆的标语*

“造物先造人”是丰田哲学的核心原则。“尊重人”和“持续改进”（也被称为改善，Kaizen）经常被当做丰田管理系统的两大支柱。

改进的哲学已成为丰田这类精益组织的固有思维，从 CEO 以及高层的战略一直到最初级的员工以及他们如何更高效地把工具装到工位上。在一个精益组织中，人们发自内心地渴望改进，追求更好和更高效。只有通过尊重人（尊重、发展和鼓励组织中的每个人）这一切才成为可能。

看板源自精益思想，持续改进和尊重人是它的一切之根本。可视化是一个简单有效的方法，它使自组织改进成为可能。限制在制品数量和帮助工作流动让瓶颈和改进的机会对团队可见，从而使团队可以去改进他们。

不幸的是，看板并不直接解决这些问题，它也不能自动改进事物。看板暴露改进机会，但发现改进方法还是你自己的事。在这一章中，我们的几个实践会帮助你做到这一点。让我们从电视剧《Fame》的剧中人物 Lydia Grant 的台词开始：

> *你有一个伟大的梦想，你希望改进。好吧，改进是要付出代价的，就从此时此地开始付出吧：甜蜜的付出*[1]*。*
>
> ——Lydia Grant，*《名声》*

---

① 引言出处为 www.imdb.com/title/tt0576603/quotes。

10.1 回顾会议

回顾是大多数敏捷方法学里的重要实践。实际上，敏捷宣言的其中一条原则[①]说到："团队定期反思怎样才能变得更加高效，然后针对性地调整他们的行为"。在回顾会议上，你会分析前一阶段的流程和进展，努力找出可以改进的地方。

敏捷回顾是一个大话题，有好几本书专门讨论它。本章不会完全覆盖这一主题，而是主要讨论回顾会议如何与看板方法相结合。如果想知道各种组织回顾会议的方法以及背后的思想，推荐阅读Esther Derby 和 Diana Larsen 的 *Agile Retrospectives*（Pragmatic，2006，http://pragprog.com/book/dlret/agile-retrospectives）以及 Patrick Kua 的 *The Retrospective Handbook*（CreateSpace Independent Publishing Platform，2013，https://leanpub.com/the-retrospective- handbook）。这两本书都很棒，提供了可操作和务实的实践。

10.1.1 什么是回顾会议

团队定期举行回顾会议，并要保持足够的频度。通常，每 1～4 周团队都要留下几小时来做

① 关于敏捷的原则，参见 http://agilemanifesto.org/principles.html。

回顾。这可以看做是团队投入时间来改进如何共同工作.

回顾的目的是得到有限的几个（最好不多于 3 个）改进行动以在下一次回顾会议之前实施。要确保团队实施的改进在可控的范围之内。你要做的是小改进，常改进（“限制在制品”，还记得吗？）。

一个回顾会议通常由 5 个部分组成[①]。

（1）做好准备。第一步是启动回顾，并为会议定好基调。其中一个方法是让每个人都了解回顾会议的基础指导原则（见下面的文本框），或者是尝试某种形式的破冰游戏（参见下一个“教练的忠告”）。

> 无论我们发现了什么，考虑到当时的已知情况、个人的技术水平和能力、可用的资源，以及现实状况，我们理解并坚信：每个人对自己的工作都已全力以赴。

教练的忠告 一个重要的招数是通过某种练习确保每个人都说点啥，即使是类似“好”或“不好”这样的单个词也行。比如，问每个人：“是否同意回顾基本指导原则？”。研究表明，如果某个人在开始的会议时说话了，那么他/她在随后的会议中发言的可能性就会很高。

（2）收集数据。在本阶段，团队回头（因此叫回顾）审视过去一个阶段，收集发生的事实和数据。不同的回顾形式会关注不同的事件、不同的情绪和团队的进展，但背后的思想是一致的：收集和分析数据。

（3）产生洞察。在这一步你需要分析收集到的数据，看看可以得出什么样的结论。为什么会出现那样的状况？完成这一步有很多方法，如根本原因分析等。

（4）决定怎么做。接下来的主要工作是找到合适的行动项列表，这些行动应该能够在下次回顾会议前完成，这也是改进的极佳时间盒。通常选择的行动项数目不能过多，否则会有无法落实的风险。

有时，回顾会议可能没有产生行动项。或许是因为问题已经在回顾过程中解决了，或许还需要更多的讨论。这样也是可以的。

（5）结束回顾。一个良好实践是做一个关于本次回顾会议的简短回顾。[②]它可以很简单，比如问问大家对于本次回顾的形式的看法，如何改进。

为了保持专注，我们建议限定会议的时长（时间盒），比如 1 小时。你也可以设定会议的每个部分的时间盒。

---

① 源自一本非常棒的书 *Agile Retrospectives*（http://pragprog.com/book/dlret/agile-retrospectives）。

② 但是不要做关于回顾的回顾的回顾了，否则就会陷入无限循环。

10.1.2　如何操作

以上给出了回顾会议的结构。它非常基础，没有告诉你怎么操作。具体的方法很多，我们通常会混合使用这些方法，这样能让团队保持专注，避免乏味无聊。邀请来自其他团队的人帮助引导回顾会议也是一个好办法。他们会带来新鲜的引导方法，而且他们也更加中立，会更聚焦于引导而非参与到讨论当中。

你可以在网上找到很多计划回顾会议的方法。我们经常访问的两个网站如下。

- 敏捷回顾资源维基，http://retrospectivewiki.org。
- Gamestorming，www.gogamestorm.com。

接下来我们将介绍一个基础的回顾会议的形式，它很好地展示了你可以怎样组织一个回顾会议。

1．启动回顾会议

（1）从展示和诵读回顾基本指导原则开始，问人们能否在回顾过程中遵守它。如果不是所有的人都同意，你应该声明回顾的目的是发现改进机会，而不是去责备某个人。

（2）收集数据。让团队写下自上次回顾以来发生的重要事件。

- 指导他们把每件事写在单独的即时贴上。
- 给他们三四分钟的时间（使用计时器）讨论一下，写完后让团队以任何顺序把这些即时贴粘到白板上去。

（3）重复之前的操作，但这一次要写下希望改进的事情。提醒团队你们的关注重点：不是要找到“坏人”，而是要找到尚未意识到的改进机会。遵循前面的指导。

（4）通常其中会有一些类似的想法，让团队把它们按不同主题分组。可以让大家在分组时保持沉默[①]，这会为小组带来不同的动态，而且会加速分组进程，通常几分钟就可以完成。

（5）再做一遍练习，但这一次关注的是理想情况。你可以说：“如果你们有一个可以实现一切的魔法棒，你希望在下次回顾之前团队的状态是什么样子的？”。可以使用同样的模式来收集好的和不好的条目。

2．产生洞察

（1）现在，你应该已经产生了许多想法，包括已经发生的好的事情的想法和团队可以做的更好的事情或希望尝试改进的想法。这为接下来的讨论奠定了良好的基础。

---

① 当然如果内容看不清楚，你可以说话。但保持沉默让人们变得平等，每个人移动即时贴时都不会被打断。注意那些被多次来回移动的即时贴，这说明大家未能就如何分组达成一致。单独讨论它们可能会很有意思，或许它需要被分成两个即时贴。

（2）让团队选出 1～3 件希望在下一阶段改变的事情。

（3）决定怎么做。在讨论过程中，帮助团队聚焦到那些在下一阶段就可以去做并能产生具体结果的事情。比如，你可以问："你怎么判断它已经被完成了呢？"为改进行动设定 SMART①的目标是一个良好实践。

确保要为这一部分留下充足的时间，因为这部分讨论通常是非常重要的（也希望是有成果的）。在一小时的回顾中，至少留下 15 分钟（或者说 25%）的时间。

（4）结束回顾。让团队用"举手指"的方式来投票表决他们对本次回顾会议的看法。数 1，2，3，每个人举起手指做出评价：1 个手指代表最坏，5 个代表最好。

（5）让每个人写一个关于如何改进下次回顾会议的建议，离开之前贴在墙上。

（6）感谢大家的参与。

这个指导可以被当做一个起始，你可以按需加入其他形式的实践，不断细化它：比如突出某一方面或者是混合使用其他方法。

应该在什么时间进行回顾

对于那些关注迭代的方法（如 Scrum），回顾很自然地发生在每个迭代之后。很多看板团队都使用基于流动的方法，流程中并没有"迭代完成"的点。我们的建议是团队应该确定一个合适的节拍（见第 9 章），例如两周做一次 1 小时的回顾，做几次以后，你就可以确定下适合你的节奏了。

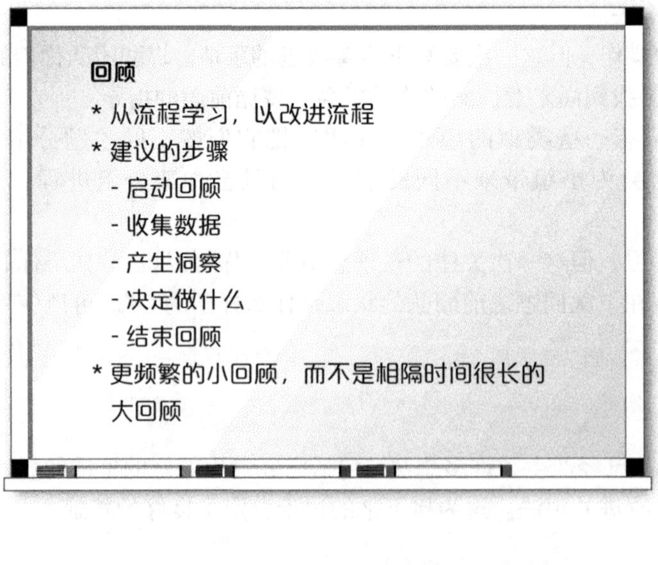

① SMART 是一个缩写，它表示目标应该明确（Specific）、可度量（Measurable）、可实现（Attainable）、（与整体目标）有相关性（Relevant）以及有时限（Time-bound）。这样可以确保团队得到一个非常清晰的目标，便于在讨论中消除对目标的错误理解和不同的解释。

回顾会议产出了数个可实施的改进，为了理解问题以及问题的根源，你可以做一个根本原因分析。这也是下一节的主题。

10.2 根本原因分析

设想你所工作的团队总是在后期发现很多缺陷。度量显示缺陷数还在上升，总的前置时间也增加了很多。团队决定要采取措施以降低缺陷的数目和前置时间。

你要怎么做？从哪里开始？问题是什么？你应该告诉大家他们应该共同行动吗？文档的质量在下降吗？测试的工作有问题吗？需要更多的测试吗？每个人都尽力了吗？

根本原因分析（或简称根因分析）是一个围绕问题探究其真实和深层次根源的方法。它背后的哲学是：离开根本原因而只解决症状是没有用的，因为类似的问题将来还会在某个地方出现。所以，你需要解决真正的问题[①]，以确保它将来不再发生，所有的问题都一去不返。

或许你听说过“5 个为什么”，你不断地问“为什么？”直到击中问题的根本原因。奇怪的

① “问题，真正的问题，只要真正的问题，上帝啊，帮帮我吧。”如果你愿意的话。

是，大部分团队经过 5 个“为什么？”的问答都能找到真正的问题。这是选择“5”的原因。让我们看看它是如何运作的。

如何做

根因分析可以用在各个层次，不管是大是小。你可以通过问答找到根本原因（如 5 个“为什么”）。对于复杂的问题可以组织工作坊。这时，我们建议你把能帮助你发现根本原因的人召集到一起来，限定时常，保持专注。决定开始和结束时间，通知每个人工作坊的目的是分析某个特定问题的根本原因。

1. 我们为什么需要解决这个问题

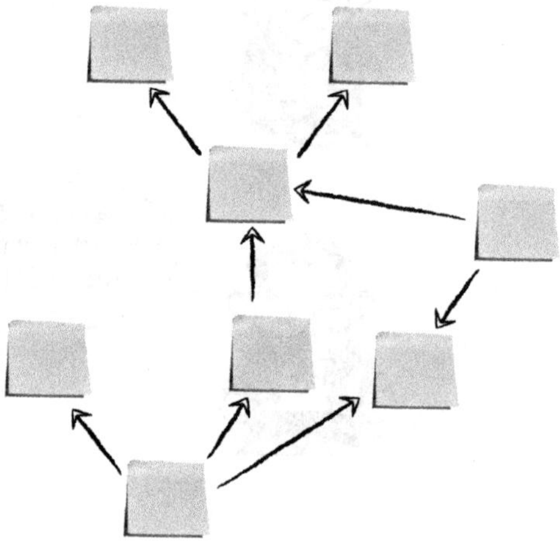

把待讨论的问题写在即时贴，并贴在白板的中央。根因分析的第一部分是找出不解决这个问题带来的后果，而不是怎么解决它。它帮助我们理解为什么解决这个问题很重要。

（1）从“问题即时贴”开始，问“那又怎样？”以收集想法。

（2）把每个新想法都贴在白板上，直到没有更多有意义的关于“那又怎样？”的信息。

（3）这些想法可能会形成数个不同的路径分支。对每个分支要持续地问“那又怎样？”。

（4）用箭头和线条标明每个即时贴之间的关系。

下面的对话是一个例子。

Marcus：我们有很多缺陷，那又怎样？

Daphne：它占用了开发新特性的时间。

Beth：而且会让我们的产品体验变糟。

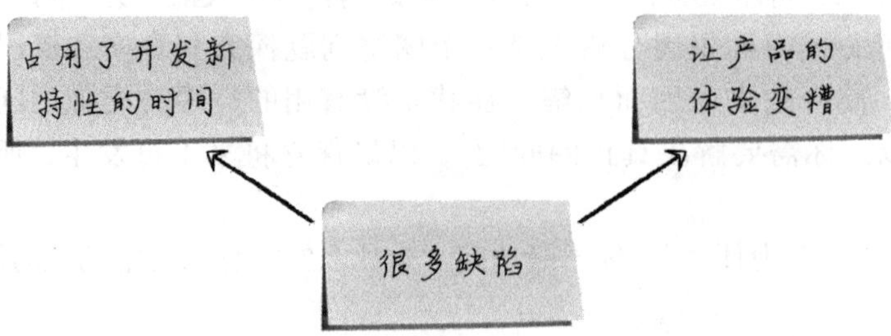

Marcus：好的，产品体验变糟，谁会关心呢？

Beth：你疯了吗？我们会丢失用户的。

Adam：这样净推荐值（Net Promoter Score，NPS）就会下降。

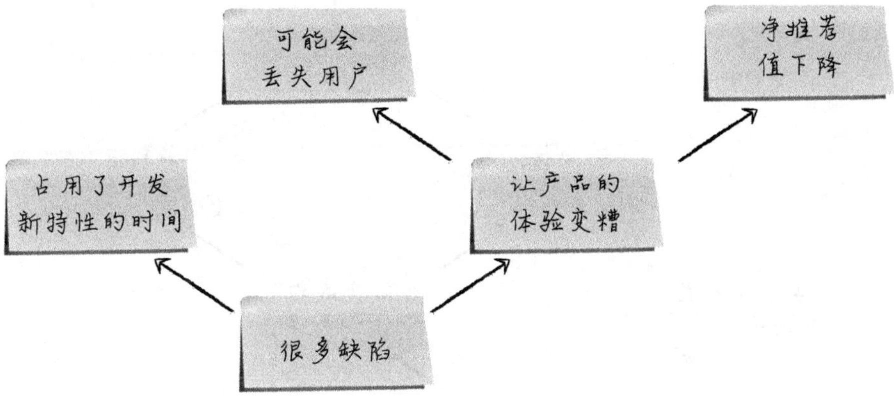

Marcus：说说净推荐值为什么会导致问题？

Beth：嗯，这是投资人关注的。事实上，他们也关心用户数。

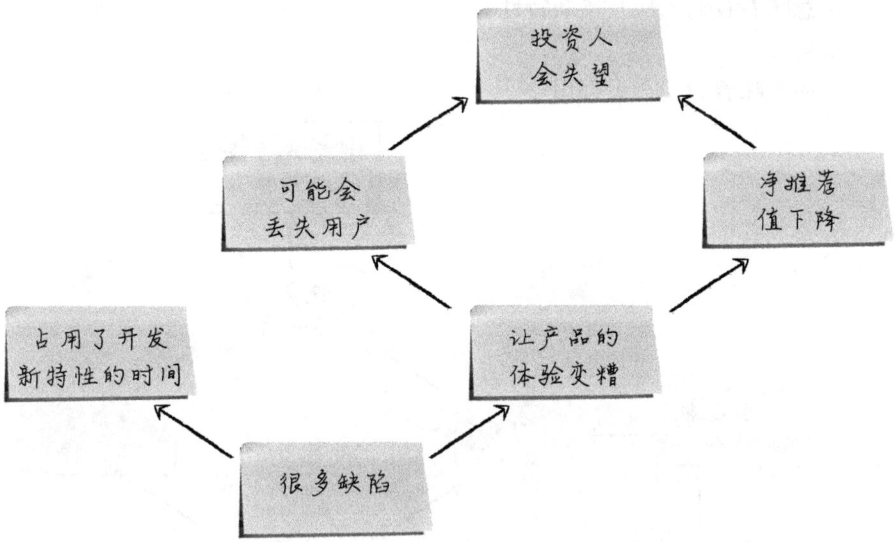

Marcus：为什么投资人是个问题呢？

Beth：他们会削减投资，甚至停掉产品开发。这就是为什么？

Marcus：那又怎样？谁会关心……

Daphne：好了，Marcus，我看这个问题可以到此为止了。这很糟糕，我们会失业，对吧？

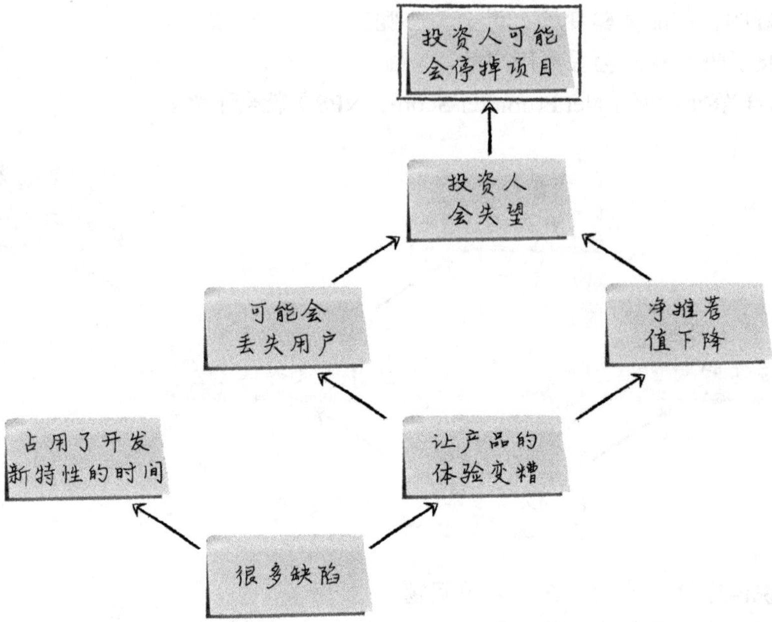

Marcus：对，让我回到过多的 bug 占用了新特性的开发时间，它为什么是个问题？

Dephne：它意味着我们无法开始新特性。

Marcus：那又怎样？

Dephne：它还意味着我们会失去用户。

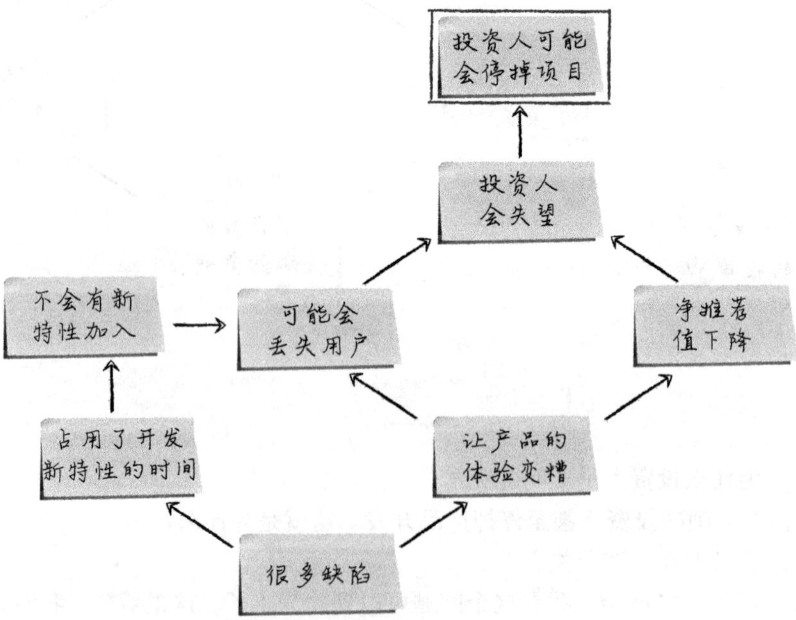

Beth：它还意味着竞争对手会乘机赶上我们。

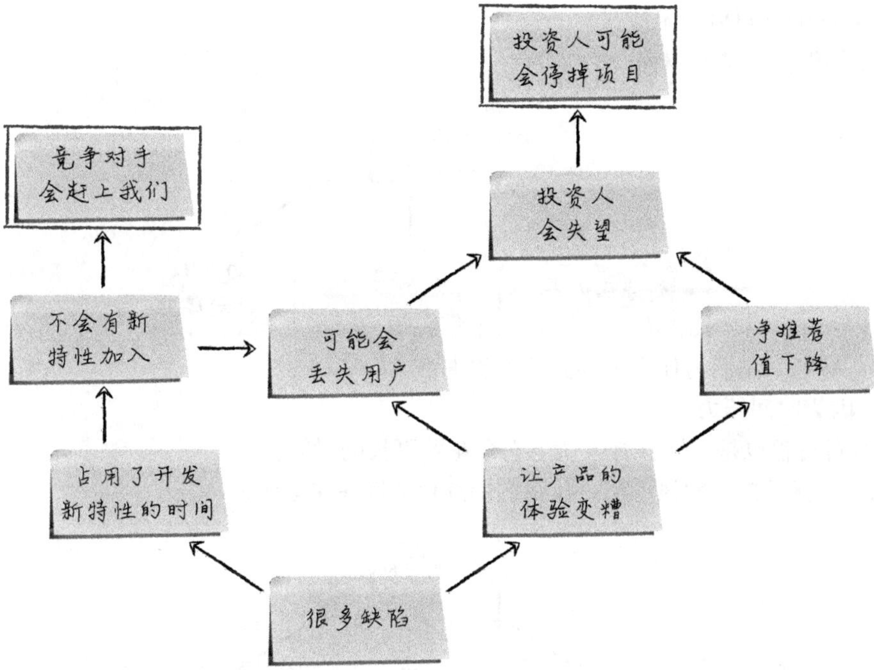

正如你看到的，团队很快就得到了为什么这些问题重要的原因，并加以检视和更好地理解它们。用以上的方法，他们知道了这些问题的影响。现在让我们来深挖这些问题背后的根源。

2．找到问题的根本原因

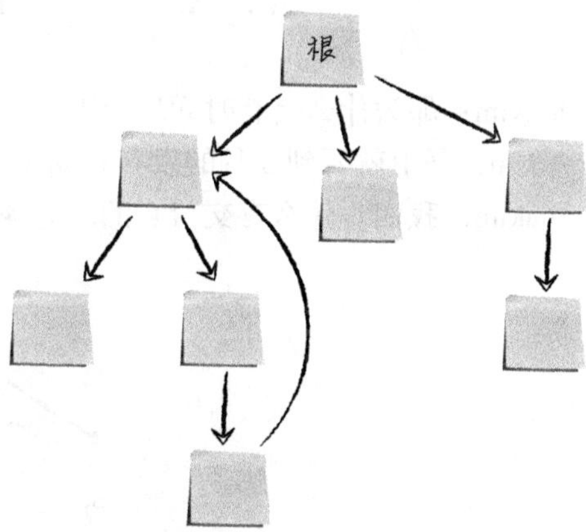

第二部分要做的是，通过问“为什么”来向下挖掘问题的根本原因。就像我在前面问“那又怎样？”，你应该从问题的描述出发，然后创建即时贴，不断地问“为什么？”。

这也会产生多个分支，但要坚持向深处挖掘，并记得通过箭头线来表示这些即时贴之间的关系。

你可能会发现，其中会产生环路，这也被称为自我增强环路（self-enforcing loop）。需要特别注意的是，因为它们可能形成恶性循环[①]，所以要着重标记，比如把它们圈出来以确保团队记得对这些问题采取措施。

下面是团队分析根本原因的例子。

Joakim：我们有很多 bug，为什么？

Adam：我们的时间压力很大——交付，交付，交付！

① 例如，我们的进度压力很大，所以就采取了损害质量的捷径，这又会让压力变得更大，导致采取更多损害质量的捷径，这又加大了压力……。现在你明白了它为什么是一个不断循环的环路。

Daphne：我们不再做技术改进。

Eric：我们停止了结对编程。

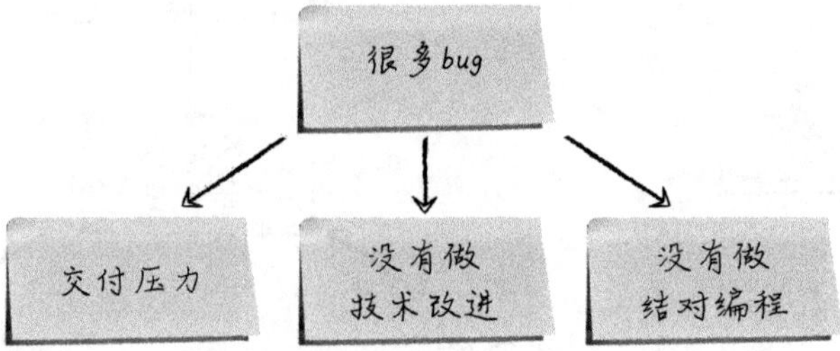

Joakim：好吧，我们为什么不再做技术改进？

Adam：因为时间压力。

Eric：结对编程也是一样，有人认为它会花费更长的时间。

Joakim：这就是自我增强环路，让我们用红色的箭头来表示。

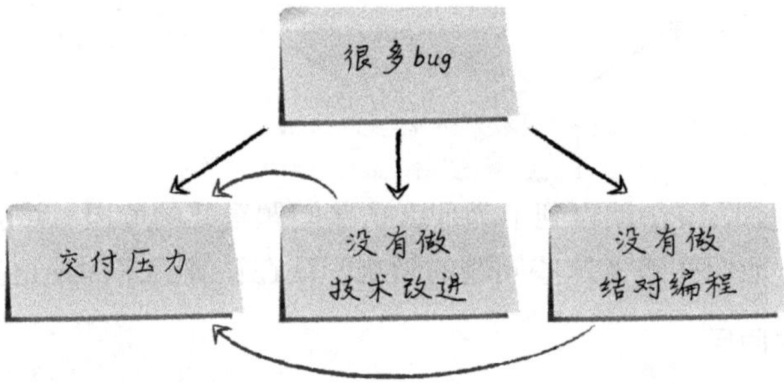

Joakim：那为什么会有时间压力呢？

Adam：马上就要到 5 月的发布日期了。

Joakim：我们为什么有交付它的压力呢？

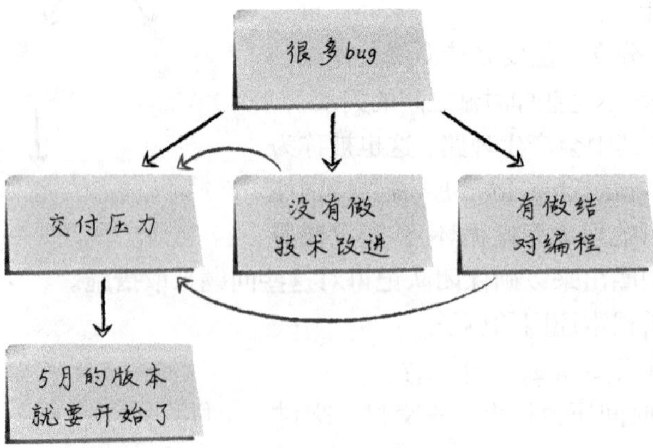

Adam：我们不能决定 5 月的发布版本的内容，这导致它产生的待办事项比我们实际能完成的要多很多。

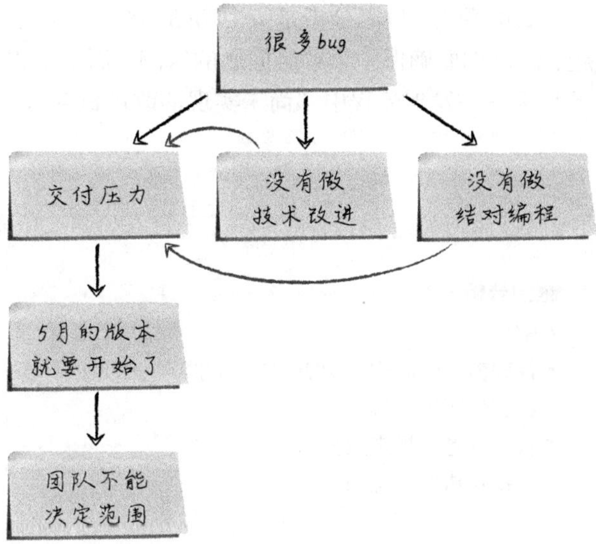

Joakim：那为什么我们不就此发表意见呢？

Eric：因为销售根本就没想过要问我们？

Daphne：倒也不是，他们问我们了，但我们当时正忙于 2 月的发布呢，没有时间去评估，还记得吗……

Joakim：哦，所以这是交付压力产生影响另一种方式。又是一个自我增强环路。

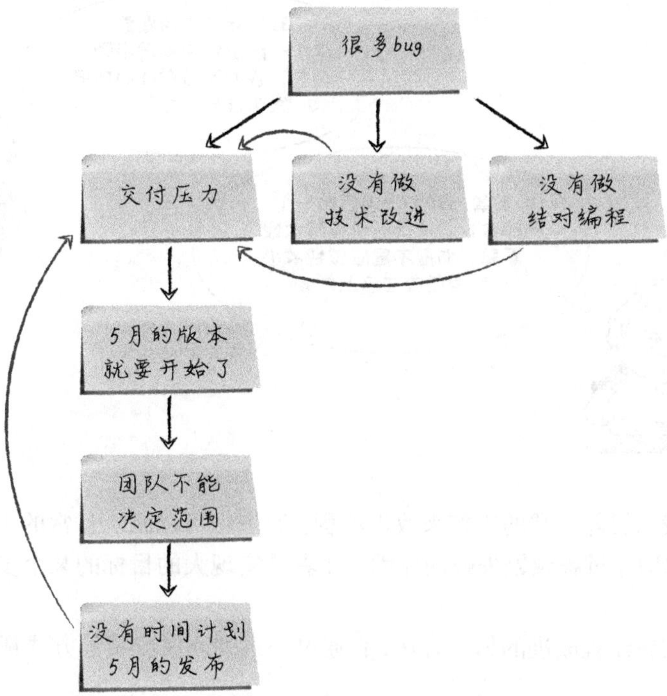

你可能已经从上面的对话中看出，根因分析是一个切断问题根源和业务影响的锋利工具。它可能会引发一些重大问题，所以你要确保一个解决问题的氛围，而不是相互责备。在开始时要提醒人们根因分析工作坊的目标——发现流程中“尚未实现的改进机会”，而不是要发现某个人的过失。

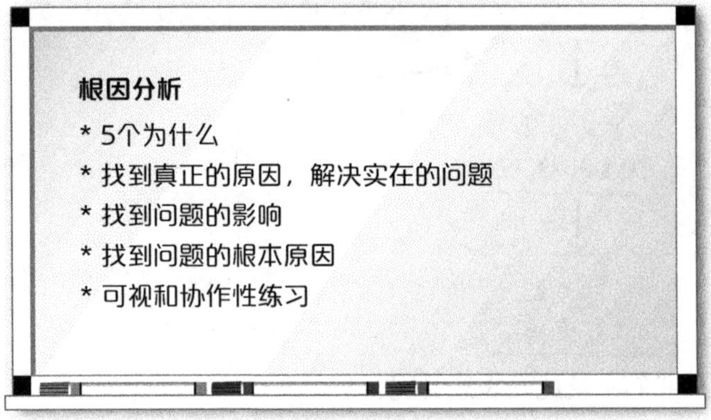

10.3 看板招式

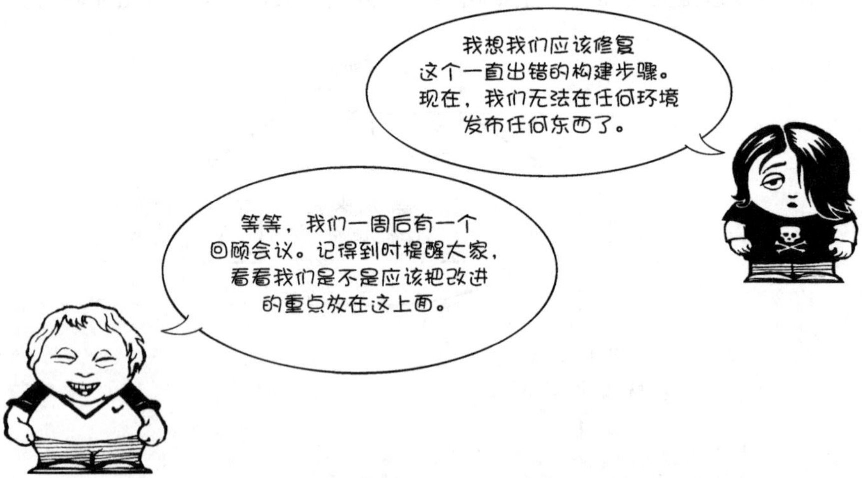

回顾会议让我们暂停正常的工作来改进流程。改进也可以融入日常的工作，例如一些可以修正的小事（如导致构建过程频繁失败的原因）或者是实现大的目标的某个步骤（如降低工作项的平均等待时间）。

看板招式是实施流程改进的另一方法，它通过一系列问题或其他方式帮助你小步和持续地改进，让改进和日常的工作融为一体，它是建立团队持续改进习惯的极佳方法。我们的好朋友 Hahkan Forss[①]是看板招式的先驱，他的灵感源自丰田——让改进融入日常工作。看板招式也是常规回顾的有益补充。

招式？丰田招式？

“招式”这个奇怪的词通常用在武术当中，它指的是重复练习某些特定的动作来创建肌肉记忆。你应该追求动作的精准，并不断练习，直至完美。这样，在实战中这些动作会成为你的肌肉记忆，被自然应用。

从武术到流程改进似乎跨越有点大了，最早建立这一联系的是 Mike Rother 所著的《丰田招式》这本书（McGraw-Hill，2009，http://amzn.com/0071635238）。书中，作者介绍了丰田是怎么在实践中贯彻持续改进的。这本书是作者根据对丰田的研究和观察所总结和描述的实践集。

Håkan Forss 把丰田招式的思想应用到软件开发的看板中，并称之为看板招式。

一个看板招式是指必须遵循的几个精确和特定的问题。一开始你会觉得很不自然，但是招式就是一系列不断重复的固定动作。它能够创建肌肉记忆，最终你不经思考就能随意而发。在这里，招式的作用是训练我们做好流程改进。

10.3.1 什么是看板招式

现在你已经知道招式是什么了，要了解看板招式最好还是从实例开始。在这一节，我们将介绍三个招式，或者说是组成看板招式的内容——关于改进的对话。

- 每日招式——在每日站会上融入改进工作。
- 改进招式——改进流程的正式方法。
- 教练招式——关注改进学习者（团队中的人员），它属于教练技术。

让我们把 Håkan 放到前面虚构的 Kanbaneros 团队中，来看看团队在应对改进和日常工作会有哪些变化。Håkan 已经给团队介绍了看板招式，并为 Frank（团队的头儿）做了几个小时更深入的介绍。

1. 每日招式

Frank 开始了一个晨会，团队和 Håkan[②]围在看板的四周。

---

① 访问 Twitter @hakanforss 或 http://hakanforss.wordpress.com。

② 我们用乐高小人儿代表 Håkan，这对我们很亲切。因为 Håkan 不仅是一个超级乐高粉，而且经常在他的演讲材料中使用乐高元素，既有效也有趣。如果对我们看板招式的讲述不满意，你可以把他拆掉。

“好的，我们的目标是什么？” Frank 面向大家问到。

“我们希望能每周三发布代码，也就是明天。” Daphne 说。

Frank 向下看了一眼手中的卡片，抬起头继续说：“那我们当前的状态如何？”

“明天发布有风险。” Adam 有点失望地说。

“有什么问题？” Frank 问道。

“我们已经成功地提交了第 22 和 23 项需求的代码。” Eric 说道。

“但还有一些问题可能会影响到发布。” Adam 补充道。

“是什么问题？” Frank 问道。

“现在主分支还是不能编译，有些代码归并的问题需要解决。” Daphne 握紧拳头说。

> **每日会议上的5个问题**
>
> 1. 我们的目标是什么？
> 2. 当前的状态如何？
> 3. 有什么问题？
> 4. 下一步做什么，期望是什么？
> 5. 什么时候可以知道采用这一步骤后的效益（学到的东西）？

“我们下一步做什么，期望是什么？” Frank 继续说道。

“我正在看那些编译错误，” Daphne 说，“有 Eric 帮忙，我们希望很快能解决问题。”

“我们什么时间可以知道采用这一步骤后的效益？” Frank 说。

“估计能在 1～2 小时内找到解决方案。” Daphne 看着 Eric 说。Eric 点头表示同意。

“好吧，我们午饭前再碰一下。” Frank 看了一下表，并继续到：“还有阻碍流动的事吗？”

Adam 指向编号为 46 的故事上的红色纸条：“我们对业务规则有些疑问，它让我们无法完成需求说明和测试文档，开发也停下来了。”

“好吧，我们下一步做什么，期望是什么？” Frank 问到。

“我们同 Cesar 和 Beth 约了下午两点的会议。希望能在会上将问题澄清。” Adam 说道。

“我们什么时候能看到采取这一步骤的效益？” Frank 又一次问到。

“我们可以在明天的晨会上更新一下。” Adam 回答道。

“太棒了，记得解决后要在阻碍即时贴上写上解决时间。”“还有什么阻碍流动的事项吗？” Frank 继续问道。

大家小声嘀咕了一阵，但是没有人有阻碍问题了。Frank 自信地结束了晨会：“好的大伙——停止启动，聚焦完成。” 每个人都看着后面的 Joakim 笑了，Frank 居然用这么愉快的方式引用这个声明。

2．改进和教练招式

大家散去以后，Frank 走向 Håkan 并问到：“我做得还行吗？”

“是的，和你通常的站会有什么大的区别吗？” Håkan 问到。

“嗯，或许是聚焦于学习（采取行动后的效益），而且我强调了小步骤。”

而且我认为，“期望是什么” 这一部分让我们在开始之前就很好地思考行动的目的。

“是的，我听到的也是这样，做得很棒！” Håkan 说到，“我们可以进入下一个招式了吗？”

“当然，老师。”Frank 眨着眼睛说。他们回到白板前，Håkan 开始问到：“目标状态是什么样的？”

“我们还在努力实现一个月前定下的长期目标——降低所有工作项的前置时间。我们假设我们可以靠团队现有的人实现这一目标。” Frank 继续道，“我们正在试图把归类为中等大小的工作项的前置时间降到 5 天。”

“现在的情况如何？” Håkan 问道。

“我们正在实现目标，我感觉已经接近了很多。” Frank 说。

“你是根据什么得出的结论？可以为我展示一下数据吗？” Håkan 问到。

“当然，这是我们的工作项前置时间统计图。” Frank 指着白板旁的一个图表说。

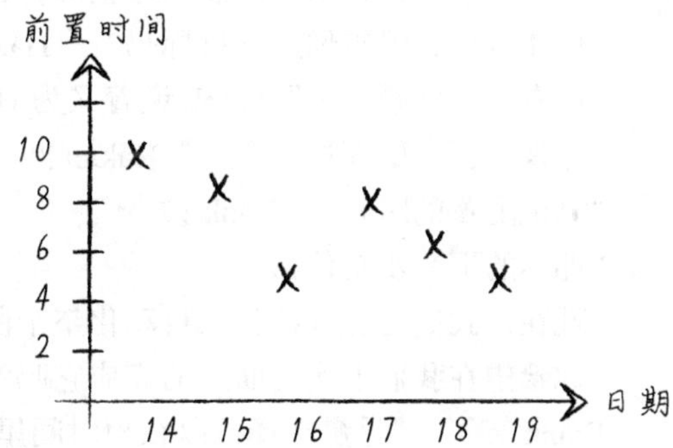

“你可以解释一下你看到了什么吗？” Håkan 问。

“是，我们用这个图表来跟踪中等大小的工作项，我们能看到最后几个工作项已经接近 5 天了。” Frank 说。

“你们最近的步骤是什么？” Håkan 翻开 5 个教练问题（本节稍后介绍）问道。

Frank 拿起一个“计划—执行—检查—行动”（PDCA）循环的记录表[①]，指向上次教练活动[②]生成的最后一行。

---

① PDCA 循环可以帮助我们记录改进工作的决策和进展。

② 这个表格摘自 *The Improvement Kata Handbook*，Mike Rother 版权所有 ©2013，依照 Creative Commons 协议发行。可以通过以下链接下载：http://mng.bz/Kweb。

PDCA 循环记录　（每一行 = 一个实验）

时间：20130426		过程度量	中等大小的工作项		
流程：移动银行					
步骤	**期望的结果？**	**教练循环**	**试验**	**结果　观察值**	**我们学到了什么**
记录配置过程	更好地理解这一过程			很多步骤都是手动的，即使是可以自动的步骤也是	我们可以很容易地自动化很多配置过程

"记录测试配置的过程。"

"发生了什么？" Håkan 接着问。

"嗯，我们跟踪了一个正常的测试配置过程，记录了所有做的事。" Frank 稍微有点不确定地说到。

Håkan 点头表示了解，并继续问道："那你了解到了什么呢？"

"很容易就可以看出，即使不是全部，也有很多配置步骤是可以自动化的。" Frank 说。

"现在有什么阻碍你达到目标吗？" Håkan 问。

"还有几个问题……" Frank 说着又为 Håkan 列出了这些阻碍。

"你现在正在处理哪一个？" Håkan 问。

"测试配置的时间。" Frank 说。

"那你的下一步是什么？"

"现在，我们已经开始尝试自动化整个测试配置过程。" Frank 自豪地说。

"你希望在我们下次会面之前完成它吗？" Håkan 做了一个鬼脸并问到。

Frank 笑了："尽量选择可以在短时间里完成的小步骤。对吗，老师？"

"是。" Håkan 也笑了。

"好吧，我们可以从自动加载测试数据开始，它比较容易做到。"

"听起来不错，你对这一步的期望是什么？"

"嗯，至少花费在数据库设置上的 80%的时间可以被节省下来。" Frank 回答。

"具体是多少时间？" Håkan 问。

Frank 心算了一下说：“至少 4 ~ 5 分钟。”

“很好，我们希望尽量精确。”Håkan 解释道，“只有精确了，我们才能确切地知道是否达成了期望的结果。重点是通过比较结果和期望来学习。招式的精髓在于学习，这样我们才能持续不断地以小步改进。回到招式，”Håkan 说，“我们什么时候才能看到从这个步骤中学到了什么？”

“我们希望本周结束时能做完。”

“很好，本周五 10 点我们再碰一次。”Håkan 说。这个教练的过程就此结束。

Håkan 和 Frank 走向咖啡机，继续讨论着测试配置。改进工作已经开始滚动起来了，似乎他们很好地控制了这个过程。现在他们需要咖啡。

10.3.2 发生了什么

在这个例子中，你看到了三个招式：每日招式、改进招式和教练招式。Frank 和 Håkan 都严格遵循了特定的形式——预先定义的问题，也就是所谓“5 个问题[①]”。

如果你觉得这些招式（问题和形式）不适合你，你也可以创造出自己的招式，然后遵循这些招式。不断地重复是达到完美的关键。

> 重复是一切知识之母，现在把作业重做一遍。
>
> ——Lennart Wistedt，Marcus 四年级到八年级的数学老师

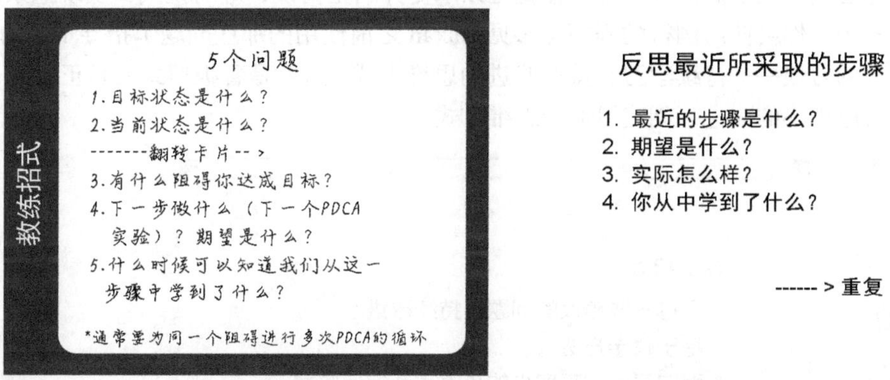

你是否注意到了我们强调的是学习和小步骤？对于团队采取的每一小步，都会首先被问到期望的结果是什么，然后是从实际发生的事中学到了什么。这其中应用了科学方法——做出假设，预测会发生什么，执行实验，观察数据，反思预测和实际之间的差别。

---

① 在 Creative Commons 授权协议下使用，参见 http://mng.bz/Kweb。

10.3.3 这为什么有效

看板招式非常地强调学习和结构化的方法和态度。它由三个基于科学方法的招式构成。科学方法认为永远没有坏结果。结果只是结果，你要应用它学习和改进下一个假设。

> 没有失败的实验，只有与预期不一致的结果。
>
> ——R. Buckminster Fuller

看板招式有效的另一个秘密是：它强调小步骤。你在尝试从现状出发，寻求并达到目标状态。而达成目标的路径是未知的，那最好的方法就是以小步探索。这些小步骤就是基于你的假设的实验。

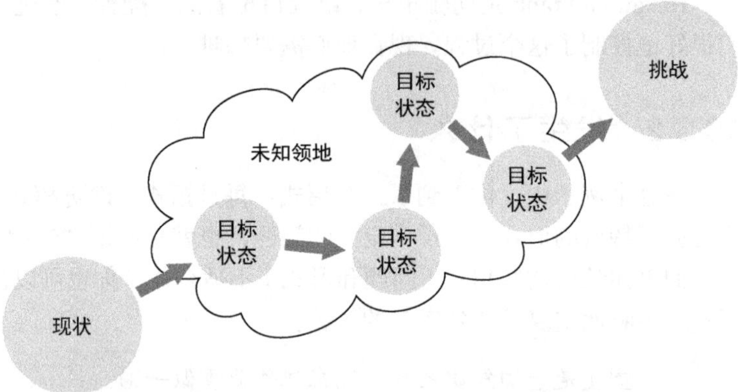

我们要正确看待实验结果。它只是一个事实，只要你能够从中学习并改进，即使犯错或者时机不对都是可以的。从现状到目标，你需要方法指引你穿越未知领地。你一定会犯错，这是被允许的。前提是你必须采取小的步骤，这样你就可以承受并纠正错误，应对挑战，实现愿景。

在看板招式中，你会使用例行的程序（参见 Håkan 之前使用的那些问题）指导不同的招式。它帮助你形成新的习惯——持续学习和持续改进的思维方式。这就是看板招式的真正用处：通过每一天组织和实施小小的改进，创建习惯和思维方式。

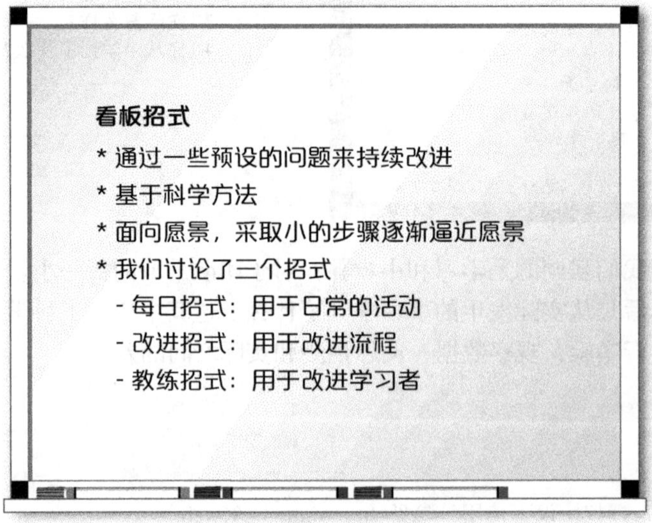

10.4 小结

本章讲述了流程改进和常见的改进实践。

- 持续改进和尊重人是看板的核心。
- 看板帮助你发现改进的机会。

然后我们把注意力转向了几个常见的改进实践。

- 回顾会议是让团队回头检视他们的流程，发现可以改进的地方。
- 根因分析帮助你发现问题的根源而不仅仅是解决症状。
- 根因分析还帮助你看到为什么问题值得解决。
- 看板招式是一个持续改进的工具，它源自丰田的改进方法。
- 看板中有以下三个招式：
  - 日常招式——把改进融入日常的工作中去；
  - 改进招式——流程改进的正式招式；
  - 教练招式——改进学习者。
- 看板招式中的“招式”表示你为了实现目标遵循一套方法，直到这些方法变成一种本能的反应，改进成为你的常规工作的一部分。

下一章我们将讲述怎么通过度量来确定是否真的改进了。

第 11 章　用度量指导改进

本章涵盖的内容

- 度量指标及它们如何帮助你改进
- 看板团队常用的度量指标及其可视化
- 如何找到适合团队的度量指标

第 10 章介绍了很多关于改进的内容，它必然会涉及流程的改变。我们愿意把流程的改变看做未经验证的实验，因为我们事先并不能确切地知道它是否能够带来改进。因为是实验，你就需要方法来知道流程是否真的改进了——你需要对工作进行度量。精益和看板团队形成了一个强大的度量讨论社区，本章将介绍几个常用的度量方法，并讨论如何通过它们来学习和改进。

对于看板，可视化度量可以帮助你看到正在发生的事。我们将向你介绍几个通用的可视化方法和图表，包括怎样应用从工作流中获取的数据创建这些图表，并通过解读这些图表了解开发过程。

让我们深入其中，探讨几个看板和精益团队反映的很有用的常用度量指标吧。

11.1 常用度量指标

这一节我们将介绍几个常用的度量指标，通过可视看板墙上展示的工作流就很容易获取到它们。其中也包括我们在前面的章节中已经用到的度量。这将很好地指示你的工作流程状态，工作项从创意到投产的移动速度有多快，以及更多其他的信息。

教练的忠告 记得要让团队共同参与决定，这样团队就可以说出对他们有用的好指标。还要记得这一建议只是为了让讨论有效，你还要记得考虑过程相关的度量的同时，也要考虑业务相关的度量。

让我们从一个易于获取的度量开始：周期（以及前置）时间。

11.11.1 周期和前置时间

它们是什么？度量工作在整个流程中的移动速度，以及它在哪里慢了下来。

从这个度量指标中可以了解到什么？通过度量前置时间，你可以看到交付（上市）时间及其可预测性的实际改进。你还能了解到交期绩效——一个工作项是否能按你预计的时间交付。你还可以分析完成工作项的时间究竟花在了什么地方，是不是大部分时间在等待或返工，或者是真的在被处理。

周期（cycle）时间指的是工作项通过部分流程所用的时间，如开发或测试。前置时间则是指完成整个流程的时间，即从创意到特性完成投产的时间。

跟踪前置时间通常更有意思，因为它反映的是整个流程。周期时间只关注局部，而会错过流程中其他部分的重要信息。如果你仅仅优化部分流程，你就可能错过会减慢前置时间的其他瓶颈。

下面的示例看板墙显示了一个团队对开发和测试周期时间的跟踪，同时也标明了整体的前置时间，你可以通过整个工作流看到这些信息。

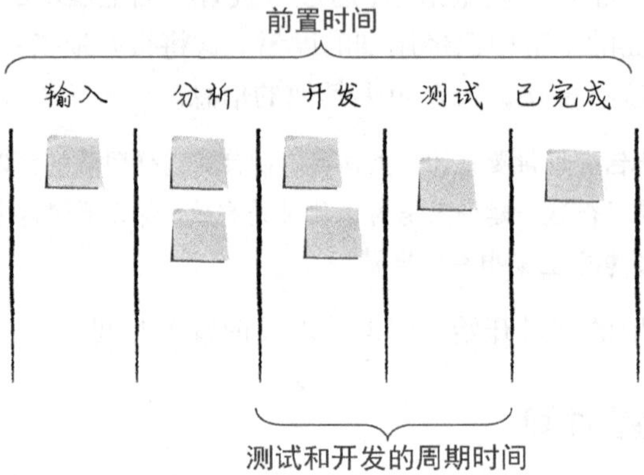

整个过程的前置时间通常难以掌握，因为它可能不受你控制，或者没有在看板墙上可视化出来。让你的跟踪包含尽可能多的流程步骤以看到全貌。

周期时间与前置时间

为了更好地理解前置时间和周期时间的区别，让我们看一下 Marcus 参与的第一个 Scrum 团队。这个团队由 6 个快乐的开发人员组成，每 3 周产出一次可交付的软件。因此，团队开发的周期时间是 3 周。但这对业务有用吗?

不是很有用。当 6 个 sprint 都完成之后，我们得知有一个 3 个月的测试阶段在等着所有我们完成的工作。等一切都完成后，我们已经错过季度发布 1 周了，因此不得不等待 3 个月后的下一次发布。

令人伤心的是，这（3 周的迭代周期）对整体前置时间的影响很小，因为我们明白需求文档在一年半前就已经写好了。

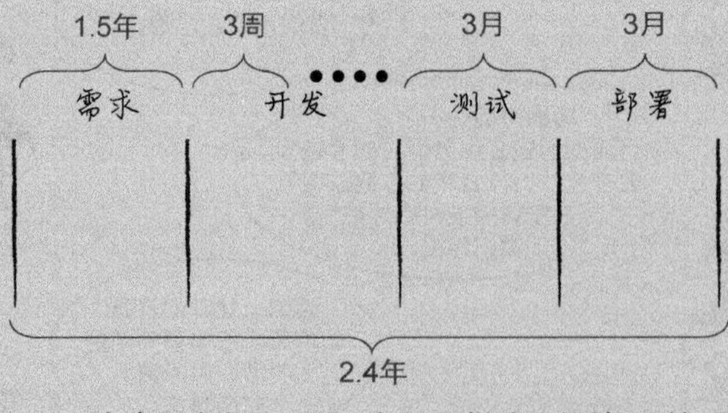

单个功能的周期时间（仅考虑开发）是 3 周，但是同样功能的前置时间是 2 年零 4 个月。

这就是周期时间和前置时间的区别。虽然缩短开发周期时间是有用的，但真正巨大的改进机会还是来自其他地方。

应尽可能缩短前置时间以让工作更快地流经整个流程。同时还要注意，有时过度关注缩短周期时间对整体的前置时间是不利的，这被称作局部优化（optimizing locally）。设想，你已经把开发时间优化到了几天。这时的问题是：需求能够以较小批次交付给开发吗？测试能够应付隔天就有新的东西移交吗？或许更明智的做法是放慢开发以保证工作能够平缓地在整个过程中流动。通过度量周期时间和前置时间，这些问题很容易被发现（参见第 7 章）。

1. 获取度量数据

周期时间和前置时间是容易跟踪的指标。只要有可视的看板墙，你随时都可以开始跟踪它们。记下每个工作项放入看板墙时的时间，同时记下工作项到达最后一列（如“已完成”或“投产”）时的时间。这两个时间之差就是流程的周期时间。如果看板墙反应的是从创意到投产的整个过程，那它就是整体前置时间。

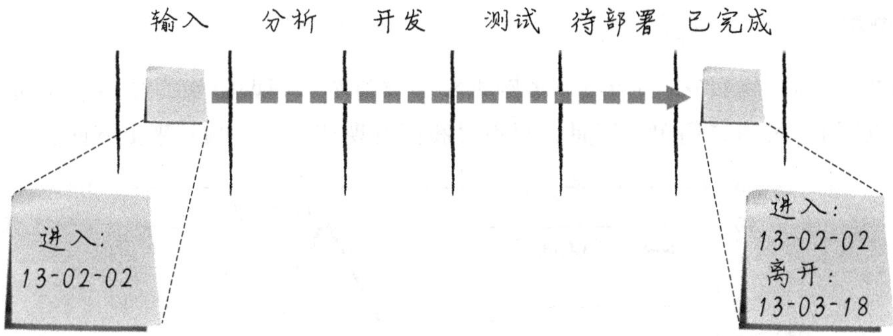

在这个例子中，工作项进入看板（“输入”列）的时间是 2013 年 2 月 2 日，完成时间是 2013 年 3 月 18 日。两者相减得到了总前置时间为 44 天（扣除瑞典的假期 31 个工作日）。

计算周期时间同样简单。记录一下进入和离开某个你感兴趣的列的时间，如进入“开发”列和到达“待部署”列的时间。

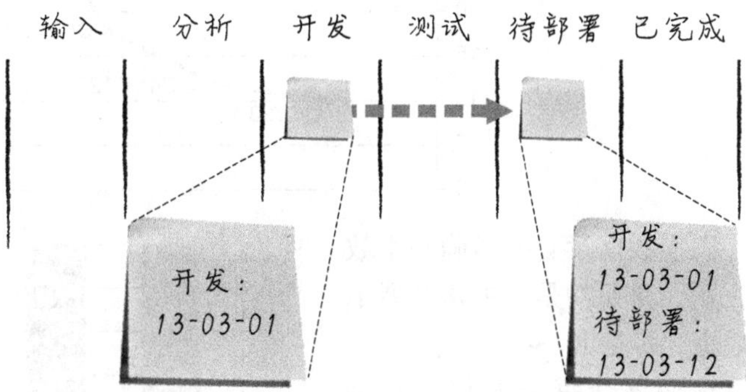

你可以看到，工作项 3 月 1 日进入“开发”列，3 月 12 日到达“待部署”列，周期时间是 11 天（8 个工作日）。

2. 分析度量指标

我们得到了两个值（44 天的前置时间和 8 天的开发测试周期时间），团队现在可以开始分析他们的工作表现了。8 天仅仅占总时长的 20%左右，这个数字（8 天）在增加还是减少？它应该是多长？其他时间花在哪里了？他们要跟踪其他部分的周期时间以得到更多的信息吗？

通过问这些问题，你很快会意识到相比于单个工作项的周期和前置时间，其随时间变化趋势的意义更大，它可能是你第一个跟踪到的异常快或慢的项目。你需要更大的样本来判断是否在改进，你可以通过统计分析或可视化这一趋势来了解这些信息。

跟踪周期时间的同时，你可以开始分析它。

- 对于这种类型和大小的工作项，这样的周期时间正常吗？有了足够大的样本，当一个工作项进入看板时，你就可以做出预测了（参见 9.1.4 节的迪士尼乐园等待时间）。
- 你也可以根据前置时间来做优先级设定。例如，中等大小的工作项通常需要 5～8 天完成，你手边有一个这样的工作需要在 6 天内完成，当你发现它进度落后时就知道要调高它的优先级了。
- 一个有意义的练习是分解前置时间，看看它究竟花在了什么地方。对于 30 天总时间，主要花在了什么地方？多长时间的等待和阻碍？有多少返工？分析可以帮助你发现瓶颈从而做出改善。

3. 可视化度量

这个团队通过画在白板旁的两个简单图表来跟踪前置和周期时间，就像下面的简单的散点图。你也可以用 Excel 这样简单的工具，只不过我们发现在白板上画起来更方便。

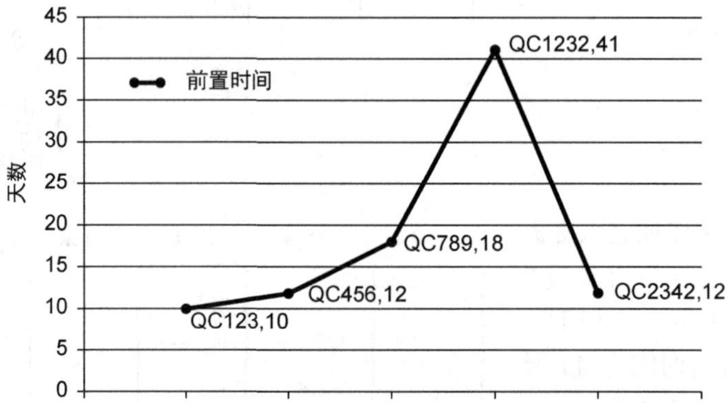

图表数据没必要精确到小数点之后，重要的是可视化并展示在墙上，尽量大一些。

你应该让每个人都能看到它，并分析和提出疑问。你可以跟踪不同部分的周期时间以及整体的前置时间，用堆积条形图展示时间在不同阶段的分布，如右图所示。

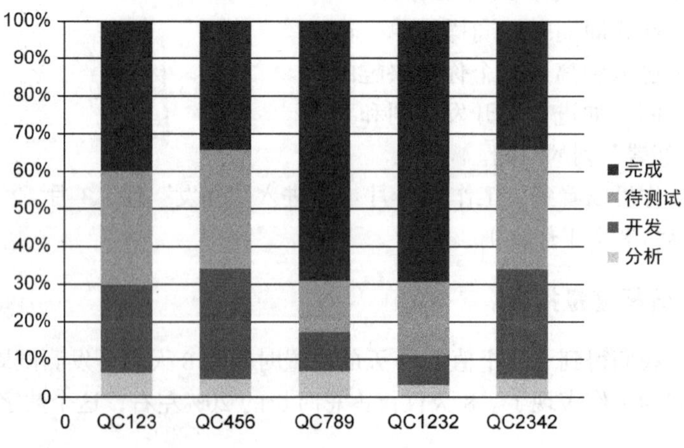

在 11.2 节，我们将看一看如何应用更高级的图表来使用这些数据，比如控制图和累积流图。但是不要低估这些简单图表，它们是一个很好的开始。

正如第 7 章中所述，关注缩短前置时间可以带来更好的流动，这是一件好事。但如果只关注它的度量，你可能会错过其他的重要信息。例如，如果只看前置时间，你可能不会关注到已经有一周没有任何东西完成了。这也是为什么需要用吞吐量指标来加以平衡的原因。

11.1.2 吞吐量

它是什么？衡量流程产出完成的工作项的速率。

从这个度量指标中可以了解到什么？你可以了解到，各种改善流动的行动（如减小在制品、拆分故事以及对持续部署等自动化的投入）是否取得了效果；是否提高了交付频次，并因此缩短了反馈循环。

吞吐量的定义是“生产过程中输入和输出的移动[①]”，它大致可以被解释为“单位时间的产出”。我们更喜欢约束理论社区中的说法：吞吐量是系统达成目标的速率。

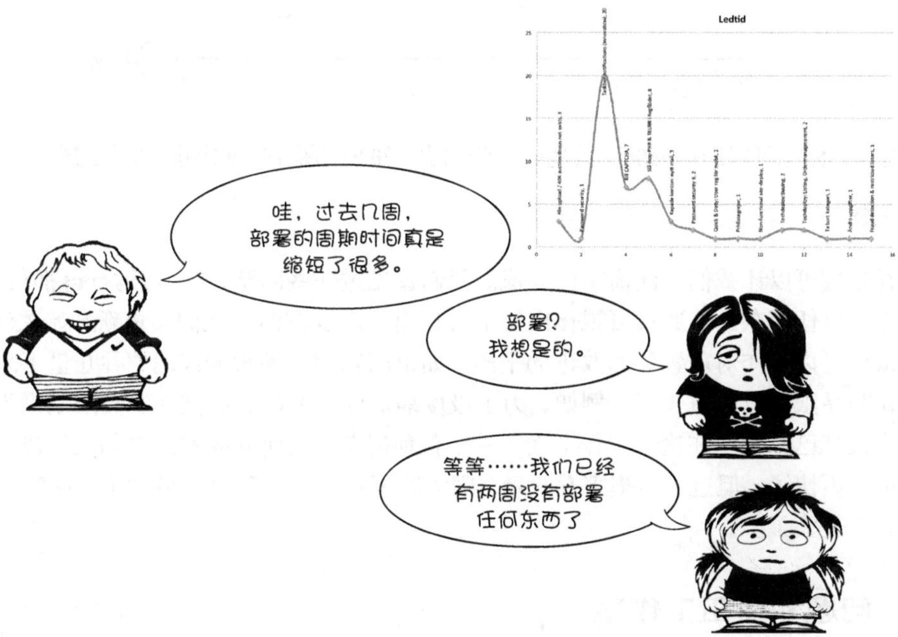

跟踪吞吐量帮助我们关注事情在过程中的流动，保证工作被完成，而非仅仅是有人在工作。吞吐量越高越好（每个时间段完成更多的条目），但是不能以牺牲质量为代价。

1. 获取度量数据

相比前置时间，计算吞吐量要更容易：只需要对每周（或每月，或其他时间单位）完成的工

① 参见 http://en.wikipedia.org/wiki/Throughput_(business)。

作项计数。每周五数一下看板墙上“已完成”列的工作项数目，并清空它们就可以了。

2. 可视化度量

吞吐量的可视化也很容易，只要用散点图或堆积条形图展示每周完成了多少工作项就可以了。下面是一个例子。

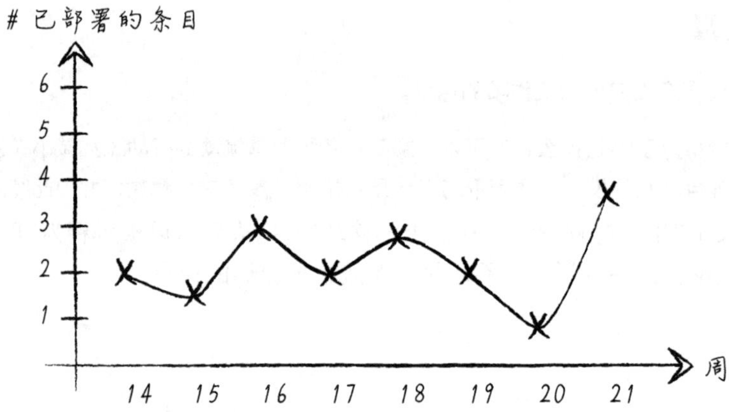

如果愿意，你也可以用很炫的工具生成这些图表。重要的是它要对团队和其他感兴趣的人可视。

3. 分析度量

分析吞吐量可以让我们关注需求的完成。我们曾见过一些团队，“一切运行得都很好”，就是一个月没有交付任何东西。通过可视化出每个月送出去多少东西，他们又重新开始关注交付。

吞吐量也可以用作对前置时间改进的平衡。如果前置时间缩短的同时，吞吐量下来了，就可能意味着在制品限制有点过头了。例如，为了极度缩短前置时间，而把在制品限制设为“1”。团队中的每个人都已经工作在这个工作上面了——任何时刻、任何问题都能立刻被解决。这个工作的进展不可能更快了，但这可能损害吞吐量，因为除了这个工作就没事可做了，这样的在制品数量限制就有点过头了。

11.1.3 问题和受阻工作项

它们是什么？度量阻碍流动的工作项。

从这个度量指标中可以了解到什么？受阻工作项会怎么影响前置时间/前置时间效率？你解决和消除阻碍的过程快/好吗？你在改进吗？

问题和受阻工作项阻碍了工作流动。缺陷问题告诉你的生产质量有问题，这正是你需要知道事情；受阻工作项妨碍工作的顺畅流动，你需要清除这些问题，让它们越少越好。

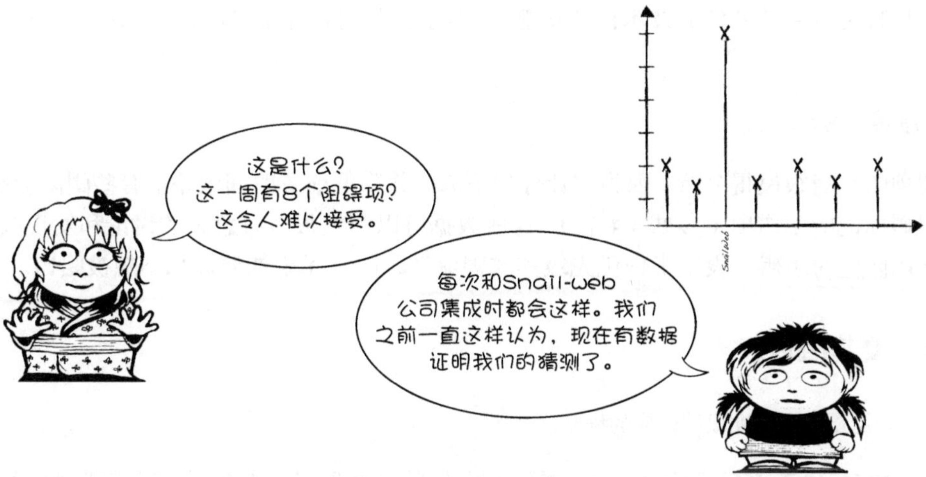

跟踪问题是一个平衡指标，它确保你不至于跑得过快。设想你仅仅关注前置时间，一心要缩短它，你当然可以跑地更快[①]。有了关注质量的度量指标，如跟踪缺陷数目，就可以保障你的团队不只是关注周期时间而罔顾其他。在 11.1.5 节中，我们会进一步讨论对质量的度量。

阻碍经常发生在团队继续工作前需要其他人接管你的工作或提供输入的时候。有了数据的支持，关于如何解决这类问题的讨论就会更加容易和有效。

例如，“我们跟踪了因等待你的输入而处于停止状态的工作项的数目，它们上个月增长了 30%，数据反映了这一趋势”这样的讨论当然要比“我们感觉有很多事都在等待你们的输入”要强很多。有具体数据的支持，就可以讨论怎么应对了。假设你采取了措施清理阻碍项，你又怎么知道这些措施是否起到作用呢？你需要比较事前和事后的度量指标。

1. 获取度量数据

利用可视化的工作流，这两个度量指标（缺陷和阻碍）都很容易通过计数看板墙上的条目被获得。

- 缺陷的数目 = 一段时间（如每周）内，粉色即时贴的个数。
- 阻碍项的数目 = 有阻碍标记的即时贴的个数。

2. 可视化度量

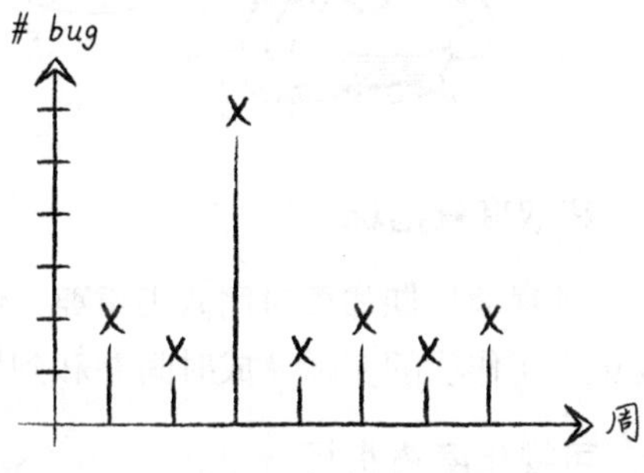

这样，我们就很容易画出散点图和堆积条形图来反映趋势了。被阻碍的条目在变多吗？上周花了很多精力用来清理缺陷，现在，缺陷的数量是否到达了一个低点，或者是又上升了呢？上周出现很多缺陷的原因是什么？

你也可以跟踪其他对你的流程重要的东西（例如，确

① 至少暂时可以跑得更快。糟糕的代码会变得越来越难维护，最终还是让团队越来越慢。

保总是能做特定数目的新的或技术性的功能）。对于这些内容你也可以使用同样的跟踪和可视化方法。

3. 分析度量指标

阻碍项的数目很值得分析，因为它让你慢下来，并降低前置时间效率。有些团队会每天跟踪那些有阻碍标记的工作项（参见 4.4 节）。这些数据可以引发很多有意思的讨论和发现改进机会，从而指导团队应对阻碍、设定工作优先级和改善流动，因为无论如何你都不想被阻碍。

11.1.4 交期绩效

它是什么？衡量承诺和期限被达成的程度。

从这个度量指标中可以了解到什么？你能看到根据预测的前置时间，到期期限是否能够得到满足。并且建立一个跟踪记录，让你变得可信任和可依赖，从而帮助你建立和利益相关人之间的信任。

如果一个工作项包含到期期限（交期），你当然希望确保能够按期完成。设置到期期限通常是因为必须在这之前交付才能把握住业务的机会，或者是错过这个日期就会有罚款。有些人把到期期限看做是和周边部门以及利益相关人之间的服务等级协议（Service Level Agreement，SLA）。

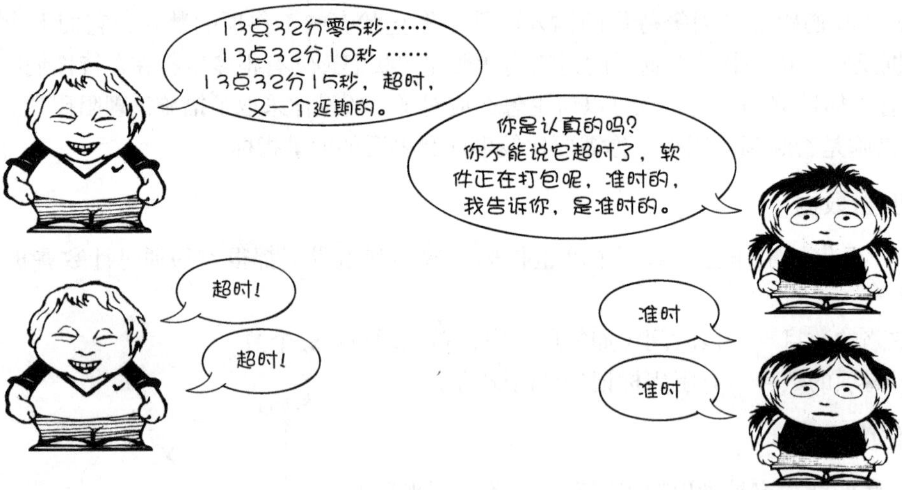

1. 获取度量指标

这样的日期如果对团队很重要，你就需要跟踪它们。从看板墙上统计它们并不困难，你只需要记下工作项的实际完成时间并和到期期限比较就可以了。

2. 可视化度量指标

对于这类度量，饼图或环图最合适。它能告诉你有多少工作项的到期期限被达成或错过了。

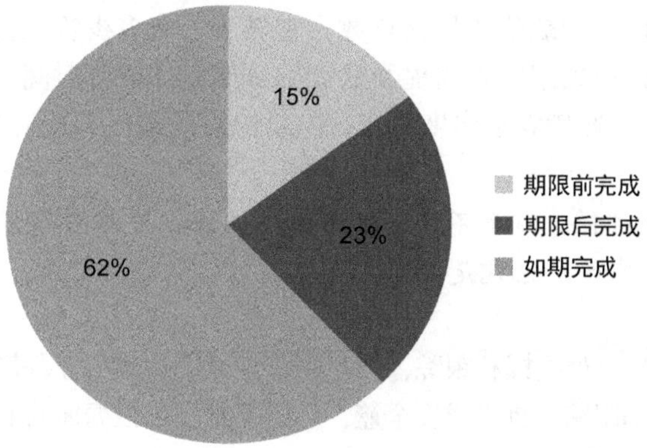

3. 分析度量指标

准时率的表现可以用于和其他团队以及利益相关人沟通，同时也可以帮助你排定优先级以及激励团队。如果根据到期期限，某个工作项可能落后，你就知道要调高它的优先级了："我们可不想破坏一向良好的准时交付记录。"

有了长时间和可靠的准时交付记录，你就能建立与关联团队以及利益相关人之间的信任。它也能引发关于改进的讨论："我们 95%的工作都能按期交付，但那些和 B 供应商关联的需求除外，我们能为此做点什么呢？"

11.1.5 质量

它是什么？度量工作的质量以及完成的特性是否为利益相关人和客户创造了价值。

从这个度量指标中可以了解到什么？质量是其他改进（如前置时间的改进）的重要平衡，它也可以帮你审查质量改进的努力（如自动测试、偿还技术债务等）是否取得预期的效果。

质量是一个可以有多重解释的概念。我们并不想就这个宏大的主题过分展开，而是直接采纳 Gerald Weinberg 的定义："质量是对某些人的价值。"①

这一定义显得模糊不清，可以有不同的解读，但质量就是这样的。我们的一位朋友发现了他所写的书中有很多拼写和语法错误，并为此感到十分失望。但是那本书被评为当年排名第一位的敏捷书籍，在亚马逊上有超过 20 个 5 星评论。那么这本书的质量如何呢？一个没有错误但没人用的产品不能被认为是高质量的。

1. 获取度量指标

关于质量有很多有吸引力的度量，而且也很容易获取。

- 产品中每个版本的缺陷数，最好能够显示其随时间变化的趋势。

① 引自 *Quality Software Management: Systems Thinking*(Dorset House,1991,http://amzn.com/0932633226)。

- 单位时间内看板墙上的缺陷条目的总数。它显示了有多少资源被用于解决缺陷。
- 对于缺陷，你可以单独跟踪之前提及的大部分度量（前置时间、吞吐量等）。

到目前为止，你应该能够建立很多度量了，但要记住的是：不是某个度量易于跟踪就一定值得跟踪。

> 我必须很耐心地解释：质量不是管理者眼中的缺少某些东西（那是缺陷），而是用户眼中需要有的某些东西，也就是价值。
>
> ——Alan Weiss[1]

是的，想法本身的质量更难把握和跟踪，但是跟踪它试图达成的业务影响也更有价值。用 Gojko Adzic 的话说："不要把缺陷跟踪工具当成安全篮，你需要做的是根据你的上下文来定义质量。"[2]

你怎么知道你的团队为某些人创造了价值呢？这一数据很难获取，你只能去问那些你试图为他们创造价值的人。有很多方法来做，如问卷和访谈、净推荐值、Facebook 上 like 的数目，以及其他我们听说过的方法。

你现在已经走出了自身的流程，你需要关注产品本身，这样才能获取需要的数据。或许你需要在产品中内建一些功能，从而获取用户是如何使用你的产品的，以及他们对产品的想法。

Google Analytics（网站数据统计分析工具）、Optimizely（帮助网站进行 A/B 测试及其数据分析的工具）和 Google Tag Manager（网站标签管理工具）是常用的网站工具。它可以帮助我们监控流量，跟踪用户与网页间的互动。它们可以提供很多关于产品和特性的质量信息。

2．可视化这些度量

度量质量的形式多种多样，因此我们无法给出唯一的方法和提示。我们能说的是：让它们尽量大，尽量可见地展示在墙上。在团队旁边放一个展示 Google Analytics 数据面板的显示屏会引起很多注意，触发荣誉感、问题和讨论——这也是你希望看到的。

3．分析度量指标

如果你努力获取了为用户创建的价值的度量，那么你就会有机会做很多有意思的分析。你可以对产品做一些小的变化（有些人[3]称之为实验）并观察度量数据的相应变化。更进一步，你还可以做 A/B 测试——针对同一功能发布两个版本来看一看哪个版本的表现更好。

让我们看看 Marcus 曾经历过的一个真实案例。试想你的网站试图吸引尽量多的用户。当前的用户注册模型有很高的中途退出比率，并且你认为这和复杂的图形验证码[4]有关。于是你设计了一个实验，发布了一个打开图形验证码功能的版本，和一个关闭图形验证码功能的版本。现在，你就可以比较这两个版本的转化率（从非注册用户到注册用户），从而决定是否应该使用图形验

---

① *Million Dollar Consulting*（McGraw-Hill，2009，http://amzn.com/0071622101）。

② 参见 Gojko 的博客 "Bug statistics are a waste of time"（http://mng.bz/kKIT）。

③ 参见 http://theleanstartup.com/。

④ 参见 http://en.wikipedia.org/wiki/CAPTCHA。

证码功能了。[①]

这个数据对帮助你提高产品的业务影响非常有价值。这是一个非常大的主题，超出了本书的范围。如果想了解更多，可以从 Gojko Adzic 的《影响地图》(Provoking Thoughts，2012，http://t.cn/RPQYdCn）开始，这是一本非常棒的书。[②]

11.1.6 价值需求和失效需求

它们是什么？度量有多少工作是由系统错误引发的——例如不得不重做的工作。

从这个度量指标中可以了解到什么？如何系统性减少失效需求，从而增加有价值交付的产能。

失效需求是由 John Seddon（*I want you to cheat!*，http://amzn.com/095197310X）发明的概念。它可以被理解为："因为之前没有做某事或没有正确做某些事而导致的对系统的需求"。与失效需求对应的是价值需求。它才是系统存在的真正理由，是你希望系统完成的功能。你应该尽可能最小化失效需求。

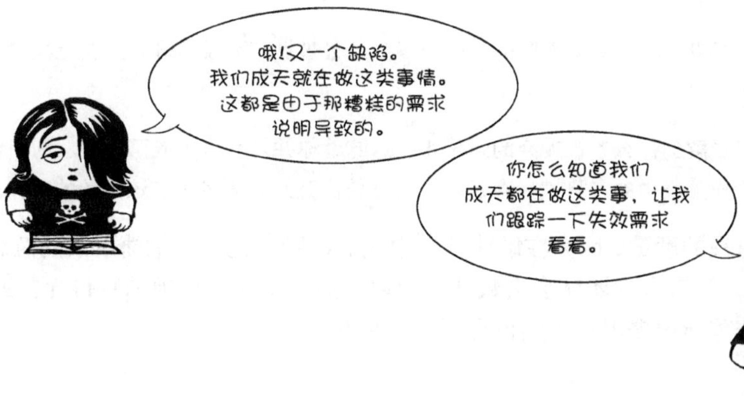

令人沮丧的是，失效需求的例子比比皆是。从低质量的需求说明导致的返工，到沟通误解导致的错误产出，到缺陷，到因为低质量导致的额外的技术支持工作等。失效需求让你不得不分神，无法聚焦于真正想做的事情——交付产生业务影响的特性。

衡量和对比失效需求及价值需求会很困难，因为它取决于你对一个条目的判断。例如：增强搜索功能的某个方面可以被认为是一个价值需求（新特性），也可能被认为是失效需求（一开始就应该包含了这个特性）。

1. 获取度量

失效需求的分类很困难，自然获取它的度量也不容易。我们的建议是不要过分纠结于此，而

① 你能猜到哪个版本胜出了吗？打开验证码功能的版本比关闭的转化率要高出 5%。公司里没有一个人猜到这个结果，你也很难猜到。实验结果和我们假设的正好相反，根据这个信息，你会怎么做？

② 参见 http://impactmapping.org/。

是找一个简单可行的需求分类方法。例如，在需求完成后进行投票：它更应该是失效需求还是价值需求呢？有些工作项（如缺陷）很自然的就应该被归入失效需求。

2. 可视化度量

找到对失效需求和价值需求分类的方法后，你就可以用两幅图来可视化它们对应的趋势了。你也可以把百分比大大地写在墙上："上周我们有 25%的失效需求——比上上周减少了 10%。"

3. 分析度量指标

这一度量可以启发很多团队以及团队周边的利益相关人，让他们意识到时间都花在哪里了。面对这些度量，你就能着手计划如何应对了。为什么会有这么多失效需求，它们的根源是什么（参见 10.2 节）？

11.1.7 被抛弃的想法

它们是什么？度量特定待办列表（或输入队列）中有多少条目被抛弃而没有进入开发流程，以及开发流程中的需求又有多少被抛弃。

从这个度量指标中可以了解到什么？被抛弃的想法太少意味着你并没有太多的可选项、创新精神或风险担当还不够。进入工作流程中的条目被抛弃过多，意味着你开始了太多不应该开始的工作。

这是一个容易被忽视的度量，因为在敏捷开发中我们鼓励变化——敏捷本来的意思就是"可以很快地变化"。但是，又有多少团队会去数从看板墙上撤下来的工作项的数目呢？通常，它们被简单地抛弃了，除非重新被提出，否则再也不会被想起了。

1. 获取度量

一个方便地得到从看板墙上撤出条目数量的方法，是设置一个回收篮，把被抛弃的需求放入其中。你可以在这些条目上做好标记，甚至可以每隔一段时间就统计一下被丢弃的条目数量。这些数据可以作为将来讨论的依据。

2. 分析度量指标

你可以从被抛弃的条目中得出很多有趣和有意义的事实。虽然，第一直觉可能会告诉我们，不断从看板墙上撤出条目是不好的，但你还是想要撤出一些条目。如果你从来没有撤出过任何条目，你就应该怀疑自己是不是创新不足。那些被认为应该保持不变的待办列表扼杀了探索的渴望。

而另一方面，如果你抛弃了过多的条目，它可能会让目标变得不清晰。如果是已经开始后再撤出的条目，那就更加糟糕了。可以度量已经进入开发阶段但被撤出的条目的数量，如果数目过高，说明你开始了太多还不应该开始的条目，它提示你应该在团队上游的前期调研和探索上投入更多的时间。

这一节我们讨论了看板团队使用并从中获益的一些常见度量。度量的可视化也是一个重要的部分，它让团队中的每一个人以及团队周围的相关人员都能认知到度量的含义。前面的简单图表是一个很好的开始，下一节我们将深入介绍两个著名和强大的图表：过程控制图和累积流图。

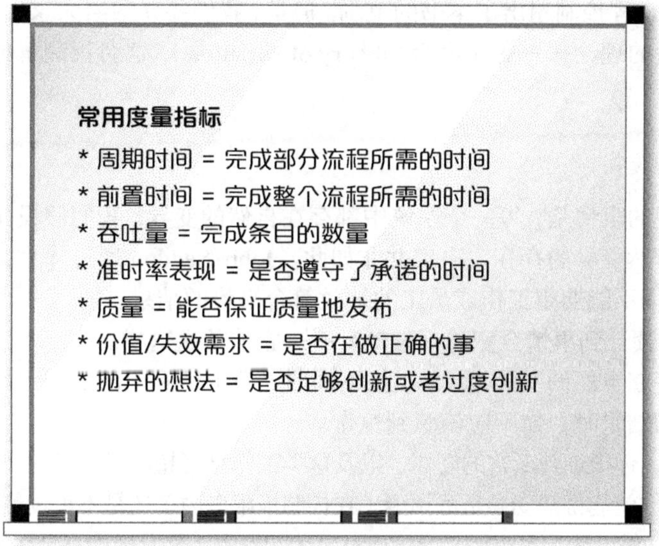

你已经拥有了画出这些新的、强大的图表的所有数据。现在只需要把它们画出来。让我们看看如何做。

教练的忠告　或许，没有团队应该获取和跟踪我们已经介绍过的所有度量。但对于那些决定去跟踪的数据，你应该确保有一个显式化和可视的策略来帮助你记住当一个条目完成时要记录什么数据。它可以是“已完成”列的简单的检查列表，或者被称为准出标准（exit criteria）：“这是我们把一个条目从看板墙上移出前要做的事情。”

11.2　两个强大的可视化方法

上一节我们介绍了一些常用的度量指标，并给出了如何可视化它们的提示。大部分建议的图表都很容易绘制和理解，但它们也有局限性。它们都只是分别展示了流程的某一方面，你必须综合好几幅图表，才能得出关于事情进展的完整视图。

在本节中我们将探讨两个常用的图表。它比我们上一节看到的简单的散点图、饼图和直方图更难制作，但也提供了更多的信息。接下来，我们将讲述你需要什么样的数据，如何画出它们，以及从这两幅图中你能得出什么信息。

本节不是要教大家使用 Excel（或其他任何工具）。我们只是向大家展示为了画出图表所需要的计算。

11.2.1　统计过程控制（SPC）

统计过程控制（Statistical process control，SPC）是一个质量控制方法，它涉及的知识远超过画图。详细讨论统计过程控制超出了本书的范围。但是，我们要介绍给大家的是统计过程控制图，我们还将介绍它背后的理论——变异理论（theory of variation），这对正确解释和理解统计过程控制图非常有必要。

1. 变异理论

一个容易被忽视的事情是，每一个系统中都存在自然的变异。我们假设团队每次都会产出平均的结果，但由于自然变异的存在，事实并非如此。John Seddon 通过 4 个简单的原则总结了变异理论①，并指出，你不能期望工作或员工的绩效符合平均的结果。

原则 1：你应该预计到事情会变异（波动）——它们总是这样。

每个系统中都存在自然的变异，因此当从不同的人身上得到不同的结果或从同一个人身上在不同时间得到不同的结果时，你不应该感到惊奇。

样本空间太小时，你很难判断它的好坏，以及这类工作是否超出了正常的波动（变异）范围。通过统计过程控制图，你就能得知变异是可预测（在控制极限以内）还是不可预测（超出了控制极限）的。例如，某个员工的绩效看上去很好。但，通过更大的样本，你发现这只是在正常的变异范围之内。

原则 2：理解变异，你就能知道可以预期什么。

假设你的团队过去几周一直在纪录前置时间，并在如下的图表中做了可视化。

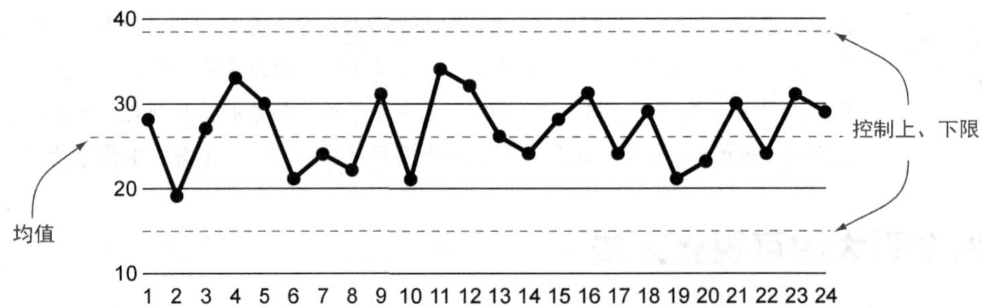

控制上下限告诉我们，团队的结果有时会低至下限（本例中是 15），有时会高至上限（本例中是 38），但更多的时候是在均值附近（本例中是 26.5）。

奇怪的是，团队总是期望每次都能达到均值（或更好）。但这是不可能的，因为我们是人类，所从事的又是天然具有变异性的知识工作。

以设置前置时间目标为例。如果我们把它设定为平均时间，团队有时会超过它（伤心地回家），

① 参见“There Is a Better Way”：www.systemsthinking.co.uk/variation.asp。

有时会低于它（开心地回家）。你知道总是会这样的，因为过程中包含天然的变异。如果你把目标设置为控制上限（较短的前置时间），团队通常回家都会伤心地回家，因为他们大部分时候都无法达成目标。事实上，很多团队会开始表现得更好，因为他们在试图去达成目标。但成本又是什么呢？为了达成目标，团队开始[①]或者钻系统空子的情况并不罕见。

在这样一个变异的流程中的目标并不会产生正向的激励，而是会产生负向的激励。如果阅读过 Dan Pink 的书《驱动力》，你会知道激励人们的并不是目标而是自治、精通和意义。

> 如果你给经理一个数字目标，他会实现的，即使毁了公司也在所不惜。
>
> ——W. Edwards Deming

原则 3：找出变异的原因，它们总是存在于系统之中。

> 一个糟糕的系统总是能击败再好不过的人。
>
> ——W.Edwards Demin

绝大部分绩效的变异都可以从系统本身中找出原因，而不在系统中的单个人的控制之内。考虑影响到你当前状况的所有因素：策略、角色、组织结构、规程、需求、预算——这只是其中一小部分，这些因素通常都在团队控制之外，它们导致了系统的自然变异。再一次强调：导致自然变异的因素在团队的控制之外。

管理者们应该通过解决引发变异的因素来尽量减小变异。

原则 4：理解变异，它能告诉你发生了什么。

在统计过程控制图中，你可以看出单个值点是特殊原因导致（在控制限制之外——如图中圈出的点）或者是共同原因导致（在控制线之内，因此是自然变异的结果）的。你应该意识到两者的不同，而不是把所有的变异都当成特殊原因。

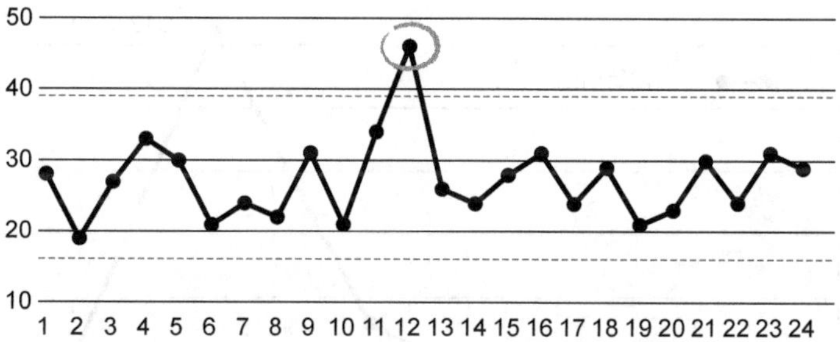

例如，Joakim 驾车上班，路上通常要花 20 ~ 30 分钟。有一次因为轮胎漏气，路上花了 1 小时 25 分，他应该因为这个意外而改变驾驶方法吗？或者他应该买一部新车？如果永不迟到至关重要，那或许他应该买一个便携摩托放在后备箱，以备下次发生状况。但更可能的是，这次意外只是偶然事件，不应该对驾驶方式有什么影响。如果开始经常性地发生轮胎漏气，那就应该检查一下驾驶习惯，或怀疑所购买轮胎的质量了。

---

① 例如牺牲质量，这会让他们在短期内变得更快，但长期来看又会更慢。

2. SPC 图

一个 SPC 图（statistical process control chart，统计过程控制图，亦称控制图、运行图[①]）显示了流程随时间的运行情况，通常你用它来跟踪周期或前置时间（参见 11.1.1 节），但也可以用它跟踪其他指标。

这个名称的“统计”部分暗示你可以应用这个图进行统计分析，这是完全正确的。统计分析能帮助你排除那些偶然的高点和低点（又称异常点），从而更好地把握和聚焦真实的趋势。

3. 为了画图你需要什么数据

事实上为了画出控制图，你并不需要特别多的数据，只需要记录每个工作项的前置时间。如果有一些其他的数据，会让图形变的更有趣和有意义，而这些数据都可以从可视化的工作流中得出。

- 工作项的编号或标题，这样你就能知道某个点指代的是什么工作项了。
- 开始和结束时间，用以计算工作项的前置周期时间。你也可以仅仅记录前置时间的单一数据[②]，但是开始和结束时间也是有用的，比如可以帮助限定图形的范围。
- 工作项类别，它让我们可以做出有意义的过滤和范围设定。（例如，5 月缺陷的前置时间表现如何？）

你可以看到，所有的数据都在看板墙上等着你，获取它们非常容易。

4. 怎么画一个控制图

最简单的版本是通过计算前置时间天数（开始时间减完成时间），创建一个散点图来显示这些数据。你之前已经见过此类简单的图形了，加上趋势线会让我们更容易地分析数据。

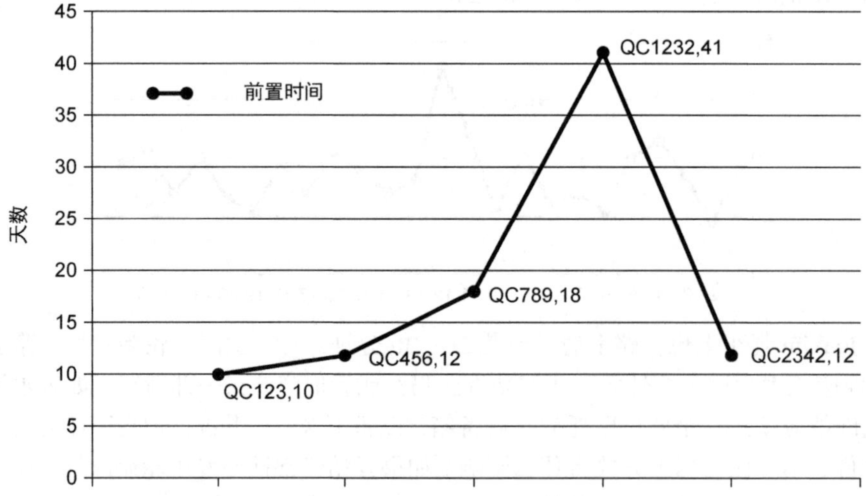

① “受宠的孩子名字多”是一个瑞典谚语，所以我们认为 SPC 真的很受宠爱。

② 例如，进入看板时标记好时间，然后每天计数，直至条目被移到完成列。

你还可以加上每个工作项的标识或标题，但是这样会让图形变得很拥挤，而使人无法专注于趋势本身。

一个稍高级的方法是为不同的工作项类型绘制不同的线甚至是不同的图形。你可以通过设置数据过滤器来实现这一点。

最后，你可能会希望把统计指标放入统计过程控制图当中。为了做到这一点，你要了解一些公式来帮你算出平均前置时间、Sigma 值、以及控制上限和控制下限。请看下面的数据：

编　号	标　题	开　始	结　束	前置时间天数
123	工作项 1	2013-01-01	2013-02-01	31
124	工作项 2	2013-01-10	2013-02-02	23
125	工作项 3	2013-01-13	2013-02-03	19
126	工作项 4	2013-01-15	2013-02-08	24
127	工作项 5	2013-01-18	2013-02-09	22
128	工作项 6	2013-01-20	2013-02-10	21

- 平均前置时间比较容易得到：将所有的前置时间加起来，除以工作项的总数。本例中的结果是(31 + 23 + 19 + 24 + 22 + 21) / 6 = 24 天。
- Sigam 值相对难理解和计算，但它能帮助你平衡异常点的影响。有一个统计学规则叫做 68-95-99.7 规则[①]，它指出 68%的价值会落在均值加减一个标准方差（又称为 1 Sigma）的范围，加减 2 Sigma 则包含了 95%的价值，加减 3 Sigma 则包含了 99.7%的价值。从一组数中算出 Simga 值[②]涉及比较高级的数学知识，幸运的是几乎所有的数据表工具都提供了这样的公式[③]，本例中的算法是 STDEVP(31，23，19，24，22，21) ≈ 3.4。
- 控制上限现在就很容易计算了，把均值加上 1 Sigma 即可。因此根据 68-95-99.7 规则，我们包含了 68%的样本。在本例中均值加 1 Sigma：24（平均前置时间）+3.4（1 Sigma）= 27.1 天。
- 控制下限同样容易计算，均值减去 1 Sigma 即可。本例中是：24（均值）− 3.4（1 Sigma）= 20.2 天。

5. 如何解读控制图

根据这一计算，产生的图表如下所示：

① 参见 http://en.wikipedia.org/wiki/68-95-99.7_rule。

② 参见 http://en.wikipedia.org/wiki/Standard_deviation。

③ 在 Excel 中称为 DSTDEVP，而在 Google spreadsheets 中称为 STDEVP。

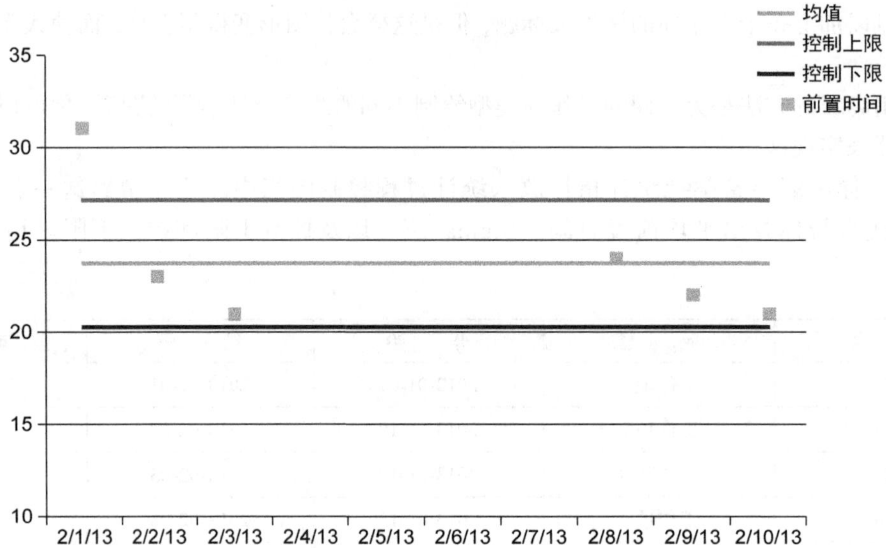

有了这样的图，你可以得出很多信息[①]。

- 你不必过度关心第一个工作项，因为它是一个异常点（根据已有数据分析）。你很容易发现这一点，因为它超出了控制上限。
- 控制界限内的差异并不很大，这表明工作项的前置时间比较精确。但是还需要等一等，样本空间还不够大，你还不知道随着样本空间的增大会发生什么。你需要关注的是分布（控制上限和下限之间的距离）是否很大，它意味着工作项的大小差异很大，前置时间很难预测。这可以被改善吗？怎么改善？
- 这个例子中表现出的趋势不错，因为前置时间在下降。为什么会这样？是因为工作项有什么特别的，还是你改变了工作方式？怎么加强这一趋势？如果趋势相反你又会怎样阻止它的发生？

前面提到的变异理论指出每一个系统（以及流程）都有自然的变异。解读统计过程控制图时，一定要记得这一点。

统计过程控制图是一个很好的图表，它不难解读，获取需要的数据也很方便。现在让我们开始去看一个乍看上去更高级的图表。但等你习惯后就很快会发现它并不难读，而且你可以从中得到很多信息，它就是累积流图。

11.2.2 累积流图

累积流图（cumulative flow diagram，CFD）中包含很多信息，它可以被当作流程改进讨论的

① 是的，这个例子中只有有限的几个数据点。随着更多的数据点（工作项）的完成，原先的分析结论可能会被推翻。

背景材料。经过简单的讲解后，它也很容易解读，其指标也很容易获取。只要能做到有计划的数据收集，绘制起来很容易。

累积流图在敏捷社区中越来越流行，它被称为 Scrum 燃尽图[①]的后继。让我们深入进去看看，如何绘制累积流图。

1．为了绘制累积流图，你需要什么数据

为了绘制累积流图，你需要知道看板上每天[②]每个步骤中工作项的数目。这个只要每天去数一数就可以了，只不过当你从看板上取走即时贴后就无法再获取这个数据了。[③]

下面的例子是某个看板墙某一天（2013 年 1 月 10 日）的情况。

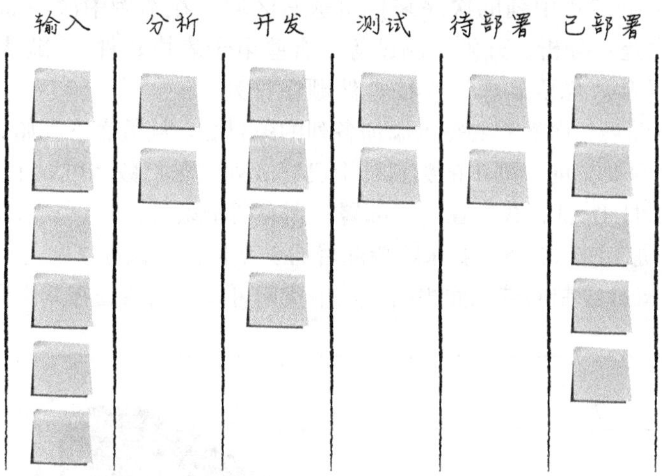

过去一段时间，团队记录了每一状态下条目的数量，收集了下表中的数据：

日　期	输　入	分　析	开　发	测　试	待 部 署	已 部 署
2013-01-05	4	1	2	2	2	1
2013-01-06	5	2	4	2	2	1
2013-01-07	4	2	5	2	2	2
2013-01-08	5	2	5	3	3	2
2013-01-09	6	2	5	3	2	4
2013-01-10	6	2	4	2	2	5

① 燃尽图经常被 Scrum 团队用以跟踪一个迭代中还有多少剩余的工作（通常用故事点数表达）要做。

② 理论上讲，可以是任何时间间隔，但“每天”是最常用的，似乎也适用于大部分团队。

③ 如果你不是 Sheldon Cooper（喜剧《生活大爆炸》中拥有超常图像记忆的物理天才），或者不是每天拍下看板的照片。

在该表中，你可以看到每天每个步骤中的条目的数量。随着我们向生产环境部署越来越多的条目，最后一列一直在累积（所以叫累积流图）。例如，2013 年 1 月 9 日这一天，我们有 3 个条目在测试中，已部署的条目累积为 4。

在这里我们看到了一堆数据，但是不要泄气，使用数据表跟踪它们很简单。但要记得每天更新，可以在站会或其他定期发生的事件后更新数据。

2. 怎么制作图表

画累积流图很容易。在一般的电子数据表软件中，这一图表通常被称作堆积面积图（stacked area diagram）。你只需要选择数据区域，软件就会帮你创建图表。

记住，你需要根据流程中列的次序来排定这些区域。在本例中次序如下：输入列在图表的最上游，其下依次是：分析、开发、测试等。有些电子表格软件[①]，默认会按字母顺序来排序，这样会把图表弄乱。你要确保让它按自然顺序排列。

如果要手工绘制图表，你就需要每天添加各列的条目数。从最底下开始，记下已完成的条目数量。在下一位置，只要把前一列中的数目加上已完成列的条目数就可以了。

例如，2013 年 1 月 10 日，我们在“待部署”列有两个条目，“已完成”（“已部署”）列累积有 5 个条目，把它们加起来（2+5）意味着待部署的 Y 坐标值应该为 7[②]。

下面是用一张 Excel 绘制的堆积面积图，从中我们可以看出数据在其中是如何呈现的。

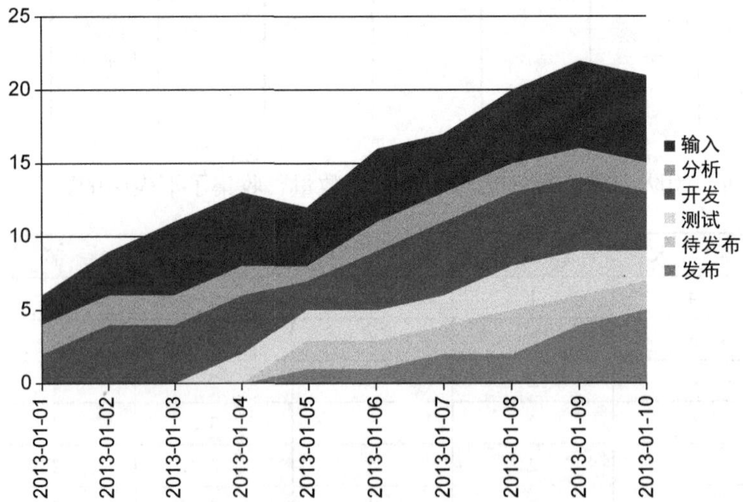

如何解读累积流图？

① Excel 表。

② 本页中的图的绘制不够精确，1 月 10 日最下一个区域的 Y 坐标值应为 5，从下方数第二个区域坐标值应为 7。——译者注

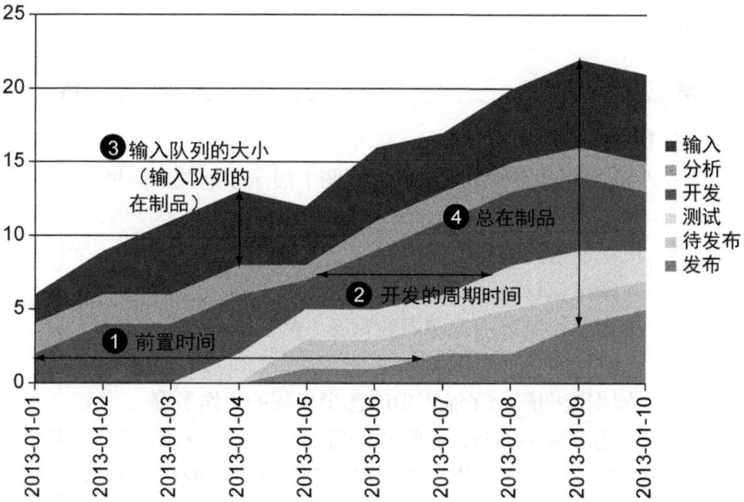

累积流图流行的主要原因之一是它可以综合反映很多信息。我们将通过对上图的解读告诉你从中可以得出的一些信息：

（1）在任何给定的日期，前置时间都可以从图中着色区域的水平长度中看出。

（2）流程中特定阶段的周期时间也可以通过对应区域的水平长度看出来。在图中，我们标识的是开发时间。

（3）待办事项列表的大小可以通过最上方区域的高度看出，它也是输入队列中条目的个数。同样的度量也可以应用于其他区域，从而得到特定时刻各个列的在制品数量。

（4）你也可以通过度量直至已部署（已完成）列的所有区域的总高度，得到总的在制品数目。

累积流图展示的其他有意思的信息如下。

- 你可以看出在制品数目和前置时间之间的关联。流程中的在制品数目（上图中的数字 4，也就是所有区域的总高度）越大，前置时间（上图中的数字 1）就越长。这对于团队讨论如何通过降低在制品来缩短前置时间是非常有启发意义的。
- 从各单个区域，你也能得到许多信息。例如，增长的已部署区域（最下方）展示了交付特性数的增加。开发区域展示了任何时间段有多少条目在开发中。
- 输入区域（最上方）展示了还有多少条目没有开始。在例图中，输入随其他区域一起移动，这意味着有新条目不断加入。如果一个项目的待办事项从早期就固定下来，那么这个区域将会随时间缩小。

正如你看到的，你可以从图中得到很多数据，并进行回顾分析。例如，当开始结对编程后发生了什么样的变化？在制品是上升了还是下降了？同时，它是怎样影响开发周期时间的？影响了前置时间吗？

这些问题，甚至包括其他问题都可以从累积流图中找到答案，它是帮助看板团队分析开发过程的有力工具。为收集数据，你需要付出一些工作，但回报是值得的，因为累积流图用极佳的方式综合展示了丰富的信息。

常用的图表

* 统计过程控制图（又称运行图）展示了前置或周期时间
  - 可以很容易地手工绘制
  - 通过统计可以清晰地展示异常点
  - 为了绘制该图，你需要有各个条目的开始和结束时间
* 累积流图展示了流程中的各个步骤的工作数量
  - 为了绘制该图，你需要逐日记录工作项状态信息
  - 包含了许多信息，如每个步骤的在制品数目、前置和周期时间等

11.3 用度量指导改进

在上一节，我们讨论了不同的度量指标、图表和它们的可视化，或许这会使你很难选择将其中的哪些用于自己的团队。记住，度量本身是不重要的，其目的是为了指导改进。度量指标帮助你知道自己是否在改进，有了它们，你就可以通过更多的实验性方法来学习和提高了，因为在开始使用它们之前你很难确定是否真的会改善。

这一节我们将讨论这些度量指标在使用时需要注意的一些事项。看板的基础是三个简单的原则，其中之一是工作的可视化。可视化帮你看到那些容易被错过的信息，并做出基于充分信息的决策，从而改善工作流程。

度量指标是对改进过程的可视化。它们帮助你判断变化是否真的带来了预期的提升，或者你是否需要尝试用其他的方式进行改进。有了好的可视化指标，你就可以基于数据而不是预感和信仰（道听途说的证据）来讨论改进了。

一旦你开始用指标来度量工作表现，你就有机会看到你所做的改变对这些指标的影响了。你可以通过许多小的实验来看一看它们是怎么影响你试图提升的指标的。

1. 使其可视化

下图是可视化度量指标的方法之一。可视化并不能直接改善你的流程，但是它为针对改善的讨论提供了数据基础，而不仅仅是依靠直觉。问题被提出，实验得以尝试，其效果也可以被及时跟踪。它让改进过程变得更可控，因为你可以知道这些实验对趋势的影响。

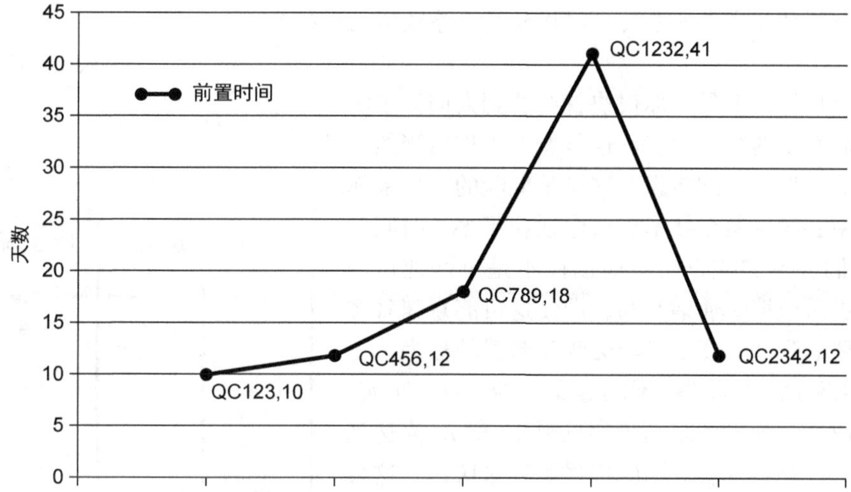

如果你还不足够信服，请从本章中最简单的部分开始——例如，跟踪前置时间。让这个度量可视，并大大地展示在白板上；在讨论中使用这一指标；在工作中不断地提及它们。很快人们也会开始谈论、质疑和讨论它们。当然，也会涉及相关的流程改进。

2．是否产生了业务影响

你应该选择那些对业务来说重要的度量指标。你希望实现的目标是什么？你怎么知道是否在朝着目标前进？尽管这有时是个非常困难的选择，但是你还是应该努力展示你是否在产生业务影响。

假设你的业务模式的根基是吸引尽量多的用户到你的网站上来。如果你能跟踪并在白板上展示这些数据，就随时可以看到这个数字并得知你的努力是否影响到了这个指标，从而帮助你决定下一步该做什么，预期会对业务目标会产生什么样的影响。简而言之，应该让业务目标尽量清晰，并和正在做的事建立紧密的关联。

3．你将得到你度量的东西

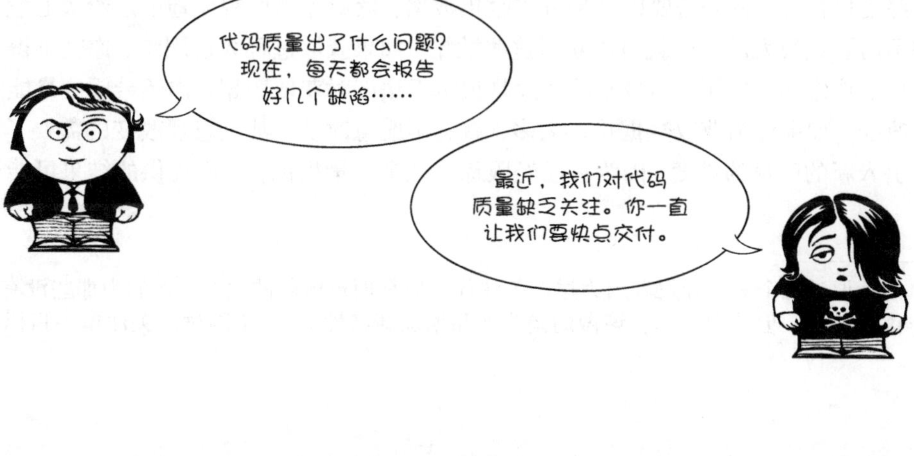

你会得到你度量的东西，错误的度量导致错误的行为。

——John H. Lingle

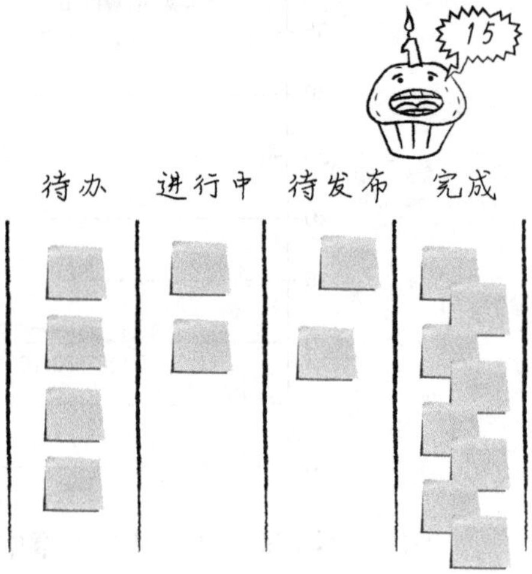

建立一个目标或度量，你很快就会看到人们为了实现这一目标而发生的行为改变。这乍看上去理所当然，也是你希望的。但是仔细想想，这又是危险的。如果你在一个客服中心度量每个技术支持电话花了多长时间，你会发现人们会更加注重结束通话而不是更好地帮助客户。员工更希望缩短通话时间，即使这可能意味着客户得不到需要的帮助。度量可能会驱动错误的行为。

你也可以利用“你将得到你度量的东西”这一事实。比如，在完成这一列设置限制（参见第 12 章），当达到数目上限后，产品经理会为团队提供蛋糕来庆祝。这会导致什么样的行为呢？团队可能会生成更小的用户故事，这样工作项就可以更快被完成，并填满“已完成”列。这是一件好事：小的故事点会更快移动——这样去做好了。

4. 平衡度量指标

在寻求好的度量时，你要确保不要只关注单个度量。否则，这会让你忽略流程的其他重要方面。设想你有一个关于吞吐量（如每周完成的工作项的数目）的度量，如果过度关注这个指标，你的团队活力会被耗尽，让人们痛恨工作甚至离开。或者他们会忽视质量而带来技术债务，最终还是不得不慢下来。[①]

为了处理这一问题，我们建议你寻找几个相互平衡的度量指标。一个例子是同时关注前置时间（工作经过整个流程的时间）和质量（如产品的 bug），这两个指标的平衡确保你不会为了缩短前置时间而走捷径（牺牲质量）。

5. 让数据易于获取

为跟踪度量指标，首先需要以某种方式收集数据，然后才是可视化地显示给关心它的人。你应该确保不需要花很大的力气就可以获得这些数据。如果获取过程太过困难，你就不得不在获取数据和完成工作之间纠结了，而带来的风险是根本无法即时获取数据。你还希望度量能随着流程的改变而改变，如果你为获取数据投入太多，就会不愿意改变，甚至忽视改变的需要了。这会进一步加大引入新的度量的难度，因为你已经跟踪了几个度量指标，它们提供的结果可能还是相互冲突的。

---

① 我们真的听说过几个关于开发者因为过度关注代码质量而被解雇的故事。他们为那些没有测试保护的代码添加测试，但他们“本应该做的是为产品增加新特性”。一个因过度关注单一指标而导致的行为。

6. 优先使用真实数据而不是估算数据

尽量使用真实数据而不是估算数据。真实数据是那些对工作的真实情况、工作的质量、产品的使用情况等的度量。

对于估算数据，你总是可以质疑它是怎么得出的。真实数据直接面向事实，没有争议性。当然，你仍然可以讨论数据为什么是这样的，可以针对它做什么。这很有必要，你应该持续改进数据的质量和获取方法。

注意，真实数据并不一定是精确的。例如，真实数据可以是通过举手指投票（fist of five）[①]的方法调查大家对工作是否满意。这同样是数据。

跟踪我们的时间都花在哪里了？

Spotify（一家流媒体服务公司）有一个“救火小组”，他们的主要职责是处理后台系统的紧急问题，保障系统正常运行。很自然，这个团队的工作多是被动应对。但是，他们很快意识到应该开始做一些主动防范的工作，以保障系统的健康，避免紧急情况的出现。

我们决定跟踪团队的时间分配：被动应对还是主动预防。这个指标很难跟踪，我们要用时间表在纸上跟踪小时数，还是估算呢?

团队设计了一个简单却明了的方法，每天结束时团队成员们都会在墙上贴一张即时贴，表明这一天里时间最多被花费在什么上了。

我们每周汇总一次数据以看到全貌，很快我们就看出了趋势，并采取针对行动。这个数据并不完美，但相对我们的需求已经足够好了。

7. 把数据用以改进，而不是惩罚

度量可以让我们看到进展，并提供强大的激励，但再强大的工具都可能会被误用。其中一个误用的方式就是为团队设定一个目标，然后告诉他们为目标的结果负责。这样，度量的作用就不

① 团队成员通过举 1～5 个手指来回应对一个问题的同意程度。通常举 5 个手指表示完全同意，而举的手指数越少表示越不同意。

是激励团队，而是当结果不好时起到惩罚作用。

不要误解。我们还是希望团队努力达成目标并为结果负责的，但这其中有一个微妙的差别。差别在于目标由谁设定，是团队设定并承诺的吗？还是由团队之外的人（如经理或利益相关人）设定并分配给团队的？

设计度量时要确保团队成员参与其中，这会提高团队的承诺程度，感觉这是“我们”的而不是“他们”的度量。

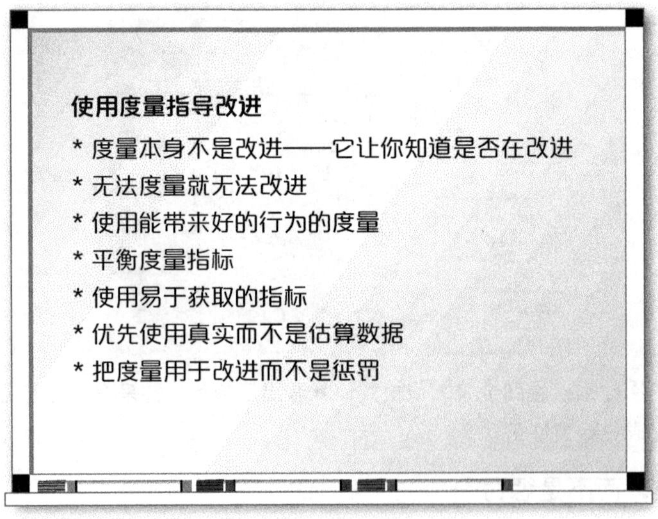

11.4 练习：开始度量吧

现在，你有另一个机会在团队中真实使用这些指标。和团队坐下来，一起讨论哪些度量指标可以帮助你了解流程状态。

- 你是否已经有了一些度量指标？它们很好用吗？它能帮你了解当前的状态吗？
- 在我们所建议的度量指标中，有哪些值得尝试和试验一下？它们会给你带来什么帮助？
- 还想引入什么其他度量指标吗？
- 你希望鼓励什么样的行为？这些度量指标能在这一点上提供帮助吗？

从简单和容易的开始。记住，度量一旦开始就很难停下来。要确保每个人都了解度量指标的目的，而且不要把它们强加给团队，最好的度量指标应该来自团队。“现在没有合适的度量”是一个可以被接受的讨论结果，之后如果需要，你或者其他人还可以发起新的讨论。

11.5 小结

在本章，我们了解了一些度量，以及它们如何帮助你跟踪流程。

- 为了了解你是否在改善，你要度量流程表现并分析这些数据。
- 度量指标就像是对你的流程健康状况的可视化。
- 以下是常用的看板度量指标：
  - 周期时间——完成部分流程所需的时间；
  - 前置时间——完成全部流程所需的时间；
  - 吞吐量——每周（或每月等）所完成工作项的数目；
  - 看板墙上问题和阻碍的个数；
  - 交期绩效；
  - 价值需求和失效需求的对比——因为系统的某个错误而导致的需求，或者是为满足客户的价值而做的事。
- 看板团队会经常使用一些图表：
  - 统计过程控制图——对前置和周期时间的可视化；
  - 累积流图——展示了流程的许多信息，依据是每天每个阶段中的工作项的数目。
- 找到好的度量指标很难，记住以下几点：
  - 你将得到所度量的东西；
  - 不要仅仅关注单个度量指标——要使用平衡指标；
  - 使用易于获取的度量指标，或者让它们变得易于获取；
  - 优先使用真实而不是估算数据；
  - 把度量用于改进而不是惩罚。

第 12 章　看板陷阱

本章涵盖的内容

- 如何避免常见的看板陷阱
- 刚开始使用看板时的第一大错误
- 看板不是流程，至少不是你所想的那样

到目前为止，你应该已有充足的理由把看板应用到你的流程当中了。你也可以向感兴趣的人展示看板对流程的改进。因为看板所采用的变更管理方法（“从现状出发并进行改进”），大多数团队和组织并不会明确反对看板及其基本原则。

这就是说，批评只是偶尔出现。如果我们不对一些常见的问题及其解决方法进行阐述是不合理的。大部分批评聚焦于人们在不慎的情况下易于掉进的陷阱。于是我们撰写了本章告诉读者该避免什么陷阱。

本章目标有两重：介绍一些常见的反对意见并帮助你避免这些批评所提及的陷阱。从批评中学习是一种很好的改进方式——它可以帮助读者扫清糟糕的事情。

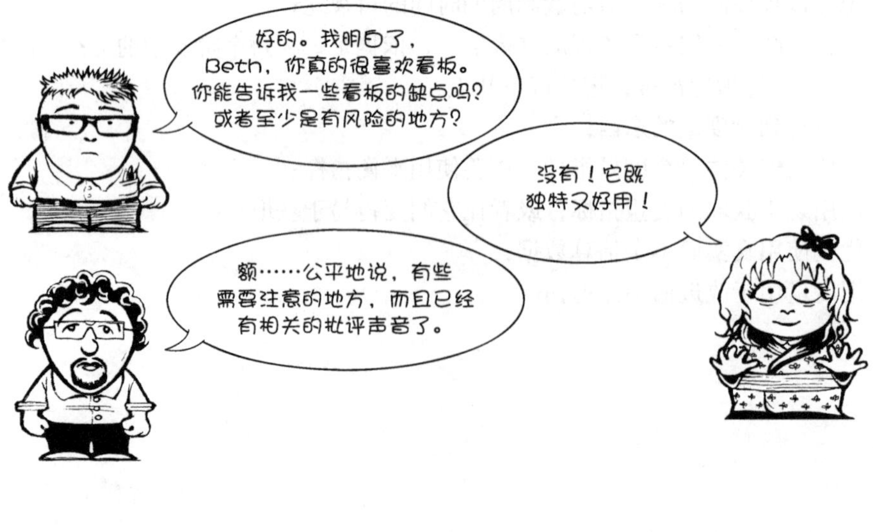

让我们迎难而上，从 Scrum 方法创始人早期对看板提出的批评开始。

12.1　只工作不玩耍，聪明孩子也变傻

> **陷阱**　看板最终会变得无聊乏味，只有排成队的工作项，而没有自然的中断、庆祝活动或者节奏。
>
> **解决方案**　跟 Scrum 方法相比，看板方法提供足够自由将不同的活动解耦。比如解除计划、验证和回顾之间的关联，如何安排这些活动完全取决于工作如何流过工作流程。

（每个人检查大门时如果发现 Jack Nicholson 准备拿着斧头破门而入，立刻报告！）本节的标题来自著名的恐怖电影《闪灵》，电影中一名过度劳累的作家[①]不停地在打字机中敲出“只工作不玩耍，聪明孩子也变傻”。这也是我们在听到 Ken Schwaber 对早期看板社区的批评后想到的[②]。原文是：

> 上帝帮帮我们。人们发现了在瀑布模型中获得空闲的方法，我们可以利用它进行休息和创造。但使用精益和看板，这些隐藏的空闲被消除了。我们现在是一支不停前进的敢死队。
>
> ——Ken Schwaber[③]

Ken Schwaber 和 Jeff Sutherland 是 Scrum 方法之父。Ken Schwaber 曾对看板方法缺少迭代提出评论。他认为，看板只是排起长队的工作列表，永无尽头：只是不停的工作，工作，工作！

① Marcus 和 Joakim 都没有像电影中的作家一样过度劳累，而且他们的家人都很安全。但 Marcus 一直不敢把三轮车给他的双胞胎孩子玩。

② 这有些夸大，但确实是个不错的标题，对吗？

③ 参见“Waterfall, Lean/Kanban, and Scrum”：http://mng.bz/OrXd。

这听起来很糟糕，不是吗？遗憾的是，当考虑到我们在不同客户和工作场所那里看到的看板实施情况时，他确实说到了要点。

看板是轻量的方法，很容易运行起来。而且我们也不止一次提到，看板只有几条基本原则。如果你已经开始使用 Scrum 或其他基于迭代的方法，如果你愿意，也可以把迭代去掉。不久你可以获得持续的工作流动和“没有空闲去休息和创造。”

但这不是必须的，而且也不是看板所期望的样子。其实恰恰相反！看板方法提供足够自由将不同的活动分离，比如计划、验收和回顾之间的分离。

看板并未规定不同的活动是否需要相同的节奏。如果你发现那有用，就努力去实现，但别让不必要的束缚捆住手脚。利用这一机会延迟决策，直到“最后责任时刻”①，此时你已经掌握了很多信息。利用看板，你也可以大大受益于通过演示和评审向利益相关人展示工作成果和进展的方式。

回到本节开篇提到的 Ken Schwaber 的批评，他可能是对的，但事实却不一定非要那样。你需要确保花时间进行了评审、回顾和其他最佳实践。但只有在正确的时刻才进行这些实践，而不只是因为一段时间过去了，或者是迭代结束了。只在需要时才做——及时进行而不是以防万一。我们在与计划相关的章节（第 9 章）对此进行了讨论，也对节奏进行了介绍。

最后，使用在制品限制将驱动团队合作，从而有时也可能获得“空闲来休息和创造”。

---

① Mary and Tom Poppendieck, *Lean Software Development*, AddisonWesley Professional, 2003, http://amzn.com/0321150783.

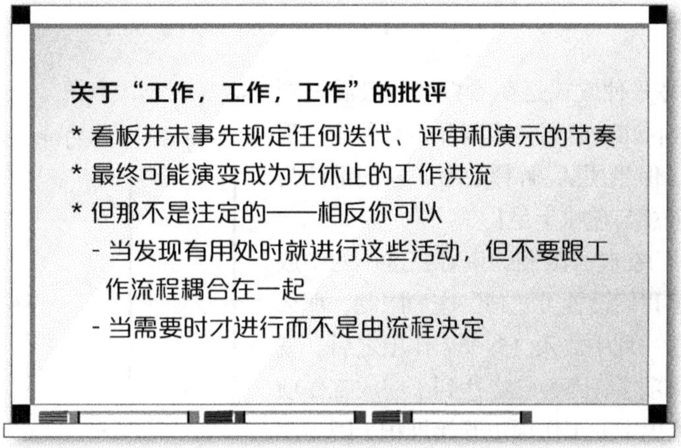

建立庆祝的节奏

为了防止流程滑入“工作，工作，工作”的风险，可以也应当建立庆祝的节奏。这和我们讨论过的其他活动一样重要，而且这是提高团队士气的有效方法。庆祝的节奏可以采取多种形式，当发明新方法庆祝时，就不会落入毫无创意的窠臼。本节将介绍两种庆祝的节奏并将其融入流程之中。

1. 航空积分里程

通过航空积分里程，团队可以收集他们完成的工作点。那么日后团队就可以使用这些点来一起做些有趣的事情。这些点就像航空积分里程一样——当你旅行一定距离之后，航空公司会给你一些积分用于免费航班、升仓或者其他福利。

团队和利益相关人一起制定方法跟踪团队赚到的点，并决定当达到一定阀值后如何使用。比如，当完成 50 个故事点或者 20 个工作项，就可以获得披萨和办公室游戏之夜的奖励。

我们也看到有的团队将此按不同级别进行，从而允许团队积攒点数以期获得更大奖励。比如，当完成 50 个故事点后可以获得披萨和办公室游戏之夜的奖励；当积攒到 100 个点后，利益相关人带领团队到镇子上玩儿真人 CS 游戏[①]，在环境优雅的餐馆集体用餐等。

WARNING CHALLENGES AHEAD

警告　在此我们也应当注意到奖励太多可能引发的问题。Dan Pink 在《*Drive: The Surprising Truth about What Motivates Us*》（Riverhead Books，2011，www.danpink.com/books/drive）一书中对此进行过讨论。通过引用几个研究结果，Pink 指出对于知识工作，如果一味提供高工资和奖金等福利，结果却倾向于变得更糟。

我们这里建议的津贴和庆祝是作为一种和团队一起度过美好时光的方式。千万不要让这成为团队工作的唯一理由。更多内容可以参考 Drive 一书[②]。

---

① Laser Tag 与中国的真人 CS 类似。把激光发射器安装在武器上，把激光接收器安装在服装上，这样就像玩真人 CS 或警匪枪战片的游戏一样。——译者注

② 剧透：自治、精通和意义驱使我们——而不是更多的钱、披萨和啤酒。

2. 设定蛋糕的限制

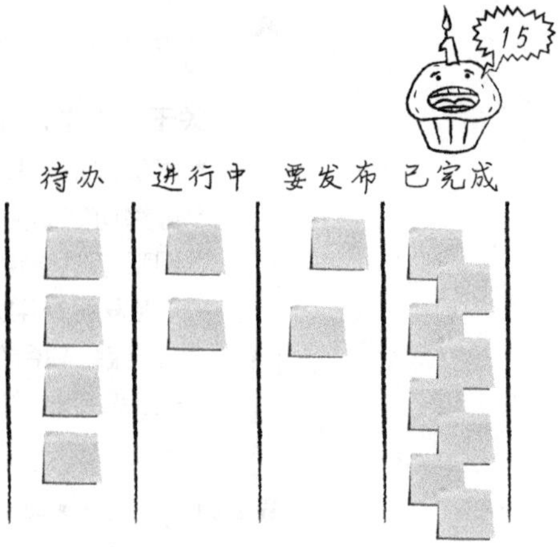

建立庆祝节奏的另一种方式是在看板墙的最后一列加入在制品限制。在 Spotify 公司，当刚开始看到这一现象时，我们疑惑不解。但当团队①解释之后，我们都认为这么做有很大意义，创意与趣味十足！

“已完成”这一列的在制品限制约束着在这一列中放入的工作项数目。假定我们设置了“15”作为限制，那么意味着在“已完成”这一列中放入 15 个工作项之后，就无法继续完成其他工作项了，因为已经达到了完成工作项的限制。不仅如此，流程中的工作项也开始堆积（因为没有办法继续向前移动了），这就为清空“已完成”这一列建立了渐增的紧迫性。

而清空“已完成”这一列的唯一方式就是利益相关人带来蛋糕②感谢团队的辛勤工作。这既聪明又有趣，而且也很好地展示了队列和瓶颈原则。

接下来我们讨论关于看板的核心原则——流动的另一个批评。简而言之，看板中没有时间盒，但如果需要你可以加入它。

12.2 时间盒对你有用

陷阱 看板并未内建时间盒。你需要时间盒，是因为它能帮你设定优先级并在范围、时间和成本之间建立必要的平衡。

解决方案 你可以在有用处的地方设立时间盒。例如，在基于流动的流程中及没有迭代的情况下，时间盒可以通过服务等级协议和每个工作项的截止日期得以实现。

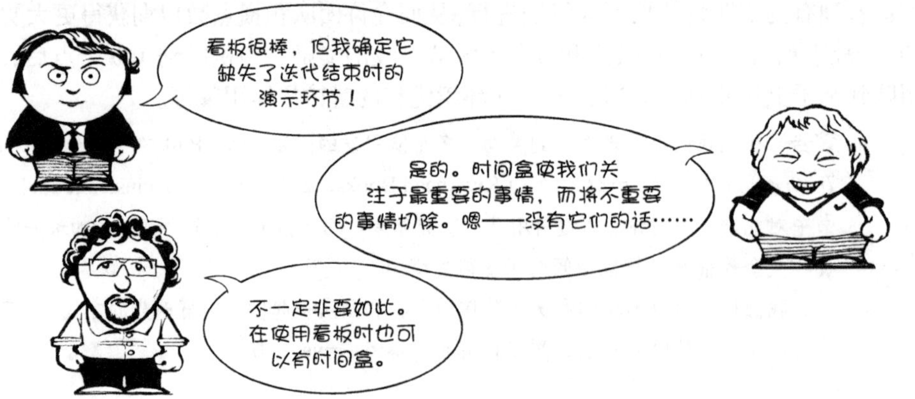

① Spotify 的团队快速理解了看板的机制，并为庆祝活动引入了“拉动”机制。
② 或者是团队喜欢且可以在工作时间品尝的其他食物。

时间盒是一个强大的技术，可以帮你保持专注并促使你为及时交付正确的结果做出必要的决策。如下三角形是展示时间盒的一种方式，它说明了在任何项目中，而不仅是软件项目中，必须要做的权衡（有时称为铁三角或者三重约束）。

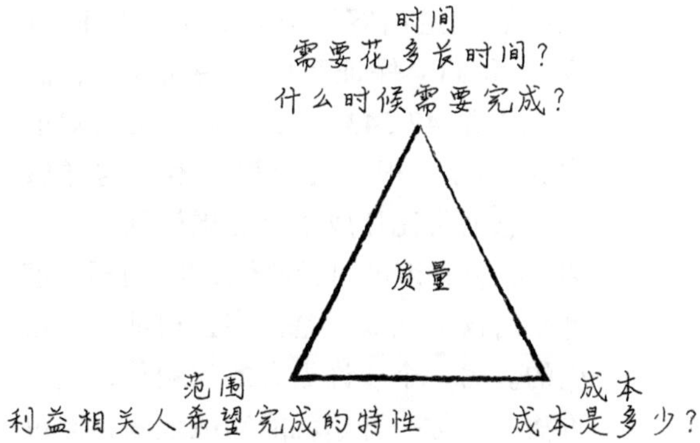

这个三角形在范围、时间和成本之间相互平衡。范围是指某人想要的特性范围。成本是指会花多少钱——例如，团队中有多少人，需要什么硬件/软件进行构建，以及其他成本。时间是指项目需要花多长时间，或者项目需要完成的截止日期。

在三角形的中央是第四个[①]方面：质量。可以将质量纳入考虑范围并进行必要的取舍。这经常导致技术债务，日后需要归还。我们经常不推荐在质量方面打折而是建议尽可能构建好的质量，从而考虑其他方面的取舍。

技术债务

技术债务是 Ward Cunningham 创造的隐喻。这有助于帮你思考你本应对代码做的事情，是由于太着急而未做，还是因为太懒惰而未引入。如同金融债务一样，技术债务也有利息。如果你对技术债务不闻不问，利息会随着时间增长（需要额外的精力保持代码继续工作），而且不久你就发现仅仅在支付利息而无所得了。这将导致无法开发新特性的窘境，因为你所有的资源都花在维护系统运行上面了。

回到项目三角形，问题的症结在于你不能将所有三个方面都固定。实际上，你可以这么做，但很快你就会看到为什么这是糟糕的做法。为了便于讨论，我们假定你同意时间、范围和成本不能全部固定。那么，你有什么选项呢?

- 你可以固定时间和范围，保持成本可变。“我们会在 5 月 14 日早上 9 点钟完成这个特性，但这会花很多成本。”很多公司和利益相关人不喜欢这个说法。而且最重要的是，很难通过加人[②]来加速软件开发项目。在软件开发中，写代码不是最大的约束，学习和理解才是。[③]

① 是的，第 4 个，在三角形中。

② “九个妇女也无法让一个孩子在一个月内出生。”Marcus 的一个机智的同事经常用这个说法来表达这个观点。

③ 如果需要更多证据，可以询问项目中的任何一个人：“如果有机会重新再来一遍，是否能进行得更快呢？”大部分人会说：“是的，当然！”接着要问为什么：“是什么使得你在第一次中进行得比较慢呢？”

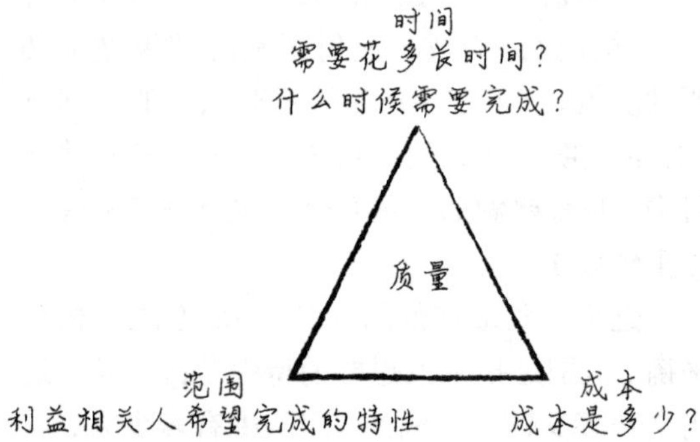

- 让我们固定内容和成本，而让时间可变。“我们会保证完成这些功能，它们的成本是 47 343 美元，但还无法知道完成时间”。很多公司都会羞于这样做——它通常比让成本可变更糟糕。公司需要某种程度的可预测性，“我们不知道什么时候能完成”是很多公司都无法接受的。另一个或许更大的问题是，这一方法假设你一开始就能知道范围，而过程中也不会有新的发现。正因如此，固定范围极少成为现实。
- 现在只剩下固定成本和时间而让范围可变了。“我们会在 5 月 12 日 9 点前完成，成本是这段时间 6 个人员的工资，但还不能确切知道可以完成哪些内容”。尽管这一开始听上去有些恐怖，但这也是一个业务机会。你可以让团队按照业务价值大小的顺序完成需求列表中的条目，先做那些价值高的条目。或者如果业务价值还很难看清，你可以根据从中可以学到知识的多少或能消除多大的风险来对需求条目进行排序。通过一个快速的估算，团队或许能给出可以完成多少需求的大致估计。

最后一个方法就是所谓的时间盒——固定时间（和成本）并灵活调整范围。

固定所有方面！现在立刻开始！

我们说过你不能将三角形中的三个变量（范围、成本和时间）都固定。实际上不是这样的，你可以这么做，不过这样会导致其他问题。

如果三个方面都固定，当你发现延期或需要进行取舍时，就不得不放弃某些事情。因为三个方面都固定，唯一能够放弃的就是质量。这意味着你将变得草率或者过快的速度超过了你的处理能力。这最终会以技术债务的形式反咬你一口。当被迫固定范围、时间和成本时，为应对风险我们经常增加估算。

最明显的一个例子莫过于 Marcus 曾经参与的一个评审会议。项目成本在预算之内，业务人员非常高兴，而且想知道原因。项目经理对这个问题有些不安，最终才说：“嗯，我们总是在估算的基础上增加 30%后才发给你。这是为了应对我们估算不准的风险。”

业务人员听了之后一阵大笑，平静下来之后说到：“当我们拿到你们的估算，我们也总是增加 30%，以防你们估算不准的风险。”

固定三个方面不仅仅看上去糟糕，因为它还意味着延迟获取反馈，错失决策良机，当发现问题时经常太晚了。例如，你估算 10 周完成，当进行到一半的时候你发现 10 周无法完成，可能需要增加估算。但如果你增加了 30%的缓冲时间，可能就会等待更长时间后才提出这个问题，此时更多的时间和金钱已经浪费掉了。

让我们回到对看板和时间盒的批评。现在你已经知道时间盒带来的好处。主要的好处在于其提供一种约束使你确保优先完成最重要的事情。

在类似于 Scrum 和 XP 这种基于迭代的流程中，时间盒也内建其中。在 Scrum 中，这被称为冲刺（Sprint）：固定时间的迭代，团队从产品待办列表中选择最高优先级的特性进行开发。时间和成本都事先设定好，而团队完成的特性根据其业务价值排序选定范围。如果团队没能在一个迭代中完成所有任务，那么未完成的特性一定是业务价值最小的特性。

基于流的进程（如看板）没有内建时间盒。它只是流动吗？它仅仅如同一条长长的、装满工作的河流，是这样吗？并非一定如此。例如，你可以针对单个工作项、一组工作项或者流程中的列自行建立时间盒。

在工作项卡片上使用截止日期、服务等级协议和不同的服务等级（参见第 8 章）能确保在系统中加入某种限制。从而帮你集中注意力把正确的事情先完成。

迭代和时间盒鼓励你对能塞入一个迭代的工作进行修剪。这很有用，因为这会推动你对大的工作项进行拆分并把第二部分放入下一个迭代。当你完成第一部分之后，你可能会发现第二部分已经不再需要了。

在基于流的进程中，当你关注单个工作项时，就不再以相同的方式修剪每个用户故事了。你可能将一个高级特性（如一个美观的下拉列表框）作为一个独立的工作项，而先使用可以输入数值的文本框。你瞧——可能用户足够有经验从而更加喜欢输入数值，而且这样他们能更快地输入。

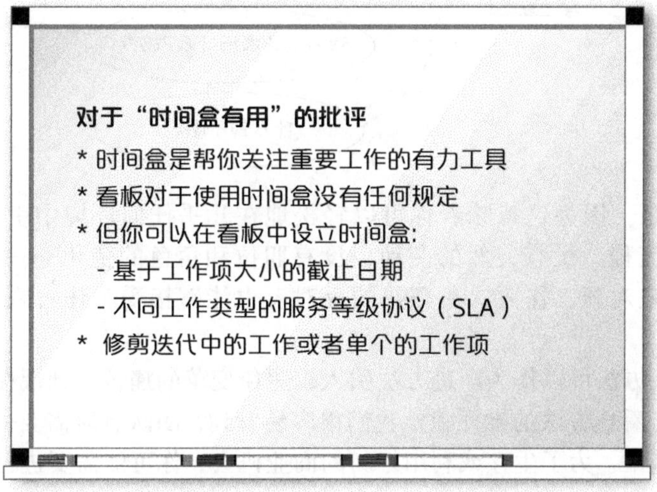

我们已经解决了两个针对基于流式进程的批评。另一个批评与看板的非侵入性有关。这真的

会被批评吗？是的，详见下一节的讨论。

12.3 必要的变革

陷阱 看板使用渐进（evolution）的方法进行变更管理，促使你从现状开始，同意进行增量变化，尊重当前的流程和角色。但如果需要变革（revolution）怎么办呢？如果组织或团队需要被打散重组怎么办呢？

解决方案 你控制着改进的节奏。例如，使用较低的在制品限制激发更多改进机会；或者利用团队适合的节奏引入新的最佳实践，如测试驱动开发或结对编程。

看板很棒，因为它可以基于你的现状开始。你能在不做任何改变的情况下开始使用看板。只需要将你工作的方式可视化出来并限制同时能进行的工作项数量。从这里开始，你就能进行改进，同时随着学习的深入进行流程演进。

这是一个好消息，因为这意味着你可以轻松地在几乎任何环境中引入看板，无论你们当前使用的是什么流程。没有突然的变动，没有职位和角色的变化——可以继续按照之前的方式工作。即便是对新工作方式最狂热的反对者也能够接受工作可视化，只要和现有工作方式一致即可。

简而言之，看板方法可以作为渐进方法引入，避免变革的痛苦。到现在为止，你可能想知道这为什么会成为对看板方法的批评呢？我们很容易看到，团队有时需要一场变革，有时需要进行整顿来使组织清醒。为了生存或利用好新的商业机会，你可能需要进行大刀阔斧的变化和快速的变化。如果是这样的话，你可能会应用已验证的方法（如 Scrum 和 XP），并把看板原则应用于其上驱动改进。你可以对此进行风险评估：小的、可塑的团队，且有意愿尝试新方法，同时身边还有一个资深的教练，那么进行大量改变可能无需承担太多风险。另一方面，如果你们是在传统的银行组织中的一个 Cobol 团队，变革的风险就会很大。

好的一面是通过看板你自己控制着改进的节奏。比如，通过激进的、更低的在制品限制，就能发现更多改进机会。尽早的、频繁的上线能获得更快的反馈，从而给你更多理由进行变化和改进。如果你发现同时有太多问题需要解决，你可以将在制品限制放宽一些，这样就能先处理最大的问题。（更多内容请见第 6 章中关于如何控制在制品限制的内容。）

你可以根据需要从其他方法加入实践。比如，从极限编程方法中选择结对编程或测试驱动开发来改进代码质量。你也可以通过影响地图或者实例化需求理解特性的生命周期，从而确保构建正确的产品。最近几年，持续交付和精益创业开始流行。这些方法关注于缩短反馈环，从而使你可以更快得到新特性的反馈。看板原则能极大地帮你可视化并跟踪特性的快速流动。

简而言之，你自己掌控流程改进的速度和目标。确保改进的速度适合你和你的团队的处理能力。但不要太慢：有时你需要一次变革。

对于“有时需要变革”的批评

* 看板方法可以作为演进变化的方法引入
* 有时需要一场变革进行整顿
* 你自己控制着改进的速度
* 可以使用其他方法（或其中的实践）并应用看板原则驱动改进

必须说明：对于有些团队，看板方法会成为其停止使用最佳实践的借口。这是下一节的主题。

12.4　不要让看板成为懒惰的借口

陷阱　因为看板只有三个简单原则，没有规定太多东西，这有时会成为停止尝试有益实践的借口，从而使你变得懒惰。

解决方案　坚持有益的实践，除非你发现一个好的理由才停止尝试。当流动受阻时，你需要弄清楚是否该进行计划、估算、迭代等。

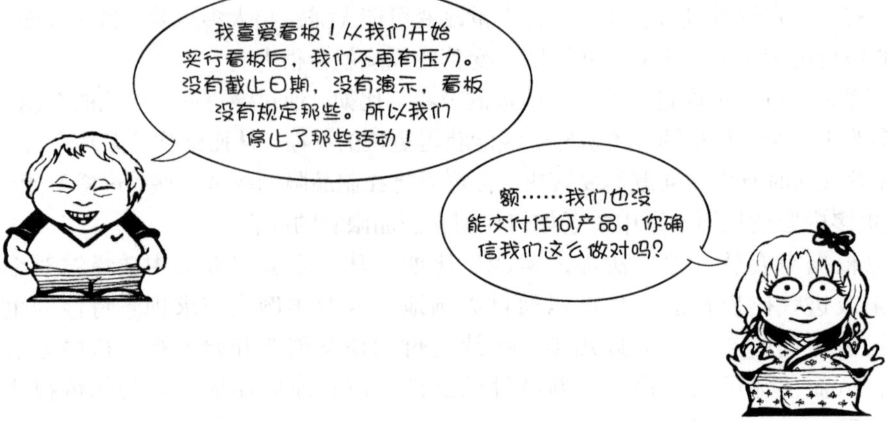

有些团队在开始实行看板后就停止使用其他方法的最佳实践，比如站会、回顾和评审。我们经常听到“我们之前做过工作计划，但现在使用看板后，我们不再做计划了。”其他一些团队正好相反，他们没有从一开始使用敏捷实践。“Scrum 方法不适合我们！我们昨天试着开了计划会议，但是太无聊了。相反我们要开始使用一种叫做看板的新方法了。它只有一个站会（我们日后还可能摒弃它）和看板墙上的一些即时贴。这对我们足够了。”

这些团队错过了一个重要方面。我们会告诉你一个秘密，就在本书中[①]。仔细看好，就在这里：你不能实行看板。再说一次，大声一点儿：你不能实行看板！

是的，没错，你不能在公司内实行看板，你甚至也不能“从 Scrum 切换为看板”。你能做的是，充分地把看板原则应用在你的流程上。看板可以被称作元流程——针对流程的改进流程。

如果你无法理解这句话，不要难过。这和我们一样[②]，至少在最开始的时候是这样。但是这其实是个好消息，因为这意味着你可以将看板应用于任何你使用的流程上并基于此进行改进。

回到那些停止使用其他方法而只用看板的团队。看板也没有说要停止那些实践，特别是能在流程中助力工作流动的实践或者是改进质量的流程。在使用看板一段时间之后，你可能会质疑现有的实践并想弄清楚他们是否提供了价值。在此之前，请坚持这些实践。如果你的确发现它们没有提供价值，那么你就已经在通过看板开始了改进之旅。

除非找到很好的理由，否则就坚持如下实践：回顾、评审和迭代（开始的时候做计划，结束的时候做演示）。坚持书写详细文档并移交给下一环节。

看板不久就会把减缓流动的问题暴露出来。在可视的工作流中（如在看板墙上），你能发现工作项何时开始堆积。度量数据和表格能帮你发现流程的瓶颈。这些事情最终会引导你开始质

---

① 好的，我们已经说过这个秘密。在第 2 章中，我们说看板和其他流程不同，它其实是元流程（meta-process），你可以在运行的其他流程上应用它。

② 除了 Torbjrn Gyllebring（@drunkcod），他通过在看板社区中解释“看板不是你的流程”而名声大噪。

疑写需求的方式、交接、迭代等。

我们经常见到的一件事情是很多看板团队没有设置在制品限制。你可能觉得大多数团队都会设置（因为这是三条基本原则之一），但事实是很多团队没有。下面是一个团队引入看板时的一个常见场景。

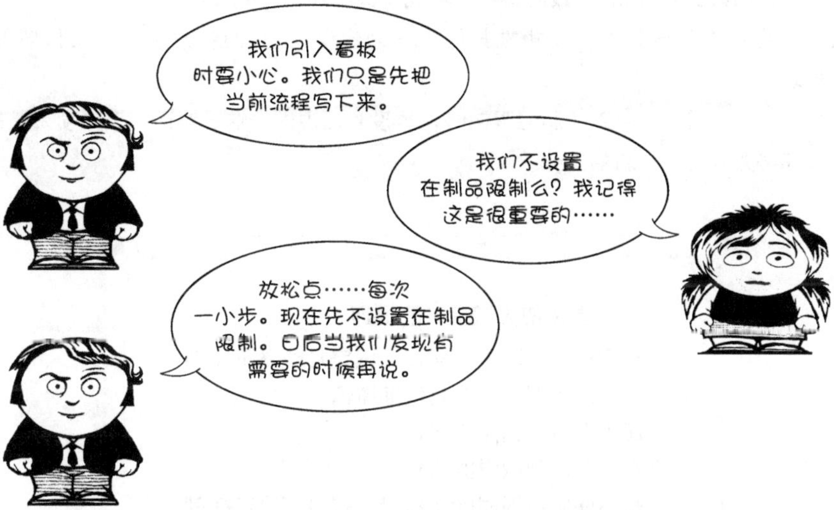

很多团队使用看板时没有设置在制品限制。我们认为这是一个错误。没有在制品限制，就没有动力去优化流程。你总是可以在问题发生时不停加入新工作。这通常表现为看板墙上有大量被阻塞或等待的工作项。

你可以将此比作迭代时间无限延长。这就导致团队没有动力及时完成迭代规划的范围，因为你总是能够扩大这一范围。

记住在制品限制的真正本质：这不是一条规则，而是一个指导方针和讨论的触发器。没有它，就缺少了进行讨论的理由。只是不停在流程中增加工作，也没有机制去查问是否该做这个。

一个从不引入在制品限制的常见理由是你很难得出一个正确的限制数字。第 6 章对于此提供了一些建议。一个容易应用的办法叫作“每次降低 20%”（参见 6.3.3 节）。通常你可以选择一个较大的数字，然后逐步降低这一限制直到你遇到问题。然后对在制品限制放宽一点并开始解决这一问题。

最后，记住没有一个绝对正确的在制品限制数。而在制品限制是你能控制的驱动改进的工具。没有它就没有理由改进。

第一次回顾

在一个客户那里，Marcus 曾引导一个在一起工作近 15 年的团队进行了第一次回顾。直到最近他们才开始可视化他们的工作并引入看板原则。就像很多类似的团队一样，他们也没有引入在制品限制。

确信无疑的是，在回顾中最需要改进的就是如何处理并管理那些被加入的非期望的工作。这个团队意识到这些工作项对于流动具有破坏作用，减缓了他们本来的工作。他们意识到一个简单的在制品限制能够在加入新工作时触发讨论。产品负责人很高兴看到以下三个层级。

- 放在产品待办列表末尾："我们将在到达那里时进行处理。"
- 放在产品待办列表开始："我们将在处理完手头工作后就处理。"
- 放在"进行中"一列中，以牺牲其他工作为代价："我们将把手上的工作暂停并立即开始处理。"

有意思的地方在于当没有引入在制品限制时，也没有理由进行这一对话。工作项只是被推入当前负荷，每个人都努力应付这一新的工作。

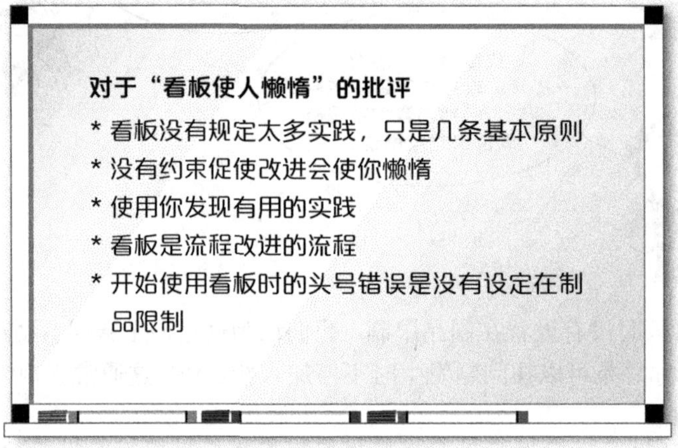

不要让看板成为你停止使用最佳实践的借口。看板应该帮你改进流程而不是使其变糟。

12.5 小结

本章中介绍了一些关于看板的陷阱和批评。我们也展示了如何避免落入这些陷阱。

- 看板最终会变成永不停止的工作流——只有工作，工作，工作。通过增加必要的评审、回顾和计划的节奏以保证这不会发生。
- 当使用看板时没有建议使用时间盒，这就消除了需要完成工作和进行取舍的限制因素。为了解决这个问题，为单个工作项加入时间盒，这可以通过截止期限或服务等级协议做到。
- 看板很棒因为它可以从你的现状开始：你可以在不做任何改变的情况下使用看板。但有时你需要一次变革：
    - 没有什么阻碍你引入新的角色或采用新的工作方式。

    - 通过限制在制品，你可以或多或少地控制改进的节奏。低的在制品限制意味着更多改进的机会。
- 看板是一个元流程——改进已有流程的流程。不要仅仅因为看板中没有提及就轻易去除今天尚能工作的事物。
- 使用看板的第一个错误就是一开始时不设置在制品限制，它意味着没有约束来推动你的改进。

第四部分

培训看板

至此，你应该已经了解了看板的基础知识和深入实践，或许你已经开始实践看板方法，或者是需要为别人进行看板培培训了。

接下来要介绍的是如何通过游戏和模拟进行看板培训，这些游戏和模拟将帮助大家更深入地理解看板的实践和它们背后的原理。

第 13 章　通过游戏教授看板

本章涵盖的内容

- 使用游戏和模拟方式讲授看板的基本原则
- 通过讨论引导团队将这些原则应用于日常工作
- 使用 getKanban 模拟沙盘单独对看板进行介绍

本章展示了一些用来向团队介绍看板方法的游戏，但它们并不是我们发明的。敏捷社区中的一些游戏如同神话一般，好像从最开始的时候就已经存在了。尽管许多年以来版本不断更迭，这些游戏的真正创造者却一直隐身于幕后。我们通过各种方法，尽力追溯寻找它们的来源，使它们能够正确地对号入座。我们对其中可能出现的任何错误深表歉意，并希望能在您的帮助下将其修改正确，请将相关信息发送至网站 www.manning.com/kanbaninaction 中的作者在线链接即可。

当你和团队开始在工作中引入看板的时候，会发现周围一些人对你做的事情很感兴趣。不知不觉中，你甚至已经开始向别人介绍看板了。如果你在做和我们类似的事情，你可能很快就需要向别人讲授看板的概念和实践了。

你可以把本书送给同事并且说："读完以后再来和我聊聊！"[①]但我们发现，进行具体的实践或练习能帮助人们更好地记住概念。这个观念是在偶然间被发现的，David Kolb 将其定义为体验式学习（详见 *Experiential Learning*，Prentice Hall，1984，http://amzn.com/ 0132952610）。[②]我们经常以游戏或练习开头，引入看板的某个实践原则，然后在讲述理论概念的时候举一些实例。在最初的介绍中，我们经常和团队一起做传递便士的游戏，来解释为什么要限制在制品。

对于本章谈到的每个游戏，我们会补充一些提示、评论和问题，从而将讨论引向深入，帮助大家学习。下表汇总了我们后面要谈到的游戏和概念。

---

① 一定要这么做！

② 参见"*What is experience-based learning*"，网址为 http://mng.bz/9Ik1。

章　节	游 戏 名 称	阐述的概念
13.1	传递便士游戏	限制在制品可以缩短前置时间
13.2	并行数字任务游戏	限制在制品将缩短前置时间。多任务并行不仅造成时间浪费，还使关注度和质量下降
13.3	打点游戏	限制在制品和微调过程可以加速流动与协作。利特尔法则以及在系统中塞入更多工作项将增加在制品，减缓流速
13.4	瓶颈游戏	使用约束理论来提高系统流速
13.5	getKanban 游戏	在实践中使用看板原则，改进过程
13.6	看板披萨游戏	短时间内使用看板原则来改进过程，限制在制品，进行回顾

上面列出了不少游戏，让我们从一个快速实用的游戏开始，说明为什么限制在制品是一个非常好的主意。

13.1 传递硬币游戏

传递便士游戏有时也被称为“翻转筹码”。我们在第 1 章曾提到 Marcus 和 Joakim 与 Kanbaneros 团队玩了这个游戏。它用一种快速有吸引力的方式介绍了在制品的概念，展示了限制在制品的好处。你也许还记得，在第 5 章中，限制在制品加快了工作项在过程中的流动速度。玩完游戏以后，你可以就限制在制品进行讨论。游戏过程中你传递的“便士”代表什么？你是如何限制工作数量的？这样做将产生什么后果？

在团队玩儿这个游戏时，很多次人们会张大眼睛发出感叹，甚至在几年后它仍会被提起。玩儿传递便士游戏大概要花 15 分钟，你应该再给大家 15 分钟讨论从中学到了什么。

13.1.1 游戏的准备工作

这个游戏需要做的准备如下（最好有 9 位玩家参与）：

- 4 个翻硬币的员工；
- 4 个计时的经理；
- 1 个客户或者项目经理（如果需要可以由你或主持人担任）；
- 20 个同样大小的硬币；
- 1 张玩游戏的桌子；
- 5 个秒表（或者有计时功能的手机）；
- 1 个记录结果的白板或纸架。

在玩之前，确保你已经理解并完全掌握了游戏规则。对于每个要引导别人去玩的游戏，你都应该做到这点。

13.1.2 如何做游戏

每个角色的目标如下。

- 员工——翻转所有硬币并传递给队中的下一个人。
- 经理——记录每个人翻硬币的有效时间。
- 客户——确定两个时间：第一枚硬币被递交的时间以及总时间（直至最后一枚硬币被递交）。

游戏分三次迭代进行，分别是每批 20 枚硬币、5 枚硬币以及 1 枚硬币。在每次迭代中，除了在制品（每批传递的硬币数量）降低以外，游戏的其他部分完全相同，目标、过程和顺序均保持不变。

员工围着桌子坐好，每人背后站一位经理。指导经理用秒表来记录员工工作的有效时间。请客户记录第一枚硬币被递交的时间，以及所有的硬币被传递完的总时间。

在每批传递 20 枚硬币的首次迭代进行的时候，你有足够的时间在白板上画一个记录表（如下表）。迭代结束后写下结果并计算求和，暂停一会儿让玩家回想刚才的过程。

	20		
员工 1	0:20:6		
员工 2	0:10:5		
员工 3	0:13.4		
员工 4	0:25.0		
首枚硬币递交时间	1:18:0		
总时间	1:18:0		

为了增加趣味，每对经理和员工可以进行一次简短的“激励式谈话”。

现在告诉团队你对结果并不满意，在下次迭代里，员工每批传递 5 枚硬币。确保要提醒大家，唯一改变的是在制品。计算每个员工工作的时间，并将其相加得到总时间。

当每批传递 5 枚硬币的迭代结束时，记录结果。将这些结果与表中的左边一栏相对比，可能会让一些人感到惊讶。首次递交时间大幅度降低，从 1 分 18 秒减少到 18 秒！总时间也有很大进步，从 1 分 18 秒降低到 40 秒。给团队几分钟时间，对刚刚发生的事情交流和反思。

	20	5	
员工 1	0:20:6	0:25:5	
员工 2	0:10:5	0:23:5	
员工 3	0:13.4	0:26:4	
员工 4	0:25.0	0:24:7	
首枚硬币递交时间	1:18:0	0:18:9	
总时间	1:18:0	0:40:0	

很快，你将开始最后一次迭代。使用和以前相同的目标和规则，每批传递 1 枚硬币。当迭代结束（这个过程很短），记下结果。最后，你应该得到这样的一张表（每列分别为 20、5 和 1）。

	20	5	1
员工1	0:20:6	0:25:5	0:21:2
员工2	0:10:5	0:23:5	0:21:7
员工3	0:13.4	0:26:4	0:24:6
员工4	0:25.0	0:24:7	0:32:6
首枚硬币递交时间	1:18:0	0:18:9	0:04:8
总时间	1:18:0	0:40:0	0:37:0

对每位参与的玩家表示感谢，然后开始讨论分析结果。

13.1.3 待讨论的问题

我们经常问以下问题来引发讨论。

- 总时间发生了什么变化？为什么？
- 每位员工的工作时间发生了什么变化？为什么？
- 对这个游戏有什么感觉？什么时候觉得紧张？什么时候感觉轻松一些？
- 这个游戏能用于你的工作吗？
    - 在你的工作中，硬币代表的是什么？
    - 哪些内容不适用于你的工作环境？
    - 如果你减少“硬币”的数量，会发生些什么？
    - 这么做会遇到什么阻碍？
- 有哪些无法应用到工作环境当中？

讨论过程中，请随意添加你认为合适的其他问题。

13.1.4 主要收获

通过前面的结果表，你能很容易地看到第一枚硬币的交付时间大幅度下降了。这通常是由于在连续流动的价值链中，通过的项目数量减少了的缘故。

对于每个员工来说，时间通常（但不总是）呈上升趋势，这将引发关于在优化流程过程中资源可能不会 100%利用的讨论。你可以谈谈团队优化的目的，或者每个人在所有的时间里都被充分利用是否真的很重要。

这也是个讨论前置时间（从开始到结束）与周期时间（每个员工工作的时间）的好时机，客户对什么更感兴趣——交付的价值还是资源的利用率？

13.1.5 提示与微调

有人肯定会反对说这个游戏过于简化了，这样说没错。模拟游戏是为了阐释一个原则：减少在制品（每批传递的硬币数量）会使你的工作流速加快。如何将这一原则应用于你的工作环境？在这种最简单的形式中，硬币代表工作项。尽管工作项的大小和复杂性通常不同，限制在制品的原则依然适用，你可以在第 5 章和第 6 章阅读更多相关内容。

传递便士游戏需要 9 名玩家参与。但你可以通过以下几种方法减少参与人数，同时不影响其发挥作用。

- 参与者分成三组。
- 让员工自己计时。
- 你和主持人可以扮演客户。

注意 据我们所知，这个游戏似乎是由一个叫 Joe Little 的人发明的，最初叫做“Scrum 便士游戏 ”。游戏有很多版本，如“翻转筹码”等。其他可能的创作者还有 George Dinwiddie、Jeff Sutherland 以及 Henrik Kniberg。

13.2 并行数字任务游戏

这是个可以 1 个人玩儿的简单模拟游戏。游戏阐释了减少在制品可以缩短前置时间，帮助缓解紧张和压力。虽然 1 个人可以独自做这个游戏，我们也尝试过将玩家规模扩大至多达 65 人。

这个模拟游戏通过另一种方式揭示限制在制品的价值，它还有一些其他的有趣的特点。传递便士游戏仅仅说明了一个概念，但它将这个概念阐述得很好。并行数字任务游戏比传递便士游戏更为现实，它考虑了你工作的其他方面，讨论了多任务并行和将工作“强推”给员工的不良影响。整个游戏大约耗时 10 分钟。

13.2.1 游戏的准备工作

这个游戏需要做的准备如下。

- 每位玩家准备 3 种不同颜色的笔。
- 每位玩家准备 2 张纸。
- 1 位负责计时的经理（如果需要，这个角色可以由主持人扮演）。
- 1 个秒表（或带计时功能的手机）。

13.2.2 如何做游戏

请玩家帮助你完成公司面对的三项重要任务，具体如下。

（1）在一列中用黑色笔从上到下写出罗马数字 I～X。

（2）在一列中用红色笔从上到下写出字母 A～J。

（3）在一列中用蓝色笔从上到下写出阿拉伯数字 1～10。

告诉玩家所有这些都是最高优先级的任务，对公司的生死存亡至关重要。在第一次迭代中[①]，最大限度利用“资源”（玩家）。要在每个项目上面花费同样的时间，因为它们都很重要。指导玩家一行行地写。下面是某个玩家写的头三行的例子。[②]

---

① 在这里“迭代”的意思是完成所有任务，即写完罗马数字、字母和阿拉伯数字三列。

② 对一些人来说，这个指令有点儿不好理解，确保大家明白要按行来写这些数字。

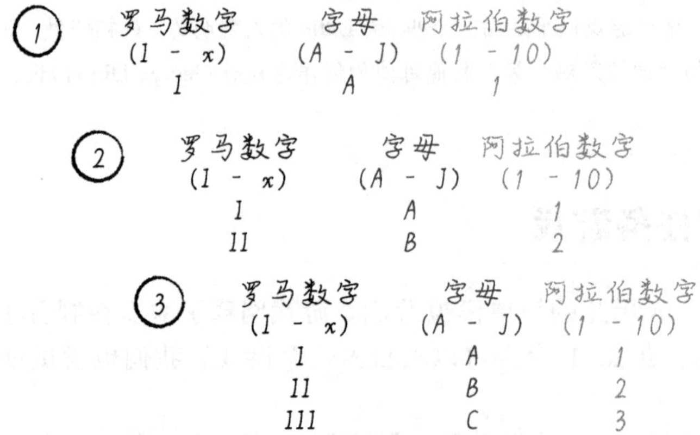

经理会记录玩家完成每项任务的时间以及完成所有任务的总时间。当迭代结束时，在纸或白板上写下这些时间。你会发现每个任务都需要相当长的时间完成（通常超过一分钟），而差异往往只在几秒之间，如右图所示。

按行写

罗马数字	1:20:0
字母	1:22:0
阿拉伯数字	1:24:0
总时间	1:24:0

留几十秒钟思考，然后开始下一次迭代。向玩家解释你已经思考过了，看来第一个任务（罗马数字）是最重要的，字母任务其次，而阿拉伯数字的任务根本不重要。

让玩家再做一遍游戏，但这次关注最重要的任务，完成它之后再继续做下一个。换句话说，要一列列地写数字，就像下面这样[①]。

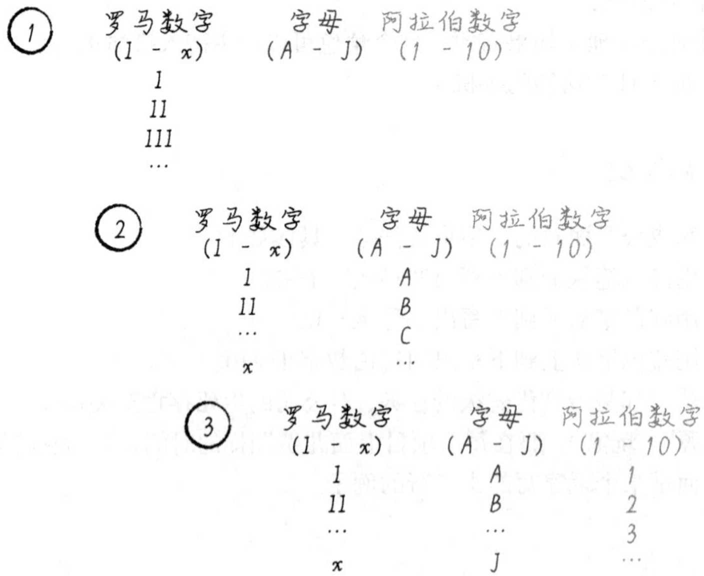

① 你可能要描述得非常具体，比如“一列列地写，先写罗马数字，然后写字母，最后写阿拉伯数字。”

和之前一样，注意完成每个项目所需的时间，以及完成所有项目的总时间。你将发现时间的变化通常如右表所示。

	按行写	按列写
罗马数字	1:20:0	0:12:0
字母	1:22:0	0:12:0
阿拉伯数字	1:24:0	0:08:0
总时间	1:24:0	0:32:0

在这里你可以看到每个任务的完成时间大幅度缩短，例如写完罗马数字从 1 分 20 秒减少到仅仅 12 秒。你还将发现总时间由 1 分 24 秒减少到 32 秒。让玩家们自己指出这些变化将产生更好的戏剧效果。

向参与游戏的玩家表示感谢，然后开始讨论。

13.2.3 待讨论的问题

玩完游戏后，可以用以下这些问题来引导一场富有成果的讨论。

- 总时间发生了什么变化？为什么？
- 每个项目的时间发生了什么变化？为什么？
- 第一轮更难些吗？为什么？
- 这个模拟游戏和你的工作情景类似吗？
  - 什么是你的独立项目？
  - “换笔”在你的工作场景中代表了什么内容？
- 你的公司中的项目优先级是如何设定的？你知道当前最重要的工作是什么吗？
- 你现在正工作在几个项目或不同的事情上吗？
- 它对产出的质量有什么影响？
- 第一种方法感觉如何？第二种方法是不是更好？

13.2.4 主要收获

结果显示所有三个项目的前置时间都会缩短，第一个项目的改善最为显著，往往达到70%～80%。

不仅如此，质量通常也得到了改进，这是因为在第二次迭代里无需切换工具（笔）。绝大多数人发现写从 I 到 X 的罗马数字很难，而第二轮迭代允许人们更专注于每个项目。写从 1 到 10 的阿拉伯数字最容易[1]。

大多数人认为第一种方法更为紧张，因为他们在不断地切换任务。通过减少在同一时间进行的工作量，你不仅能够集中注意力，还能缩短每个项目的前置时间。

注意 这个游戏的起源也很难追溯，它似乎是从许多不同的敏捷模拟游戏演变而来的。这个练习和 Henrik Kniberg[2]曾经使用过的多任务名字游戏类似，而 Kniberg 本人则暗示他也受到了其他人（如 Mary Poppendieck）的某些模拟游戏的启发。

---

① 最短时间为 2.8 秒，这个纪录由 Avega Group 的一位雇员所创造。

② 具体细节请见《多任务名字游戏——写一个名字要花多长时间？》，网址为 http://mng.bz/yr06。

13.3 打点游戏

打点游戏通过模拟一个软件开发项目来展示限制在制品的好处。和我们之前看到的两个游戏相比，它具有其他一些与软件开发相关的附加特性，因此更有趣一些。

打点游戏展示出团队开始限制在制品时发生的有趣变化。你将很快看到工作流发生了改变，这将促使你开始思考应该如何改进以加速流动（另一个看板原则）。玩这个游戏大概要 45 分钟时间。

教练的忠告 做这个游戏并不容易，部分内容还很有压力。你要确保每个参与者都是自愿参加的，而且要让整个过程充满乐趣。我们曾看到过有人在玩游戏的过程中变得生气，你并不希望这样。请保证每个人都能理解这个游戏的乐趣。

13.3.1 游戏的准备工作

这个游戏需要做的准备如下：

- 8 个玩家（你也可以扮演其中 1 个角色）；
- 1 个桌子和 6 把椅子（供 6 个坐着的角色使用）；
- 1 个白板或纸架；
- 至少 300 张长方形即时贴；
- 4 种不同颜色的小粘贴点（有颜色的标签）（13.3.7 节里会介绍成本更低的方式）；
- 1 个代表制作规约的预制模板；
- 1 个用秒表计时的项目经理；
- 1 个客户（主持人可以兼职扮演这个角色）。

13.3.2 如何做游戏

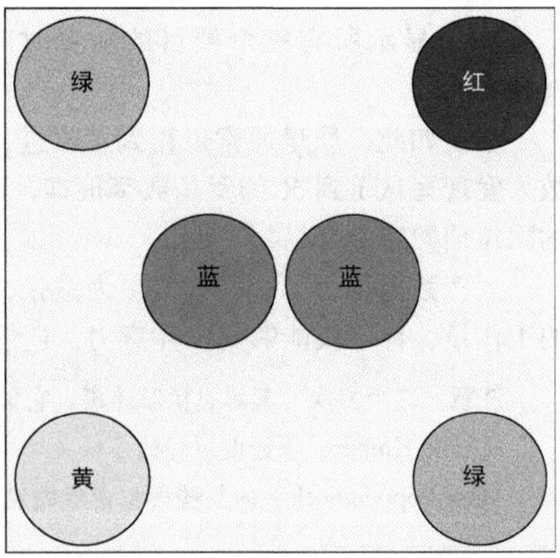

你可以享受一下角色扮演的乐趣，把自己想象成一个工厂老板。你的工厂需要生产一些产品，这些产品我们用上面贴着彩色圆点的便利贴来代表（给团队展示一下）[①]。

游戏的目的是在 5 分钟之内生产尽量多的产品，也就是贴着彩色圆点的便利贴。你已经有了一个经过仔细思考设计的流程，并且将在屋子里面启动生产。生产流程需要六个志愿者扮演员工，你可以邀请大家加入帮忙。介绍每个人的角色以及任务，并邀请他们

① 这意味着在游戏之前你需要准备一个样品。

在桌边落座。以下是角色[①]介绍。

（1）业务分析师——从整沓便利贴中撕下一页交给下个员工。

（2）技术分析师——在便利贴的左下角贴一个黄色圆点，然后交给下个员工。

（3）设计师——在右上角贴一个红色圆点，然后交给下个员工。

（4）界面工程师——在其他两个角上贴两个绿色圆点，然后往下传。

（5）开发工程师——在中间贴两个蓝色圆点，然后往下传。

（6）测试工程师——保证产品符合质量标准，将合格品交给客户。

（7）项目经理——给生产过程计时。项目经理需要在白板或纸架边记录时间，他要记下把第一个产品交给客户花了多长时间，在仅剩一分钟时提醒团队，在计时满 5 分钟时宣布工作结束。

（8）客户——接受制成品。许多时候主持人会扮演这个角色，要给团队适当的“压力”，让游戏可以有趣地进行下去。

如图所示来让团队就座。

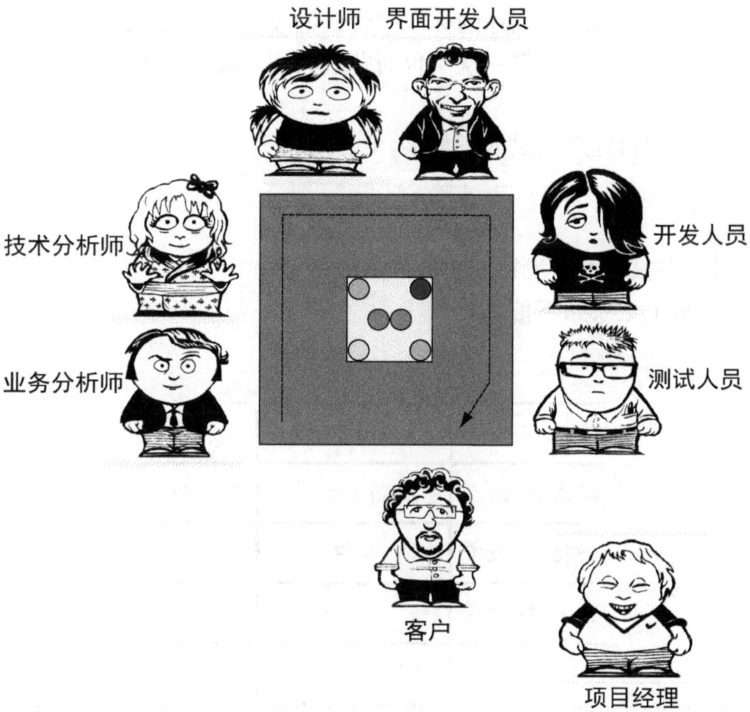

① 你可以将他们换成你实际工作中的职位名称。

13.3.3 第一次迭代

当每个人都坐好之后，再展示一遍便利贴产品样例并把它放到桌子中间。告诉他们工厂的生产流程已经优化了，每个工位一次可以处理五个工作项，即业务分析师撕下五个便利贴交给技术分析师，技术分析师贴上 5 个黄点后交给设计师，以此类推。告诉他们你将衡量每个人的产能，大家可以尽量多地生产，不需要关心下游是否能够接纳承受。我们希望每个人都开足马力工作，不是吗？

不必回答过多问题（这时候一般不会有太多问题），但要推动第一次迭代尽快开始。项目经理启动计时，宣布游戏开始。一旦游戏开始，将客户带到一边[1]，告诉他验收标准只有以下两个。

- 边上的圆点应该尽量接近便利贴边界，但不要出界。
- 中间的蓝色圆点应该尽量接近，但不要互相覆盖。告诉客户只回答直接的提问，除非被特别问到，否则不要泄露验收标准。

在第一次迭代的过程中，你可以到团队中间鼓励大家生产得越多越好。当客户收到第一个批次的便利贴之后，他可以根据之前描述的标准接受或拒收，不要说原因。

确保项目经理在白板上记录下第一次交付所花的时间（通常是 2～3 分钟），在还差 1 分钟结束时提醒团队。

当迭代结束后，请项目经理提供如下数字。

- 制成品数量。
- 合格品数量。
- 在制品数量（在桌子上还没被交付的产品）。

像下图一样在白板上记录如下信息。

	5	
第一次交付	2分22秒	
制成品数量	13件	
合格品数量	4件	
在制品数量	66件	

告诉团队你对他们的表现很失望，客户很需要这些产品。太糟糕了！团队需要充分协作，提升产能。大家准备好了吗？

暂停一会儿，问问团队他们有什么体会，第一次迭代进行得如何。

① 如果你有时间也可以事先告知客户，或者自己扮演客户。

- 你应该注意到在业务分析师（这个任务很简单）的下游出现了瓶颈，堆积了一些工作。为什么会这样呢？系统中还有其他瓶颈或者不均衡的情况吗？
- 如果测试人员发现了缺陷怎么办？测试人员要怎么处理？他们本该做些什么？
- 问问团队是否知道客户的验收标准？谁了解这些标准？为了了解要做些什么？让客户简要回答这些问题，然后开始下一个迭代。
- 桌子上还没有交付的在制品有什么价值？在客户眼中它们没有任何价值，完全被浪费了。

打点游戏中的利特尔法则

在之前的游戏说明中谈到了利特尔法则（参见第 5 章），但通常我们不这样做，因为以下两个原因。

- 在紧张的游戏过程中我们经常算错。
- 白板上的数字最终也会表现出这些意思。

但是如果你愿意接受计算挑战，你可以告诉团队第一次交付时间其实是相当误导人的。让我们用第一次迭代中的数字来解释利特尔法则。

利特尔法则是这样计算周期时间的：

周期时间 = 在制品数量 / 吞吐量

吞吐量是这样计算的：

吞吐量 = 制成品数量 / 所花时间

根据例子中的数据，计算结果如下：

在制品：66 个在制品

吞吐率：13 个制成品 /5 分钟 = 2.6 个 / 分钟

周期时间：66 / 每分钟 2.6 个便利贴 =

25.4 分钟 / 便利贴

	5	
第一次交付	2分22秒	
制成品数量	13件	
合格品数量	4件	
在制品数量	66件	

初次交付 2 分 22 秒已经很慢，这次还要慢了十多倍。

要让大家意识到，一个新的便利贴需要“等着”桌上所有便利贴才能被交付，因此速度很慢。第一批交付因为没有东西挡在前面，因此能快速地通过系统。

13.3.4 第二次迭代

告诉团队你要发起绝地反击，改进团队的产出效率和质量，为此将采取有点疯狂的做法：整个生产过程不变，只是改变同时工作的在制品数量，每个角色从同时生产 5 个减少到仅生产 1 个。

业务分析师从一叠便利贴上撕下一张交给技术分析师，他再贴上一个黄色圆点后交给设计师，以此类推。流程和之前一样，但一次只生产一个。

团队准备好之后开始下一个 5 分钟迭代。这次你也要四处看看，确保员工的工作一切正常，检查制成品是否符合质量要求（或帮助客户检查）。项目经理仍在剩余 1 分钟时提醒团队，在满 5 分钟时宣布工作结束。

第二次迭代的结果看起来可能像这样。

	5	1
第一次交付	2分22秒	36秒
制成品数量	13件	28件
合格品数量	4件	17件
在制品数量	66件	29件

暂停一会儿，讨论一下结果。

- 第一次交付时间出现了什么变化？
- 交付品数量出现了什么变化？
- 质量是否有改善（合格品 vs 制成品）？有些人说第二次迭代中需求明确，所以更容易控制质量。这种说法很对，而这也正是你该强调的重点。第一次迭代之后团队和客户进行了讨论，团队根据新的信息进行了调整，不是吗？
- 现在的瓶颈在哪里？谁面前的在制品数量最多？很多时候，瓶颈出现的位置和第一次迭代有所不同。

13.3.5　第三次迭代

向团队宣布你辞职了。你觉得山穷水尽，不知道如何进一步改善流程和提高产出。团队现在可以自己思考该如何进一步改进流程，从而提升产能，减少浪费。

根据我们的经验，许多团队需要一些帮助来往下走[①]。你可以问他们谁将负责质量，要做哪些改进，团队将如何尽量减少浪费。团队成员也许会问能否互相帮忙。这样做是可以的，但伴随着一个惩罚：来帮忙的人不熟悉新工作，所以要降低生产效率，这样做更符合实际情况。如果测试工程师去做开发工作，应该不会比开发工程师更快的。

给团队一些提示，然后给他们 3 分钟自组织时间来准备最后一个迭代。如果屋里有没坐在桌子边上的其他人，确保也问问他们的改进建议。

在团队准备好之后，和之前一样开始第三次迭代，依旧在剩 1 分钟的时候提醒团队，记录第

① 我们曾看到过一些拥有超级创造力的团队引入许多创新，包括团队成员绕着桌子走动，并且让客户和团队一起走，在过程中给出建议并改正错误。你会对团队提出的建议感到惊讶的。在给出提示之前，让他们多想一会儿。

一次交付的时间。5 分钟结束后，你可能会得到这样的结果。

	5	1	?
第一次交付	2分22秒	36秒	36秒
制成品数量	13件	28件	23件
合格品数量	4件	17件	20件
在制品数量	66件	29件	10件

针对结果进行讨论。

- 最后一个迭代大家感觉如何？常见的回答是“混乱”“没有结构”，这是坏事吗？
- 第一次交付的时间发生了什么变化？通常会上升一点儿，为什么？
- 质量发生了什么变化？许多时候质量会有大幅度改善，为什么？
- 浪费情况如何？为什么会这样？

感谢大家参与了这个充满压力的游戏，整个过程结束。

13.3.6 主要收获

这个游戏展示了许多值得注意的事情。

- 批次减小可以缩短前置时间，提升质量。
- 通过每个迭代后进行回顾并调整工作方式，大家可以改进结果。在最后一个迭代结束后问问团队，如果再试一个迭代，他们是否能做得更好。许多团队都给出肯定的答案。
- 团队需要多问客户问题，加深协作以了解客户的愿望。完美的规格说明是不存在的。
- 当系统过载之后，向系统中压入更多的工作没有任何好处，第一次迭代的第一个角色已经很好地说明了这点。我们曾见过业务分析师生产了 200 多个便利贴以备下游使用。这就是为什么 Mary Poppendieck 称之为“一厢情愿式思维”，意思是事情不会由于被堆在那里就能被更快地完成。事实上，由于在制品增加，系统反而会被拖慢（参见第 5 章）。

13.3.7 提示和微调

这个游戏很花时间，虽然可能在 45 分钟内完成，但最好还是预留 1 小时。游戏结束后，让大家休息一下。以下是一些补充内容。

- 不要忘记给团队准备一个模板。
- 绿点和蓝点往往最先用光。如果需要，多准备些这两个颜色的圆点，你应该用得上。

- 为了省钱，玩游戏时可以让玩家用彩色笔画，而不是用圆点贴。这样做会为游戏带来一些变化，因为犯了错误不容易改正，而且质量（圆点的大小和形状）不易于保持一致。
- 如果你让其他人来扮演客户，请保证他们不会太挑剔，因为这可能会使团队关注错误的方向。在游戏开始之前，花点儿时间告诉客户扮演者只要考虑我们提到的验收标准即可。
- 在迭代过程中记录下所有的评论，在之后的讨论中可以仔细谈谈。
- 邀请没直接参与游戏的人也参加讨论，但仅仅是在每个迭代结束之后。你要确保他们不会在迭代过程中打扰玩家。
- 在迭代的回顾过程中，给每个人充足的发言时间，这才是学习的最佳机会。让游戏玩家先说，观察者（如果有的话）后谈感想。

注意 Al Shalloway 来自 Net Objectives 公司，他在精益杯子生产游戏[①]的基础上发明了这个游戏[②]。我们也非常感激他帮忙审校了这一节。

13.4 瓶颈游戏

瓶颈游戏很好地展示了约束理论的 5 个核心步骤（参见第 7 章）。约束理论把流程看做一个系统，认为任何系统都至少有一个拖慢生产的瓶颈（或约束）。这 5 个核心步骤帮助团队定位、评估和管理瓶颈，从而优化流程。

瓶颈游戏和打点游戏在某些方面类似，但它更精巧一些，更多地关注瓶颈[③]和用约束理论解决问题的方式。

13.4.1 游戏的准备工作

这是一个团队游戏，每个团队包括 4～7 个参与者。

- 你需要为每个团队预留足够的空间，让他们可以排成一个较长的生产线。
- 从网上打印游戏指南，分发给游戏的不同角色。

13.4.2 如何做游戏

这个游戏分成三轮，介绍相关概念也是游戏的一部分。完整做完游戏需要花 2 ~ 3 小时，也

① 详见 Martin Boersema 的 “The Lean Cups Game-What’s summer without a few cold ones?”，网址 http://mng.bz/0Von。

② 打点游戏，详见 http://mng.bz/lONY。

③ 从名字就可以知道，这是关于瓶颈的游戏。它的文档齐全，可以从 www.agilecoach.net/coach-tools/bottleneck-game/下载。

可以和一个研讨会配合，探讨如何把学到的内容应用到实际工作中去。

瓶颈游戏的目标是让每个团队制造尽量多的纸帽子和纸船组合（如下图所示），同时尽量避免浪费纸张。设定的过程将暴露出一些瓶颈，练习和演示将帮助参与者使用约束理论的5个步骤来消除瓶颈。

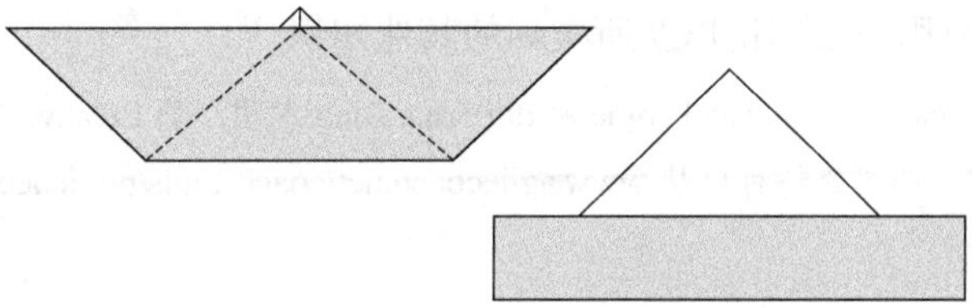

五个核心步骤

五个核心步骤建立在你的系统至少存在一个瓶颈的假设基础上。如果瓶颈不存在，系统内的流程就不会受到任何阻碍，系统的吞吐能力是持续而且不受限制的。对最大瓶颈的任何改善都将改善整个系统吞吐量。

下面是跟踪管理瓶颈的五个核心步骤。

（1）找出系统中减缓流速的约束因素。比如测试工程师的工作总是过载。

（2）充分挖掘瓶颈的产能。例如保证测试工程师只处理测试工作，其他什么工作都不做。

（3）让其他活动服从与对瓶颈产能的挖掘。例如让其他人做一些可以帮助测试人员完成他们任务的非测试工作。这应该不会造成问题，因为其他人员不是瓶颈。

（4）消除瓶颈的约束。例如让其他成员也做测试工作，或者雇用新的测试人员。这个方法经常见效缓慢而且成本高昂，如果前面三个步骤不起作用，再考虑这个方式。

（5）重复上面的过程。在流程中的每个点都检查一下，看看其他职能是否成了新的瓶颈。例如，让测试人员只做测试工作可以解决测试人员成为瓶颈的问题，但是现在部署可能成了新的约束。在这种情况下，你就要花力气去管理部署这个瓶颈了。

在约束理论的提出者 Eliyahu Goldratt 的著述《目标》（North River Press，2012，http://mng.bz/bRak）一书中，你可以读到更多的细节和背景知识。

这个游戏很好地模拟了这个过程，即通过约束理论来管理瓶颈，从而获得更快速、更平滑的工作流。

13.4.3 待讨论的问题

游戏网站上有非常详细的材料，列出了大量可供讨论的话题以及举办后续研讨会的指南。这些材料包含了一个完整、详尽的主持人手册，研讨会的工作指导，以及参与者可以保留的材料。

13.4.4 主要收获

瓶颈游戏主要揭示了以下内容。

- 如何使用约束理论的五个核心步骤来管理瓶颈。
- 如何在实践中应用约束理论以及所学到的其他知识。

注意 这个游戏由 Pascal Van Cauwenberghe 和 dbPortia Tung 发明，受 Creative Commons Attribution-Share Alike 协议保护。游戏资料可以从 www.agilecoach.net/coach-tools/bottleneck-game/下载。

13.5 getKanban

getKanban 是一个完备的看板模拟游戏，它完整地介绍了看板以及其相关原则。这是个相当复杂的桌面游戏，但好在它的文档说明非常详细。在你试图引导别人玩这个游戏前，至少应该先和别人完整地玩一次。

游戏有三种模式：快速、标准和进阶。每个模式都比前面一个更详细，但是也需要玩家花费更长时间。对于进阶模式，你至少应该预留 2.5 或 3 小时。另外，最好在游戏开始之前简单介绍一下看板方法。

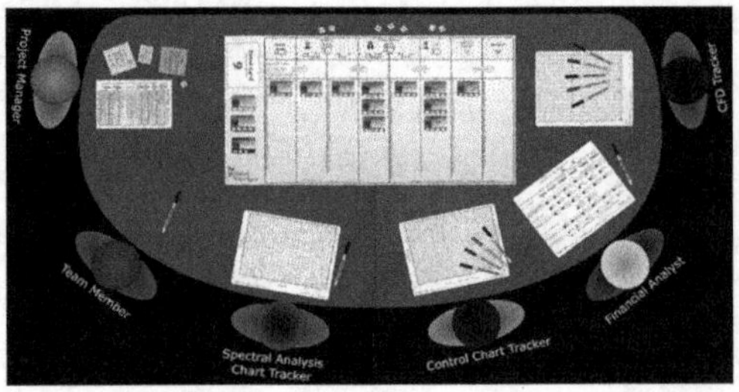

getKanban 游戏是收费的[①]，你可以从 www.getkanban.com 网站订购。这个游戏绝对是物超所值，当然你也可以自己去打印游戏的早期免费版本。

getKanban 游戏仍在不断演进的过程中，新版本会定期发布。本书所描述的是第 4 版。

13.5.1 游戏的准备工作

这个游戏需要做的准备如下：

- getKanban 桌游，所有所需材料都在游戏盒子里面；
- 大概 6 名玩家（为了保证游戏有趣，最少需要 4 个参与者）；
- 1 个干净的大桌子和足够空间；
- 1 个白板或纸架来记录结果及解释相关概念。

13.5.2 如何做游戏

完整讲述如何玩好 getKanban 游戏并不在本书的范畴之内，游戏本身已经有了详细明确的说明，这里仅对游戏玩法做个简单介绍。

① 在写本书时，每套游戏的价格是 450 美元。

在这个游戏当中，玩家扮演一个软件开发团队。这个团队将开发一款供客户订阅的产品，例如某个在线服务。游戏的官方目标是赚取尽量多的钱，但你也可以采用不同的目标，比如完成尽可能多的需求等。

玩家将模拟团队在一段时期内的工作状态。游戏开始时项目已经进行了数天，大家需要立刻开始投入行动。工作进展通过掷骰子决定，掷出的骰子点数越高，团队就能完成更多的工作（分析、开发或测试）。工作内容可以调整，比如作为团队的一个策略，开发人员可以被指定去做测试工作。

在整个游戏过程中，一些需要团队关注的事件卡片将会被引入。可能是做出一个“愚蠢”决策打乱团队原来的计划的坏老板，或是一个能帮助团队获得额外订阅用户的展览会，或是一些要到游戏后期才能确定其价值的工作。

每一轮都要严格按照日程表来进行，这将帮助团队完成工作、更新收入、度量数据并画出图表和跟踪进展。这个过程的指导非常详细，而且易于理解，是学习看板度量和图表的绝佳机会。

团队需要考虑应该选择哪些需求以及如何分配产能（骰子上的点数），这些策略将决定团队能否在游戏中获胜。

13.5.3 待讨论的问题

在游戏过程中，团队有充分的讨论机会，但之后的讨论应该围绕以下问题进行。

- 你学到了什么？
- 如何在你的工作环境中应用所学的东西？
- 游戏结果有什么让你觉得意外的地方吗？

13.5.4 提示和微调

如果需要，你可以在做游戏的过程中做一些调整。下面是我们自己用过或看到别人采取过的做法。

- 作为主持人，你应该在游戏现场走来走去，向玩家提供帮助、回答问题或给他们一些提醒。这个游戏有不少规则，依据我过往的经历，第一次玩的时候完全记住并遵从这些规则是一件相当有难度的事情。
- 预留足够的游戏时间。在游戏开始之前最好介绍一下看板方法，玩游戏至少需要 90 分钟，还要留 30 分钟来进行总结讨论。所以，你至少应该预留 2.5～3 小时（包括中间休息）来做这个游戏。
- 尽管游戏在部分上是由事件卡片来控制的，但你可以试图多玩几次。尝试不同的关注点以及策略，观察它们将如何影响游戏的结果是件有趣的事。

- 你可以访问 https://getkanban.corporatekanban.com，访问这个游戏的在线版本。这个在线版本很新潮，但有些方面也不太让人满意。不过，你可以很好地利用它为主持游戏做些准备工作，或者让其他人用它来做课后的跟进。

13.5.5　主要收获

根据我们的理解，getKanban 游戏的主要收获有以下几点。

- 通过实践体会看板方法。这个游戏涉及了许多使用看板系统和看板原则的领域，充分体现了限制在制品的概念，以及拉动原则（以拉动方式在需要时才启动工作，而不是同时进行许多任务）。
- 了解看板系统的运作方式以及如何设计看板。
- 了解如何设计度量指标，以及如何使用累积流图、控制图等图表。
- 了解如何使用游戏过程中获得的数据和信息来优化业务产出。

拓展阅读　在 www.getkanban.com 网站上，你可以读到更多有关这个游戏的信息。它是收费的，但同时也是开源的，你可以为它的改进贡献力量。

13.6　看板比萨游戏

这是另一个看板模拟游戏，可以从 Agile42 网站（http://mng.bz/kYN7）上免费获取。这个游戏大概耗时 1 小时左右，比 getKanban 游戏更快完成，同时前期并不需要太了解游戏规则。

但这个游戏需要大量的物料准备，而且游戏过程中也需要有人引导团队以取得最佳效果。

这个游戏非常有趣，也很容易进行。它是一个理想的团队建设游戏[①]，能让参与者获得很大收获。整个游戏的目的是让团队在实践过程中体会看板的作用。

13.6.1　游戏的准备工作

在看板比萨游戏网站上，有和这个游戏相关的大量信息。需要准备的物料不少，但都能在办公室或办公用品商店找到：

- 每个团队 5 位玩家（4 个也可以）；

① 在游戏过程中，大家很自然地会想吃比萨饼，所以游戏可以以比萨饼大餐来结束。当然，我们指的不是纸做的比萨饼。

- 一个游戏主持人（曾经玩过这个游戏）；
- 一张游戏用的桌子，使每个团队有足够大的地方，可以装得下整个团队和他们的比萨饼；很多比萨饼将会被弄得满桌子都是。
- 一个用来报告进展的白板或纸架。

13.6.2 如何做游戏

游戏的目的是生产尽量多的比萨饼切片（这会加分），同时尽量避免生产没有完成的切片（这会减分）。客户订购完整的比萨饼，团队在完成完整的订单后才能得到分数，得分最高的团队获胜。

游戏主持人扮演一个新开比萨饼店的店主，他雇用游戏玩家为他工作，为团队提供生产比萨饼切片的材料和工具。

游戏分成如下四轮进行。

（1）第一轮，团队可以按任何顺序生产比萨饼切片。

（2）第二轮，引入“订单”的概念（批量切片），并引入工作台，通过物理方式限制在制品数量。

（3）第三轮，引入产品变化，引入不同配方和不同生产流程的比萨饼。

（4）第四轮，所有游戏概念都已经引入，团队可以根据他们前三轮获得的经验，进行自组织，优化生产流程。

正式游戏结束之后，继续进行一个回顾环节，讨论在游戏中学到了哪些知识点。

13.6.3 待讨论的问题

游戏结束后，你可以用如下这些问题来引导玩家进行讨论。

- 当你引入在制品限制之后，前置时间出现了哪些变化？为什么？
- 游戏过程中，你觉得压力大吗？如何改善这一情况？
- 当你们引入一个新产品时，出现了什么情况？
- 游戏中的情景和你的工作有没有什么相似性或关联性？
  - 比萨饼切片代表工作中的什么？
  - 板又代表什么？
  - 谁在订购比萨饼？

游戏的创造者建议参与者在游戏结束后，利用游戏中学到的原则创建自己的可视化工作流程。这听起来不错，但可能需要一些辅导或帮助来解决这个过程中可能遇到的问题。从这个角度来看，这个游戏可以作为团队开始看板之前的导入游戏。

13.6.4 主要收获

游戏的主要目的如下。

- 在游戏中体验看板系统和原则。
- 理解并体验限制在制品的效果。
- 审视流程，并以自组织的方式改进流程。
- 创建看板系统来描述你自己的工作流程。

这个游戏很容易让参与者觉得拉动系统是个很好的实践，但参与者也会体会到实现拉动系统并不容易。

网站上有许多文档，但要全面发挥这个游戏的潜力，你最好有实践经验。你最好在引导游戏之前和朋友玩一下这个游戏，熟悉熟悉。如果能找到一些有经验的人和你一起引导这个游戏，那就更好了。

注意 这个游戏是由 Agile 42(www.agile42.com)发明的，受 Creative Commons Attribution-Share Alike 3.0 协议保护。

13.7 小结

本章介绍了一些模拟游戏来帮助你向不了解看板的人介绍看板的基本概念。根据我们的经验，这些游戏是学习看板和看板原则的有效手段。在实际工作中，我们有时会听到打点游戏的玩家在参加游戏一年之后，还在讨论自己的工作流程的时候提到打点游戏的体会。我们也曾经听到大家在讨论工作时提到“我们不要做太多的比萨饼，这会超过系统的处理能力”。

尽管游戏过程非常重要，但更有价值的是游戏后的讨论。为你的团队准备好大量的问题，供他们反思并讨论。你希望参与者会思考在游戏中发生了什么，以及有些什么知识可以带回到他们的实际工作中去。

附录 A　推荐阅读及其他资源

我们都是贪婪的阅读者，这些年我们读了许多关于看板、精益、敏捷及其他方面的资料，它们教会我们很多知识，并对我们产生了很大的影响。在附录 A 中，我们将分享一些我们认为重要的资料，以便于大家学习。我们对它们按主题分类，并为每个条目加上一两句说明：我们为什么会选择它，以及我们认为它好的地方。

A.1 关于精益和看板的书籍

- *Kanban: Successful Evolutionary Change for Your Technology Business*[①]（David J. Anderson，Blue Hole Press，2010，http://amzn.com/0984521402）——在这本书中，David J. Anderson 定义并阐释了看板方法。如果你对看板感兴趣的话，它是必读书籍。这本书讲述了 David 和其他人提出看板方法时的细节，以及它为什么能工作和如何工作的。
- *This Is Lean: Resolving the Efficiency Paradox*（Per Åhlström and Niklas Modig，Rheologica Publishing，2012，http://amzn.com/919803930X）——这本小书棒极了，它清楚地解释了精益的基础思想，并很好地定义了精益是什么。它是由斯德哥尔摩经济学院的 Per Åhlström 教授和 Niklas Modig 研究员合著的。全书只有 160 页且非常易读。
- *The Toyota Way to Continuous Improvement*[②]（Jeffrey K. Liker and James K. Franz，McGraw-Hill，2011，http://amzn.com/0071477462）——这本书综合了对丰田及其他精益企业 20 年的研究成果。它描述了丰田方法背后的哲学和原则，以及他们是怎么把丰田生产方式贯彻到每日的业务中的。作者还分享了如何让你的企业成为学习型组织的建议。

① 中文版书名《看板方法：科技企业渐进变革成功之道》，http://t.cn/8kRIrJc。

② 中文版书名《持续改善：组织基业长青的密码》，http://t.cn/RZf9FTW。

- *Toyota Kata: Managing People for Improvement, Adaptiveness, and Superior Results*[①]（Mike Rother，McGraw-Hill，2009，http://amzn.com/0071635238）——Rother 的观察超越了丰田的表面做法，而试图去理解为什么以及如何做到。它将之总结为“丰田招式”，相当具有启发性。我们在第 10 章讲述的看板招式的基础正是基于本书。
- *The Principles of Product Development Flow: Second Generation Lean Product Development*（Don Reinertsen，Celeritas Publishing，2009，http://amzn.com/1935401009）——这是一本信息量很大的书，包含了产品开发的 175 个原则。它引用了从通信网络到军事指挥等广泛领域的知识，形成了第二代的精益原理。它超越基于信念的方法，而提倡把经济学的观点应用到决策当中。
- *Lean from the Trenches: Managing Large-Scale Projects with Kanban*[②]（Henrik Kniberg，Pragmatic Bookshelf，2011，http://amzn.com/1934356859）——本书讲述了把精益和看板应用于瑞典警务系统开发的一个精简案例，作者是在瑞典敏捷圈内非常知名的人物。

A.2 敏捷相关书籍

- *Scrum and XP from the Trenches*[③]（Henrik Kniberg，Lulu.com，2007，http://amzn.com/1430322640，可以从 InfoQ 下载免费版本：http://www.infoq.com/cn/news/2008/07/scrum-xp-book）——这是一本介绍 Scrum 和其他一些敏捷实践的优秀且务实的书籍。它是包含 Marcus 在内的很多人开始敏捷之旅的启蒙书籍。谢谢 Henrik。
- *Extreme Programming Explained: Embrace Change*[④]（Kent Beck，Addison-Wesley Professional，1999，http://amzn.com/0201616416）——这本书介绍了极限编程方法——最早的敏捷方法之一。其中几个非常重要的敏捷实践在很多看板团队中也经常被使用。
- *The Agile Samurai: How Agile Masters Deliver Great Software*[⑤]（Jonathan Rasmusson，Pragmatic Bookshelf，2010http://amzn.com/1934356581）——这本书短小、务实、有趣，介绍了敏捷以及很多相关实践。它包含了许多实用技巧。我们经常把这本书送给客户作为参考。
- *The Art of Agile Development*[⑥]（James Shore and Shane Warden，O'Reilly Media，2007，http://amzn.com/0596527675）——该书详细介绍了很多敏捷实践（尤其是 XP 实践），对新手和有一定基础的实践者都非常有用。同时本书提供的一些新的视角和极佳的实践，

① 中文版书名《丰田套路：转变我们对领导力与管理的认知》，http://t.cn/zWn4B6l。
② 中文版书名《精益开发实战：用看板管理大型项目》，http://t.cn/zWn4B6l。
③ 中文版书名《硝烟中的 Scrum 和 XP：我们如何实施 Scrum》，http://book.douban.com/subject/3390446/。
④ 中文版书名《解析极限编程：拥抱变化》，http://t.cn/aFLqwG。
⑤ 中文版书名《敏捷武士：看敏捷高手交付卓越软件》，http://t.cn/zWUl3HU。
⑥ 中文版书名《敏捷开发艺术》，http://t.cn/RZfOF0M。

对经验丰富的实践者也很有参考价值。

A.3 关于软件开发的书籍

尽管本书不是关于编码的软件开发书籍，我们还是发现以下的书很有意义。我们从中学到很多，并把其中的实践应用于我们指导过的看板团队，帮助他们更好地工作。

- *Specification by Example: How Successful Teams Deliver the Right Software*[①]（Gojko Adzic，Manning，2011，www.manning.com/adzic/）——实例化需求实践帮助你开发正确的东西，即真正业务需要的，而不仅仅是客户说的。这本书非常到位地介绍了实例化需求（又称为行为驱动开发或验收测试驱动开发）的方方面面以及其带来的结果。
- *Test-Driven Development: By Example*[②]（Kent Beck，Addison-Wesley Professional,2002，http://amzn.com/0321146530）——该书通过一个深入的案例介绍了测试驱动开发（TDD），告诉你如何通过被良好划分的小步骤实施测试驱动开发。
- *Growing Object-Oriented Systems Guided by Tests*[③]（Steve Freeman and Nat Pryce，Addison-Wesley Professional，2009，http://amzn.com/0321503627）——在本书（圈内称为GOOS）中，作者展示了如何把TDD应用于大型系统。全书从头至尾提供了很多实践和操作提示。
- *Clean Code: A Handbook of Agile Software Craftsmanship*[④]（Robert C. Martin，PrenticeHall，2008，http://amzn.com/0132350882）——敏捷开发人员必读书籍。它告诉你如何写出干净和易维护的代码。或许它还会让你为自己的代码感到羞耻（Bob大叔自己也会这样）。
- *The Clean Coder: A Code of Conduct for Professional Programmers*[⑤]（Robert C. Martin，Prentice Hall，2011，http://amzn.com/0137081073）——Bob大叔把自己关注的重点转向了职业的开发者，详述什么才是伟大的开发者。书中的讲述和故事让你以全新的视角思考这一职业。

A.4 关于商业和变革管理的书籍

- *The Goal: A Process of Ongoing Improvement*[⑥]（Eliyahu M. Goldratt，North River Press，2012，http://amzn.com/0884271951）——想象如果写一本关于约束理论的书籍，这本书

① 中文版书名《实例化需求：团队如何交付正确的软件》，http://t.cn/zl7btt5。
② 中文版书名《测试驱动开发》，http://t.cn/h3Cnb。
③ 中文版书名《测试驱动的面向对象软件开发》，http://t.cn/hByEd5。
④ 中文版书名《代码整洁之道》，http://t.cn/hrpBjv。
⑤ 中文版书名《程序员的职业素养》，http://t.cn/zWEtdVp。
⑥ 中文版书名《目标：简单而有效的常识管理》，http://t.cn/hGKMU0。

会有多乏味。但事实正好相反，这是一本小说题材的书籍，读者在关注主人公 Alex Rogo 命运的同时也学习到了约束理论。它是如此微妙，你在不知不觉中已经学习了知识。这是我们读过的最好的书籍之一。

- *Switch: How to Change Things When Change Is Hard*①（Chip Heath and Dan Heath，Crown Business，2010，http://amzn.com/0385528752）——这本书告诉你如何管理变化（个人的变化、帮助他人变化以及组织变革）。它提供了一个关于变革的可操作框架以及大量相关实例和研究的支持。当我们读完这本书时，它让我们感觉到已经知道了所有的这些技巧。你也会有这样的感觉的。
- *Made to Stick: Why Some Ideas Survive and Others Die*②（Chip Heath and Dan Heath,Random House，2007，http://amzn.com/1400064287）——这是 Heath 兄弟的又一本好书。它介绍了如何让你的创意具备粘性，同时这也是改进变革流程的方法。全书提供了大量的案例（例如，开篇的案例就会黏住你）和可操作实践。
- *Fearless Change: Patterns for Introducing New Ideas*（Mary Lynn Manns and Linda Rising，Addison- Wesley，2004，http://amzn.com/0201741571）——这本书涵盖了数量众多的小模式，如那些帮助你改变的方法、思想和实践。在短暂的介绍这些模式背后的思想之后，这本书提供了一长串你明天就可以开始使用的模式。对于那些承担变革责任的人，这是一本必读书籍。
- *The Lean Startup: How Today's Entrepreneurs*③ Use Continuous Innovation to Create Radically Successful Businesses（Eric Ries，Crown Business，2011，http://theleanstartup.com/book，http://amzn.com/0307887898）——这本书介绍了如何把精益概念应用于创意构想，精确的说法是商业构想，更精确的是创业的构想。它涉及应用科学方法来探索、A/B 测试和验证你的构想。当你开始阅读它时，你很快就会像很多人一样发现：其中的思想和实践可以应用在你的业务中，不管它是否是一个创业企业。

A.5 其他资源

虽然我们阅读量很大，但看板社区的发展速度也很快。为了跟上最新的进展，我们跟踪了许多在线资源，如邮件列表、博客和推特账号。以下是一些我们喜欢的资源。

- Kanban dev 雅虎邮件列表——这是一个超级活跃的邮件列表。所有社区著名人物在这个列表中都很活跃，你的问题很快会得到很棒的回答（http://finance.groups.yahoo.com/group/kanbandev/）。
- Personal Kanban 101——这是介绍个人看板的站点（http://mng.bz/61Zn）。

---

① 中文版书名《瞬变：如何让你的世界变好一些》，http://t.cn/h6Mdak。
② 中文版书名《粘住：为什么我们记住了这些，忘掉了那些》，http://t.cn/5hp7G。
③ 中文版书名《精益创业：新创企业的成长思维》，http://t.cn/zWMiD9T。

A.5.1 值得跟踪的博客

下面是我们经常访问的博客的地址。

- http://joakimsunden.com（Joakim Sundén）
- http://www.marcusoft.net（Marcus Hammarberg）
- http://positiveincline.com（Mike Burrows）
- http://www.agilemanagement.net（David J. Anderson）
- http://hakanforss.wordpress.com（Håkan Forss）
- http://dannorth.net（Dan North）
- http://flowchainsensei.wordpress.com（Bob Marshall）
- http://availagility.co.uk（Karl Scotland）
- http://brodzinski.com（Pawel Brodzinski）
- http://www.dennisstevens.com（Dennis Stevens）
- http://blog.crisp.se/author/mattiasskarin（Mattias Skarin）
- http://leanandkanban.wordpress.com（David Joyce）
- http://blog.jabebloom.com（Jabe Bloom）
- http://www.klausleopold.com（Klaus Leopold）
- http://www.software-kanban.de（Arne Roock）
- http://lizkeogh.com（Liz Keogh）
- http://zuill.us/WoodyZuill（Woody Zuill）

A.5.2 值得关注的推特账号

下面是我们关注的一些和精益、看板以及敏捷相关的推特账号，按字母顺序排列。

Chris Achouiantz @ChrisAch Gojko Adzic @gojkoadzic
Agile Borat @AgileBorat
David J. Anderson @djaa_dja
Jurgen Appelo @jurgenappelo
Kent Beck @KentBeck
Jim Benson @ourfounder
Jabe Bloom @cyetain
Pawel Brodzinski @pawelbrodzinski
Martin Burns @martinburnsuk
Mike Burrows @asplake
George Dinwiddie @gdinwiddie
Klaus Leopold @klausleopold
Janice Linden-Reed @jlindenreed
Bob Marshall @flowchainsensei
Henrik Mårtensson @Kallokain
Uncle Bob Martin @unclebobmartin
Benjamin Mitchell @benjaminm
Niklas Modig @LeanOnMyself
Dan North @tastapod
Michael (Doc) Norton @DocOnDev
Staffan Nöteberg @staffannoteberg
Jeff Patton @jeffpatton
Mary Poppendieck @mpoppendieck

Håkan Forss @hakanforss
Torbjörn Gyllebring @drunkcod
Kurt Häusler @Kurt_Haeusler
Ron Jeffries @RonJeffries
Liz Keogh @lunivore
Henrik Kniberg @henrikkniberg
LeanKanbanConference @LeanKanban
LeanKit @LeanKit
Jonathan Rasmusson @jrasmusson
Donald Reinertsen @DReinertsen
Karl Scotland @kjscotland
Al Shalloway @alshalloway
James Sutton @LeanSE
Jean Tabaka @jeantabaka
Adam Yuret @AdamYuret
Woody Zuill @WoodyZuill

附录 B 看板工具

在介绍看板时，我们经常听到一些关于工具的常见问题：“一定有某种电子工具跟踪这些即时贴”“如果我们地理位置上不坐在一起怎么办？在线看板是不是更好？”等等。

其实针对看板存在大量的工具，而且其中很多工具都很有用。本书中没有对在线电子看板工具展开讨论是因为本书关注看板的原则和思想而不是工具。只要读者理解了原则，就能快速使用工具。

我们经常建议新团队一开始时使用物理看板，掌握窍门后可以迁移到电子工具上。并非不能一开始就使用电子看板，但通常在使用电子工具时，人们更倾向于不做改变。例如，改变很难且耗时[①]。刚开始使用看板时，你总是希望在需要时能极其简单地改变流程：就如同把白板擦干净重新开始一样。

确保工具不会对你想实施的流程改造产生限制。工具应该对你的工作提供服务，而不是反过来让你受工具的摆布。

这里列出的工具是我们曾经使用过的或者听说过好用的。当我们写下这个列表时，这些工具也许就已经过时了。所以请时刻保持接受更新的、更好的和更酷的工具。

这里的列表没有参照任何顺序。我们既没有从工具供应商获得回报，我们也不倾向于推荐任何工具（因为如果可能的话，我们总是喜欢物理看板）。我们曾在推特上喊了几声并得到了几点建议。

B.1 独立工具

这些工具可以独立运行，不需要运行在别的工具平台上。某些情况下，你可以从其他系统，

① 例如，本书两位作者曾经在一家公司共事，这家公司里面就有专门管理 Greenhopper 的员工，只有他们知道如何修改看板且只有他们才有权限这么做。

如 JIRA、Team Foundation Server 等，导入工作项。但大多数情况下这些工具是独立的系统。

B.1.1 LeanKit Kanban

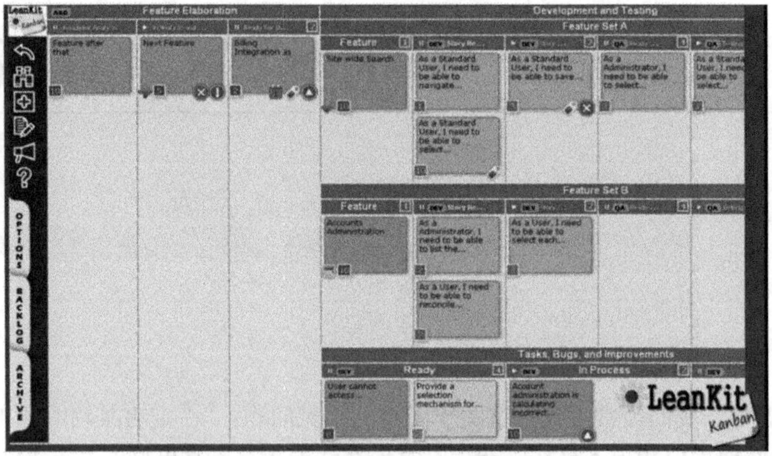

LeanKit Kanban（http://leankit.com）是一个轻量的看板工具，可以支持本书中讨论的很多高级实践。实际上，在计划和写作本书时，我们使用了这个工具。尽管它只是一个轻量框架，但却很强大，支持多种工作方式。从简单的个人看板到高级的组织级流程的方方面面都可以在这个工具中建模。免费版可以支持 25 个用户和 10 个看板。

B.1.2 AgileZen

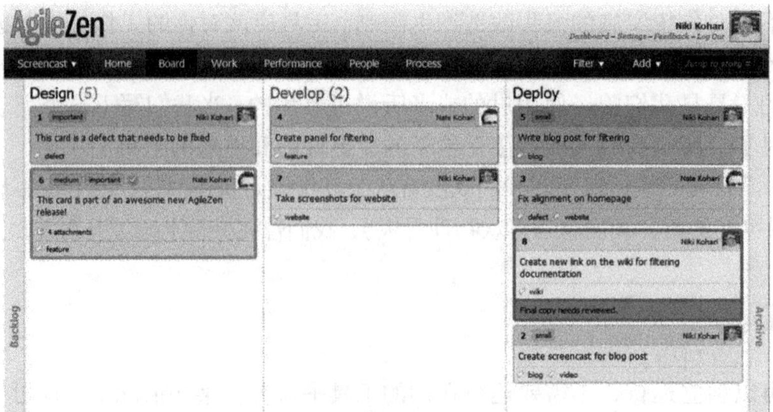

AgileZen（www.agilezen.com）是一个简单的看板工具，从个人到大型组织都可以使用。它有一个免费的入门版本，支持一个用户和一个样例项目，以帮助用户了解产品。

B.1.3 Trello

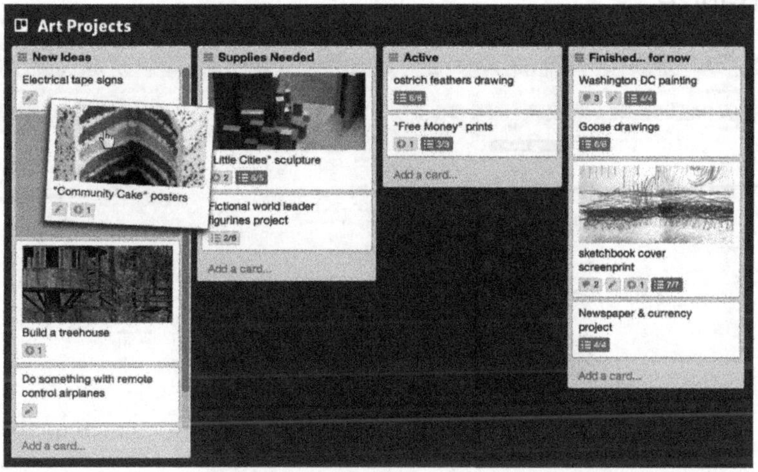

Trello（https://trello.com）是个简单的组织工具，可以用于可视化看板流程，但它并非只能应用于看板。因而你所期望的一些特性（如在制品限制）是缺失的。但它依然有用，它很容易上手且完全免费。

B.1.4 KanbanFlow

KanbanFlow（https://kanbanflow.com）是另外一款我们听说过的很棒的工具。它关注简洁化并支持多数常见使用场景，包括一些你之前可能没有想过的功能（如内置番茄计时器[①]）。它的免

① 番茄工作法（The Pomodoro technique）是一种个人时间管理方法，帮助你更加关注短时间内高效完成工作。

费版支持的用户数不限，在付费版中提供更多高级功能。

B.1.5 Kanbanize

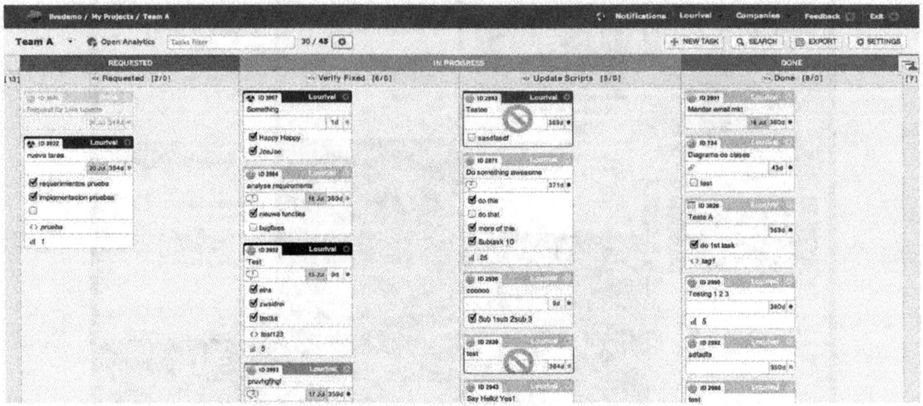

Kanbanize（http://kanbanize.com）看上去前景光明，但我们没有用过。它的功能列表很长，而且提供了线上演示，同时也有一个免费的社区版本。

B.1.6 Kanbanery

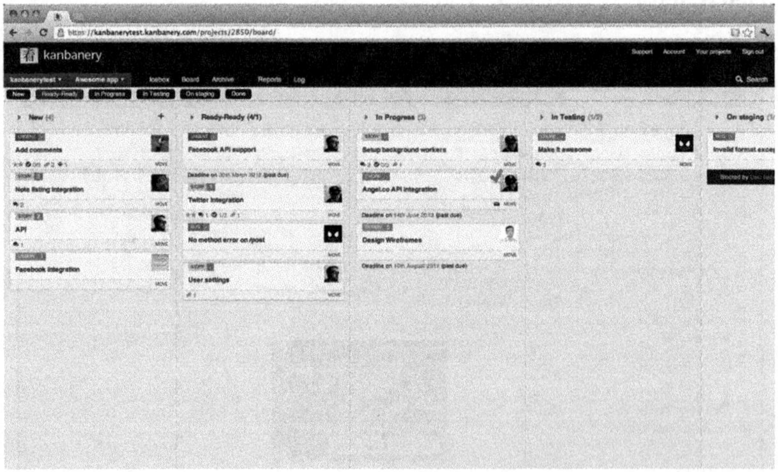

Kanbanery (https://kanbanery.com）是另一个功能列表很长的工具，而且支持从其他工具（通过 CSV 文件）导入工作项。它提供一个 30 天免费试用的计划。

B.2 工具插件

以下工具是作为插件安装在现有系统中的。

B.2.1 JIRA Agile

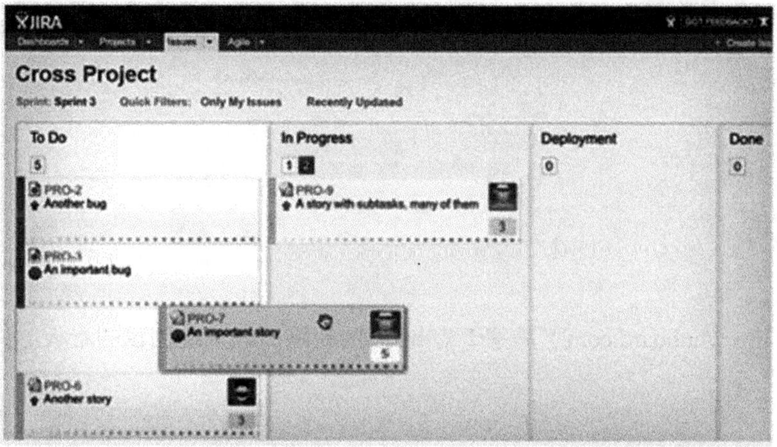

JIRA Agile（www.atlassian.com/software/jira/agile）是 Atlassian 公司的看板工具，可以和其广受欢迎的缺陷追踪系统 JIRA 组合在一起使用。

B.2.2 Kanban in Team Foundation Service

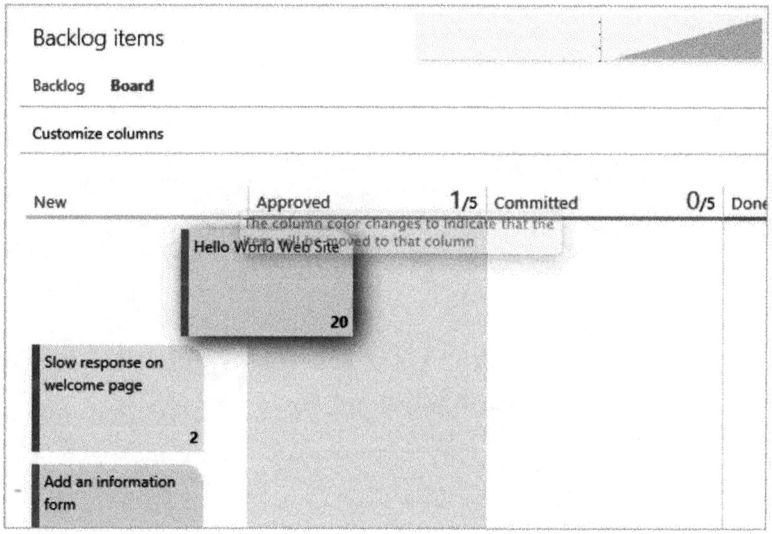

微软在其项目管理工具 Team Foundation Service（TFS）中提供了看版墙的支持。对于 TFS 用户而言，这是非常有用的功能（http://mng.bz/4vd0）。

B.2.3 HuBoard

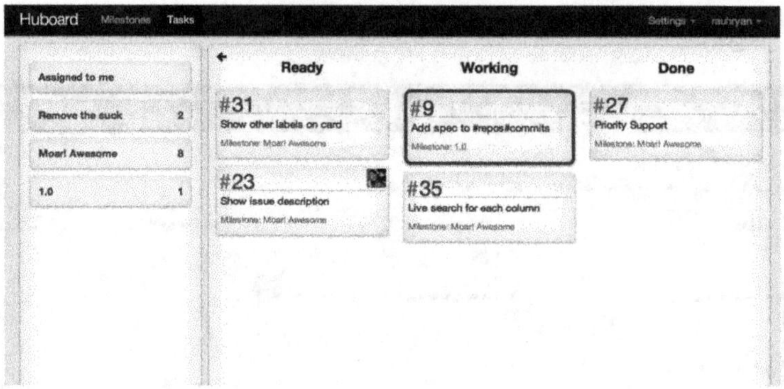

HuBoard（http://huboard.com）是基于 GitHub 的缺陷追踪系统构建的看板工具。